U0479455

京师图书分馆旧址（1913年7月—1914年6月），宣武门外青厂武阳会馆夹道路西，现为后青厂胡同25号

京师通俗图书馆旧址（1913年10月—1925年），宣内大街路西，抄手胡同口外，现为宣内大街抄手胡同183号

京师图书分馆旧址（1916年3月1日—1924年7月，宣武门外西茶食胡同东头香炉营四条西口

京师通俗图书馆和京师图书分馆旧址（1925年—1950年），宣武区头发胡同22号，现为头发胡同63号

北京市图书馆旧址（1953年2月—1956年8月），西华门大街35号，现为西华门大街4号

首都图书馆国子监旧址（1956年10月—2001年5月），国子监街15号

首都图书馆迁入国子监后的阅览室（1957年3月18日）

北京女二中部分同学在首都图书馆里帮助修补图书（1957年3月18日）

首都图书馆农村工作组冯秉文在密云县千家各公社河南大队向社员讲解读书的方法（1965年8月1日）

首都图书馆迁入国子监后的借书处

首都图书馆新馆一期（2001年5月），东三环南路88号

2001年5月25日首都图书馆新馆一期开馆典礼

2001年5月25日首都图书馆新馆一期开馆，中共中央政治局委员、北京市委书记贾庆林，文化部部长孙家正，北京市市长刘淇等在公共检索大厅参观

2004年8月首图讲坛·乡土课堂现场

2007年4月26日"北京记忆"网站开通仪式在首都图书馆举行。文化部社会图书司刘小琴副司长、北京市委宣传部常务副部长陈启刚等领导出席仪式

2012年1月31日中共中央政治局委员、北京市委书记刘淇来到首都图书馆就文化服务设施建设情况调查研究,并参观"北京精神"大型主题展览

2013年4月19日由首都图书馆联盟主办，首都图书馆、国家图书馆及北京市区县图书馆联合承办的第三届"北京换书大集"在首都图书馆启动

2017年4月26日少年儿童英文阅览室

2012年9月28日首都图书馆新馆二期阅览室一角

2011年9月30日诺贝尔奖获得者聚首首都图书馆

2019年5月30日"童系梦想 冬奥之音——别样课堂在首图"活动

2021年4月21日"阅读北京——2021年度首都市民阅读系列文化活动"在首都图书馆启动

2022年"2022首都市民音乐厅"在首都图书馆剧场举办

2021年6月25日春明簃开业当天嘉宾合影

2021年7月28日首都图书馆大兴机场分馆正式开馆

2021年7月28日首都图书馆大兴机场分馆正式开馆

北京城市图书馆效果图

北京城市图书馆

首都图书馆现任领导合影

左起：谢鹏、刘朝、胡启军、毛雅君、许博、李念祖、张娟

办公室员工合影

左起：（第一排）王萌、肖箭、姚雪霞、徐冰、夏旸

（第二排）刘庸臣、宋霖、郎晖、孙晓冬

人事部员工合影
左起：梁琳若、张洋、关旺、刘劭旸、冯薇、付唯莉、石曼晴、彭向阳、黄琦元

党委办公室员工合影
左起：范琪、魏文婷、段瑞林、于桂香、王颖、张博

财务部员工合影

左起：刘佳、石硕、郝玉松、帅斯琪、王玉平、蒋莉、田文燕、于秋敏、任雪征、闫璐

业务部员工合影
左起：郑思远、王宁、薛蕾、贾蔷、于妍、王莉、尚宏宇

后勤服务部员工合影

左起：(第一排) 赵景妍、王雪卿、郭竹溪、宋治国、王永明、杨伟明、刘剑花

（第二排）乔冠军、崔常明、高峰、邓又星、刘真海、韩钺、郜善杰

保卫部员工合影
左起：张宁、范晨、贾铮、左瑞祥、吴卫国

宣传策划部员工合影

左起：(第一排) 沈兮姝、刘倩、王乐怡、陈葆璟、张法、李凌霄、曹云、张轶男、朱亮、王晗、邱冬妮

(第二排) 沈洁、袁欣、杨雪、马姣、蔡昊翔、南小洋、孙默、解冰、尹含伊、刘畅

国际交流中心员工合影
左起：孙洁、虞敏、张震宇、魏文婷、董玥

合作协调中心员工合影

左起：(第一排) 权菲菲、李木子、高莹、陈琼、刘禹伶、李世谦

(第二排) 武克涵、李晓晔、于景琪、许凯、徐嘉锐、杨苗苗

采编中心员工合影

左起：（第一排）缪文娜、岳玥、武剑玲、宋艳萍、张娟、赵春雨、张雨芹、田子方、张颖
（第二排）马娜梅、湛晓尘、刘亭璐、王芸、赵泽华、刘静、郑有娇、邵劭、高静、郑春蕾
（第三排）徐佳琪、武晓健、王市市、徐玥、张雷、黄爽、张文静、卞佳佳、张琛

典藏借阅中心员工合影

左起：（第一排）陈曲、王思思、李玉婵、晋兰颖、田峰、苗文菊、王茜、马妍、李妍

（第二排）刘冰心、刘崇珊、严风云、闫语、高媛、褚诗仪、李春颖、王梦菲、陈栩、温馨、纪玉雯

（第三排）王小宁、许静、张洁、孙祥芹、杨菁晶、赵会娟、李光、王崇、张艳柔、牛捷、李秋辰、钱佳奇、张鹤

（第四排）霍婷婷、杨倩霖、付瑞、陈蒙蒙、孙芮、屈颖、任彤、梁爽、周天奇、吕梦琪、张亦瞳、刘靖如、张英英、陈曦

（第五排）许安琪、蒋海青、张丽洁、刘祎、刘波、董曦、杨琛、史玮、吴亦超、邢鹏飞、马超、蒋燕鑫、朱静雯、李雅婷、霍雯、刘梨欢

（第六排）邱丹、马明雨、郝阔、郑少鹏、杨星辰、李少宇、贾浩、张弛、郑伟伟、白硕、王禄辰、温晓翔、陈叙、熊浩

报刊资料中心员工合影

左起：（第一排）曹航、邝文宁、梁孟娇、刘艳、林岫、朱悦梅、张婷、阎爱诗、张少云

（第二排）董峥、冯霁馨、杨淑媛、孙荣培、富雷钠、谢雁、郑如意、刘佳琳、李丹

（第三排）宋振华、肖玥、李梦雅、沈墨、李静、李媛娟、李湜清、孙钟军

（第四排）董璇、贾雪燕、吴晓轩、郭晨、白莹、张雪梅、杜红梅

（第五排）尹德柏、张伊、张雷、欧阳、孙晓冬、安笛

视听资料中心员工合影

左起：(第一排)彭瑞雪、贾彦、冯丽、罗丹、韩滨、唐小璇、姜阁钰、刘婧、王悠悠

(第二排)武国宏、崔京钰、徐海静、亢新、刘一漫、鲁艳莉、高倩佳慧、王永丹

(第三排)王斐涵、李锦冬、夏高娃、杨世豪、王晨、段谋、单信哲

信息咨询中心员工合影
左起：(第一排) 孙慧明、张冰、周莉、王松霞、高远巍、杨莞吉、韩吉娟
（第二排) 张葳、孙德宇、陈岩、王宇舟、付莉萍、方媛

数字资源中心员工合影
左起：(第一排) 李雅莲、康迪、顾梦陶、王菲菲、刘雅丹
(第二排) 郭爽、刘雅婷、付长志、袁申、张颖、王雪屏、付苓

数字图书馆管理中心员工合影

左起：（第一排）孙晓林、黄钟婷、吴蕾蕾、马颖、王璐、陈诗怡、任庆平、陈筠、周雪

（第二排）崔振、柳坤、刘畅、任凯、毛强辉、张新旺

（第三排）韩志强、乔帅、耿岩、李凌云、赵一凡

北京地方文献中心员工合影

左起：（第一排）石海滨、杨洲、张京京、马文大、孟云剑、陈延斌、张小野

（第二排）韩佳、朱艺凡、陈飚、张田、刘埂、沈丹云、逄婷婷、王静斯、李梦楠、丁小蕾、刘翌、王倩、胡弯

（第三排）李祎、任彤、纪培、刘语寒、郭炜、赵兰天、路梦维、兆利、闫虹

历史文献中心员工合影

左起：（第一排）杨慧、张利、牛晓燕、殷兰涛、史丽君、邸晓平、刘琳、韩丽、朱正、王静

（第二排）王璇、马小龙、郎晖、张萌、王景泽、杨之峰、孙潇潇、宋佩琪、唐博华

北京市古籍保护中心办公室员工合影
左起：何晓莹、刘鎏、王岚、李幼珍、史丽君、李晶莹、陈平、张悦、杨冉青、岳振华

汽车图书馆（文化志愿服务中心）员工合影

左起：（第一排）胡波、黄静雯、王夏蕊、杨芳怀、赵雪锋、赵娟、黄菁、樊彩凤、穆悠然
（第二排）王亚君、李小龙、石清波、李强东、梁磊、温冰、王珊、喻浦航

少儿综合借阅中心员工合影

左起：（第一排）王敬西、袁芳、徐敏、李娜、阮静、朱丹、廖斯谦、张润、杨莹、吴梦楠、王冬雪

（第二排）牛斐斐、陆康宁、董万欣、唐洁、宋海燕、郝梦缘、古雪、王娜、解寅姣、牛薇、孙思涵

（第三排）田雪蕊、甄妮、任予思、郑雨、米昱婧、陈一萍、曼珊珊、高雅、赵欣、何珊、赵璇子

（第四排）卢旭、张伯琛、史丛、李映然、鲍洪峰

少儿阅读活动中心员工合影

左起：（第一排）王双、郭宝丽、王梅、吴洪珺、侯鎏、姚瑶、张晨阳

（第二排）闫普、陈紫薇、魏同彤、王丽、左娜、王艳晨

少儿视听中心员工合影

左起：（第一排）王茜、闫祠汝、张雨媛、张皖、卢意、房静、马珺

（第二排）刘洁婷、王仲逵、康力泉、白舜、魏巍、夏威、李缘

文化活动中心员工合影

左起：（第一排）姚雪丹、刘晨、王然、孙涛、芦捷、刘杨、李享、董岩、高明旗、盛静、刘依依

（第二排）王策、杨帆、刘晓萌、李靓、毛婷婷、盛代祺、槐雅靓、杨婧、及强

（第三排）张卓然、何宗沛、董玉杰、马维钰、张嘉旭、王远、孙悦彬

社会教育中心员工合影
左起：刘旭冉、卢硕、潘淼、王岩玮、刘洋

读者服务中心员工合影

左起：(第一排) 仲爱红、刘怡然、田园、张跃、孔令波

(第二排) 王红、段二静、杨健、马洁、徐丹、姜京初、苏琦

首都图书馆 110年纪事

首都图书馆 编

学苑出版社

图书在版编目（CIP）数据

首都图书馆110年纪事：1913—2023 / 首都图书馆编 . — 北京：学苑出版社，2023.10
ISBN 978-7-5077-6768-1

Ⅰ . ①首… Ⅱ . ①首… Ⅲ . ①首都图书馆-大事记-1913-2023 Ⅳ . ① G259.271

中国国家版本馆 CIP 数据核字 (2023) 第 183569 号

责任编辑	战葆红　刘　悦
出版发行	学苑出版社
社　　址	北京市丰台区南方庄 2 号院 1 号楼
邮政编码	100079
网　　址	www.book001.com
电子信箱	xueyuanpress@163.com
联系电话	010-67601101（销售部）　010-67603091（总编室）
印 刷 厂	河北赛文印刷有限公司
开本尺寸	710 mm×1000 mm　1/16
印　　张	40
字　　数	510 千字
版　　次	2023 年 10 月第 1 版
印　　次	2023 年 10 月第 1 次印刷
定　　价	200.00 元

编委会

主　任　毛雅君　许　博
副主任　胡启军　李念祖　刘　朝　张　娟　谢　鹏

委　员（以姓氏笔画排序）
　　　　马文大　王　梅　王　璐　王玉平　王松霞
　　　　田　峰　史丽君　冯　薇　朱　丹　朱悦梅
　　　　仲爱红　任雪征　刘　杨　刘　艳　李　光
　　　　李凌霄　李晶莹　杨芳怀　吴洪珺　邸晓平
　　　　宋治国　宋艳萍　张　皖　张震宇　陈　琼
　　　　林　岫　罗　丹　周　莉　孟云剑　赵春雨
　　　　赵雪峰　段瑞林　姚雪霞　晋兰颖　贾　峥
　　　　贾　蕾　顾梦陶　徐　冰　高　莹　韩　滨
　　　　潘　淼　薛　蕾

编　辑　马文大　袁碧荣　沈丹云　张小野　王　倩
　　　　李　诚　林　岫　陈人语　刘晓娟　闫　虹
　　　　杨　洲　纪　鸣

前　言

百十年孜孜以求，百十年躬耕不辍，从前青厂到国子监，从华威桥边到大运河畔，首都图书馆历经110年的岁月变迁，铢积寸累，砥砺前行，如今已发展成为拥有千万余册（件）馆藏资源、600余TB数字资源、全年免费开放的公共图书馆。

首都图书馆前身是由鲁迅先生亲自推动建立的京师图书分馆、京师通俗图书馆以及中央公园图书阅览所。百十年来，虽然馆址、馆舍、馆名几经变换，却始终坚守着建馆初期便已确定的"服务于普通民众、普及文化知识"的办馆宗旨和初心，如今更是秉承着"以人民为中心"的服务理念，滋养民族心灵、培育文化自信，不断创新业务发展，提升服务效能，拓展功能外延。

翻开这本书，我们可以看到一代代首图人勤勉严谨、精诚奉献的精神风貌，洞悉百十年来首都图书馆砥砺奋进、开拓创新的发展轨迹，领略公共图书馆作为公共文化服务体系的重要组成部分，在城市精神文明建设中的重要作用。

百十年来，首都图书馆始终以传承文化、传播知识、启发民智为己任。作为北京市公共图书馆的中心馆和龙头馆，首都图书馆坚守传播优秀文化、提升公众素养的社会职责，丰富典藏文献，修复珍藏古籍，建设专藏资源，依托图书馆开展社会教育的平台阵地，常年精心策划举办讲座、展览、体验类文化活动，成为推动全民阅读高质量发展的主力军。

习近平总书记在文化传承发展座谈会上强调，在新的起点上继续推动文化繁荣、建设文化强国、建设中华民族现代文明，是我们在新时代新的文化使命。多年来，首都图书馆以古籍保护工作为抓手，挖掘传统文化内涵，搭建交流传播平台；以北京地方文献为特色资源，从首都图书馆走向世界，普及北京历史文化；以文化惠民品牌活动为引领，解读中华文明特性，提升公众文化认同感。

2023年，首都图书馆建馆110周年之际，位于北京城市副中心的北京城市图书馆将于年底前竣工并对外开放，新馆不仅具有"森林书苑"建筑空间特色，还设有少儿、艺术、古籍、非遗等主题馆，有多样态的服务空间，有沉浸式智慧阅读，将优质的文化资源和文化体验送至每一位读者的身边。这座集知识传播、城市智库、学习共享等功能于一体的文化综合体将为市民游客带来全新的文化体验。首都图书馆将以此为契机，向公众展现图书馆的新面貌、新功能、新发展。以"亲民"为先，优化服务质量；以"特色"为线，传承文化底蕴；以"智慧"为要，激发文化活力；以图书馆为一方天地，传承首都北京源远流长又丰富厚重的文化底蕴，彰显大国首都的人文气象与文化自信。

百十年风华正茂，百十年风雨兼程。首都图书馆将在文献典藏、阅读推广、文化交流等方面接续努力，为推进全民阅读、建设书香北京和助力"双奥之城"提供文献支持和智力支撑，为首都"四个中心"功能建设赋能。

最后，在此祝贺首都图书馆建馆110周年！

编者

2023年9月

编辑说明

一、本书乃于《首都图书馆百年纪事》的基础上增补内容，并补充近10年纪事而成，记录了首都图书馆自1913年建馆至2023年以来110年间的大事小情。

二、本书的资料来源：一是《首都图书馆馆史》；二是本馆办公室编制的《首都图书馆大事记》；三是本馆积累的档案文献；四是部分老领导和员工的口述资料。将四种材料融会贯通，拾遗补阙，互为印证，最终形成现在的《首都图书馆110年纪事 1913—2023》。

三、本书采取依时纪事的编辑体例，即先按年代前后排序，然后以年系事。年中各条目，以月系事；月中各条目，则以日之前后为序；日期确实不详的，放在本年之后，冠以"是年"。

四、本书的编辑原则是：客观记录大事小情，真实反映历史原貌，不加评述，力求简明。

五、本书中所记年代，1949年以前使用民国纪年的地方，在（ ）中加标了公元纪年。

六、本书之中包括北京市少年儿童图书馆隶属首都图书馆管理期间的内容，对于1989年至2004年独立建制时期的事业情况未予收录。

七、本书附有馆长任职年表；副馆长任职年表；书记、副书记任职年表；主任、科长任职年表；副主任、副科长任职年表；共青团书记任职年表；工会主席、副主席任职年表；首都图书馆事业（北京市少年儿童图书馆）情况一览表；首都图书馆馆员著述一览表；员工名录。

八、110年之中的首都图书馆经历北洋政府、民国政府、沦陷时期，最后迎来了北平解放，回到人民手中。新中国成立前的36年，时局动荡，发展缓慢，飘摇之中的图书馆惨淡经营，所存史料不足而所记略简；而后74年，逐渐发展，特别是改革开放以来及2001年首都图书馆迁入新馆后，事业繁荣，应记之事太多，定有不少遗漏。不当之处，恳请批评指正。

编 者

目 录

1913年—1948年
创业维艰　缓慢发展　　1

1949年—1977年
获得新生　坎坷前行　　49

1978年—2000年
励精图治　稳步发展　　97

2001年—2013年
东南形胜　开创新篇　　191

2014年—2023年
智慧转型　再创辉煌　　359

首都图书馆馆长任职年表　539

首都图书馆副馆长任职年表　544

首都图书馆书记、副书记任职年表　546

首都图书馆主任、科长任职年表　549

首都图书馆副主任、副科长任职年表　554

首都图书馆共青团书记任职年表　558

首都图书馆工会主席、副主席任职年表　559

首都图书馆（北京市少年儿童图书馆）事业情况一览　560

首都图书馆馆员著述一览　565

员工名录（1913年—1948年）　577

员工名录（1949年—2012年）　578

员工名录（2013年—2023年）　584

1912年8月18日　京师图书馆向北洋政府教育部呈文，在正阳门与宣武门之间适中的地方设立分馆。

12月9日　京师图书馆就开办分馆之事再次向教育部呈文。

1913年—1948年
创业维艰　缓慢发展

从1912年筹备，1913年创馆，几经变迁，始终蜗居在胡同里

1913 年

2月2日 京师图书馆向教育部呈文，就筹建京师图书分馆之事进一步说明情况。

2月19日 教育部以上海中国图书有限公司股票利息 2290 元作分馆开办费。

7月 京师图书分馆开馆，隶属教育部，馆址在琉璃厂西门外前青厂武阳会馆夹道。教育部委派关维震为分馆负责人，月经费为 380 元（实领 250 元），工作人员 8 人（职员 5 人，夫役 3 人），从京师图书馆、教育部图书室等处的复本图书中挑选学者必须浏览之普及类图书，又购置部分新书，共计 2000 种 22000 余册为藏书，供公众阅览。教育部社会教育司第一科科长鲁迅为主要筹备人。

8月 京师图书分馆举行开馆典礼。

教育部拨款 2400 元，在京筹建京师通俗图书馆。

10月21日 京师通俗图书馆开馆，并举行开馆典礼，馆址在宣武门内大街，隶属教育部。教育部派徐协贞、王丕谟经营，并派数名部员到馆兼职。从教育部图书室、京师图书馆处挑选通俗读物，并新购置通俗读物，共计 1400 种 10000 余册为藏书，供公众阅览。

10月 京师图书馆遵照教育部指示暂停阅览，京师图书分馆奉命代办其一切事务，直至其 1917 年 1 月搬入新馆。

12月31日 京师通俗图书馆收到鲁迅所赠《绍兴教育会月刊》1—

3期。

12月 京师图书分馆收到北洋政府外交部赠书22种175本又三箱三包，其中既有中文典籍，又有西学科技法律方面的图书。

1914 年

1月 教育部指派关维震为京师图书分馆主任。

4月28日 京师通俗图书馆收到鲁迅所赠《炭画》1册。

6月 京师图书分馆迁至宣武门外永光寺街1号开馆阅览，仍租用民房一所，月租金45元。

12月25日 教育部免去关维震京师图书分馆主任职务，派主事钱稻孙兼任主任。

是年，京师通俗图书馆又租本馆后院房屋12间，增设儿童阅览室，为中国最早的儿童阅览室。据统计，图书馆服务项目繁多，每日平均阅览620余人。

京师图书分馆暂定图书分类法，按天、地、元、黄、宇五字分别编类。天：旧例图书；地：新例图书（含外文图书）；元：释道经藏；黄：书画、图像；宇：新闻杂志。设置（甲）分类目录，（乙）书名首字索引，（丙）人名索引三种目录，采用书本式编目的方法。

1915年

1月 教育部指派王丕谟兼任京师通俗图书馆主任。王到职后修订本馆办事规则14条。

京师图书分馆主任钱稻孙到任，划分京师图书馆与京师图书分馆的工作职责，并实行馆员值宿制度，按月向教育部呈报阅览人数统计表，年终汇总申报。

6月19日 京师图书分馆收到鲁迅所赠《会稽郡故书杂集》1册。

8月 经教育部批准，京师通俗教育研究会成立，并公布章程。为组织活动便利，该会事务所设在京师通俗图书馆内。

京师图书分馆增设新闻杂志阅览室，增设优待减费券，规定优待学生减费阅览办法和新闻杂志阅览室规则。

12月 京师图书分馆安装电灯，为1916年延长阅览时间做准备。

据统计，京师通俗图书馆全年开馆298天，接待读者194892人，日均接待654人。

1916 年

3月1日　京师图书分馆迁至宣武门外东茶食胡同香炉营四条的一所洋楼内开馆阅览,并增设妇女阅览室,延长阅览时间,改订阅览规则。

3月9日　京师通俗图书馆为缓解阅报室狭小拥挤的状况,将馆员工作室改为阅报室,提供30余种报纸供读者阅览。

3月21日　京师图书分馆收到梁漱溟所赠个人藏书《楞严经正脉疏》1部,共计12册。

8月30日　京师通俗图书馆在大阅览室、阅报室、休息室、发券处安装电灯。

9月21日　教育部与内务部商议,拟在中央公园内附设通俗图书馆及教育博物馆。

10月10日　京师通俗图书馆自即日起,每逢周一的馆休日也开馆阅报。

11月　京师通俗图书馆将大阅览室的书目从"甲乙"字分类改为以"地支"字分类;将少儿阅览室书目从"子丑"字分类改为以"天干"字分类。

是年,京师图书分馆全年开馆278天,日均接待27人;京师通俗图书馆全年开馆298天,日均接待895人。

1917年

1月 教育部派常国宪兼任京师图书分馆主任，原主任钱稻孙辞职。

2月7日 京师通俗图书馆为放置书目改建门房后廊。右侧门廊增加木牌24块放置儿童图书书目。

4月 京师图书分馆重新修订办事规则16条、新闻杂志阅览规则11条、同时修订请假规则6条、住宿规则11条，均报教育部核准施行。

5月 教育部调派主事王丕谟任中央公园图书阅览所主任，进行各项筹建工作，免去其京师通俗图书馆主任的兼职，派佥事朱颐锐兼任京师通俗图书馆主任。

8月21日 中央公园图书阅览所成立，并举行开馆典礼，鲁迅曾亲临指导，馆址设在中央公园内社稷殿后二重殿。隶属教育部，派主事、京师通俗图书馆主任王丕谟来馆任主任。共有职员7人，夫役6人，警察2人，每月经费500元。调拨京师图书馆、京师图书分馆、京师通俗图书馆和教育部图书室等处所藏的复本图书，以及社会各界捐赠图书，计4500余种，供公众阅览。

8月—11月 中央公园阅览所收到北洋政府财政部所赠《财政月刊》42册、司法部所赠《司法公报》8册、农商部公报编辑处所赠《农商公报》、教育部教育总长范源濂令湖南通俗教育书报编辑所所赠通俗小说6种6册、教育部通俗教育研究会所赠《关于时局之教育资料》

第1辑2份、内务部职方司所赠《全国行政区画表》2份、教育部社会教育司所赠《项城袁氏家集》等图书6种61册、教育部社会教育司所赠《江苏办理巴拿马赛会报告》和《参观台湾劝业会报告》2册、京师学务局所赠《尚书图说》《古文渊鉴》等图书。

9月 京师图书分馆与京师图书馆商定交换杂志规则7条。

京师通俗图书馆开始整编馆藏图书，首次改用卡片式目录，至年底完成了4100余种图书的分编。全部工作到1918年10月完成。

10月 京师图书分馆与京师图书馆两馆商定每半月交换英、日文杂志一次，以便公众阅览。

是年，京师图书分馆在城外各交通要道设立广告牌8处，向社会介绍图书馆。

据统计，京师图书分馆全年开馆298天，日均接待36人；京师通俗图书馆全年开馆300天，日均接待848人。

1918 年

1月23日 京师通俗图书馆收到鲁迅所赠《新青年》1册。

3月11日 京师图书分馆收到鲁迅所赠《新青年》1册。

10月 京师通俗图书馆完成馆藏图书7765种的分编工作，确定图书分类大纲，共划分5大部、31类，下设若干目。5大部分别为：

旧籍　　第一部：经史子集，共计图书881种；

新籍　　第二部：各种科学，共计图书3411种；

　　　　第三部：各种小说，共计图书2623种；

　　　　第四部：各种杂著，共计图书561种；

外国书籍 第五部：各国原著，共计图书289种。

此次图书整编后，成人书目采用卡片式目录，设置在阅览室的北面；儿童书目仍采用书本式目录。中学以上文化程度的读者，划归公众阅览室；高等小学以下程度的读者，则划归儿童阅览室。

是年，京师通俗图书馆开馆301天，阅览总人数为237520人，其中公众阅览57981人、儿童阅览102155人、新闻阅览77384人。

据统计，中央公园图书阅览所新旧图书共计5057部，其中本年新购新旧图书528部（含《大英百科全书》一部）、期刊236册。

1919 年

4月 京师图书分馆收到梁漱溟所赠《中西伟人传》和《致知杂志》各1册。

5月2日 教育部核准《京师图书馆与京师图书分馆交换阅览图书简则》8条及《阅览互借图书暂行规则》7条。

5月 京师各公共图书馆、阅览处的阅览时间以海报形式在主要路口张贴。

9月18日 教育部核准《京师图书分馆职员薪俸规则》10条。

是年，中央公园图书阅览所全部藏书整理完毕，统计如下：

旧籍：710部（706种）15707册；

新籍：4750部（4577种）13753册；

共计：5460部（5283种）29460册。

另有报章：67种。

1920 年

2月 中央公园图书阅览所、京师图书分馆的经费至教育部领取，不再由京师图书馆代领转发。

是年，中央公园图书阅览所公布该馆建馆筹备人员名单：

教育部社会教育司司长：高步瀛；

教育部社会教育司第一科长：周树人（鲁迅）；

教育部社会教育司第二科长：徐协贞；

教育部视学：钱稻孙。

1921 年

9月15日 教育部核准中央公园图书阅览所依据《京师图书馆与分馆阅览互借图书暂行规则》互借图书。

是年，由于经费欠发，购书费短缺，京师图书分馆和中央公园图书阅览所均向各文化出版机关及私人致函、登报，欢迎社会各界捐赠书刊。

京师图书分馆共收到赠书有旧籍54部103册；新籍53种64册；通俗杂书28种42册；新闻杂志80种614册，占本馆年度购书总册数的60%。

中央公园图书阅览所收到赠书有美国纽约韦斯特图书馆的《解剖生理学》刊物，日本东京道的《国有铁道全图》，内务部的国家行政、地方行政类图书40部72册；上海刘承乾先生的嘉业堂丛书，包括经史子集共计42部196册。

京师图书分馆旧书依据"四库分类法"进行分类；新书计划按"杜威分类法"编制，并改用卡片目录。

京师图书分馆的阅览券分为甲、乙、丙、丁四种。甲种：阅览图书、新闻杂志，铜元2枚；乙种：专门阅览新闻杂志，铜元1枚；丙种：仅限学生阅览图书、新闻杂志，铜元1枚；丁种：仅限学生阅览新闻杂志，免收阅览费。

京师图书分馆定期向各学校赠送一种阅览券，期限为一年，每年缴换，以备学生轮流来馆阅览；对于捐赠图书者，该馆根据所捐图书的价格酌情赠送阅览券若干张，以此为答谢。

1922 年

11月 中央公园图书阅览所公布馆外阅览规定，凡须借书的读者，于11月15日上午10时至下午5时来阅览所办理手续，但须按照原书定价交纳保证金，还书时将保证金如数退回，同时读者可随时来阅览所领取外借图书规则，也可来信索要。阅览所还将有关外借图书的规则刊登在各类报刊上，以示宣传。

12月21日 京师图书分馆重新修订规则，呈教育部核批。包括《京师图书分馆规则》22条，附：《请假规则》9条；《京师图书分馆借阅规则》17条；《京师图书分馆职员薪水规则》8条。

12月28日 京师图书分馆各规则核准备案。

1923 年

3月30日 京师图书分馆致函教育部编审处，申请将该馆上一年度7—12月社会各界所捐赠的图书、杂志、报纸目录编入本期的教育公报，向社会公布。其中包括图书42种84册（内有鲁迅赠《新青年》1册）；小说58种97册；杂志71种410册；报纸17种（7月至12月全份）。

1924 年

1 月 京师图书分馆因经费欠发，因而拖欠房租无力偿付，只得迁入京师通俗图书馆院内，于本月闭馆进行迁移的准备工作。

7 月 京师图书分馆由香炉营四条迁移至宣武门内头发胡同京师通俗图书馆院内，两馆同居一院，仍分别办公，于本月对外开放。

12 月 教育部派佥事黄中垲兼任京师通俗图书馆主任。

京师图书分馆、京师通俗图书馆呈请教育部，将宣武门内头发胡同 22 号前翰林院讲习馆旧址，官房 61 间拨给两馆为馆舍。两馆自 12 月 20 日起停止阅览，共同筹备搬迁事宜。

1925 年

2月 中央公园图书阅览所主任王丕谟调任京师图书分馆主任。教育部派佥事戴克让兼任中央公园图书阅览所主任。

12月 经教育部批准，中央公园图书阅览所更名为京师第三普通图书馆。

是年，京师图书分馆和京师通俗图书馆迁入宣武门内头发胡同新馆址。

据统计，京师图书分馆、京师通俗图书馆、中央公园图书阅览所三馆合计藏书近10万册，职工40余人，合计月经费1700元，年均增加书刊6000册至7000册，月均阅览1000多人次。京师图书分馆藏书以经史子集的线装旧籍为主，并备有英文杂志；京师通俗图书馆藏书以民俗文学、戏曲小说为主，并有大量平装书和儿童读物；中央公园图书阅览所藏书以线装、平装的普及读物为主。

1926 年

9月4日 京师通俗图书馆主任黄中垲请假,教育部派京师图书分馆主任王丕谟暂时兼任京师通俗图书馆主任。

10月 经教育部批准,京师图书分馆改名为京师第一普通图书馆,京师通俗图书馆改名为京师第二普通图书馆。

10月19日 京师第一普通图书馆启用新钤记。

10月30日 京师第一普通图书馆致函国立京师图书馆,索要民国七年(1918年)五月借用的全部《大藏经》348册。

京师第一普通图书馆由香炉营四条迁入头发胡同京师第二普通图书馆内时,因馆址狭小,将大部分家具、设备均存储在教育部庶务科东院北房两间内,于10月3日被一大学职员将全部家具、设备搬走,共计310件。京师第一普通图书馆呈请教育部,如果不能将物品如数追回,请求增发购置费以备新馆开馆使用。

京师第一普通图书馆呈请教育部,催促国立京师图书馆将应拨交给该馆的普通书籍10000册尽快拨交。

京师第一普通图书馆经费欠发两年之久,特向教育总长申请经费300元,用于冬季购置煤炭、装置暖炉等。

11月15日 京师第二普通图书馆启用新钤记。

1927 年

7月26日 为节约经费开支，教育部根据两馆在一处办公，业务有所重叠的实际情况，指示京师第一普通图书馆、京师第二普通图书馆合并为京师第一普通图书馆，王丕谟任主任。京师第三普通图书馆改称为京师第二普通图书馆，戴克让任主任。

合并后的京师第一普通图书馆，压缩经费，节约开支，减少人员，每月经费减至500元（合并前原京师第一普通图书馆每月为500元，原京师第二普通图书馆每月为700元，合计为1200元），虽已呈报在案，但每月实发经费仅为240元，不得已又裁员5人。

9月15日 京师第二普通图书馆启用新钤记。

是年，京师第一普通图书馆、京师第二普通图书馆两馆合并后经费更为不足，为解决经费问题，主任黄中垲将西院25间空闲房借出，兴办西城中学。

1928 年

6月30日 北伐革命后，国民政府接收北京，改京师为北平特别市。北平战地政务委员会派教育处科长李兰昌，会同前教育部社会教育司第一科科长兼司长徐协贞到京师第一普通图书馆接收，由王丕谟主任将所有馆藏书籍、文件目录、家具等项点交清楚，李兰昌将文件目录封存，指示照常开馆阅览。

7月18日 大学院又派办公处卫聚贤、张邦华两位委员，到京师第一普通图书馆接收，仍指示继续开馆阅览，听候呈请。

8月18日 京师第一普通图书馆主任王丕谟辞职。馆务由馆员杜瑞华等5人暂时维持（职员由20人减为5人）。

9月18日 京师第一普通图书馆杜瑞华等5人呈请大学院，7、8两月，办公处仅发给该馆维持费50元，不足支付员工工资（5人每月工资应为140元）。

10月31日 京师第一普通图书馆全体职工呈请前教育部，由于经费问题无法继续维持馆务，请求尽快解决，请次长尽快设法拨款或另派委员接替。

11月10日 大学院档案处来公函指示，前属教育部管辖的京师第一、第二普通图书馆，移交北平特别市政府管辖。京师第一普通图书馆改名为北平特别市市立第一普通图书馆，京师第二普通图书馆改名为北平特别市革命图书馆，两馆隶属于北平特别市教育局。

11月21日 北平特别市政府委任王樾兼任北平特别市革命图书馆馆长。王樾于当日到馆就职，并启用新钤记。

11月23日 北平特别市政府委任罗静轩（女）任北平特别市市立第一普通图书馆馆长。罗于当日到馆就职，并启用新钤记。

1929 年

3月31日 北平特别市革命图书馆筹备就绪,开馆阅览。

3月24日 北平特别市市立第一普通图书馆开馆阅览。自1929年至1945年间,确定3月24日为馆庆纪念日,特闭馆一天。

7月13日 经北平特别市政府批准,北平特别市革命图书馆改名为北平特别市中山图书馆,市政府委任郭耀宗为馆长。

是年,北平特别市市立第一普通图书馆划归北平特别市后,办公经费每月增为1240元,每月有固定购书费300多元。

1930 年

3月24日 北平特别市市立第一普通图书馆举行开馆周年庆祝会，闭馆一天，并编制纪念刊一册。

北平图书馆协会1930年第二次常会在北平特别市市立第一普通图书馆召开，有31人参加，讨论"妇女有无另设之必要"。刘国钧在会上作《民众图书馆在社会上之功用》的学术演讲。全体参会人员也参加了图书馆的周年庆祝会。

6月1日 北平特别市市立第一普通图书馆根据读者要求增加夜馆，每日下午7时半至9时半开馆。试行2个月后，因每日读者不足10人，于8月30日停止夜馆。

6月 北平特别市改隶河北省政府辖管，改名北平市。原北平特别市市立第一普通图书馆改名为北平市第一普通图书馆；原北平特别市中山图书馆改名为北平市中山图书馆。

11月 北平市中山图书馆馆长郭耀宗辞职，北平市政府派秘书李彝兼任中山图书馆馆长。

中山图书馆卸任馆长郭耀宗、新任馆长李彝交接藏书清单如下：

东书库图书：1031种19705册（四库书）；

西书库图书：6952种21173册；

借书处图书：1359种4281册。

以上三处总计：9342种45159册。

是年，北平市第一普通图书馆、北平市中山图书馆两馆每月拨款减少140元，以增加各通俗教育馆阅书处的购书经费。

北平市第一普通图书馆设"购置图书委员会"，并制定简章6条，全馆统一购书。

1931 年

10月 北平市第一普通图书馆馆长罗静轩（女）辞职，北平市政府委任李士渠为馆长，李于10月2日到馆视事。

是年，北平市第一普通图书馆完成图书清理、分编工作。本工作自1929年春至1931年底完成。确定了旧书用"四库法"分类，新书用"杜定友氏图书分类法"分类，全部改用卡片目录。

1932 年

是年，北平市第一普通图书馆基本情况：

1. 人员：职员19人，公役9人，共28人；

2. 总藏书：64268册，其中中文书50302册，英、日文书700册，杂类书13266册；

3. 年经费13200元（每月1100元）。年度支出7356元，购书费2040元，购报及杂费480元，其他3324元；

4. 馆舍地基面积：3亩5分，房屋36间（藏书室12间，阅览室9间，其余为办公室、接待室、宿舍等）；

5. 阅览：设公众、儿童、新闻三个阅览室，另设问事、问字处，日均阅览250人次；

6. 阅览时间：上午8时至下午6时；冬季上午9时至下午5时。每周一公众、少儿阅览停馆，新闻阅览照常开放。

是年，北平市中山图书馆基本情况：

1. 人员：职员10人，公役3人，共13人（年薪2016元）；

2. 总藏书：9165种45456册。其中：中文书42272册，外文书1501册，杂志（装订）1448册，其他235册；

3. 馆舍：中山公园内社稷坛后大殿5间（书库2间，阅览室3间），临时建房7间为办公室、储藏室。地基面积约5亩；

4. 阅览：设党义、普通、报纸杂志三个阅览室，日均阅览150余人。

北平市第一普通图书馆重视儿童阅览工作，将其列为全馆一项中心工作，特制定《指导儿童阅览标准》，包括指导原则6条、指导方法9条，以此作为儿童阅览工作的规范。

1933 年

7月 北平市政府免去北平市中山图书馆馆长李彝的兼职，任命市府秘书金保康代理馆长职务。

8月 北平市第一普通图书馆馆长李士渠辞职，北平市政府任命吕孝信（女）为馆长，吕于8月3日到馆就职。

北平市中山图书馆馆长金保康辞职，北平市政府任命陈翠琬（女）为馆长，陈于8月22日到馆就职。

1934 年

1月　北平市中山图书馆接收黄兴夫人所赠图书6种21册。包括《复兴月刊》1卷1期至12期共计12册;2卷1期至5期共计5册《科学化之现代战备》1册、《苏联五年计划》1册、《南洋英属海峡殖民地志略》1册、《天津志略》1册。

1935 年

7月 北平市第一普通图书馆馆长吕孝信（女）辞职，北平市政府任命李文裿为馆长。

北平市第一普通图书馆修订《北平市第一普通图书馆借书暂行章程》22条，铅印后发放各机关、学校，并放置在各出纳台供读者索取。

7月—12月 北平市第一普通图书馆主要工作：①北平市教育局拨临时经费867元，修缮阅览室，更换新式阅览桌椅、书架，修饰藏书库，使阅览室、书库符合现代图书馆要求，粉刷全部房舍，增置巡回图书箱24个；②编印全部藏书总目录及图书概况，向各有关机关单位和读者发放，以备查阅图书；③举办巡回图书工作，扩大馆际互借；④广泛征集全国各机关出版物，及各省市的日报期刊等；⑤在本市广播电台，播送读书指导，每周一次。

11月 北平市第一普通图书馆呈请北平市市长袁良，追要之前借出的，位于头发胡同西院（已辟为甲22号）的馆舍25间。

是年，北平市第一普通图书馆呈请北平市社会局，拨给已停办的民众图书馆在东铁匠胡同的全部馆舍，开设独立的儿童阅览室，增设儿童部。

北平市中山图书馆馆长陈翠琬（女）辞职，北平市政府任命刘国琴为馆长。

北平市第一普通图书馆拟定《北平市第一普通图书馆巡回借书实

施办法》和《北平市第一普通图书馆儿童读书会简章》，均已报北平市教育局核批实施。

是年，北平市第一普通图书馆基本情况：

1. 人员：馆长李文祹，职员19人（主任2人，馆员5人，办事员7人，书记4人，学习生1人）；

2. 经费：年经费13320元；

3. 藏书：66082册（中文书63793册，外文书2289册）；

4. 日均阅览：320人次；

5. 巡回图书阅览：18处；

6. 每周举办"读书指导"播音一次。

1936 年

1月 北平市政府任命崔麟台为北平市中山图书馆馆长，崔于1月4日到馆视事。

1月31日 北平市中山图书馆函复北平市第一普通图书馆，本馆基本情况：

1. 人员：馆长崔麟台，职员7人（主任1人，事务员3人，庶务员1人，司事2人）。

2. 经费：年经费3720元，月经费310元，每月购书费43元；另有冬煤费200元。

3. 藏书：10113种，47392册。

4. 馆舍建筑：古建大殿5间（3间为阅览室，2间为书库），临建房10间（馆长室1间，会议室2间，主任室1间，办公室1间，编目室1间，储藏室1间，传达室1间，厨房1间）。

5. 阅览时间：上午9—12时，下午2—6时。

6. 阅览手续：阅览人须先领取阅览券，到书目台换取书证，逐项填写后，交发书处领书，一次一本。须更换图书的读者须先交回所借图书。杂志报纸阅览也须领券入室，每次取阅只限一份，阅毕放置书架上再行更换。

7. 借书章程：借书者须在号簿内按照格式填注姓名地址后，照章交纳保证金。借书以两星期为限，续借须来馆声明，无预约者可续借一星期，逾期不还，发催书单，过5日不还者，即以保证金购书。

3月21日　北平市第一普通图书馆召集各阅书报处管理员开座谈会，共有14处的14人到会，另有各民众教育馆馆长4人列席，北平市教育局督学张肇基到会。由馆长李文褘主持，主要内容是听取北平市第一普通图书馆举办巡回借书的情况及今后计划，共同商讨加强巡回借书，加强相互协作等事项。

6月　据统计，自1935年7月起至1936年6月止，北平市第一普通图书馆接受捐赠书刊1569种，4826册。国立北平图书馆将儿童最新读物千余册移送北平市第一普通图书馆，供儿童阅览。

北平市第一普通图书馆所撰写的论文、著作包括：

1.《北平市市立第一普通图书馆概况》1936年1月编印；

2.《北平市市立第一普通图书馆阅览指南》1936年2月编印；

3.《义务教育研究资料选目》1936年4月3版；

4.《中学生国文科课外阅览书目》载于《世界日报》图书周刊52期；

5.《两年来儿童读物目录》载于《世界日报》图书周刊22—24期；

6.《儿童节参考资料集目》载于《世界日报》图书周刊57期；

7.《全国日报调查目录》1936年3月编印。

1937 年

8月　北平市第一普通图书馆馆长李文裪另有任用,北平市政府任命吕孝信(女)为馆长。

8月21日　奉市政府令,北平市中山图书馆改名为北平市通俗图书馆,于是日启用新钤记。

9月　北平市第一普通图书馆馆长吕孝信(女)辞职,北平市政府调派李文裪接任馆长,李于9月6日到馆就职。

1938 年

是年，北平市第一普通图书馆基本情况：

1. 阅览室座位数：阅览室 72 席，新闻阅览室 60 席，杂志阅览室及新民主主义研究室 30 席，儿童阅览室 72 席。共设 5 室，阅览座位 234 席；

2. 阅览人次：每月 8266 人（1937 年统计表）；

3. 人员：职员 19 人，公役 7 人，共 26 人；

4. 藏书：6 月底藏书 18048 种 71287 册；

5. 巡回图书处 19 处，多为阅书报处、教育馆阅书处，少数为机关团体。

是年，日伪成立伪北京特别市公署，北平市第一普通图书馆改名为伪北京特别市公署第一普通图书馆；北平市通俗图书馆改名伪北京特别市公署第一普通图书馆。仍由李文裿、崔麟台分别担任两馆馆长。

1939 年

是年，伪北京特别市公署第一普通图书馆基本情况：

1. 馆址：宣武门内头发胡同 22 号。

2. 馆舍：占地 1107 平方米，另租房 10（又说 12）间，占地 190 平方米；共计 46 间。

3. 组织：馆长下设三部，事务部下设文书、会计、庶务三组；图书部下设购置、登记、编目三组；阅览部下设出纳、典藏、统计三组。此外，另有购置委员会、刊物编辑委员会、图书馆学术研究会。

4. 阅览时间：3月—9月 上午9时—下午1时

　　　　　　　　　　下午3时—下午7时

　　　　　10月—12月 上午10时—下午1时

　　　　　　　　　　下午3时—下午6时

5. 阅览、借书及统计：阅览分大众阅览、新闻阅览、杂志阅览、儿童阅览；外借分机关保证、押金借书。总计每月平均为 11170 人次，每日平均 372 人次。

6. 藏书统计：初为前京师图书分馆及前京师通俗图书馆所移存，其后历年有所增加，除一部分不适阅览之书籍先后注销外，现有藏书 11565 种，46074 册。

7. 分类：采用刘国钧的"中国图书分类法"。

8. 编目：计有分类目录、书名目录、著者目录、排架目录四种。

除用卡片目录外，另有书本目录。

9.人员：馆长李文裿，职员16人。

10.经费：伪北京特别市公署教育局每月拨款1101元（薪金590元，办公费275元，设备费236元）。

伪北京特别市公署通俗图书馆基本情况：

1.馆址：中山公园社稷殿后戟殿；

2.人员：馆长崔麟台，主持1人，事务员3人，庶务员1人，司书2人，共计8人；

3.藏书：8435种37714册；

4.分类：甲部采用"四库法"分类，乙部采用刘国钧的"中国图书分类法"分类；

5.编目：用卡片，分书名目录、著者目录；

6.阅览：日均阅览250人次；

7.经费：伪北京特别市公署教育局每月拨款261元（薪金202元，办公费33元，设备费26元）。

伪北京特别市公署第一普通图书馆的大批抗日书刊遭日本宪兵队搜查。1935年至1937年7月间的馆藏报刊被毁。

1940年

4月 北京特别市公署第一普通图书馆馆长李文裪与人合编的《北京文化学术机关综览》一书出版。

1941 年

是年，伪北京特别市公署第一普通图书馆有巡回图书借书处17处，多数为阅书处。各巡回借书处按月向馆里申报借书人次、册次。册次分总部、哲学、宗教、自然科学、应用科学、史地（中国）、史地（世界）、语文、美术、社科10类统计。各巡回借书处全年共接待读者27509人，借阅图书30318册。其中，第九阅书处借书量最多，8月为656人，737册。

1942 年

3月 伪北京特别市公署第一普通图书馆接收市立第一新民教育馆阅览部的全部图书及书柜。

9月5日 伪北京特别市公署第一普通图书馆馆长李文裿辞职,伪北京特别市公署任命何其哲为馆长。何于9月8日到馆视事。

是年,伪北京特别市公署第一普通图书馆馆长李文裿以个人名义上书伪北京特别市公署教育局局长,提出北京市图书馆的扩充计划。主要内容是拟在乡、区各建一分馆,图书馆更名为"市立图书馆",取消"第一普通"四字。

1943 年

4月22日 伪北京特别市公署第一普通图书馆馆长何其哲离辞,伪北京特别市公署任命程明为馆长。

1944 年

3月24日 伪北京特别市公署第一普通图书馆举行成立15周年纪念会，闭馆一天。

4月9日 《实报》因伪北京特别市公署第一普通图书馆成立15周年出版特刊，刊登馆长程明、主任朱英、职员赵全星、恨天等撰写的纪念文章。朱英的文章主要介绍前京师图书分馆的藏书，多为前京师图书馆移送，因此学部旧藏、南学典籍丰富；前京师通俗图书馆藏旧小说3000余种，可称为本市收藏小说之冠，两馆合并又有增补，迄今为止中文图书6800余册，英、日文书3000余册，总藏书达7万余册。还有中、日文杂志300余种，新旧报纸50种。

9月9日 伪北京特别市公署第一普通图书馆馆长程明因案撤职，伪北京特别市公署任命汪渤为馆长，汪于12日到馆就职。

9月22日 伪北京特别市公署教育局会同伪警察局，因伪北京特别市公署第一普通图书馆前馆长程明盗卖书籍一案，到馆核对藏书。核对工作自9月22日起至10月15日完成。

是年，伪北京特别市公署第一普通图书馆的儿童读书会成立8年，会员达3000余人。

1945 年

8月 抗日战争胜利，北京特别市恢复为北平市。

11月 北平市教育局派社会教育科科长姜文锦等人接管图书馆。根据北平市政府指示，伪北京特别市公署第一普通图书馆改名为北平市立图书馆，姜文锦为馆长。北京特别市公署通俗图书馆恢复原北平市中山图书馆馆名。

1946 年

2月　北平市中山图书馆被接收后，撤销建置，并入北平市立图书馆，成为北平市立图书馆的分馆，由总馆研究辅导部主任张桂森兼任分馆主任，馆址仍在中山公园戟殿。

9月　据统计，北平市立图书馆有职员25人，公役8人，共33人（含分馆主任1人、职员6人、公役2人，共9人）。

1947 年

3月13日 北平市立图书馆分馆主任张桂森辞职,干事蔡葆真接任。

4月 北平市立图书馆馆长姜文锦辞职,北平市教育局派马子刚接任。

1948 年

1月 北平市立图书馆馆长马子刚辞职，北平市教育局任命朱励安为馆长。朱于1月22日到馆就职。

4月24日 北平市立图书馆接收国立北平图书馆所赠第一批图书，总计584册。

7月9日 北平市立图书馆接收前北平行辕主任李宗仁所赠《大清会典》195册、《政府官报》112册、《政府公报》100册、各县县志75册，并附送目录一册。

7月 经北平市教育局批准，北平市立图书馆举办北平市图书馆学讲习班，以提高学员业务技能、研究图书馆学之理论为宗旨。学员以北平市立图书馆、国立北平图书馆和民众教育馆的在职人员为主，兼收学校图书馆和其他人士共50余人，讲习班历经三个月后结业。

8月 北平市立图书馆呈请北平市教育局，以北平市立图书馆分馆儿童部作为馆址，以分馆做儿童工作的职员作为工作人员，以分馆儿童部的藏书为基础，成立儿童图书馆。由北平市立图书馆馆长朱励安兼任馆长，由分馆主任蔡葆真兼任主任，购书费、经费均由北平市立图书馆拨给。

是年，北平市图书馆协会编印的《北平市图书馆一览》记录了北平市立图书馆基本情况：

1. 人员：职员22人（含馆长、主任）；

2. 组织：分总务、采编、阅览、研究辅导四部；另中山公园设分馆一处；

3. 藏书：137694 册（中文书 115972 册，外文书 8908 册，中、日杂志 12814 册）；

4. 购书费：无固定购书费，临时请拨；

5. 开馆时间：每日上午 9 时至下午 5 时，馆员轮休，周日开放；

6. 分类：古籍用"四库法"，新籍采用刘国钧的"中国图书分类法"。

北平市儿童图书馆基本情况：

1. 人员：职员 6 人；

2. 藏书：12000 册；

3. 开馆时间：上午 9 时至 12 时，下午 3 时至 6 时半；

4. 分类：采用"朱励安氏儿童分类法"；

5. 经费：无固定购书费。经费在总馆内。

北平市立图书馆分馆基本情况：

1. 人员：6 人（主任 1 人，已在市馆计数）；

2. 藏书：45362 册，含中文线装书 24127 册（总藏书数已在市馆计数）；

3. 阅览人数：日均 100 余人。

10月10日 经北平市教育局批准，北平市儿童图书馆成立，对外开馆，正式挂出"北平市儿童图书馆"牌匾，仍属北平市立图书馆管辖。

是年，北平市立图书馆下半年读者阅览人数锐减，月均为 2259 人次，日均为 75 人次；全年仅购新书 346 册。

1949年—1977年
获得新生　坎坷前行

从西华门大街的北京市图书馆到
国子监的首都图书馆

1949 年

1月31日 北平市解放。

2月7日 北平市立图书馆向北平市教育局申报员工人数。市立图书馆共有职员23人，其中包括市馆15人，分馆和儿童图书馆8人；夫役8人，其中包括市馆6人，分馆和儿童图书馆2人。

2月—6月 北平市军管会和北平市人民政府派路敏等人来北平市立图书馆做调查工作，嘱照常开馆。

6月 北平市立图书馆分馆接收市民高师杜所赠善本书籍164种，1419册，碑帖282种，531册。此批书籍均为古籍珍品，经呈报北平市教育局转呈北平市人民政府发给奖状，以资鼓励。

8月 北平市人民政府教育局派魏元启接管北平市立图书馆、北平市立图书馆分馆和北平市儿童图书馆的工作。

10月1日 中华人民共和国成立，北平市改名为北京市。

10月 根据北京市人民政府指示，北平市立图书馆改名为北京市立图书馆，仍辖北京市立图书馆分馆和北京市儿童图书馆。

北京市立图书馆在本市企事业、机关、火车站、电信局、电车公司、医务单位及合作货栈等地建立图书流通站14个。

是年，北京市儿童图书馆恢复组织"儿童读书会"，最多时有300多儿童参加。但由于受到"入园票"的限制，阅览人数逐渐下降。

据统计，北京市立图书馆共有藏书113997册（其中市立图书馆

106997册,儿童图书馆7000册),报刊70余种。全年增加图书5681册(其中购置3019册,受赠2662册)。全年接待读者9.3万人次(其中市立图书馆5.5万人次,儿童图书馆3.8万人次)。

1950年

1月　北京市立图书馆成立"图书审查委员会",拟定审查标准,将带有反动宣传的、封建的、法西斯的、淫秽的、已失时效的书籍共2751种3858册,分别封存或注销。至4月底,图书审查工作结束。

2月　北京市立图书馆增设新闻阅览室,增加阅览座位20席,报纸由原来的38种增至60种,各省市级主要报纸基本齐全。原新闻杂志阅览室增辟为第二阅览室,有杂志和外文图书,杂志由原来的126种增至225种。

3月　为方便不能来馆的读者,北京市立图书馆开展图书外借业务,采用有保借书的办法(铺保或机关保证,取消借书交押金的办法)。截至年底共有237人办理外借证,外借图书1846册。

4月　北京市立图书馆读者服务处成立,服务内容主要是解答读者咨询,指导读者阅读。

6月21日　北京市立图书馆成立暑期升学辅导处,以帮助学生升学和择校为目的。辅导处特征集全国专科以上学校和北京、天津两市中等学校的概况,以及1949年度的有关考试试题、职业学校毕业分配的参考资料等,同时购买大量升学参考书,设专架陈列。截至9月底,来馆阅览的青年学生有14491人,馆员解答学生咨询126条。

10月4日　北京市立图书馆分馆、北京市儿童图书馆,由中央公园迁移至和平门外韩家潭20号,并举行开馆典礼,5日正式开放,馆内设成人部和儿童部。北京市中苏友好协会，在馆内设中苏友好阅览室，备有大批中苏友好的读物，于当日同时开幕。

10月14日 北京市立图书馆改名为北京市图书馆，启用新钤记。

10月 北京市图书馆分馆和北京市儿童图书馆迁入和平门外韩家潭新址后，设有阅览座位250席。

11月13日 北京市图书馆设立抗美援朝、保家卫国资料阅览室，并正式开放。

11月 北京市图书馆分馆开展图书外借业务，外借范围仅限于附近宿舍的职工和持有属区中苏友好协会证的读者，共有86人办理外借证，借书269册。

北京市图书馆完成全部图书卡片的核对、誊写工作，共更换卡片4468张。该项工作从年初开始，主要是进行图书、目录卡片的核对工作，全馆人员每天下班前半小时帮助誊写残缺、损坏的目录卡片。

是年，北京市图书馆购进和征集中外文图书3273种7233册；期刊225种（1949年为126种），报纸60种（1949年为38种）。

北京市图书馆全年开馆312天，借阅110203人次，日均借阅353人次，比1949年日均借阅177人次增加176人次。北京市图书馆分馆和北京市儿童图书馆迁入新址后，开馆76天，成人读者10837人次，日均143人次，儿童读者83870人次，日均1104人次。

1951年

9月1日 北京市图书馆副馆长魏元启、股长刘德元从大灶包干制待遇改为薪金制待遇，魏元启月支薪米440斤，刘德元月支薪米380斤。

8月—11月 北京市图书馆召开读者座谈会，讨论《平原烈火》《新儿女英雄传》《吕梁英雄传》三部作品，参加座谈会的读者包括工人、学生、军人、机关干部等，三部作品的作者徐光耀、孔厥、袁静、马烽受邀出席与读者见面。

是年，北京市图书馆的个人外借，因受"取保"的限制，全年借书仅为671人次，4968册次。北京市图书馆发展图书流通站25个，多为工厂、手工业合作社、部队等，逐步明确了"为工农兵服务"的办馆方向。

1952 年

1月11日 北京市图书馆"三反运动"开始，半天闭馆搞运动，北京市图书馆分馆全天闭馆搞运动。

3月1日 北京市图书馆任命刘德元为检查小组长，自此开始全天闭馆搞运动，直至3月底，反贪运动段初步结束才恢复全天开馆，北京市图书馆分馆于5月恢复开馆。

3月 北京市图书馆副馆长魏元启调离，北京市文化事业管理处委任社会文化科科长张艾丁代理北京市图书馆馆长职务。

5月2日 北京市图书馆增开通俗读物阅览室。

5月 北京市图书馆取消"有保外借"方式，实行"读者登记制度"。规定凡本市的工人、干部等读者，持本单位开具的"保证函"（无工作单位的读者，可持户口簿和派出所保证函），即可来馆登记，领取免费外借证。北京市图书馆特增加大量复本，供读者外借。

北京市图书馆成立读者服务部，解答读者咨询，指导读者阅读。

7月12日 北京市文化事业管理局委任薛汕为北京市图书馆副馆长（后为馆长），免去张艾丁代理图书馆馆长职务。

是年，北京市图书馆全年购进图书16824册，总藏书量达18万册。因实行"读者登记制度"，个人外借量达3267人，外借图书18416册次，集体外借单位和图书流通站发展到103个，外借图书27709册次。

1953 年

2月 北京市图书馆馆址由宣武门内头发胡同迁至西华门大街35号，扩充为"总馆"，馆舍面积由700平方米增至1700平方米，藏书由10.7万册增至39.4万册。馆长下设秘书室、采编部、阅览部、读者服务部（后改为推广部），撤销原事务部、辅导部。

3月 北京市图书馆建立西单分馆，馆址在宣武门内头发胡同22号（原北京市图书馆旧址），西单分馆设阅览室、报刊阅览室和个人外借处，阅览座位104席，藏书4万多册，由总馆拨送。蔡葆真任西单分馆主任。撤销设在儿童图书馆内的分馆。儿童图书馆扩充，设高、中、低级三个阅览室，共有阅览座位309席。

北京市图书馆接收北京市中苏友好协会移交的图书42886册，以中华人民共和国成立后出版的新书和俄文书为主。撤销设在北京市儿童图书馆内的中苏友好阅览室。

4月 北京市图书馆成立"书刊交换文库"，对本市党政机关、团体、学校等单位，以及个人开展书刊交换工作，实行不等价交换，达到"互通有无，互补残缺"的目的。北京市图书馆共换到期刊10217册，解决了总馆、分馆及儿童图书馆多年以来基藏期刊残缺的问题。

5月—1954年12月 经北京市文委批准，北京市图书馆前后四次接收文物组移送来的中外图书35263册，其中包括古籍线装、经卷、碑帖及外文图书。

是年，北京市人民政府将没收的、原法文图书馆的全部中外文图书17万册（内有古籍线装书84203册），移交北京市图书馆，以丰富馆藏。

北京市图书馆首次举办业务辅导讲习班，对北京市各文化馆等单位的图书管理人员进行业务培训。

北京市图书馆根据"为生产服务""为工农兵服务"的方针，确定了工厂、工地、手工业生产合作社、农村、部队等为本馆的重点服务对象，以此开展图书流通工作，并明确提出设立图书流通站为全馆的重点工作。

北京市图书馆改用《东北图书分类法》对新中国成立后出版的新书进行分类，并制定分编工作流程和管理办法。实行工段责任制，改用油印卡片，统一图书登录，建立藏书动态簿。

北京市图书馆接收各单位移交、捐赠图书255790册，购置图书34715册，共计290505册。

北京市图书馆共举办报告会、座谈会13次，共有读者2916人参加。

1954 年

4月 据统计，北京市图书馆有流通图书馆171个，其中工厂工地16个，手工业生产合作社92个，农村3个，部队59个，其他1个，月均流通图书7295册次。外借小组132个，其中工人53个，农民3个，士兵20个，干部30个，学生9个，其他17个，月均流通图书2224册次；馆内阅览和个人外借在册登记的读者7080人，其中工人857人，农民2人，士兵258人，干部1585人，学生3015人，其他1363人，月均流通图书6048册次；儿童读者月均来馆8865人次，建图书流通站40个，月均流通图书1759册次。外借小组165个，月均流通图书2390册次。

5月27日 根据北京市人民政府指示，北京市图书馆接收孔德中学（北京二十七中学前身）图书馆的古籍线装书47159册，其中包括部分外文书和旧平装书，从而为北京市图书馆的古籍线装藏书奠定了基础。

9月 文化部社会文化事业管理局、北京图书馆、北京大学图书馆学系，联合举办第一届公共图书馆工作人员训练班，全国有84人参加。北京市图书馆的周毓瑜参加了该训练班。

是年，鉴于古籍线装图书的大量增加，根据北京市人民政府指示，北京市图书馆筹建天坛参考阅览室，在天坛神厨大殿，集中30余人（雇用部分临时工）整编近年来接收的古籍线装图书和外文图书共计

489172册。

北京市图书馆编印《图书馆管理员》小册子，油印后发至本市各图书流通站和有关单位。

北京市文化处任命黄真为北京市图书馆副馆长。

是年，北京市图书馆（总馆）所属业务机构有：北京市儿童图书馆、秘书室、采编部、阅览部、读者服务部（后改为推广部）西单分馆、天坛参考阅览室。

1955 年

1月18日 北京市图书馆的天坛参考阅览室开放。可供借阅的图书约有18万册，内容包括古典文学、金石文物、医术、地方志、各种目录和有关经济建设方面的参考工具书，以及新中国成立前的参考资料。

2月24日 北京市图书馆馆长薛汕调离，北京市文化处任命副馆长黄真主持全面工作。

3月3日 北京市文化局正式成立。北京市图书馆隶属北京市文化局。

北京市总工会宣传部、北京图书馆、北京市图书馆联合举办工会图书馆学习班，有38个工厂、企业工会图书馆专职管理员，共45人参加学习，该学习班于4月14日结束。

7月2日 文化部向全国公共图书馆发布《关于加强与改进公共图书馆工作的指示》，该指示主要阐明了我国图书馆事业的性质及其在社会主义建设中的地位和作用；明确了图书馆事业为无产阶级政治服务，为社会主义建设服务，为工农兵服务的方针。同时正确阐述了为工农兵读者与为广大学生、干部、知识分子服务的关系，明确指出两者不应有所偏废；还明确规定了公共图书馆担负着普及与提高并举的任务。

7月28日—10月20日 国务院发布《关于处理反动的、淫秽的、荒诞的书刊、图画的指示》后，北京市文化局对本市图书进行清查，共调集15名干部，对本市租书业等进行审查。北京市图书馆派人员参加。

8月18日　北京市图书馆第一届党支部选举成立。黄真为支部书记，徐华民为副书记。共有正式党员6名，预备党员1名。西单区委的党总支书记冯侠出席成立会。

8月　北京市图书馆副馆长黄真调离，北京市文化局任命刘德元为副馆长，主持全面工作。

9月13日　北京市图书馆接待来馆参观的苏联图书馆专家雷达娅女士。

10月12日　北京市图书馆接收北京市公安局七处移交的图书15万册；接收中共中央秘书局第三处赠送的科技图书900余册；接收故宫博物院赠送的《清史稿》《万朝诗文集》《九朝圣训》等1000余册。

11月　北京市图书馆接收北京图书馆移交的流动图书车1辆及图书36315册。

是年，北京市图书馆举办"作家与读者见面会""朗诵会""图书灯谜晚会"等活动。《暴风骤雨》作者周立波、《把一切献给党》作者吴运铎、鲁迅的生前好友孙伏园及北京人民艺术剧院的郑镕等受邀来馆作报告，或朗诵诗歌。

北京市图书馆总馆位于西华门大街35号，下设西单分馆（宣武门内头发胡同22号）、儿童分馆（和平门外韩家潭22号）、天坛参考阅览室（天坛内神厨），共有藏书45万册，共有阅览座位531席，设有工厂、工地、农村等150个图书流通站。

北京市图书馆总藏书量为706473册。全年总借阅人次为224775人，其中个人外借47926人。共举办报告会、座谈会17次，共有读者4973人参加。

文化部和北京市人民政府拨款70万元修缮国子监，工程于1956年10月竣工。

1956 年

2月 根据北京市人民政府的指示，北京市文化局拨专款20万元，责成北京市图书馆负责筹建城区图书馆。为此，北京市图书馆设立区图书馆筹备组，负责筹建馆舍、购置家具设备以及图书采购、整编等工作，筹备组按照7个城区图书馆（东单、东四、西单、西四、崇文、前门、宣武）的建置规模采购图书，分类采用《中小型图书馆图书分类表（草案）》。

3月3日 北京市教育局、北京图书馆、北京市图书馆联合举办北京市中学图书馆管理员学习班。北京市教育局副局长、北京图书馆、北京市图书馆和北京大学图书馆学系的代表到会并讲话。该学习班共有90个中学（后增为108个中学）的学员参加。

6月 北京市图书馆又增加了1辆图书流动车，送书上山下乡，在郊区农业生产合作社建立图书流通站25个。

北京市图书馆开展"肃反运动"，半天闭馆搞运动，至7月恢复开馆。其间，有2人被划为"历史反革命分子"，在馆内管制。

7月5日—13日 文化部在北京召开全国图书馆工作会议，主要内容是讨论研究图书馆如何为科学研究服务的问题。会议指出图书馆工作的基本任务是为科学研究服务和为普及文化教育工作服务，两项任务互相联系，不可偏废。为此，《人民日报》于1956年7月15日发表《全国图书馆工作会议讨论图书馆工作为科学研究服务问题》的文章;《光明日报》于1956年7月24日发表《图书馆为科学研究服务》的社论;《人民日报》于1956年8月28日发表《向科学进军中的图书馆工作》的社论。

9月22日 东四区图书馆在东四北大街248号开馆,藏书20184册,工作人员8名,馆舍面积250平方米,主任刘福慧。

10月 根据北京市人民政府指示,北京市图书馆由西华门大街35号迁入国子监,将原西单分馆和天坛参考阅览室并入,北京市图书馆改名为首都图书馆。迁入国子监的首都图书馆馆舍面积由1953年的1700平方米增至7700平方米,职工人数由59人增至70人,藏书由39.4万册增至79.9万册。

11月23日 崇文区图书馆在崇外火神庙大石桥25号开馆,藏书15700册,工作人员8名,馆舍面积240平方米,主任邝宗河。

12月3日 西单区图书馆在西华门大街35号开馆,藏书约50000册,工作人员9名,馆舍面积约900平方米,主任隰惠民、郭菏萍。

12月20日 前门区图书馆在和平门外韩家潭20号开馆,藏书20000册,工作人员8名,馆舍面积535平方米,主任蔡葆真。

12月28日 东单区图书馆在东总布胡同38号开馆,藏书15000册,工作人员7名,主任杨善政代。

12月 北京市儿童图书馆由韩家潭迁至头发胡同22号的原西单分馆馆址,根据北京市人民政府指示,改名为北京市少年儿童图书馆。该馆虽未正式建制,但在藏书、经费、人员方面有一定的独立性,只是由首都图书馆代管。馆舍面积得到扩充,原韩家潭馆址,改建前门区图书馆。

是年,首都图书馆所属业务机构有:北京市儿童图书馆、辅导部、参考部、阅览部、办公室、东四区图书馆、崇文区图书馆、西单区图书馆、前门区图书馆、东单区图书馆。

首都图书馆及所辖的北京市少儿馆及各区馆共有职工122人（首都图书馆70人、北京市少儿馆12人、各区馆40人），藏书共有99.2万册（首都图书馆79.9万册、北京市少儿馆7.2万册、各区馆12.1万册），馆舍面积10845平方米（首都图书馆7700平方米、北京市少儿馆700平方米、各区馆2445平方米）。

1957 年

1月　首都图书馆迁入国子监新址后，全国人大常委会副委员长郭沫若为首都图书馆题写馆名。

1月15日　首都图书馆第二届党支委会选举成立。刘德元为书记，徐华民为副书记，宋坤玉、隰惠民、李恩存为支部委员。计有正式党员11名，预备党员4名。

3月18日　首都图书馆举行开馆典礼，并于19日向广大读者开放。

4月　首都图书馆将原推广部向流通站出借的图书50000多册（含连环画、通俗读物），移交已开馆的各区图书馆，从此城区的流通站工作由各区图书馆负责。

5月　首都图书馆开展"整风反右运动"，并编印内部刊物《前锋》。期间，有3人被划为"右派"（1980年4月平反）。

9月　北京市文化局任命梁丹为首都图书馆副馆长。

10月—11月　首都图书馆为庆祝"十月社会主义革命40周年"，在国子监辟雍内举办图书、图片展览。北京市少年儿童图书馆举办报告会。东单、东四、崇文、前门、西单等区图书馆举办"苏联人造卫星""苏联40年的伟大成就"等报告会及图书宣传推荐活动。

是年，遵照1956年7月全国图书馆工作会议的精神，省级公共图书馆，以为科学研究服务为主要任务，进行机制调整。在馆长领导下设4部1室，即阅览部、参考部、采编部、辅导部和办公室。后撤销参考部。

首都图书馆编印《馆藏中国医药书目（初编）》，收录馆藏中医线装古籍和新中国成立前出版的中医图书2000多种。

1958 年

1月 根据北京市文化局指示,首都图书馆将1956年建立的东四、崇文、前门、西单、东单5个区图书馆和尚未开馆的西四图书馆,移交各区政府管辖。从此,首都图书馆对各区图书馆只做业务辅导工作。

1月9日 首都图书馆党支部改选,刘德元为支部书记,梁丹、宋坤玉为支部委员,共有党员24人。

3月21日—25日 文化部在北京召开全国省、自治区、直辖市图书馆工作跃进大会,会上各馆进行"挑战应战",向全国图书馆工作者提出"十比"的倡议书。首都图书馆、北京市少年儿童图书馆和5个区图书馆的代表在大会上发言。首都图书馆提出全年流通550万册次的竞赛指标,向上海图书馆、天津图书馆应战,向辽宁图书馆、重庆图书馆挑战。

4月 首都图书馆采编部对购入的中文新书及时分编,做到当天与读者见面。

5月 北京市文化局将计划用于扩建首都图书馆书库的14万元基建费,改拨各郊区,作为建立郊区图书馆的经费。

6月 《图书馆工作》编委会与首都图书馆共同召开图书馆工作者座谈会。座谈在图书馆工作中贯彻执行总路线,宣传总路线,以及配合技术革命,做好图书馆工作等问题。

8月 北京市委文化部在天坛召开北京市文化工作上山下乡动员大

会，市委书记处书记陈克寒作动员报告。会后组成文化工作队，首都图书馆派8人分赴丰台、大兴、顺义、房山、门头沟搞群众文化工作，并协助各郊区建立图书馆。工作队3个月为一期，连续派出3期。

《图书馆工作》第8期刊登首都图书馆副馆长刘德元撰写的《在总路线的指引下，首都图书馆继续跃进》的文章，主要内容是介绍首都图书馆上半年的跃进成绩和下半年的跃进计划。

9月20日 北京市图书馆中等业余学校开学。在北京市文化局、北京市教育局、北京市工会宣传部的领导下，由首都图书馆、北京图书馆、北京市教师进修学校、劳动人民文化宫图书馆共同组成校委会，聘请北京大学图书馆学系人员担任顾问，招收本市各图书馆的人员250名，学制一年，讲授图书馆的基本知识课，每周授课半天。

9月 首都图书馆与北京图书馆联合在密云水库工地建立密云水库图书馆，藏书约40000册，派干部3人（首都图书馆1人、北京图书馆2人），在工地开展图书流通服务工作。此项工作至1960年10月结束。

9月—10月 首都图书馆派人员协助顺义区、大兴区整理图书，筹备区图书馆。两馆分别于9月28日、10月1日开馆借书。两馆并未单独建制，只是对外挂图书馆牌匾，仍属区文化馆管辖。

10月 首都图书馆冯秉文编辑的《全国图书馆书目汇编》一书由中华书局出版。

11月 首都图书馆成立北京地方文献组，设立专藏书库，并以行政调拨的方式将全馆各个库藏中的所有北京地方文献品种，按库本1册、复本2册划拨到专藏库，如原库藏册数在3册以下的全部调拨。

1959 年

1月 首都图书馆调整机构，设立办公室、阅览部、采编部、辅导部4个部门。为加强直接领导，增加服务部门的人力，将原阅览、参考两部合并，名为阅览部。部下设阅览、外借、报刊、宣传、工厂、农村、古籍参考、外文8个组。

2月 首都图书馆进行关于批判"资产阶级图书馆学术思想"的学习。

4月13日 首都图书馆召开部分区图书馆负责人座谈会，学习《社会主义图书馆学概论（初稿）》。

4月 首都图书馆以大兴县王立庄大队和京棉三厂为试点，开展工厂、农村的读书活动，总结经验以推动全市图书馆的读书活动。

5月 北京图书馆与首都图书馆合编的《北京地方文献联合目录（初稿）》出版，该目录共收北京地方文献书刊2200余种。参加编辑的有北京、南京、上海、辽宁、湖北、甘肃等地区的13个图书馆。

4月—5月 首都图书馆遵照北京市文化局的指示，到怀柔、平谷、密云、延庆四县的文化馆了解图书工作情况，并协助各馆整理图书，开展流通工作，还用"图书流通车"送书5000多册，定期更换。

6月1日 北京市少年儿童图书馆举办"六一"读书征稿展览会，共展出稿件355篇。

7月10日 根据中共北京市委员会、文化部决定，北京图书馆与首都图书馆联合成立中共总支部委员会，并实行党委领导下的馆长负责制。总支部委员有丁志刚（书记）、左恭（副书记）、康鸿禄、何瀛洲、毛勤、王一飞、刘德元。

7月　成立共产主义青年团北京图书馆、首都图书馆总支委员会，委员有刘德元（书记）、倪志渔（副书记）、肖伦展、韩维、周重章、任敬厚、赵祥云。

7月—11月　遵照北京市文化局会议决议，首都图书馆举办在职干部转业学习班，以郊区、县图书馆、文化馆、文化站的图书管理员为主，食宿均在首都图书馆，每期20天左右，每期20多人，共办2期。

9月4日　首都图书馆邀请北京市属公共、工会、中学三个系统15个图书馆的代表开座谈会。会上，代表们一致拥护党的八届八中全会的决议精神，表示要以实际行动响应党的号召，并纷纷提出跃进计划。

《图书馆工作》第10期刊发了首都图书馆、北京市少儿馆、朝阳区馆、崇文区馆、北京电车修理厂和北京31中学图书馆的新中国成立十周年献礼的工作计划。

9月—10月　适逢国庆十周年之际，首都图书馆在国子监辟雍举办建国十周年大型优秀文学作品展览和宣传新中国成立十年成就的展览。

10月　北京市文化局副局长孙承佩在《图书馆工作》第10期发表题为《贯彻党的总路线，进一步开展图书馆工作》的文章。文章指出："今后图书馆工作，要积极地配合党的各项中心工作，继续贯彻总路线，反对右倾，鼓足干劲，千方百计地为满足读者着想，深入基层，开门办馆，尽一切可能适应群众日益增长的读书要求。"

11月　北京图书馆副馆长丁志刚在北京市直属文化单位先进工作者运动大会上发言，代表北京图书馆全体员工向大会表决心，并向首都图书馆及其他兄弟文化单位提出竞赛条件。

12月　北京市委农村工作部、文化部在丰台区郭公庄文化站召开现场会，各区县长、文化部长、文化科长、文化馆长、图书馆长等200多人参加会议，主要内容是推广郭公庄文化站开展文艺宣传和图书馆工作的经验。同时，对首都图书馆指导和支持基层文化工作予以表扬。

是年，首都图书馆与北京广播电台合作，举办"每周一书"节目，向读者推荐图书。

在图书馆设备和工具改革中，首都图书馆职工丁尚瑾改制成功的"自动盖章打号机"试用和推广。

首都图书馆编辑《馆藏中国戏曲书刊目录（初稿）》，收录馆藏中国传统戏曲书刊4312种；编辑《馆藏北京金石拓片目录（初编）》，收录馆藏北京市内及部分郊区碑石拓片1414件；编辑《馆藏中国文学古籍参考书目》。

首都图书馆组织报告会等读者活动45次，共有读者23191人参加，举办各种展览32次。

1960 年

2月9日 首都图书馆邀请北京市部分区馆和工厂工会图书馆的代表举行座谈会，交流学习毛主席著作为读者服务的经验体会。会上，崇文、西城、宣武、朝阳区馆，京棉三厂，电车修理厂图书室及首都图书馆辅导部等单位的代表发言。

2月15日 根据北京市文化局指示，首都图书馆调拨给亚非研究所西文图书2085册，其中英文1933册，法文130册，德文22册。

2月25日—29日 北京市召开教育、文化、卫生、体育方面社会主义建设先进单位和先进工作者大会。首都图书馆工厂农村组被评为先进集体，卢景云、梁国桢、李楚琴3人被评为先进个人。

4月2日《北京日报》发表题为《让图书为生产配钥匙——首都图书馆为工厂农村送书上门》的文章。

5月25日—29日 北京市各系统图书馆技术革新展览会在首都图书馆举行。

9月 北京市图书馆干部进修学校开学（原名为北京市图书馆中等业余学校），学期为三年制，增加了政治时事课和书籍知识课，学员为200多人。

11月11日 根据北京市文化局的通知，北京图书馆自11月16日起，隶属中央文化部领导。原中共北京图书馆、首都图书馆总支委员会分别改为中共北京图书馆总支委员会和中共首都图书馆支部委员会。

刘德元任首都图书馆党支部书记。

11月21日 根据北京市文化局的指示，北京市少年儿童图书馆由头发胡同迁出，并入首都图书馆，对外保留名称和牌匾。并入首都图书馆后，少年儿童图书馆的图书借阅和藏书工作由首都图书馆阅览部统一管理，辅导工作由辅导部统一管理。原馆址头发胡同的房屋交由北京市文化局统一支配。

12月 首都图书馆抽调干部刘景田等17人到南口农场食品加工厂下放劳动，至1962年陆续回馆工作。

是年，首都图书馆编辑《首都图书馆藏中国小说书目初编（"五四"以前）》，收录旧小说4422种。

首都图书馆总藏书量为126.1万册。

1961 年

2月　为贯彻党的"调整、巩固、充实、提高"八字方针，首都图书馆精简人员，调整机构为3部1室1馆。即阅览部、参考部、辅导部、北京市少年儿童图书馆（对内称少儿部）。

3月　北京市文化局将群众文化处所管辖的图书馆工作，移交文物出版处管辖。

北京市文化局文物出版处与北京出版社商定，凡北京出版社出版的图书，均赠送2册给首都图书馆北京地方文献书库入藏，自此建立了呈缴本制度。

3月—1964年11月　首都图书馆组织北京市教育局下放的部分中学教师、北京市人委、北京市文联、北京市文化局下放的干部30余人，从事中外文图书资料整理工作，主要编制《北京地方文献报刊资料索引》和抄录、补充《车王府曲本》。《北京地方文献报刊资料索引》收录了从清末至1963年的2800多种报刊中检索出来的条目，共计7000余条。

5月　在北京市文化局领导下，首都图书馆与北京市新华书店成立联合审书组，编印《推荐书目》多种，并编辑《多读好书》小报，印发给各区县图书馆和新华书店等处。

6月　由首都图书馆、中国京剧院、中国评剧院、北京人民艺术剧院、中国青年艺术剧院五家倡议，组织北京地区艺术表演单位30多家，成立戏剧协作组。以首都图书馆为中心开展剧目、剧本交流活动。此项工作对新剧目的编制、排演、剧目的宣传起到了积极作用,为此,《人民日报》《光明日报》《北京日报》均有报道。

9月28日 北京图书馆与首都图书馆联合举办纪念鲁迅先生文艺晚会。

10月 北京市文化局在平谷县文化馆召开现场会,推广建立图书交换站的工作经验,各区县文化馆、室100多人参加会议。

11月—12月 为准备1962年即将召开的北京市区县图书馆工作会议,首都图书馆根据北京市文化局的指示,对区县图书馆工作进行调查。经过两个月的深入调查,撰写了《关于农村青年阅读图书情况的调查报告》和《顺义县图书馆藏书情况的调查报告》。

是年,首都图书馆先后在全市的大型工厂技术资料室组织了电子、机械、化工和中小型工厂的四个科学技术资料协作组,有30多个工厂参加,各成员之间开展资料互借,联合编制专题书目等工作。

1962 年

2月 首都图书馆编制《北京地方文献分类表》，该分类表共分17大类，用以分编北京地方文献藏书。

2月19日—27日 北京市文化局召开市、区县公共图书馆馆长、县文化馆图书组负责人会议，总结市、区县图书馆工作，讨论布置1962年市、区县图书馆方针任务和重大的业务工作。

3月—9月 首都图书馆调整线装书库，建立古籍线装书基藏书库、善本书库、古籍线装复本书库，历时7个月完成，从而为古籍线装藏书奠定了良好的基础。

5月 修读三年的北京市图书馆干部进修学校220名学员结业。

首都图书馆举办图书馆业务基本知识班，4个月为一期，正式学员74人。此外还有公共图书馆和新华书店的100多人旁听，总人数200人左右。

是年，首都图书馆为加强与各区图书馆的联系，组织5个区图书馆（东城、西城、崇文、宣武、朝阳），每季度召开一次市、区图书馆馆长联席会，会议内容主要为交流工作情况、研究业务问题。在第一次馆长联席会上，确定了各图书馆业务统计工作要做到口径一致，统计标准一致，基本上纠正了"大跃进"中虚假统计的状况。

1963 年

3月4日 根据北京市文化局的通知，任命王斐然为首都图书馆副馆长。

4月—5月 首都图书馆开展"新三反运动"。运动于6月份结束，个别检查和查账工作于年底结束。

6月24日—7月7日 首都图书馆举办北京地方文献展览，共展出中、日、俄、英、法等文字的文献资料千余种。此次展览邀请了北京市领导、学术团体负责人、科学院、大专院校、戏曲工作者、报社、出版社、新闻编辑、工程技术等各界人士以及各个图书馆的人员前来参观，共计280多人。北京市委书记处书记邓拓和副市长吴晗等来馆参观。

9月 首都图书馆、北京图书馆、中国农业科学院图书馆、内蒙古农牧学校图书馆、内蒙古科技图书馆建立馆际互借关系。

10月27日 为纪念曹雪芹逝世200周年，北京市文联、北京图书馆、首都图书馆联合举办报告会，由吴组缃主讲"读《红楼梦》的几点体会"。

是年，副馆长刘德元撰写的《省市图书馆怎样为农村服务问题》论文、靳秀学（辅导部集体研究，王璇晖执笔）撰写的《北京市图书馆干部进修学校四年的回顾》论文在《图书馆》1963年第2、第3期上发表。

1964年

1月7日 首都图书馆党支部改选，孙裕之任党支部书记，刘德元任副书记，郭荷平任支部委员。共有党员13人。

2月7日 根据北京市人民委员会1964年2月7日的通知，北京市文化局任命孙裕之为首都图书馆馆长。

2月8日 首都图书馆举行新春联欢晚会，与广大读者共度春节。

2月17日 首都图书馆派李楚琴等10人，先后到密云县东邵渠、塘子公社搞"四清运动"，于是年9月回馆。

10月 首都图书馆派刘德元等9人去通县胡各庄公社八各庄大队等地搞"四清运动"。于1965年7月结束回馆。

是年，首都图书馆的中心任务是为阶级斗争服务，积极占领社会主义文化阵地。个人外借处出借毛主席著作6997册，比往年增长10多倍。"四史"读物出借4839册。全年举办图书陈列及宣传辅导活动134次，其中以毛主席著作、阶级教育、青年修养为内容的活动71次。农村组全年出借毛主席著作和"四史"读物1.5万册次。一次性采购"四史"书5种8890册，平均每种的复本量为1778册。

首都图书馆组织经验交流会，总结各区县不同类型图书交换站的特点，为各郊区县馆开展图书交换工作提供了一定的借鉴经验。据统计，本年度共有13个郊区县馆建立图书交换站54个，与这些"交换站"有联系的基层图书点发展到3610个。

首都图书馆组织崇文区图书馆开会，会上介绍该馆对租书业进行辅导的工作经验。

首都图书馆组织全馆职工学习毛主席著作，学"大庆"，学"九评"，开展"五好"运动。

1965 年

8月 首都图书馆根据北京市文化局指示，将农村组书库所藏的227364册图书，分别移交给各郊区县图书馆、组。从此首都图书馆对区县馆、组、文化站，只负责业务辅导。

9月 首都图书馆派刘德元等13人，分赴密云县东邵渠、塘子、达岩、溪翁庄等地搞"四清运动"，相关人员于1966年5月至7月先后回馆。

是年，采购大量"四史"图书，复本高达2000册至3000册。

1965年—1966年 首都图书馆先后抽调20多名职工"上山下乡"，配合"四清运动"搞文化工作，下乡蹲点搞调查，分批先后赴延庆、平谷、怀柔、密云、房山等县，主要是总结图书交换站的经验。馆内只留50余人，除坚持日常开馆外，还开展"学大庆、学大寨"、学习毛主席著作和创"五好"的运动。

1966年

5月27日　首都图书馆第一次召开批判"三家村"群众大会。

6月20日　新成立的北京市委派工作组进驻首都图书馆，组长吴文成、陈树人，组员刘振华，该工作组于8月21日奉令全部撤离。

8月20日　在工作组领导下，首都图书馆经群众选举产生"文化革命筹备委员会"，委员共7人，主任高博，副主任任敬厚、郭礼玉，委员武益堂、王慧兰、王文英、朱梅竹。

北京市"四清"工作会议休会，首都图书馆参加会议的刘德元等10人于21日回馆参加运动。北京市"四清"工作会议又于9月1日复会，除刘德元外，其余9人均又去参加会议，此会于1967年3月结束，参会人员全部回馆。

8月21日　新成立的北京市委又派联络员金九如、张钦祖进驻首都图书馆，于9月27日奉令撤离。

9月25日　首都图书馆北京地方文献组，到本市各机关团体、工厂、大专院校，以及郊区、县，广泛征集有关"文化大革命"的文献资料（主要是小报、传单等），编制成卡片式目录，供读者查阅，此项工作至1968年6月，共收集资料404种。

11月　首都图书馆有4名人员退出"文化革命筹备委员会"。

首都图书馆为接待各地来京串联的红卫兵，特此闭馆。自此，首都图书馆被迫闭馆5年，直至1971年7月恢复开馆。首都图书馆参考阅览室为接待读者查阅报刊，始终没有闭馆。

是年，"四史"图书的累计复本达到3000—4000册之多，由于图书种类过分集中，致使无书可买，购书费减至2.7万元，比最高年度1959年的10.6万元减少75%，比过去十年的平均购书费减少48%，使藏书建设受到很大损失。

1967年

1月13日 首都图书馆的"文化革命筹备委员会"由于部分群众"夺权"而解散。首都图书馆又选出"革命造反派组织"领导运动。选出王育才、鲁昌、印国英、葛淑琴、刘玉崑为委员,以接替"文化革命筹备委员会"领导运动。

1月20日 首都图书馆各造反派组织以"走资派""黑帮"等政治性罪名,勒令党支部书记、馆长孙裕之及部分主任、党员"靠边站",予以软禁、批斗。

9月 北京市文化局委派军代表张胜在首都图书馆筹办"学习班",开展"斗私批修",以消除派性。经过协商,首都图书馆又成立"大联合五人小组",推出王育才、马琪章、印国英、王维新、刘晓兰五人领导运动。

1968 年

1月 首都图书馆各类造反派开始以"清队"为名,互相揪出"靠边站"的人员。

9月 解放军毛泽东思想宣传队(简称"军宣队")共10人进驻首都图书馆,戴诚义为队长、杨世明为指导员。7741工厂的毛泽东思想宣传队(简称"工宣队")共24人进驻首都图书馆,丁成礼为队长,朱世祥为指导员。"军宣队"和"工宣队"联合起来领导首都图书馆的"斗批改"运动。

"军宣队"先解放了部分"靠边站"的人员,开始"清理阶级队伍",此项工作一直到1970年。

11月4日 首都图书馆"革命委员会"成立,设委员6人,"军宣队"戴诚义任主任,工宣队朱世祥任副主任。

1969 年

8月 "工宣队"丁成礼、朱世祥等24人奉命先后撤离首都图书馆。

在"军宣队"领导下,首都图书馆除10余人留在馆内,其余职工下放到南口农场第二分场劳动。

12月 首都图书馆职工由南口农场第二分场回馆,并规定全体人员一律住馆。

1970 年

1 月 首都图书馆革命委员会主任戴诚义奉命调离,北京市革委会派军代表于敏仁来馆,任首都图书馆革委会主任。

1 月—5 月 首都图书馆职工自南口农场回馆后,实行半天学习,半天劳动(主要为挖防空洞)的作息时间。

5 月 12 日 首都图书馆全体职工参加大兴县团河农场和猪场的劳动,馆内留一个班(3 班)继续搞"战备劳动",同时接待个别单位来馆查阅旧报纸。同年 11 月,全体职工从团河农场回馆劳动。

12 月 北京市革命委员会决定,将中国人民大学图书馆全部藏书 2700128 册,及家具 4157 件移交首都图书馆统一管理使用,同时调中国人民大学图书馆程德清等 17 人到首都图书馆工作,任命程德清为首都图书馆革委会副主任。自此,首都图书馆建立了统一的基藏书库,以中国人民大学图书馆基藏库为主,补充首都图书馆原基藏书库藏书,以"人大分类法"对馆藏图书进行分编。

1971年

4月 全国出版工作会议在北京召开,国务院颁发《全国出版工作座谈会的报告》。《报告》要求各图书馆"整理藏书,恢复借阅""加强图书评论工作",规定"图书馆担负着宣传马克思主义、列宁主义、毛泽东思想,为三大革命运动服务的重要任务",提出"目前许多图书馆停止借阅状况应当改变"。

4月—12月 首都图书馆职工分批到北京市文化生产基地天堂河农场劳动,参加送肥、插秧、稻田管理及秋收等劳动。

6月 首都图书馆根据《全国出版工作座谈会的报告》的精神,以业务工作的需要调整机构(但仍为班、排编制),同时准备恢复开馆前各项工作。

7月6日 首都图书馆恢复开馆,每周开馆6天,周二至周六,下午3时至8时;周日全天开馆;周一闭馆。

8月20日—31日 北京市召开出版工作座谈会,以贯彻全国出版工作会议精神,首都图书馆和各区县图书馆、组代表参加会议。

9月—12月 为帮助区县图书馆恢复开馆,首都图书馆派员到各馆了解情况,并整理专题材料报局。

10月 首都图书馆将马、恩、列、斯的著作3000余册,支援各区县图书馆。

11月—12月 首都图书馆根据新华书店提供的资料,编制《开放书目》第1期1220种和《提存图书目录》(内部),印发给各区县图书馆、组参考。同时,北京市少年儿童图书馆编制《少儿读物开放图书目录》,印发给各区县馆、组。

12月 首都图书馆革命委员会主任于敏仁调回部队,刘德元任首都图书馆革委会主任。

是年,首都图书馆根据北京市革命委员会的指示,接收北京政法学院图书馆藏书23万册及家具等。

首都图书馆接收中国新闻社图书1万余册,接收北京市法律学会图书2万余册。由于多次接收图书,首都图书馆的藏书由120万册增至387万册,但绝大多数藏书仍被禁锢,至首都图书馆恢复开馆时,可公开借阅的书刊不过2000余种。

1972年

1月—4月 首都图书馆编制供区县图书馆参考使用的《开放目录》第2、第3期，印发给各区县图书馆、组。

4月20日 首都图书馆邀请各区县图书馆、组负责人，总结和座谈"整理图书，恢复借阅"工作中的经验和问题。共有50多人参加，由丰台、昌平、平谷馆的代表重点发言；首都图书馆刘德元作中心发言。

5月18日 首都图书馆召开"图书评论"座谈会，各区县馆、组工作人员及工厂、农村、部队的读者共计300多人受邀参加。

7月26日 首都图书馆调整业务机构，将政治资料室、工厂的集体外借部和联系区县馆的辅导组三部分合并为第三班，常杰任班长。

12月 韩庚等新员工5人入职首都图书馆工作。

1973 年

4月20日　首都图书馆召开图书馆工作经验交流会，有各区县图书馆，市、区级工厂工会图书馆、室，农村公社、大队图书室和部分读者共86个单位、129人参加会议。会上，顺义县龙湾屯大队、曙光电机厂、光华木材厂等8个单位的代表介绍工作经验。

11月26日—30日　北京市委文卫组在大兴县召开北京市文化出版工作会议，北京市属各局、各区县文化主管部门，市、区县图书馆、室部分代表130多人参加会议。会议提出首都图书馆有责任对各区县图书馆、室和基层图书馆、室进行业务辅导和培训专业人员，同时提出1974年将召开一次全市图书馆工作会议。

12月　首都图书馆恢复原辅导部，以加强对区县图书馆和基层图书馆、室的业务辅导工作。

是年，首都图书馆借阅图书28.4万人次，66.3万册次，开馆300天，日均借书947人，2210册。

1974 年

3月5日 根据北京市文化局的指示，首都图书馆承担召开北京市图书馆工作座谈会的全部准备工作，经会议决定从即日起集中人力，对各区县图书馆、室和各类型基层图书馆、室进行调查研究，总结典型经验。

8月 首都图书馆为准备召开北京市图书馆工作会议和举办图书馆员专业学习班，特派苏玉长、王璇晖、杨善政于19日至23日赴天津市图书馆参观学习。

9月18日 陈讷等新员工18人入职首都图书馆工作。

1975 年

5月5日 首都图书馆、北京大学图书馆学系共同举办北京市区县图书馆业务人员短训班，食宿均在北京大学，前后共办2期，每期3周，共有124人参加学习，其中区县馆94人参加。

5月8日—10日 经北京市委批准，北京市文化局召开北京市图书馆工作座谈会。北京市属各局（公司、总厂）、区县文化局（室、科）、区县图书馆、室的有关人员参加会议，同时邀请了国家文物局图书馆处、团市委、市工会等单位参加会议，参会人数100多人。首都图书馆负责全部会务工作。会上，东城区图书馆、密云县文化馆图书组等8个单位的代表介绍经验，北京市委文教组组长王力民、北京市文化局革委会主任吴林泉到会并讲话。

5月21日 首都图书馆、劳动人民文化宫图书馆联合举办"文学评论"讲座。讲座共分10个专题，每周1—2讲，历时4个月，有129个单位的813人听讲。

6月26日 首都图书馆、劳动人民文化宫图书馆联合在中山公园音乐堂举办"浩然谈创作"大型报告会，到会人数约3000人。

7月1日 首都图书馆采用《中国图书馆图书分类法》对新书进行试分类。

11月22日 首都图书馆派到密云县双井大队、怀柔县前桥梓大队、房山县七贤大队的3个分队，对各大队的图书室工作进行辅导，每队

3至5人组成，每期一个月，定期轮换。

12月30日 李诚等新员工30人入职首都图书馆工作。

是年，首都图书馆、劳动人民文化宫图书馆联合在北京市属局（公司、总厂）工会举办图书馆、室业务人员短训班，每班3至5人，讲授图书馆基本知识。北京市矿务局、北京市石化总公司、北京市仪表局、首钢公司、北京市铁路局、北京市一轻局的208个工厂的249名业务人员参加学习。

1976年

2月 首都图书馆召开全馆大会,欢送孙曼云、王玉华、封世英、于炳熙、穆江山、何蕴秋、于国秀、金伯文、佟维熙、李荣曾10人光荣退休。

5月18日 首都图书馆举办第三期区县图书馆业务人员学习班,有53人参加,食宿均在首都图书馆,首都图书馆担任全部课程的讲授,学习时间21天,至6月5日结束。

7月8日—9日 首都图书馆邀请各区县图书馆、室负责人,传达国家文物局图书馆处在泰安县召开的省(区、市)图书馆工作会议精神,并介绍泰安县图书馆艰苦奋斗办馆和深入社队服务的经验。国家文物局图书馆处处长胡耀辉到会并讲话。

7月28日 河北省唐山市发生强烈地震,波及北京地区,首都图书馆因部分房屋存在危险,闭馆约一个月。

8月 首都图书馆派人员赴唐山市协助地震中遭受破坏的唐山市图书馆整理图书、开展工作。

10月 党中央粉碎"四人帮","文化大革命"结束。首都图书馆开始清理1966—1976年间出版的图书。

是年,首都图书馆党支部被评为北京市先进党支部。

1977年

1月21日　国家文物局邀请北京图书馆、北京大学图书馆、首都图书馆等单位就编制《全国古籍善本书目》进行座谈。

3月—10月　首都图书馆与各区县图书馆、组，劳动人民文化宫图书馆联合举办基层图书馆工作人员学习班，每班3至5天。办班的主要目的是在图书馆性质和任务方面，明确图书馆是为社会主义服务，为人民服务的科学、文化、教育事业；图书馆是通过传递科技情报资料，传播科学文化知识，进行思想教育，保存文化遗产为主要职能。在业务方面着重讲解了实用的业务技术和必要的规章制度；强调业务技术和规章制度是办好图书馆不可缺少的条件。地点设在东城区图书馆等7个区县馆的学习班，有公社、街道、中学图书馆的工作人员356人参加；地点设在工厂的学习班有工会图书馆的332人参加。

7月9日　首都图书馆、劳动人民文化宫图书馆在通县地区成立工厂工会图书馆协作组，共有9个单位参加。此协作组于1980年自行解散。

1978年—2000年
励精图治 稳步发展

图书馆事业蓬勃发展,馆藏日益宏富,
服务方式不断创新

1978 年

1月15日—17日 国家文物局图书馆处在首都图书馆召集北京图书馆及上海、天津、山东、辽宁、吉林等省市级图书馆负责人开会，讨论图书开放问题。国家文物局副局长华应申到会讲话。

1月19日 国务院关于图书开放问题的60号文件下达，首都图书馆开始将被"四人帮"长期禁锢的图书解放出来，恢复借阅。

4月3日—25日 首都图书馆举办区县图书馆工作人员培训班，共51人参加，主要内容是图书馆的性质、任务和基本业务知识。

4月22日 首都图书馆党支部召开扩大会议，传达北京市委关于归还中国人民大学图书馆家具以及中国人民大学图书馆工作人员调回中国人民大学的指示精神，并讨论执行的具体办法。

5月6日《人民日报》记者黄际昌发表文章指出："北京市的公共图书馆大有潜力可挖。"文章认为藏书没有被充分利用，开馆时间太短，按单位分配个人外借证的办法不合理，亟待改进。

5月16日 首都图书馆集中人力对区县图书馆、图书室现状进行调查统计，并将调查情况上报。截至1978年4月底，区县馆、室的房舍使用面积只有5631平方米（城区2175平方米，郊区1560平方米，各县1896平方米），共有阅览座位690席，发个人外借证62890张，集体外借证4196单位，每周开馆时间16—38小时（城区馆平均35小时半，郊区馆平均32小时，县馆平均25小时）。

5月29日　市委文化出版部部长项子明来首都图书馆召集四个城区图书馆长开会，要求各馆尽快延长开馆时间。经过一个月的整顿，减少了学习、开会时间，市、区县图书馆、室的开馆时间每周延长10—20小时。

6月　原中国人民大学图书归还后，首都图书馆宣布部分停馆，决定以《中国图书馆图书分类法》将馆藏"人大法""东北法"的图书重新编排。调用30余人，并招聘待业青年58人，历经一年有余，共整编图书12万种、25万余册，以重建基藏书库。由于时间短、任务重，人员的专业水平良莠不齐，经总稽核发现差错较多，又集中部分人员查错改错。此项工作至1980年底告一段落。

8月　首都图书馆与中国图书进出口公司等单位联合举办"港台科技图书展览"。

11月28日　首都图书馆由北京市文化局转属北京市文物局领导，市文物局设公共图书馆管理处，张深任处长。

12月　首都图书馆将中国人民大学图书馆的图书、家具和工作人员全部移交完竣后，重新整理藏书，重建三个基藏书库（新书、旧平装、报刊基藏书库）。

是年，根据国家文物局编辑《中国古籍善本书总目》的要求，北京市进行善本书普查工作，由首都图书馆负责。

1979 年

3月29日　首都图书馆副馆长王雯然调离，后就任北京市人大常委会副主任。

5月21日　六一国际儿童节前夕，时任全国人大常委会副委员长的宋庆龄应北京少年儿童图书馆的要求，为该馆题写馆名。

6月29日　北京市图书馆学会成立。通过学会章程，选举产生理事会，推选刘子章为理事长，刘德元为副理事长兼秘书长。首都图书馆的卢景云、冯秉文、周毓瑜当选为理事，周毓瑜兼副秘书长。学会的主要联系对象是北京市党政机关、科研情报所、公共图书馆以及厂矿工会、中学图书馆的工作人员，由首都图书馆负责会务工作，办公室设在首都图书馆，发展会员共171人。

6月　由首都图书馆辅导部集体讨论、杨善政执笔撰写的《对大城市公共图书馆建设的探讨》一文，在《图书馆学通讯》复刊后第一期上全文发表。

7月18日　市文物局任命袁云范为首都图书馆党支部书记。

7月　首都图书馆奉令归还政法学院图书馆的部分图书和家具。此项移交工作于1980年底完成。

8月12日　市文物局任命张仲宇为首都图书馆副馆长。

8月18日　市文物局任命孙裕之为首都图书馆馆长。

10月　根据上级指示，首都图书馆进行职工考核升级的各项准备工作。10月份成立考评委员会和考评办公室，12月1日印发了业务学习参考提纲，12月20日进行应知部分统考，总平均分数为77.5分，及格率为87.8%。

是年，为贯彻党的十一届三中全会精神，辅导广大读者学习，首都图书馆全年举办"四个坚持""实践是检验真理的标准"等报告会18次，每次有1000余名读者参加。

是年，为编辑《全国古籍善本书总目》，北京市于年底完成普查和编目工作。全市（不含中央单位和大专院校）各单位可编入"总目"的善本书4000多种，其中首都图书馆收藏有1500种。

是年，首都图书馆与市科技情报所合作，在市工业产品赶超先进展览会上设立国内外图书资料阅览室，共提供图书资料、样本等2800多种给到会人员查阅，展出3个月，平均每日接待读者300人次。

是年，首都图书馆初步整理2万多张唱片，以此为基础建立特藏库。

1980 年

2月1日　北京市文化局、共青团市委联合召开农村群众文化工作经验交流会，首都图书馆应邀参加会议。会议提出在1980年要加强文化馆与图书馆的合作，要求农村文化站、文化中心都要设立阅览室，首都图书馆仍对各文化站、文化中心的图书馆、室进行辅导和支持。

3月19日　为发展各种类型图书馆，组成为科学研究服务和为广大群众服务的图书馆网，必须加强图书馆之间的密切协作，为此，北京市图书馆学会协同华北地区三省两市（即山西省、河北省、内蒙古自治区、北京市、天津市）图书馆、图书馆学会，成立华北地区图书馆协作委员会，第一次会议在天津召开。

3月26日　日本里田武夫率领的"全国图书馆职员友好访华团"一行24人访问首都图书馆，袁云范、高博、王维新接待。

4月—7月　北京市图书馆学会、首都图书馆、劳动人民文化宫图书馆、北京市教师进修学院图书馆联合举办北京市图书馆干部进修学校，"文化大革命"后第一期收学员306名，学制一年，每月上课4次。

10月1日　根据文化部国家文物事业管理局关于改变图书馆事业体制的通知，北京市文物局、文化局于9月17日联合开会，决定从10月1日起，北京市的图书馆工作由市文物局移交给市文化局管辖。

12月29日　经过全馆多次讨论，拟定《首都图书馆的方针任务和措施（草案）》，报局审批。提出首都图书馆立足普及与提高相结合，以提高为主的方针。

是年，为适应工作重点转移的需要，首都图书馆调整机构。先后建立了科技部、办公室、复印装订厂；在原采编组和办事组的基础上，建立了采编部和总务科；原参考部改为社科部。业务机构的调整有：分别设立文艺、科技图书个人外借处；恢复期刊阅览室；成立唱片组；设立科技文献检索室；恢复地方文献的搜集、整理工作。

上半年，完成职工的考核、调资升级工作。全馆升级和定级共82名，占全馆职工总数的48%。

1981 年

1月12日 北京市文化局任命冯秉文为首都图书馆副馆长。

1月19日 首都图书馆召开全馆大会宣布文化局任命和机构设置，馆长下设：

办公室：高博（主任），王维新（副主任）；

阅览部：张明成（主任）；

采编部：金沛霖（副主任）；

社科部：赵淑香（副主任），陈培荣（副主任）；

科技部：陈慧玉（主任），张儒林（副主任）；

复印装订厂：高博（兼），钱道镏（副科长）；

总务科：车士如（科长），韩德萱（副科长）；

辅导部：李烈先（副主任），马琪章（副主任）；

图书保管部：郭荷平（副主任）；

北京市少儿馆：李朴（主任）。

3月10日 港台科技图书展览在首都图书馆大阅览室开幕，展期1个月。

3月19日 市文化局转发《首都图书馆〈关于在本市区县图书馆建立统计工作制度的报告〉》的通知。要求各区县文化主管部门通知区县图书馆遵照试行。此后，首都图书馆举办区县馆统计人员学习班，印发统一表格和填表说明，又分片开会，辅导统计工作中的具体问题。

3月26日 首都图书馆视听资料室对读者开放，并代办转录业务。

5月4日—6月5日 遵照市文化局的指示，市局群文处、市局文艺干校与首都图书馆共同举办北京市区县图书馆长研究班，共有18位馆长参加（缺通县），主要议题"如何当好图书馆长"，研究班由副局长王松声亲自领导。

8月 首都图书馆编辑的《老舍研究资料编目》一书，由市图书馆学会铅印500册，采取订购和现售办法发行。本编目共收图书报刊资料1500多种（篇），收录时间起于1922年12月，止于1981年7月。

9月21日—22日 北京市图书馆学会第一次科学讨论会在文化宫举行。华北图协成员馆及学会的代表和北京市图书馆学会会员共有220人参加。讨论会收到论文38篇，有5篇论文在大会上宣读。

10月17日 北京市文化局任命张祯为首都图书馆副馆长。

10月24日 北京市文化局副局长宋海波到馆宣布首都图书馆领导干部任免令：原党支部书记袁云范离休；原馆长孙裕之离休担任顾问；任命青伟为党支部书记，高博为副书记。首都图书馆党支部领导首都图书馆工作。

12月 北京市文化局颁发《北京市区县图书馆工作条例试行草案》。

是年，首都图书馆组织机构有：办公室、阅览部、中文采编部、社科部、科技部、复印装订厂、总务科、研究辅导部、图书保管部、北京市少年儿童图书馆。

1982年

2月6日 首都图书馆业务职称评委会成立，包括冯秉文等11人。同时决定冯秉文、王维新、李烈先参加市文化局的评委会。2月9日首都图书馆第一次业务职称评委会开会，决定由王维新、李烈先、付淑兰组成秘书组，开始业务职称的评定工作。

2月8日 首都图书馆召开大会，副馆长张仲宇宣布1981年先进个人31名名单并发奖。辅导部被评为市局的先进集体。

3月26日 首都图书馆第10次馆长办公会决定发放外借证同时收取保证金。个人证收2元、集体证收10元，已经上级批准，自即日起实施。

3月27日—30日 市文化局召开北京市群众文化工作会议，区县文化局、文化馆、图书馆、首都图书馆等参加会议。总结北京市建立基层文化设施的经验，提出首都图书馆与各区县图书馆配合协作，加强为科技服务。会议由副局长田兰主持，局长赵鼎新到会讲话。

3月29日 首都图书馆召开全馆职工大会，由高博宣布市文化局干部任命：张明成任北京市少儿馆副馆长（免去原阅览部主任），仵延伶任阅览部主任，马琪章任阅览部副主任（免去原辅导部副主任），杨善政任研究辅导部副主任，王煜华任社科部副主任，蔡立达任图书保管部副主任，王璇晖任研究辅导部主任助理。

4月22日—23日 恢复市、区县图书馆馆长联席会制度。首都图书馆召开第一次联席会，有17个区县馆的19位馆长到会。冯秉文传达文化部图书馆局在长春召开省、自治区、直辖市图书馆会议的精神，并讨论了《区、县馆书刊补充细则》《区、县馆书刊登录细则》和《清理藏书的原则、步骤和方法》三个草案。

4月 首都图书馆开始实行记分方法，进行考核、考绩。以此为干部提级、评比、奖励的依据。

6月17日 北京市少儿馆在大兴县馆召开现场会，有区、县馆少儿阅览室30多人到会。由大兴县馆介绍艰苦奋斗办少儿阅览室的经验，以此推动全市的少儿阅览室工作。图书馆局史景霞、市文化局群文处副处长高金桥到会并讲话。

8月 首都图书馆卢曼等12人被北京图书馆职工业余大学录取。此外，尚有15人参加北京大学函授、职工业大、医疗专业的学习班。

12月20日 北京市少儿馆陈俊慧获文化部颁发的"全国少年儿童工作者先进工作者"称号，出席文化部召开的全国少年儿童图书馆（室）先进集体、先进工作者表彰会议。

12月 经过自报、评定、宣读业务工作报告等，馆业务职称评委会将评定为馆员的17人报市文化局、市劳动人事局审批。于1983年初均批准为馆员职称，并发证书。

是年，先后编制以下资料：

1.《馆藏台湾、香港科技图书目录》，1982年1月，收3000多种，铅印本；

2.《中小型图书馆图书分类表（草案）》《中国图书馆图书分类法（简本）》类目对照索引，编列1577类目，1982年4月，油印本，发至区县馆作为改用"中图法"的参考；

3.《图书馆学资料篇名选目》，收资料5482篇，1982年12月，油印500册；

4.《蒙古车王府曲本目录》说唱、鼓词部分；

5.《馆藏善本书目》；

6.《北京地方文献资料索引》。

1983 年

1月7日 葛淑琴被评为北京市"三八红旗手",出席全市代表会。

1月24日《北京日报》在人物专访栏发表了北京市少儿馆陈俊慧的先进事迹。

2月4日—5日 召开市、区、县图书馆长联席会,传达图书馆局在长沙召开"公共图书馆事业规划会议"的精神,同时研究我市公共图书馆如何改革,开创新局面等问题。

2月7日 首都图书馆召开全馆职工大会,宣布1982年度优秀图书出纳员12人,先进工作者28人。并表彰、奖励。

3月3日 市文化局、市科协在西苑饭店召集市、区、县图书馆长和区、县科协负责人开会,交流利用科技图书资料为科研生产服务的经验及配合协作问题,首都图书馆科技部等单位介绍经验。

3月24日—27日 北京市图书馆学会履行华北图协值班馆的职责,邀请天津、河北、山西、内蒙古的图书馆学会,在京举办以"图书馆如何改革"为专题的座谈会。到会25人,会期4天。

3月29日 北京市图书馆学会受中国图书馆学会的委托,承担全国省、自治区、直辖市图书馆学会秘书长会议的全部会务工作。到会54人,会期5天。

3月 首都图书馆编印《北京市市、区、县图书馆简介》一册,全书5万字,介绍市、区、县图书馆概况,油印300本。

6月 首都图书馆汇总各区、县馆的调查表，编印《北京市公社、街道、中学图书馆（室）基本情况汇总分析表》一册共11页；收集850个基层图书馆（室）的情况，进行汇总、统计、分析制表，作为研究和总结北京市基层图书馆（室）的参考资料。

7月12日 北京市少年儿童图书馆工作学术研究组成立。张明成任组长，有区、县馆少儿阅览室、部分中小学图书室37个单位参加。知名人士孙敬修、吴运铎、费路路、韩作黎等参加成立会并讲话。

9月2日—12月8日 受市文化局、市劳动人事局、市高教局的委托，首都图书馆代办全市性（含部分大专院校和中央单位）的"图书资料专业干部职称考试辅导班"，承担组织、报名、授课、考试、评分等全部工作。由北京大学图书馆学系的教授、讲师任教，共200学时，学员来自221个单位，共701人。经考试评分五门课全部及格的占63%。

9月 市教育局、市文化局、团市委、《北京日报》、北京人民广播电台、市新华书店、北京市少儿馆等单位联合组成"北京市少年儿童文化艺术科技委员会课外阅读指导小组"，倡议在北京市少年儿童中开展"我爱中华"的读书活动。办公室设在北京市少儿馆，负责组织全市小学读书讲演比赛，制订比赛计划，印发推荐书目和组织辅导报告等。

9月23日—10月15日 受华北图协的委托，北京市图书馆学会举办"图书馆业务辅导工作研究班"。由各省、自治区、直辖市图书馆学会推荐有业务辅导工作经验的49人参加，收到论文26篇。此班以专题讨论研究为主，听课为辅。最后草拟了《关于公共图书馆业务辅导工作细则的若干建议》和《华北图书馆协会业务辅导研究班汇报》两个文件。

10月24日 首都图书馆隆重举行建馆70周年馆庆。市人大常委会副主任王雯然、文化部图书馆局副局长胡耀辉、市委宣传部副部长李洄、市文化局局长鲁刚等到会祝贺,并邀请知名人士于光远、艾青、姚雪垠、胡絜青、曲波出席纪念会。高士其、严文井等赠题词。各兄弟馆的代表共300余人参加。(注:首都图书馆的馆庆日应为10月21日)

10月 首都图书馆编制的《蔬菜栽培文摘》改名《蔬菜生产技术文摘》,改为8开、月刊、铅印。第一期发行1000份,收工本费,内部发行。

是年,韩朴、周心慧、邹晓棣等13名大学毕业生入职首都图书馆工作。

1984 年

1月7日　市计划会议批准首都图书馆新馆项目，建筑面积3万平方米。本年的任务是选址和规划设计等前期准备工作。3月27日新馆建筑工程筹备组成立。

2月23日　市文化局副局长陈天戈代表局党委到首都图书馆，宣布首都图书馆领导班子任命：青韦任党支部书记，高博任党支部副书记；冯秉文任馆长，李烈先任副馆长。免去冯秉文、张祯的副馆长职务，张祯离休后任咨询员。

4月2日　在民族文化宫召开北京市图书馆学会第二次会员大会，北京市文化局、中国图书馆学会等单位的有关领导及本学会会员286人出席大会。学会理事长、北京市文联顾问王松声主持了大会并致开幕词。学会秘书长、首都图书馆副馆长李烈先代表第一届理事会作工作报告，并对学会章程修改草案作了说明。大会审议并通过了第一届理事会工作报告；讨论并通过了学会章程修改草案，并以表决方式选举了26名理事组成第二届理事会。北京市文化局副局长陈天戈到会并讲话。

6月　北京市少年儿童图书馆学术研究组召开全体会议，交流学术论文（共收论文22篇），到会30余人。图书馆局史景霞、北京大学图书馆学系郑莉莉等到会讲话。

7月11日　首都图书馆馆务会议宣布中层干部的调整和任命：

周心慧 任行政办公室副主任；

程辛联 任采编部副主任；

马琪章 提任阅览部主任；

朱梅竹 任阅览部副主任；

闫中英 提任社科部主任；

王维新 免去原馆办公室副主任，提任研究辅导部主任；

刘英奇 任图保部副主任；

邹晓棣 任研究辅导部副主任；

李海虹 任期刊部副主任；

贾丽 任期刊部副主任。

7月13日 北京市委副书记徐惟诚到首都图书馆，听取新馆建筑前期准备和改革的汇报，会后作了指示。

8月 邓菊英、陈坚、郭亚楠、李明彦4名大学毕业生入职首都图书馆工作。

9月7日 首都图书馆馆务会宣布文化局任命和中层干部任命的批复：金沛霖任副馆长（市文化局8月31日任命），陈慧玉改任采编部主任（中、外文图书采编合并为采编部），石北屏任采编部副主任，张儒林提任科技部主任，贾璐任科技部副主任，张伟任科技文献应用服务室主任。

10月 北京市少儿馆与市文艺干校合办北京市区县馆和部分中学图书馆工作人员学习班，有60多人参加，由北京大学、北京师范大学图书馆学系教师任教。

12月19日—20日 市文化局召开市、区县馆长座谈会，讨论修改1981年市文化局颁发的《北京市区县图书馆工作条例试行草案》，并专题讨论区县图书馆的改革问题。

12月 首都图书馆从1983年3月成立"首都图书馆综合信息研究

室"以来，开拓为读者服务的领域，直接为经济建设服务，已为全国13个省、市的71个单位完成39个项目的咨询服务。还把经常到图书馆借书的3000多位科技人员组织起来，利用业余时间为科技力量薄弱的中小企业服务。以上改革项目均是有偿服务。

1985 年

1月 开始实行在开馆时间内随来随办个人外借证的制度,取消原限额集中发证办法。取消文、理科图书须对口阅览的限制,改为凡是读者目录揭示的图书,持参考借书证均可借阅。

3月 在原科技部"综合信息应用研究室"的基础上,建立全民所有集体经营的"开元信息服务公司"。

8月 市文化局任命石恩光为副馆长。

8月 市文化局在怀柔县图书馆召开北京市、区县图书馆建筑设计会议,会期2天。参观新落成的宣武、昌平、怀柔三个馆的建筑,评议崇文、石景山、海淀、门头沟、大兴、顺义、延庆、密云8个馆的建筑设计图,总结了设计的经验教训,提出建筑现代化图书馆的设计要求。首都图书馆参加会议的组织工作并做了重点发言。市、区县馆30多人参加会议,文化部图书馆局、科技局领导出席会议指导工作。

9月 首都图书馆向市文化局提出"关于馆藏线装书和解放前平装书只供读者馆内阅览"的请示报告。于9月23日停止外借。

12月 调整机构,增设人保科、北京地方文献部、视听资料室、读者服务部。

是年,北京市图书馆学会协助市文化局,承接北京广播电视大学图书馆学专业文化局工作站的任务,在全市共收学员1830人(其中正式生390人,自费生1440人),分别组织27个教学班上课。1986年1

月将电大工作移交给市文化局电大工作站继续办校。

是年，协助164中学、西四中学举办图书馆职业高中班，全部专业课的教学计划制订与教学工作均由首都图书馆承担。

是年，对部分藏书进行清理，挑选有价值的复本书8万多册，支援新建的西藏自治区图书馆和河北省图书馆，并归还代存落实政策图书5万多册。

是年，年初在综合阅览室（彝伦堂）挑选图书6938种、9488册，试行开架阅览。年底又在期刊阅览室将常用期刊422种，2932册和部分报纸开架阅览。

是年，先后编辑了以下专题书目：《元大都历史文化资料汇编》《北京青运史办刊索引（1911—1928年）》《关于燕京八景的资料汇编》《武术书目索引提要》《中国的龙资料汇编》等。

是年，制定《关于改革干部管理及健全岗位责任制的决定》，明确各级干部职权范围及各岗位责任。规定全馆职工每年对馆领导评议一次，每半年对本部门领导评议一次的民主监督制度。

首都图书馆组织机构有：工会、团总支、党总支办公室、馆长办公室、人保科、总务科、财务科、基建办公室、复印装订厂、开元信息服务公司、阅览部、社科部、科技部、北京地方文献部、期刊部、视听资料室、图书保管部、研究辅导部、教育办公室、采编部、北京市少年儿童图书馆。

1986年

3月14日　北京市图书馆学会常务理事会在劳动人民文化宫图书馆举行，总结1985年工作，讨论1986年学会工作计划。

3月26日《首都图书馆工作通讯》五期公布1985年先进工作者30名名单：

石振怀、张子辉、付淑兰、张志明、于广亮、金慰先、赵志琴、张雷、鲁昌、刘玉崑、王璇晖、高玉芬、包秀娟、尹力文、董占华、杨国勇、成建军、李芬茹、葛淑琴、王煜华、孟庆祥、贾璐、沈怀湘、程辛联、徐赛男、李阳明、孙传世、支勇起、郑德全、庄芬玲。

4月21日—26日　中国图书馆学会在四川召开年度大会。北京市图书馆学会理事长冯秉文被选为中图学会常务理事。

6月　市文化局任命王维新为首都图书馆副馆长兼任北京市少儿馆馆长，原少儿馆馆长张明成离休。

7月　马文大、马晨彤、刘乃英3名大学毕业生入职首都图书馆工作。

9月15日　北京市图书馆学会与宣武区图书馆联合举办的图书馆业务培训班开课，有本市各类型图书馆干部315名学员参加。规定图书馆学概论、图书分类、图书馆目录、目录学概论、中文工具书为必修专业课，每周上课1—2次。后于1987年2月23日结业，236名学员毕业并领取了结业证书，还有16名优秀学员获奖。

11月25日—29日　北京市图书馆学会承担了华北图协在京召开的"图书馆改革经验交流会和华北图协工作会议"。到会的有华北地区京、津、冀、晋、内蒙古自治区图书馆馆长和学会领导。与会人员就1983年"华北图协图书馆改革座谈会"以来，各馆的改革情况进行广泛的交流，还就修改华北图协章程、调整图协机构等问题交换意见。文化部图书馆事业管理局局长杜克、公共图书馆处副处长刘小琴，北京市文化局局长鲁刚，中国图书馆学会的代表到会并讲话。

是年，北京市人民政府授予首都图书馆"北京市文明图书馆"称号；保卫科被评为"北京市安全保卫先进集体"。

1987 年

2月 业务机构调整：原社科部和科技部合并，成立书目参考部，以加强二次文献开发，充分发掘馆藏，提高咨询服务质量；成立外文部，由原采编部的外文组、外文书库、外文出纳口组成，使外文书、刊的采购、分编、保管、流通、书目咨询工作形成"一条龙"；加强地方文献部，增加大学生4人，职高生1人，全部共10人，也是采购、分编、保管、流通、书目工作"一条龙"。调整后全馆有19个部门，其中业务部门14个。

5月18日 综合阅览室修葺、整理完毕，实行开架阅览，共有开架书计25591册，座位200席。

7月 常林、高莹、林岫等9名大学生入职首都图书馆工作。

8月18日—19日 北京市图书馆学会与北京大学图书馆系等四个单位共同组织了"北京地区图书馆事业发展战略研讨会"。70余位领导和会员代表从图书馆事业发展模式、建立北京地区图书情报网、北京地区藏书布局及资源共享等方面进行广泛深入的探讨，为本市图书馆事业的发展提供了极有价值的资料。这次研讨会是首次由在京的图书馆学会及高校图书馆系联合主办的，对于推动北京地区图书馆学会之间的横向协作及促进图书馆事业的发展起到了积极的作用。

是年，年初市文化局发了题为《首都图书馆开展咨询服务取得明显效益》的简报，对首都图书馆此项工作予以肯定。

首都图书馆研究辅导部创办《图书馆信息》双月刊，内容涉及本市公共图书馆的业务建设与服务情况、学术交流活动以及公共图书馆界信息。1993年停刊一年。

咨询课题规模比往年增大，如《中共北京史资料索引》约15000条。这样的项目有6项，每项都在10万字以上。

电大图书馆学专业班最后一个学年，毕业生撰写毕业论文。共组织了220个论文题目，自首都图书馆、北京大学、北京师范大学及其他大专院校、图书情报机构聘请62位指导教师（均为正、副研究员、馆员），承担学员撰写论文的指导和评定工作。

受市文化局委托，首都图书馆举办北京市属各系统图书资料人员专业职务考核复习辅导班，共收学员778人。同时承担全市群众文化系统高级职务的考试工作。

首都图书馆召开第一次科学讨论会，全馆有37位作者撰写27篇论文和4篇译文。

与164中学、西四中学合办的图书馆管理职业高中已有9个班，在校学生330名，首届生已进入第三学年。

全年完成有偿咨询61项，收咨询费11911元，与1986年相比，项目数增加49%，金额增加160%。

自1985年底期刊部开架以来，今年综合阅览室、文艺外借处、外文影音期刊先后实行开架阅览。全馆共开架图书8万余册（综合阅览室3万册，文艺外借处5万册），开架期刊1489种，报纸17种。

购IBM386超级微型计算机一台，已输入工资管理系统。首都图书馆与深圳图书馆四单位联合研制成功"实时多用户计算机光笔流通系统"，已经文化部鉴定合格。

国子监馆舍年久失修，隐患严重，市文化局批款72万元进行抢险修缮，经一年的努力，于6月竣工。由国家文物局、市文物局、市公安局、市文化局联合验收合格。同时为地方文献部书库、敬一亭书库加建二层；改建两个御碑书库；修建一个30多平方米的计算机房；还修缮了全馆道路，使馆内环境面貌一新。

文化部授予首都图书馆"全国文明图书馆"称号。

1988 年

5月31日 北京市图书馆学会召开第三次会员大会暨学术讨论会。代理事长冯秉文作第二届理事会工作报告，选出了第三届理事会34名理事。同时，第三届理事会召开第一次会议，产生了第三届理事会领导机构。理事会一致同意推选北京市委宣传部张大中、市文化局副局长陈天戈为学会名誉理事长，推选首都图书馆馆长冯秉文为理事长。参加大会的有市社科联王为、中国图书馆学会秘书长黄俊贵、北京地区高校图书馆学会秘书长冯之圣及会员350人。

6月24日—7月7日 中国图书馆学会与北京市图书馆学会在京举办全国地、市、县图书馆长研究班，来自18个省、自治区、直辖市的66位地、市、县图书馆长参加。

6月 职称改革工作全部结束，经评定，首都图书馆有1人被评为研究馆员，12人为副研究馆员，44人为馆员，37人为助理馆员，13人为管理员；1名为高级工程师，2名助理工程师；1名会计师，3名助理会计师，1名助理统计师；1名医师，1名医士。除部分人离、退休外，均按有关规定，签订聘任协议书。

是年，对馆藏古籍彻底清点，核对账目查清底数，截至年底共有46823种，382662册（不含未分编书），其中善本书3121种，33229册。对全部善本进行晾晒、除虫、装入新制的樟木书箱，藏于善本书库妥善保管。

北京电大图书馆学专业797人经考核合格毕业。首都图书馆与西四中学、164中学合办的图书馆管理职业高中161人毕业。

首都图书馆的科研项目"图书微波杀虫灭菌机"研制成功,获得市文化局科技成果一等奖、文化部科技成果二等奖。1987年研制成功的"实时多用户计算机光笔流通系统"亦获得文化科技成果二等奖。

全年接待联邦德国、美国和日本等国家图书馆界代表团来访5起。已与日本东京都立中央图书馆达成协议,进行互访,建立交换图书关系。双方各赠图书50册,日本所赠首都图书馆的图书中有《(嘉靖)通州志略》一书,是明嘉靖刻本、海内外孤本,由静嘉堂文库复印,补充首都图书馆馆藏。

为辅导图书馆任职人员参加专业职务考试,举办图书馆专业科目培训班、古汉语班、英语班,共有100多人参加。

1989 年

2月25日 市文化局党委副书记、副局长李慧生到首都图书馆宣布：北京市少年儿童图书馆独立建制，为正处级单位。首都图书馆、市少儿两馆分家事宜由高金桥、刘春香监办。公布两馆领导人名单：

首都图书馆

党总支书记：辛瑞国

馆长：金沛霖

副馆长：邹晓棣（业务）

副馆长：张志明（行政）

副馆长：程辛联

市少年儿童图书馆

馆长：李烈先

副馆长：周心慧

副馆长兼党支部书记：李琴华

4月10日 市人事局批复《首都图书馆关于试行工资总额包干的请示》："同意首都图书馆从1989年1月1日起实行工资总额包干办法。"

4月12日—13日 华北地区图书馆工作协调委员会在首都图书馆召开，各省、市馆馆长介绍近期工作成就，上届主任冯秉文作总结，并修改了图协的会章。

5月16日 经市文化局有关部门批准，北京市少年儿童图书馆正式宣布了中层干部的任命结果：

办公室主任：石振怀

图书保管部主任：侯昆

研究辅导部主任：韩小雨

采编部副主任：张弛

借阅部副主任：杜北光

办公室业务秘书：周冬青

7月15日—18日　中央文化部在京召开"全国创建文明图书馆活动经验交流会"，首都图书馆被命名为"文明图书馆"，阅览部主任马琪章为先进工作者，同时为首都图书馆从事图书馆工作30年以上的30人颁发了荣誉证书。市文化局于8月12日召开大会举行命名、颁奖仪式。

8月28日—29日　首都图书馆在门头沟西峰寺召开区县图书馆业务工作研讨会，各区县馆长25人参加。首都图书馆馆长金沛霖作"如何当好馆长"的中心发言，门头沟、昌平两馆长重点发言。

8月—9月　为恢复市级文物保护街道国子监的原貌，首都图书馆在国庆节前拆除与历史文化传统风貌不协调的房屋及装饰。耗资5万元，拆除700平方米，工程如期完成，验收合格。

9月　首都图书馆呈请建立"民办馆助"的读者协会，市民政局于7月20日准予登记并发给登记证。于9月18日筹备完毕向社会开放，截至12月底已发展会员1040人。

10月9日—11日　经市文化局批准，首都图书馆全馆动员奋战3天，将堆放在辟雍等处的复本书和流通量很小的书刊共426400册运往顺义县馆暂存。

11月　首都图书馆辅导部首次组织"北京市区县图书馆业务知识竞赛"。《北京日报》作了相关报道。

11月14日—20日 东京都中央图书馆收书课课长工藤四郎应邀来首都图书馆馆访问，馆长金沛霖接待，陪同去昌平县馆参观，在首都图书馆馆座谈。工藤四郎邀请金沛霖回访。

12月22日 在首都剧场召开纪念北京市图书馆学会成立十周年大会。由学会副理事长、首都图书馆馆长金沛霖主持，冯秉文作《学会成立十周年回顾与前瞻》的报告。参加纪念大会的有北京市人民政府文教办公室主任王晋、文化部图书馆事业管理司副司长鲍振西、市文化局社会文化处处长吴扬等，他们在讲话中对学会成立十周年表示热烈祝贺，对学会十年来的工作做了充分的肯定，400多名会员参加了纪念大会。

是年，先后有匈牙利、波兰、西德、美国、泰国、乌干达等国图书馆代表团到首都图书馆参观访问。

首都图书馆金沛霖、韩朴、张雷、刘立河的5篇专业论文在省级以上刊物上发表。

首都图书馆的电子计算机得到初步应用，为文化部图书馆局建立《中国图书馆名录》数据库收入中文数据近7000条。

首都图书馆组织机构有：工会、团总支、党总支办公室、馆长办公室、人事科、保卫科、基建办公室、财务科、总务科、开元信息服务公司、教育办公室、研究辅导部、阅览部、书目参考部、外文部、期刊部、视听资料室、北京地方文献部、采编部、图书保管部、文化服务部、读者协会。

1990年

1月3日—15日 首都图书馆、中国科学院图书馆联合举办《中国图书馆图书分类法》(第三版)培训班,由金沛霖主讲。

1月 北京市图书馆学会编辑出版了《首都图书馆同人文选》,收录了26位会员近十年来的45篇论文。全书约30万字。不仅反映了近十年来学术研究的面貌,也大体记载了在图书馆辛勤工作几十年的老馆员的研究成果以及年轻馆员的学术思想。

3月3日 首都图书馆党总支改选,新一届党总支委员会成立。由党总支书记辛瑞国,委员宛世明、张志明、马琪章、黄传凯(女)五人组成。

5月27日—6月4日 全馆开展"图书馆服务宣传周"活动,受到读者的普遍欢迎。

8月22日 首都图书馆举办拔河、消防为主要项目的体育运动会,全馆84.2%的职工参加比赛。

8月19日—24日 由北京市及华北五省市图书馆学会联合主办的华北地区图书馆协会第二届读者工作论文研讨会在秦皇岛召开。华北图协主任首都图书馆馆长、市学会副理事长金沛霖主持了会议。40多位论文作者及华北五省市图书馆学会领导参加。

10月11日 馆长金沛霖受市政府、市文化局委派,赴日本东京都中央图书馆回访。

10月31日　少儿馆召开全馆大会，市文化局党组副书记、副局长李慧生到会宣布两项决定：免去李琴华少儿馆党支部书记、副馆长职务（调任中国评剧院党委书记）；任命石振怀为少儿馆党支部副书记、副馆长。

11月　首都图书馆综合阅览室（彝伦堂）因房屋危险，闭馆修缮。

是年，读者协会停办。

首都图书馆参加《北京百科辞典》《清代禁书书目》等书编写工作，编制《北京金融志》等4项大型专题资料汇编，为《车王府曲本》海外版出版做了大量前期准备工作。

北京市委、市政府授予首都图书馆年度思想政治工作优秀单位称号。

马琪章、韩德宣评为市级优秀党员；刘树清评为局级优秀党员；辛瑞国、宛世明评为局级优秀党务工作者。

阅览部评为局级先进单位；常林、仲爱红、李连翔评为局级先进个人。

北京市委、市政府授予首都图书馆"1990年思想政治工作优秀单位"称号。

1991 年

1月23日 副市长何鲁丽及市计委、市文教办、市文化局20余人，在首都图书馆现场办公，研究解决国子监危房修缮和首都图书馆新建馆址的问题，会后发了会议纪要。

2月20日 受市文化局委托，首都图书馆成立图书馆专业中级技术职称评委会。由金沛霖、冯秉文、闫中英、邹晓棣、张志明、肖维平、石北屏7人组成。

1月—3月 根据副市长何鲁丽的指示，首都图书馆先后向各区县图书馆赠送图书9万余册。

5月11日 首都图书馆用数年时间整理的海内外孤本《清蒙古车王府藏曲本》出版。首发式在人民大会堂河南厅举行，刘澜涛、马玉田等领导参加，王震、刘澜涛题词。

6月16日 《首都图书馆各部门岗位职责规范（初稿）》完成并实施。

6月 首都图书馆辅导部组织区县图书馆开展"伟大的七十年党的知识竞赛"。市委组织部、宣传部、市文化局领导参加，北京电视台进行实况转播。

7月15日 接市高级职称评审委员会通知：金沛霖、闫中英评为研究馆员，黄传凯、陈增治评为副研究馆员，毕如兰等6人评为馆员，1人评为工程师。

8月 《首都图书馆"八五规划"(草稿)》完成,上报文化局。

9月 在劳动人民文化宫举办的北京市首届图书节上,首都图书馆设展位宣传图书,开展图书阅览活动,现场办理外借证1100个。

10月12日 日本东京都立中央图书馆赠送首都图书馆图书共17747册。根据1987年签订的"北京东京友好城市交流协议",首都图书馆亦向日本东京都立中央图书馆赠书。

11月1日 市人大常委会文化小组一行30余人由市文化局副局长沙万泉陪同来首都图书馆视察工作。

12月1日 日本东京都立中央图书馆馆长助理内山来访,由馆长金沛霖接待,并将赠书荣誉证书交予日方。

是年,全年完成咨询课题40余项,其中有《北京教育志资料丛书》等大型咨询课题8项,无偿咨询课题12个。

完成彝伦堂、博士厅的抢险修缮和辟雍殿石活归安、加固等工程。综合阅览室关闭4个月。

首都图书馆被评为"北京市文化工作先进集体","综合治理市级先进单位"。程辛联获文化部颁发的先进工作者。

1992 年

1月 开元信息服务公司业务受挫，进行全面整顿，由高彦、张伟负责。

2月21日 团总支改选。王敏为总支书记，段鸿欣为副书记，王梅、乔健、徐立为委员。

3月 冯秉文（原馆长、研究馆员，原市图书馆学会理事长）被评为北京市有突出贡献的专家。每月享受政府特殊补贴100元。

8月 继续1991年进行的大型古建修缮，至8月底基本完成了东三堂等处的古建抢险修缮工程。在此期间科技外借、外文阅览、视听资料室3个部关闭6个月至1年不等，影响了读者阅览人次。同时对有关图书70万册及设备进行整理。

8月初 日本友人福岛新吾赠送图书110箱。

9月5日 首都图书馆与北京电视台、北京市旅游局、中国国际书画艺术研究会主办，北京书法家协会、北京市民间文艺家协会协办的首届文化夜市在国子监开幕。副市长何鲁丽等领导和多位知名人士参加。于10月5日闭幕，为期1个月。

是年，全年组织专业职称辅导班6次，700余人参加学习。还与中国老教授协会合办"全国市、县图书馆长研讨班"，来自全国17个省市的60位馆长参加研讨。

完成市委领导交办的社科文献情报中心的调研任务，写出中心建设的规划模式及具体设计方案报告，上报市委宣传部及北京社科规划办公室。

完成以下二次文献的编制和标点工作：

1.《馆藏小说书目提要》已完稿，明年出版；

2.《北京教育志丛书》中的4种资料集完稿，约400万字；

3.《北京成人教育史资料选编》完稿，约60万字；

4.《崇文区园林志》资料；

上述4项大型咨询课题，单项创收均在5000元以上。

此外还完成《四库全书子部精粹》1000字的标点工作。

1993 年

3月 首都图书馆社会工作部成立,由原辅导部、北京图书馆学会、计算机室、社会关系工作四部分组成,均为对外工作。

5月 首都图书馆开展了"文化部第四届图书馆服务周活动"。

7月8日 韩国李教授等二人来首都图书馆访问,馆长金沛霖接待。

7月 东城区教育局批准"首都图书馆文化艺术培训中心"办学许可证。

8月 计算机室从社会工作部中独立出来,成为一个单独部门。

8月 离休老干部华宣圭向首都图书馆捐赠家中藏书623册,其中线装古书37种286册。

8月 首都图书馆办公室两馆员去浙江省衢州市看望馆内离休老干部谭得先。

8月 首都图书馆下发了《工作人员请假制度暂行办法》。

8月 首都图书馆纪念毛泽东诞辰100周年向读者推荐书目近100种。

9月 文化局老干部处处长带队,到首都图书馆检查老干部工作及政策执行情况,馆办公室毕如兰接待并汇报了工作。

9月 市文化教育办公室文化处处长曹正刚一行四人到首都图书馆检查安全保卫工作,副馆长张志明接待并汇报了工作。

10月8日 日本图书馆友好访华团一行16人到首都图书馆访问,馆长金沛霖接待。

10月8日　李小苏、张子辉等驱车赴顺义送书，在顺义县发生交通事故，多人受伤，责任方为北京市水源九厂。

10月13日　罗马尼亚图书馆代表团一行3人到首都图书馆访问，金沛霖接待。

10月13日　日本琉球图书馆一行5人到首都图书馆参观访问，金沛霖接待。

10月19日　应首都图书馆邀请，日本友人福岛新吾到首都图书馆参加80周年馆庆纪念活动。

10月21日　由北京市图书馆学会、市文化局社会文化处主办的首届图书馆专业论文研讨会。来自市属机关、科研单位、厂矿企业、医院、学校图书馆与市、区县公共图书馆的250余位会员参加。共征集论文214篇，评选优秀论文32篇，汇辑成《图书工作新探》。

10月21日　首都图书馆建馆80周年馆庆，在新馆址举办"首都图书馆建馆80周年暨新馆奠基仪式"，《北京日报》《北京晚报》及北京电视台等进行报道。

10月22日　全体职工参观辟雍内举办的首都图书馆80周年回顾展并合影留念。

10月　清华民族画院在首都图书馆辟雍内举办为期一周的画展。

11月　馆长金沛霖前往广州、深圳参加第三届全国省（区、市）图书馆馆长联席会。

11月5日　首都图书馆党总支组织党员观看录像片《贿赂忧思录》。

11月　首都图书馆党总支购《邓小平文选》第三卷，党员人手一册。

11月26日　市水利规划设计院与首都图书馆党总支联合举办纪念毛主席诞辰100周年报告会，毛主席的女儿李讷、女婿王静青、毛主席的卫士田云玉等到会并分别作报告。

12月16日 首都图书馆联合各区图书馆在中山公园中山堂举办"毛泽东的价值观和人格实现"报告会，近600人参加。

12月24日 首都图书馆党总支组织全体党员、入党积极分子到香山公园内"双清别墅"参观学习，纪念毛主席诞辰100周年。

12月 首都图书馆举办毛泽东生平图片展。

1994 年

1月23日　首都图书馆召开馆办会，研究局里拨给首都图书馆两套二居室住房的分配办法。2月中旬公布第一榜，2月下旬（春节前）公布第二榜，两套住房分给首都图书馆老职工马琪章和鲁昌。

1月25日　中央电视台经济新闻记者来首都图书馆采访，馆长金沛霖结合首都图书馆的发展状况，呼吁全社会重视图书馆事业。

1月26日　馆长助理高彦和采编部主任陈坚看望梁培宽，并取回其所赠《梁漱溟全集》2套及其他图书。梁培宽为梁漱溟之子，梁漱溟早在建馆初期就是首都图书馆读者，一直与首都图书馆保持联系，多次来函、赠书。

1月　首都图书馆有三名馆员调出，分别是副馆长邹晓棣、书目参考部的钱伟和中文采编部孙愚。原北京市少年儿童图书馆副馆长周心慧于调入首都图书馆任文化服务部主任。总务科职工郑德全在本月办理了退休手续。

2月5日　首都图书馆辅导部与文化局社会文化处在市文化局召开今年区县业务辅导工作安排的碰头会。市局社会文化处基本上同意"首都图书馆1994年业务辅导工作计划"，并提出具体建议和要求。

2月8日　首都图书馆和北京图升计算机系统开发中心、NEC公司达成了合作协议。首都图书馆将试运行图升公司开发的"文津"图书馆管理系统微机（PC）和网络（LNX）试用版 NEC公司将为首都图馆试运行"文津"网络提供EWS4800和必要的技术文件。

3月14日—4月4日 首都图书馆举办第一期计算机培训班，24名工作人员参加。

3月16日 馆办会研究决定：任命常林为馆长助理。

4月8日—15日 北京市图书馆学会组织举办一期全国图书馆馆长及业务骨干研讨会。此次研讨会是继1988年5月首次举办以后的第七期全国性活动。研讨会围绕图书馆如何适应并服务于市场经济，如何在改革大潮中求发展，图书馆事业之趋向等问题进行广泛的讨论。会议期间，特别邀请了文化部图书馆司司长杜克、首都图书馆馆长金沛霖、中国科学院情报中心章希孟等领导、专家，就图书馆事业的状况、图书馆事业的有关规定、政策及对策等做报告。

4月9日 首都图书馆组织全馆党员前往房山区韩村河参观。

4月13日 日本东京都立图书馆馆长加藤周一来首都图书馆进行业务访问。馆长金沛霖介绍首都图书馆的业务情况，并就首都图书馆前往东京进行"琉球学院历史图片展览"一事达成合作意向。

4月15日 首都图书馆辅导部主任常林参加了在文化局403会议召开的区县馆工作会议，主要议程为：一、布置县级以上公共图书馆参加全国公共图书馆评估工作；二、各区县馆撰写文献资源及特色馆建设的调研报告，由常林撰写调研报告提纲，并进行讲解。

4月23日 首都图书馆召开全馆大会。馆长金沛霖进行继续深化改革的动员。

4月25日 馆办会研究决定任命刘立河为期刊部副主任。

4月 人事科于1994年初制定的津贴考核办法，本月起正式执行。

4月 根据《中共北京市文化局党组关于征集局属各单位"单位史"的通知》和《补充通知》精神，首都图书馆馆长金沛霖主持召开"馆史"编委会，参加人有杨善政、石恩光、向东、韩朴、高彦等。会议进一步明确编委成员和各专题分工，由馆办公室统一编务工作。会议决定加快馆史编纂工作进程，1994年底完成《首都图书馆馆史》初稿。

4月 首都图书馆办公室副主任马智会调到崇文经济技术开发公司。

5月4日 首都图书馆在佛山市接受香港图书出版商、全国政协委员石景宜赠送的图书5000余册。

5月14日 首都图书馆工会组织162名职工去延庆松山春游一天，由工会主席马琪章及陈贻龙等负责安全事宜。

5月16日—30日 首都图书馆社会工作部举办第二期计算机培训班24名工作人员参加培训。

5月18日 首都图书馆在中层干部会上公布实施新编印的《工作人员守则》《部（室）负责人职责》《业务工作规范》，规定了各个环节及不同业务性质的工作内容、质量要求、人员水平、工作定额，为全馆业务部门完成科学化管理进行定员定编、计算总的工作量和质量检查提供了依据，同时有利于不断提高干部业务素质及工作效率。

5月25日 首都图书馆馆长金沛霖赴安徽参加由中国图书馆学会学术委员会召开的"图书情报、期刊著录标准"研讨会。

5月29日 首都图书馆开展为期一周的"图书馆服务宣传周"活动。首都图书馆工作人员挂牌服务，由读者评选优秀工作人员，并在馆内开展咨询、借书、竞赛等活动。

5月 首都图书馆副馆长张志明、书目参考部胡斌调出。

6月1日 首都图书馆辅导部常林、汪淑梅出席石景山少儿馆建馆十周年活动，并送去儿童新书200余册。

6月4日 北京电视台"北京新闻"报道了首都图书馆参加"爱图书馆文明服务周"的活动开展情况。

6月8日 首都图书馆锅炉房烟囱被大风刮坏，顶端脱离原位置，向东偏斜，随时都会出现倒塌，危及附近居民的安全。报文化局后于17日落实了维修经费，由宣武工程队承接修理任务，19日开始进行维修，27日通过我方验收，参加验收的有行政副馆长李永康、行政科长鲁昌和锅炉维修工赵东华等。

6月14日和9月19日 响应北京市义务献血的号召，首都图书馆两批8人参加献血活动，他们是田辨英、王颖、赵东华、韩燕云、张庆英、高玉芬、钱大文和刘淑芬。

6月 外文部辛颖调出。

7月1日 再次设立社会工作部、辅导部两个部门。原阅览部宣传工作归并到社会工作部。

7月14日 首都图书馆辅导部与北京图新技术开发总公司联系，组织部分城区馆长参观"1994 NEC Solution 系统"博览会。参会的图书馆自动化管理人士和城区馆长表现出对图书馆现代化管理工作的深切关注。

7月20日 召开馆办会，参加人有金沛霖、李永康、程辛联、高彦和常林，主要研究落实市康居工程住房分配精神、相关政策及局里给首都图书馆四套住房（在朝阳区南磨房地区，一套三居、一套两居和两套一居室住房）的具体分配办法。7月26日召集本次有分房资格的（住房人均居住面积在3平方米以下的）五位职工：史进华、张建龙、郭金凤、李巧云、韩庚，讲明条件，征求意见。

7月30日 首都图书馆与安定门街道办事处联合举办拥军活动，邀请导弹四师副参谋长周建作"武器装备与现代化战争"报告。参加报告会有近300人。

7月 朱悦梅、王炜和张劲松入职首都图书馆。

8月10日 经过近2个月的酝酿、招标，选定由原食堂职工刘淑芬为首都图书馆内部食堂责任承包人，食堂工作人员从7人减至5人。

6月28日馆办会决定给予全体职工午餐补助，7月开始对在岗职工实行出勤午餐补贴。

8月10日　首都图书馆地方文献部接待法国人施博尔来访，他是荷兰莱顿大学教授，兼法国高等学院教授，前来首都图书馆查阅北京东岳庙内的碑刻拓片。

8月13日　馆领导金沛霖、李永康、马琪章和近20名职工参加了王斐然的遗体告别仪式。

8月25日　上海市文化局图美处郭连生来访。

8月26日　首都图书馆常林带领视听室、采编部馆员前往怀柔，给警卫十一师送去图书近400册，政委陈高丰、政治处宣传股股长韩意表示感谢。

8月27日　首都图书馆馆长办公会议批准下发《关于加强图书保管部旧平装港台图书管理的几项规定》，加强后库旧平装图书的管理。

8月30日—9月3日　首都图书馆馆长金沛霖、馆长业务助理常林参加了在山西太原召开的华北图书馆协会工作会议，主要就各馆评估工作的情况及如何开展文献信息服务，特色馆建设等情况进行交流。

8月　首都图书馆采编部副主任张玲玲、计算机室沈怀湘调出，并免去陈星的馆长助理职务。

9月1日　馆长助理高彦经过与中国历史博物馆馆长办公室张延平沟通，将其收藏的部分国子监文物借回馆里（记有御案、龙椅、五屏风、仙鹿、铜香炉等十余件），放置在辟雍殿内，为首都图书馆开发"辟雍"，开展旅游事业做准备。

9月1日　首都图书馆再次空军四师赠书370余册，以适合战士阅读的文艺、社科书为多，两次赠书在一定程度上缓解了战士看书难的问题。

9月10日—10月15日　首都图书馆与中国国际书画研究会共同

举办五期书画鉴赏讲座，近千人参加。

9月14日 首都图书馆与东京都立中央图书馆在1995—1996年进行互展的有关材料正式上报市外事办。并经市外办同意，相关工作进入筹备阶段。

9月28日 首都图书馆馆长助理常林前往房山白草洼村送书近200册，参加该村图书馆的开馆典礼。

10月8日 首都图书馆接受台湾众生文化出版社捐赠《大般若波罗密心经》一套10册。

10月10日 首都图书馆馆长金沛霖在文化局向副市长何鲁丽汇报首都图书馆情况。市财政决定拨款70万元。

10月12日 首都图书馆接待由文化部陪同前来访问的德国西蒙斯女士，馆长金沛霖向客人介绍首都图书馆及各区县馆的情况。

10月13日 首都图书馆馆务办公会议批准颁行《善本古籍及一般线装图书管理规定》《关于拍照、复制馆藏古籍及善本图书收费的规定》。

10月22日 美国哈佛大学教授、哈佛燕京学社社长韩南由中国社会科学院人员陪同，前来首都图书馆查找解放前出版的旧小说《禽海石》版本。

10月23日 市文物局派二位专家来首都图书馆鉴定善本图书，确定文物等级。古籍部王敏、刘乃英等陪同。

10月24日 首都图书馆外文部组织的"馆藏轻工、艺术类外文图书展览"开幕，北京有线电视台10月24日新闻、北京电视台27日晚间新闻、28日"北京您早"栏目分别播出了书展新闻。

10月27日 东城区人大代表陈济生来首都图书馆了解有关环卫问题，办公室高彦负责接待，并提出秋季树叶无法处理的问题及国子监街垃圾桶位置不当、太满、太脏的意见。

10月31日　在首都图书馆会议室召开信息员会议，首都图书馆馆长助理兼研究辅导部主任常林主持，对首都图书馆辅导部主办的《图书馆信息》办刊方针进行讨论，提出具体要求。

11月5日　首都图书馆在大阅览室召开读者座谈会，馆长助理常林参加了会议。会上首先向读者们介绍首都图书馆的历史、服务工作等。读者就工作人员的热情服务、图书馆新书减少、馆舍条件等方面问题提出建议。

11月14日　由于鲁昌因病不能坚持上班，自9月中旬以来，行政科工作由高彦兼管。馆办会决定派张子辉为行政科临时负责人，高彦将有关工作移交张子辉。

11月16日　首都图书馆馆长金沛霖、馆长助理常林、北京市图书馆学会李海虹与石景山区文化文物局副局长寒青一同参加了由北京市图书馆学会与石景山地区信息图书协会联合举办的"石景山地区图书馆专业论文征文"活动颁奖大会。金沛霖代表北京市图书馆学会和本次论文评选委员会做了评选总结和获奖论文分析。

11月25日　首都图书馆第一届职工代表大会代表11月25日通过无记名投票的方式选出33位代表。

12月17日　首都图书馆与西城区图书馆、宣武区图书馆共同举办由《年轮》编剧、著名作家梁晓声主讲的共和国历程的报告，报告在首都图书馆综合阅览室举行。此次报告会是首都图书馆爱国主义教育系列活动之一，近300名读者参加。

12月20日　首都图书馆辅导部召开各区县图书馆统计员会议，出席会议的有市文化局社会文化处杨素音及各馆统计员，大家对继续加强图书馆各项业务统计工作达成共识。

12月20日　李永康、高彦、金慰先及受伤人员曹依吾、张子辉、李连翔等一同去顺义县交通大队处理1993年10月8日交通事故。这是自发生事故以来，正式由交通大队召集事故双方（责任方水源九厂）进行处理。确定了曹依吾、张子辉定残等级和赔偿标准，对其他补偿也划了一个大框架，并要求双方协商解决一些细节问题。

12月25日　首都图书馆编制完成爱国主义推荐书目200种图书，并已将书目寄至区县图书馆及重点读者。

12月27日　首都图书馆馆长助理常林参加了在市委党校社科联会议室召开的北京市社会科学信息学会理事会暨信息交流会。常林在会上介绍首都图书馆一年来的工作情况，以及由首都图书馆任课题组长的北京市社科文献信息中心工程研究课题的研究及筹建情况。

12月31日　首都图书馆总藏量已达248.4万册，新购入图书22737册，新办理借书证5358个，外借人次10.9万次，总流通人次20.3万人次，外借21.7万册次。

是年，馆长金沛霖参加了国际图联（IFLA）1996年北京会议筹备委员会成立大会。组委会主席由国务委员、国务院秘书长罗干担任，文化部部长刘忠德任执行主席，金沛霖被聘为委员。

1995 年

1月3日　首都图书馆期刊部自1994年3月12日闭馆进行维修，今重新开馆接待读者。

1月11日　首都图书馆新馆建设工作会议在北京市文化局会议室召开。参加的领导有文化局局长于长江、副局长赵东鸣、计财处处长刘树起、首都图书馆馆长金沛霖、党总支书记李永康及基建办公室人员。赵东鸣了解了新馆工程的进展情况，并布置了工作。

1月16日　首都图书馆新馆设计方案被首都规划委员会评为首都建筑设计"十佳"方案之一。

1月16日—27日　首都图书馆开展"新春有奖知识竞答"活动。有216名读者参加答题，李响母子获一等奖，馆长金沛霖上门颁奖。《北京青年报》报道相关活动。

1月24日　首都图书馆召开馆长办公会议。参加的人员有馆长金沛霖、书记李永康、工会主席马琪章、副馆长常林、馆长助理高彦等。会议通报了首都图书馆新馆建设方案正式通过的情况。决定破格提拔田峰为期刊部副主任，并聘为助理馆员；提拔秦晓洁为采编部副主任；决定解散装订室，馆内报刊实行外加工。

1月26日　首都图书馆工会委员会在馆内召开扩大会议，工会组长参加，传达贯彻市总工会九届二次会议精神和北京市委副书记陈广文的讲话。

1月28日 首都图书馆党、政、工会领导分三路对54名离、退休职工进行登门慰问，并送去过节费。

2月13日 经首都图书馆馆办会研究决定，聘黄海燕为馆长助理，负责"三产"及基础业务工作，其社会工作部主任职务仍不变。

2月22日 平谷县图书馆馆长崔亚丽等一行四人到访首都图书馆期刊部交流报刊管理经验。

3月8日 首都图书馆社科参考阅览室从综合阅览室分出，重新设立单独的小型阅览室，接待读者阅览古籍线装书、北京地方文献、1949年以前旧平装书及社科类港台书。

3月11日 中共北京市委副秘书长李甡及市委机关图书馆馆长姚文庆到首都图书馆期刊部查询《大公报》，李甡对期刊部工作效率及服务表示满意。

3月24日 响应北京市的号召，首都图书馆职工韩滨、王红静、陈斌、张乃玉、李永康参与献血。首都图书馆超额完成指标，1995年被北京市文化局评为献血先进单位。

3月25日 首都图书馆馆长金沛霖在北京市委会议室参加了"读书工程"组委会第一次会议，并作发言，3月26日《北京日报》和北京电视台进行报道。

首都图书馆与北京青年报、西城区图书馆、宣武区图书馆共同举办"中国妇女现状及问题"读者报告会。报告会由中国社会科学院社会学所研究员张平主讲，有近百人参加。

3月28日—29日 首都图书馆发展对策研讨会在西山卧佛寺召开。参加会议的人员有馆长金沛霖、副馆长常林、工会主席马琪章、北京市文化局社会文化处的杨素音，以及高彦、黄海燕、周心慧、韩朴、石恩光、陈坚等。与会者就目前亟待解决的问题和首都图书馆发展对策进行讨论。

3月31日 中共北京市委常委、宣传部长强卫到首都图书馆新馆工地了解情况。陪同前往的还有文化局副局长赵东鸣、计财处处长刘树起、首都图书馆馆长金沛霖、基建办公室主任张守国等。

3月—5月 首都图书馆团总支组织全馆团员参加了团委北京市和北京青年报共同举办的"跨世纪青年素质教育"主题活动。在这次活动中我馆职工赵红涤、秦晓洁、朱悦梅获得优秀征文奖。

4月1日—30日 首都图书馆开展"纪念第二次世界大战胜利50周年"有奖知识问答活动。有上千名读者参加活动。

4月5日—7日 北京市文化局社会文化处与首都图书馆在西山卧佛寺共同举办区县图书馆馆长研讨班。首都图书馆馆长金沛霖主讲图书馆科学管理，文化部图书馆司张小平介绍图书馆事业情况，文化局副局长赵东鸣到会并讲了话。赵东鸣指出：一、领导重视是办好图书馆的关键；二、区县政府应增加对图书馆的投入；三、图书馆要做好本职工作，有为有位；四、为经济建设服务，为本区县文化服务，搞好参考咨询工作；五、搞好计算机应用，由首都图书馆负责指导、协调区县馆的计算机应用工作；六、大力开展创收工作，搞好文献信息资源的开发工作；七、抓好内部管理。

4月7日 首都图书馆团总支部代表王梅、田峰同团委北京市代表去妙峰山乡送图书463册。

4月22日 首都图书馆工会在馆内举办全民健身运动会。共设五个比赛项目，有118人参加比赛，总计达334人次。

首都图书馆与西城区图书馆、宣武区图书馆、丰台区图书馆共同举办"纪念抗日胜利战争和高扬爱国主义旗帜"报告会。由中国革命博物馆副馆长夏燕月主讲，有30余人参加。

4月 由于首都图书馆消防设施老化，避雷设施不完善及需要增加防火报警系统，北京市政府拨给首都图书馆100万元，进行这三项工程的改造工作。

5月2日 韩国大使夫人及韩国女留学生约40人来国子监参观，并了解古代韩国留学生在中国的学习情况。

5月15日—20日 第四届全国省（区、市）及较大城市图书馆馆长联席会议在宁波、杭州接续举行，首都图书馆副馆长常林出席这次会议。会议主题是"信息时代中国图书馆的对策"，文化部图书馆司副司长周小璞出席会议。

5月22日 首都图书馆馆长金沛霖与馆长助理黄海燕赴上海进行调研。他们参观上海市的市、区、县、街道和少儿等六个图书馆。

5月25日 第62届国际图联大会中国组委会在北京召开第二次全体会议。首都图书馆副馆长常林参加会议。

5月29日 首都图书馆召开"纪念反法西斯胜利五十周年"读者座谈会。北京市文化局局长于长江、首都图书馆馆长金沛霖、特邀嘉宾张海麟、周雨及参加4月有奖知识问答的获奖代表等40余人参加了会议。

5月31日 中央电视台海外中心新闻部记者陆昕到首都图书馆进行专题采访。

6月10日—22日 北京市文物局派专家对首都图书馆馆藏善本中的300种图书进行文物级别鉴定。

6月15日 为进一步深化公费医疗制度改革，经北京市、东城区公费医疗办公室批准，首都图书馆被纳入市公费医疗改革试点单位。医疗单位由第六医院转至同仁医院。

6月26日 首都图书馆召开基建工作会议，馆长金沛霖和基建办公室人员参会。北京市文化局副局长赵东鸣出席会议，听取了新馆工程筹建情况的汇报。

7月 首都图书馆采编部计算机到位。采编部对文津系统、北京师范大学编目系统进行试运行。

7月14日 首都图书馆团员青年同安定门办事处的工作人员一起去"导弹四师"慰问参观。首都图书馆带去了四个流动图书箱，并赠送给部队10盘卡拉OK录像带，受到欢迎。

7月21日—22日 北京市文化局社会文化处杨素音、首都图书馆馆长金沛霖、副馆长常林、馆长助理黄海燕前往天津考察。他们参观天津市图书馆、和平区图书馆、和平区清和街图书馆，并就当地图书馆发展及现状、政策等进行考察。

7月25日 首都图书馆召开馆办会，参加的人员有金沛霖、李永康、常林、高彦、陈讷、黄海燕等，会上研究了"康居"住宅的分配方案及交款等事项。

8月7日—8日 为了以崭新的精神面貌和扎实的业务基础迎接IFLA大会在北京召开，首都图书馆闭馆两日，全体人员进行岗位培训。社会工作部请来了北京东方礼仪学校的教师，对全体人员进行礼仪培训。馆长金沛霖、副馆长常林参加了第一节课的培训，并认真地同大家一起进行各种动作的训练。

8月 首都图书馆接收的研究生春花、大学本科生孙晓林、徐坚伟到馆工作。

8月15日 为了保障计算机的安全使用及自动化系统的正常运行，有效地利用有限的设备，馆办会研究制定了《首都图书馆计算机使用规则》。

8月17日 日本琉球访问团一行四人到首都图书馆了解琉球学馆的情况。馆长金沛霖接待。

8月21日 首都图书馆全体职工捐款捐物，向安定门街道特困户献爱心。

8月25日 首都图书馆团总支进行改选，改选结果如下：书记仲爱红，组织委员王梅，文体委员吴卫国，宣传委员王炜、张劲松。

9月1日　为了增强职工的身体素质，践行北京市倡议的全民健身活动，首都图书馆决定每天8点45分集体学习做第七套广播体操。

9月4日　日本法政大学冲绳文化研究所所长比嘉实研究员、孙微女士来访，参观国子监及琉球学馆旧址。

9月16日　首都图书馆社会工作部、读者协会举办"如何欣赏与鉴别流行音乐"讲座，由音乐评论家金兆钧主讲，有近50人参加。

9月20日　首都图书馆馆办会研究决定，聘黄海燕为业务副馆长。宣布程辛联不再担任副馆长职务。

9月21日　首都图书馆外文部将中国作家刘震云的作品《单位》推荐给"都柏林国际文学大奖"评委会。

9月　首都图书馆外文部与台湾省"英业达"电子公司达成协议，在外文阅览室放置笔记本电脑。

10月9日　首都图书馆团总支组织团员青年参观圆明园遗址。

10月10日　日本国冲绳县立图书馆馆长玉木敬一行4人到首都图书馆参观。地方文献部主任韩朴介绍国子监及琉球学馆的情况。

10月20日　澳大利亚昆士兰图书馆 Ivan Catun 和 Des Stephews 两位先生来首都图书馆访问，馆长金沛霖接待并介绍北京市图书馆事业的发展情况。

10月20日—23日　首都图书馆馆长金沛霖到天津参加1995年华北图协活动和会议。

10月24日　首都图书馆工会组织全馆职工到北京西山八大处秋游，120多人参加。

10月27日　首都图书馆召开党、政联席会议，馆长金沛霖、总支书记李永康、副馆长常林、黄海燕、总支委员黄传恺等参会。会议主题是学习"五中全会"精神，如何结合自身实际情况搞好工作。会上提出要搞好首都图书馆的自动化应用工作，由副馆长常林负责，先进行规划，搞好培训，分部门分步骤开始建设图书馆自动化系统。馆长金沛霖在总结会议时指出："要以自动化为中心工作，以迎接国际图联大会为近期目标；同时提高工作质量和效率，与新馆接轨；要出成果，出人才。围绕这个中心其他工作都要调整好。"

10月30日 首都图书馆是国家重点文物保护单位，为加强全馆员工的消防意识，提高防火、救火能力，保卫科请来中国科学院高能物理研究所消防队长杨占军，为职工上了一堂翔实生动的消防课。课后进行消防演习。

10月31日 副馆长常林、黄海燕参加了北京市文化局组织处主持的青年干部座谈会。文化局副局长赵登文、北京市委宣传部干部处处长陈之昌、组织处处长郭玉河到会并讲话。

11月1日 首都图书馆召开中层干部会。馆长金沛霖就图书馆的未来发展和图书馆自动化方面的问题进行说明，并对首都图书馆自动化发展做了规划。

11月2日 北京市文化局副局长赵东鸣到首都图书馆现场办公。为迎接国际图联大会召开，要求首都图书馆：一、进行环境整治；二、搞好现代化系统建设，要与中央接轨，与外省市接轨，与国际接轨；三、首都图书馆要搞一个北京市公共图书馆事业发展的简介；四、搞出一份文明服务公约，实行规范化服务；五、对迎接国际图联大会的工作要做出一系列具体安排。

首都图书馆馆长金沛霖接待韩国中央图书馆代表团一行5人，并向客人介绍图书馆有关情况。

11月6日 为了活跃团员生活，增强身体素质，首都图书馆团总支在地坛体育馆举办乒乓球、羽毛球比赛。特邀高彦、陈坚任裁判员。经过紧张激烈的角逐，陈延斌、王培分别获得乒乓球男女单打第一名，吴卫国、王梅获得羽毛球男女单打第一名。

11月7日—11日 首都图书馆馆长金沛霖去西安参加图书设备的座谈会。

11月10日 首都图书馆与《父母必读》杂志社联合召开读者座谈会。《父母必读》杂志社主编杜遒芳、副主编于秀芳、首都图书馆副馆长黄海燕及特邀读者代表十余人出席座谈会。

11月13日 首都图书馆馆长金沛霖、总支书记李永康、副馆长常林、黄海燕、工会主席马琪章到北京市文化局参加处级以上干部会议。会议传达了江泽民的讲话。

11月14日 首都图书馆馆长金沛霖到北京市文化局参加职称评审会议。

11月15日 首都图书馆食堂烧火间发生火情，王传英及时发现，并立即扑灭，未造成重大损失及影响。经馆办会决定对王传英通报表扬并予以奖励。

11月16日 首都图书馆党总支书记李永康同保卫科科长李连翔等人对纵火嫌疑人付有文进行询问，付有文承认有意纵火，并交代了作案经过和作案动机，于当天被拘审。

11月20日—30日 首都图书馆副馆长常林、黄海燕参加了文化部图书馆司主办的"图书馆自动化管理"馆长培训班。

11月24日 首都图书馆期刊部与《中国老年》杂志社联合召开读者座谈会。杂志社社长兼总编辑赵艳、副总编辑曹碧涛、首都图书馆工会主席马琪章及杂志社部分编辑出席会议；应邀参加座谈会的有专家、学者及部分关心老年工作的读者共30余人。会上大家对老龄化问题及加强老年工作提出很好的建议和意见。

11月—12月 北京市图书馆学会与首都图书馆联合举办"期刊管理与开发利用"专题培训班。期刊部副主任刘立河和地方文献部主任韩朴讲授有关课程，120人参加了培训。

12月12日—17日　馆长金沛霖赴北京西郊金科宾馆参加"中国社科情报学会第三次全国代表大会"，并当选为该会理事。

12月14日　副馆长常林、地方文献部主任韩朴参加了在北京"味名苑"召开的北京市信息学会主办的"社科信息需求变化"交流会。首都图书馆代表在会上介绍"图书馆自动化的发展趋势"及首都图书馆在实施自动化管理方面的规划。

12月15日　北京市文化局局长于长江、副局长赵东鸣，文物局局长单霁翔到首都图书馆研究国子监修缮方案。首都图书馆馆长金沛霖、总支书记李永康、副馆长常林参加了这次会议。

12月18日　首都图书馆党总支组织在职党员及入党积极分子参观天安门城楼。这次组织生活对党员及入党积极分子进行一次意义重大的爱国主义教育。

12月　经首都图书馆党总支研究决定，馆长办公会宣布任命李春红为党政办公室主任。

据统计，到1995年底，首都图书馆总藏书量已达2516695册，本年购入图书25452册，发放借书证8038个，总流通234千人次，其中书刊外借110千人次，外借230151册次，举办各种读者活动9次，参加人数780人次。

1996年

1月11日　首都图书馆团总支组织团员青年，为灾区困难群众捐款捐物。

1月23日　阅览部经过几个月的调整，实行了"借阅合一"，正式接待读者。

1月24日　馆长金沛霖参加文化部组织的"书目数据只读光盘研制鉴定会"，并成为鉴定委员。

2月1日—9日　社会工作部、读者协会举办"带您走入'96新热点"活动，300名读者参加。96人中奖。

2月7日　日本冲绳县教育厅一行四人来首都图书馆访问，了解明清两朝冲绳贵族子弟在国子监的学习情况。

2月7日—16日　首都图书馆领导分四次对14位老干部进行慰问并送去节日礼物。

2月8日　北京图书馆图新新技术公司的NEC4800/3A型工作站到馆，用于首都图书馆采编部试运行工作站版"文津图书馆综合管理系统"，这是首都图书馆自动化建设的基础性工作。

2月9日　首都图书馆与航空航天工业总公司信息情报研究所合作研制的"北京地方文献报刊篇目数据库检索系统"开始录入数据。该系统年可加工目录两万条。

2月13日　首都图书馆决定由古籍部成立一个组，负责修改首都图书馆"古籍分类表"及分类目录。

2月13日 期刊部对所藏期刊进行重新分编工作。

2月14日 首都图书馆召开离退休老干部座谈会，30名老干部到会，馆主要领导参加，大家欢聚一堂。

2月15日 文化局副局长张和平、社会文化处处长刘春香来首都图书馆进行春节慰问。

2月15日 经两个半月调整，外文部阅览室开馆借阅，调整后扩大了阅览面积，增加了部分开架书刊。

2月16日 北京图书馆召开"中国图书馆学会"理事会，研究会徽及IFLA大会筹备情况。文化部图书馆司司长杜克等参加了会议，会议由文化部副部长刘忠德主持，首都图书馆馆长金沛霖出席会议。

2月17日 文化局副局长赵东鸣来首都图书馆查看迎"图联"工程进展情况。

2月 首都图书馆编辑的《明清抄本孤本戏曲丛刊》《古本小说四大名著版画全编》由线装书局出版。

2月 首都图书馆组建雍幽书店。

3月4日 日本东京政法大学冲绳研究所所长比嘉实来首都图书馆访问，收集有关国子监琉球学生资料。

3月11日 首都图书馆召开全馆大会，地方文献部李诚、阅览部陈安琪介绍工作经验及体会，引起很大反响。

3月14日 文化局副局长赵东鸣、张和平、文化处处长刘春香等来首都图书馆就图联大会的准备工作召开"一揽"会议。听取了馆长金沛霖关于首都图书馆目前工作进展和下一步重点工作的汇报。赵东鸣对首都图书馆环境、图联大会宣传接待工作以及对读者的服务质量都提出较高的要求，并决定文化局再拨52万元经费及复印机和制装专款，支持首都图书馆工作。

3月29日　首都图书馆14人经体检合格献血，超额完成1996年度义务献血任务。

3月　首都图书馆开办"图书馆自动化"培训班，共有76名学员参加。

4月5日　北京市委宣传部、北京市政府办公厅和北京市文化局在市委第一会议室共同召开全市公共图书馆工作会议。会上表彰了北京市文化系统文明图书馆、先进工作者及先进个人。文化局局长于长江做了报告，副市长何鲁丽发表了重要讲话。首都图书馆先进个人代表马琪章、黄传恺参加了会议。

4月12日　首都图书馆党总支进行党总支换届选举，经无记名投票，高套柱、金沛霖、李春红、黄海燕、常林等5人当选，并报局组织处审批。

4月13日—21日　首都图书馆参加了在劳动人民文化宫举办的"双休日书市"活动，共开展包括十项服务内容的宣传活动，受到广大读者的欢迎和上级领导的好评。

4月15日　首都图书馆王梅被北京市总工会评为"爱国立功竞赛"标兵。

4月24日　首都图书馆团总支仲爱红、王梅参加市委直属机关团工委"纪念五四"先进表彰座谈会。首都图书馆团总支获得"先进团支部"称号，王梅被评为"优秀团干部"、王颖被评为"优秀团员"。

4月30日　首都图书馆召开全体党员、中层干部大会，由市文化局组织处处长郭玉河宣布了市文化局党组关于首都图书馆党总支委员会改选结果。当天新一届党总支召开委员会，对每个委员的工作进行具体分工。

高套柱任书记　负责全面工作

李春红任副书记　负责组织、纪检工作

金沛霖任委员　负责统战工作

黄海燕任委员　负责宣传工作

常林任委员　负责青年工作

5月4日　市政府办公厅秦德海，文化局副局长赵东鸣，首都图书馆馆长金沛霖、副馆长黄海燕到北京音乐台参加"周末娱乐指南"直播节目，介绍国际图联大会情况和首都图书馆近期活动及业务工作情况。

5月8日　经首都图书馆馆办会、党总支研究决定任命高莹为期刊部副主任。

5月8日　北京市宣传、卫生口举办"党旗下的风采"演讲比赛，首都图书馆王梅参加并获纪念奖。

5月15日　北京音乐台"欢乐转盘"在首都图书馆现场直播，各区县馆参加了这项活动。

5月25日　首都图书馆"北京地方文献专藏暨'往日京华'图片展"开幕，特邀请北京市社科、档案、出版、方志等方面的人士参加。

5月25日　首都图书馆筹建的"雍幽文化书社"开张营业。

5月25日　首都图书馆读者协会举办"从《廊桥遗梦》谈起"外国文学讲座，主讲人是中国社会科学院外国文学研究所研究员钱满素。

5月25日—6月2日　首都图书馆举办"北京市公共图书馆文明服务宣传周"活动。主要内容是向希望工程献爱心，参加人数243人，共捐献图书9641册。另外，还举办"北京市公共图书馆成果展""中国科举制度展""往日京华展"和"中国书史展"等，吸引了许多读者。

6月1日—2日　首都图书馆到美术馆地区进行"图书馆服务宣传周活动"。主要内容有发放各种宣传材料、书刊阅览、咨询、现场办证等。

6月15日　首都图书馆读者协会举办读者换书活动，有百余人参加，共换书1500册，有6人捐书，共捐60余册。

6月17日　首都图书馆党总支组织学"党刊"交流会。全体党员和部分积极分子参加，会上支部五位代表发言，交流学习体会。

6月20日　首都图书馆召开团员大会，与老干部进行主题为"回首峥嵘岁月，传统寄予后人"座谈会，对团员青年进行爱国主义教育。

7月1日　首都图书馆党总支组织全体党员参观焦庄户抗战纪念馆，对党员进行爱国主义教育。

7月13日　首都图书馆读者协会举办"教堂外的徘徊"外国文学讲座（第二讲），主讲人是中国社会科学院外国文学研究所研究生院外语系主任、剑桥大学博士副研究员陆建德。到场100人。

7月22日　首都图书馆读者协会举办李阳疯狂英语学习方法，主讲人是第二外国语学院教授郭华。参加200人。

7月27日　首都图书馆读者协会举办"拉美文学爆炸"外国文学讲座（第三讲），主讲人是中国社会科学院外国文学研究所编审、西葡拉美文学协会副会长林安。百余人听讲。

7月29日　国务院秘书长罗干、北京市副市长何鲁丽等领导前来首都图书馆视察图联大会接待工作准备情况。

7月30日　首都图书馆与北京电视台联合举办"迎96北京国际图联大会知识竞赛"。参赛的有首都图书馆、文化部图书馆同北京大学等5个代表队，首都图书馆获得第一名。

7月31日　副市长何鲁丽、市政府办公厅副主任秦德海，市文化局局长于长江、副局长赵东鸣等及有接待任务的区县的区县长、文化局长、图书馆长等到首都图书馆现场办公，并召开图联大会前各方面准备工作汇报会，首都图书馆进行接待预演。

7月　首都图书馆进行固定资产清理工作。

8月1日　首都图书馆在会议室召开复转军人座谈会，纪念"八一"

建军节。

8月12日 为做好图联大会接待工作，首都图书馆请文化局外事处处长杨洪斌在综合阅览室讲授外事礼仪课。

8月17日 首都图书馆读者协会举办"法国文学流派"外国文学讲座（第四讲），主讲人是中国社会科学院外国义学研究所南欧拉美文学研究室主任吴岳添。到会百余人。

8月22日—23日 首都图书馆工会主席马琪章参加局系统在平谷召开的工会工作会议，主要内容是总结上半年工作，布置下半年任务，重点研究局系统成立职工代表大会事宜。

8月 首都图书馆接收的研究生王三月、大学生袁艳到馆工作。

9月1日 首都图书馆文化局电大工作站96级舞台灯光与音响专业新生开学，共有学员72人。

9月5日—10日 首都图书馆工会组织全馆职工为内蒙古哲里木盟地震灾区捐衣活动，全馆同志积极参加，共捐衣物1113件。

9月10日 首都图书馆地方文献部开始试运行深圳"图书馆自动化集成系统（ILAS）"。

9月11日 首都图书馆工会召开各部门工会组长会议，推举出马琪章、金慰先、陈贻龙三人为局职代会代表。

9月15日 首都图书馆成立太学研究室，对国子监进行开发利用。

9月16日 首都图书馆党总支组织全体党员和入党积极分子进行学"党刊"知识竞赛，局组织处李平及局其他单位领导前来观摩，经局组织处评选，获二等奖。

9月20日 日本冲绳县立图书馆来访，查找有关琉球史料，首都图书馆古籍部为其提供资料23种（复印件）。

9月26日 党总支书记高套柱、工会主席马琪章参加市委宣传部、市总工会在北京回龙观医院召开的文化、卫生、出版系统职工民主管理现场会。

10月3日—12日 日本东京都立图书馆在辟雍举办"都京今与昔"资料展,参观人数达1200余人次。

10月7日 首都图书馆读者协会举办题为"谈谈读书、谈谈苏联文学"外国文学讲座(第五讲),主讲人是中国社会科学院外国文学研究所《世界文学》编辑部主任、《外国文学动态》副主编严永兴。到会40余人,到会者每人发一份"外国名著百部推荐书目"。

10月17日 首都图书馆编辑的《清三盛典汇刊》由北京出版社出版。

10月17日 首都图书馆读者协会在小会议室召开题为"读者与图书馆"座谈会。

10月19日 首都图书馆读者协会举办第二届换书大会,参加者110人,交换书1300册。

10月16日 首都图书馆读者协会举办"战后德国文学"外国文学讲座(第六讲),主讲人是中国社会科学院外国文学研究所编审韩耀成。到会150人。

11月14日 北京市社会科学联合会、北京市图书馆学会、首都图书馆、北京市档案馆、北京市信息学会联合召开"图书、档案、信息与社会主义精神文明建设研讨会"。北京市委宣传部常务副部长、北京市社科信息学会会长刘述礼,北京市档案局(馆)长徐俊德,首都图书馆馆长金沛霖等出席会议。来自北京市档案馆、北京市社科规划办公室、北京市社科信息学会、首都图书馆、清华大学、北京市社会科学院等单位的近百名代表参加了研讨会。

11月26日 台湾作家柏杨夫人来访。

11月30日 首都图书馆读者协会举办"日本文学与中国文学——以《万叶集》为中心"外国文学讲座,主讲人是中国社会科学院外国文学研究所文学博士吕莉。到会150人。

11月31日 日本友人五十岚由人来访。

11月 首都图书馆编辑的《太学文献大成》由学苑出版社出版。

12月6日 首都图书馆文艺外借处召开读者座谈会，会后编有座谈会简报。

1997年

1月22日　首都图书馆召开中层干部会。馆长金沛霖宣布从即日起至2月20日为首都图书馆管理月，要求全馆主抓以下几个方面的工作：一、制定管理目标；二、工作计划；三、组织落实。1997年全馆工作重点是：一、筹建两个中心即北京地方文献中心、北京数据编目中心；二、建立期刊自动化系统；三、年内新馆开工。具体工作要求：一、满负荷工作；二、人员组织落实；三、加强检查。

2月3日　上午首都图书馆举办迎春联欢会。北京市委常委、宣传部部长龙新民，文化部图书馆司司长杜克，北京市文化局副局长赵东鸣、张和平等领导前来参加，并与首都图书馆职工欢聚一堂，出席联欢会的还有文化部图书馆司的全体人员、市文化局社会文化处处长刘春香及社会文化处全体人员、北京市少年儿童图书馆全体人员。

2月8日　首都图书馆与市文化局社会文化处组织召开北京市区、县公共图书馆馆长会，讨论有关北京市图书、资料系列专业技术人员岗位培训事宜及成立北京数据编目中心的有关内容。共计23个单位55人参加。

3月19日　在文化部图书馆司、北京市文化局的大力支持下，由文化部文华图书馆发展公司发起、首都图书馆牵头的"北京文献编目数据中心"在京正式成立。其目的是通过"集中采购、统一编目、数据交换"等方式，实现图书情报业务工作现代化、规范化、标准化和网络化，是实现全国图书资源共享的有益尝试。

3月26日　首都图书馆召开中层干部会，宣布地方文献部为第一批改革部门。会上讨论了《岗位系数分配表》及《地方文献改革方案》。

3月28日　首都图书馆召开中层干部会，宣布阅览部、财务科、复印装订室为第二批进入改革部门，并对上述三个部门的改革方案进行讨论。

3月—6月　首都图书馆辅导部与北京市图书馆学会开展图书馆专业培训工作，从3月到6月为东城区教育局所属的中小学校图书馆工作人员开设图书馆工作引论、读者工作、中文工具书三门课程。培训人员多达150人次。这次培训邀请了北京师范大学图书馆系的教授讲课，学员通过系统学习，获得了许多专业知识，提高了专业水平。

4月11日　首都图书馆向通县图书馆捐赠图书600余册，书柜6个。

4月11日—20日　首都图书馆馆长金沛霖、副馆长马德凯、黄海燕与市计委和设计院一起就新馆建设情况去香港考察。

4月17日　中央党校图书馆4人来首都图书馆进行业务交流，参观古籍部、期刊部、地方文献部，了解相关业务情况。

4月23日　内蒙古自治区图书馆副馆长王佩章一行15人来到首都图书馆考察。馆长金沛霖从首都图书馆的基本情况、业务工作现状、自动化系统的决策、模式确定、建设原则、组织实施等方面的情况以及未来发展设想做了介绍。而后内蒙古图书馆参考研究部等9个部门的馆员与首都图书馆各部门进行对口交流，大家相互介绍各自的业务工作情况，交换了各种业务管理规章制度。

4月28日—30日　市文化局社会文化处及首都图书馆组织筹办"北京市公共图书馆馆长研讨班"。

4月　日本冲绳图书馆馆长助理一行3人来首都图书馆访问。

5月7日—10日　中国图书馆学会举行在京常务理事会，首都图书馆馆长金沛霖作为常务理事参加了会议。

5月15日 菲律宾国家图书馆亚洲和大洋洲部副主任佛罗里塔·卡里诺女士等一行4人前来首都图书馆考察图书馆事业及进行业务交流，首都图书馆馆长金沛霖向客人介绍首都图书馆情况，并陪同到相关部门参观。

5月16日 西北大学图书馆一行15人前来首都图书馆参观学习，了解公共图书馆的特点、特色，首都图书馆副馆长常林介绍首都图书馆业务及自动化情况，并陪同到各部门参观。

5月26日—6月1日 北京市公共图书馆服务宣传周期间，首都图书馆在辟雍大殿、走廊等处举办"北京市公共图书馆服务成果展""往日京华展""地方文献精品展"等展览。在馆内还开展了希望工程"捐书献爱心"、读者借阅需求有奖问答、北京市公共图书馆联合办证、专家现场咨询、名人讲座、英语角等十项活动，吸引了大量读者。另外，为配合喜迎香港回归举办一次报告会，特别邀请了林则徐第六世嫡孙女、中国戏曲学院教授林岷为广大读者和图书馆工作者作"历史上的香港与香港回归"的报告。宣传周期间的活动，扩大了图书馆在社会上的影响，起到了宣传图书馆、吸引读者利用图书馆的作用。文化部副部长徐文伯、文化部图书馆司司长杜克、副司长周小璞、北京市政府办公厅副主任秦德海、市文化局局长于长江等对服务宣传周非常重视，于5月26日参加了服务宣传周的开幕式，并做了重要指示。

5月 市文化局举办首届全局运动会，首都图书馆领导及工会积极组织全体职工参加，共有90余人参加了各种运动项目，有17人取得了名次，并获得团体广播操三等奖，总成绩第六名的好成绩。并获得优秀组织奖。

6月5日 香港孔教学院院长汤恩佳为在首都图书馆捐立孔子铜像一事来访。

6月5日　首都图书馆"北京文献编目数据中心"召开第一次采购人员工作会议。会上馆长金沛霖、总经理张长生、副馆长常林等分别就中心成立的意义、发展前景及有关网络用的分编、数据软件的开发、应用情况等做了详尽的介绍，同时听取了与会者有关各馆采购、分编现状及存在的问题的介绍。会后，副馆长常林、副主任陆映秋带领大家参观中文采编部和新书样本室。

6月23日　白俄罗斯国家图书馆馆长阿列伊尼克女士、白俄罗斯国家图书馆文化艺术科研处主任戈尔巴乔娃女士来首都图书馆访问。她们与馆长金沛霖进行业务交流，并参观首都图书馆地方文献部等业务部门，了解了首都图书馆自动化及管理等情况。

6月23日　首都图书馆党总支、团总支、工会共同举办"迎香港回归，颂中华崛起"歌曲演唱会，全馆馆员积极投入，以高亢的歌声、饱满的热情歌颂祖国，表达庆香港回归的喜悦心情。局领导非常重视这次活动，文化局宣传处处长何明杰、组织处李萍、团委书记游广红前来参加，并给予很高的评价。

6月28日　为庆祝香港回归，首都图书馆在辟雍大殿前举办"喜庆香港回归，共创美好未来"百米横幅签名活动，共有几百人签名留念。另外，还组织读协会员进行"庆香港回归有奖知识答题"活动，有150余名读者参加。此间还举办香港风情图片展，为读者编制"迎97香港回归推荐书目"、"香港史话"资料汇编、"回归之路"报刊专集等，深受读者欢迎。

7月10日　新加坡国家图书馆一行4人来首都图书馆访问，了解首都图书馆业务情况。

7月15日—17日　文化局召开全局各单位党政一把手半年工作总结会，首都图书馆馆长金沛霖、总支书记高套柱参加会议。

7月30日—8月3日　中国图书馆学会第五次全国会员代表大会

在昆明召开。来自全国各地的近300名代表共同探讨信息时代的中国图书馆事业如何为实现科教兴国战略、实现跨世纪宏伟蓝图而发挥文献信息服务的重要作用。北京市图书馆学会常务理事长，首都图书馆馆长金沛霖、副馆长常林，北京市文化局社会文化处杨素音等出席大会。首都图书馆馆长金沛霖当选为中国图书馆学会第五次会员代表大会常务理事；常林当选为中国图书馆学会第五次会员代表大会理事。北京市图书馆学会副秘书长李海虹列席了大会。

8月1日 首都图书馆党总支组织全体党员、积极分子、复转军人参观平津战役纪念馆，进行爱国主义教育。

8月21日 朝阳区图书馆馆长组织基层馆（室）14个单位21人到首都图书馆参观学习。

8月25日 首都图书馆党总支进行支部换届选举，经过各支部提名、投票选举出五名支部书记：第一支部赵志琴、第二支部陈贻龙、第三支部李小苏、第四支部王春立、第五支部毕如兰。

8月28日 苏里南苏中友好协会会长马杰里格在中国对外友好协会人员的陪同下到首都图书馆进行业务访问，馆长金沛霖和副馆长常林接待客人。马杰里格首先介绍苏里南的情况，他说，苏里南有10%的华裔人口，那里的华人非常关注中国的发展情况，他们希望得到更多的介绍中国的文献资料。马杰里格表示苏中友好协会正在积极致力于与中国的友好交往，希望在文献的交换方面与中国有关单位合作。金沛霖表示愿意进行文献交换方面的合作，并介绍首都图书馆情况。而后由常林带领客人参观综合阅览室、古籍部、地方文献部、外文部、辟雍等。

8月29日—9月12日 首都图书馆馆长金沛霖、副馆长马德凯与文化部宣传处处长陆莹、文化局社会文化处处长刘春香等一行19人前往丹麦参加第63届图联大会，与世界各国代表进行业务交流。

8月29日—9月4日 全国第五届省、自治区、直辖市和较大城市图书馆馆长联席会议在甘肃举行,近50名代表出席会议。会上文化部副部长徐文伯发表了书面讲话。会议期间,代表们结合目前的形势和自身实际围绕"向现代化图书馆转化过程中的管理"这个主题展开了热烈的讨论。副馆长黄海燕出席会议并发言。

8月—10月 首都图书馆编制文化部图书馆司下达的全国图书馆评估用"工具书核查书目"。第一稿8月14日完成,第二稿8月28日完成,并上交图书馆司。9月24日,由文化部图书馆司召集北京图书馆、首都图书馆、辽宁馆等省馆及东城区图书馆的有关工作人员,讨论评估用核查书目并提出详细具体的修订意见,书目的修订由北京图书馆、首都图书馆、河北省图书馆、东城区图书馆等馆参加,首都图书馆仍负责书目的汇总、统稿总其成。10月24日,首都图书馆完成"工具书核查书目"的全部工作,当日上交文化部图书馆司。

9月16日—21日 在党的十五大召开之际,首都图书馆为了让更多的读协会员了解近5年来我国政治、经济、文化领域等各方面发展情况,编制了一套1993年以来展示我国成就的问答题,进行现场答题抽奖活动。6天共接待读协会员300多人,回收答题300多份,起到了宣传党的十五大会议精神,促进精神文明建设的作用。

9月22日 首都图书馆工会进行换届选举工作。此前经过近一年的筹备,提出7名候选人名单,经过投票选举,最后确定陈贻龙、金慰先、刘金柱、纪鸣、李小苏为第二届工会委员,另选出一名经审委员。9月24日工会将改选情况上报文化局工会。9月29日文化局工会来文批复,同意首都图书馆工会改选结果。

9月23日—30日 首都图书馆外文部举办"第二届馆藏艺术书刊展",共展出艺术、摄影、工艺造型、广告招贴、室内设计、服装服饰等方面书刊300余种,接待读者520人,受到读者好评。

9月 首都图书馆举办"消防安全月"活动，内容包括：消防知识讲座、观看灭火消防录像、实地操作使用灭火器等，全馆100余人参加。

10月6日 为抓好首都图书馆业务建设，经馆办会研究决定正式成立首都图书馆学术委员会，主任委员金沛霖，委员黄海燕、常林、周心慧、韩朴、石恩光、陈坚、李小苏，并制定学术委员会职责。

10月8日—10日 首都图书馆馆长金沛霖、总支书记高套柱参加文化局组织的党政一把手学习十五大文件学习班，对十五大文件进行认真的学习和讨论。

10月22日 首都图书馆当总支举办"学党刊、用党刊"知识竞赛，由全体党员、入党积极分子参加，竞赛以支部为单位，主要内容有党刊知识竞赛问答题、判断题、题板题、心得体会交流、诗歌朗诵、歌曲演唱等，局组织处曹亚军及局属三个单位的领导共4人前来观摩，此次竞赛得到4位领导的一致好评。

10月27日 首都图书馆邀请文化局局长于长江来馆为全体职工做学习"十五大"文件辅导报告。于长江结合市文化局特别是首都图书馆工作的实际，着重讲述了第七部分"有中国特色社会主义的文化建设"。明确指出了首都图书馆所面临的发展机遇和严峻挑战。他强调在今后工作中，要加强党的领导，发挥党的战斗堡垒作用。认真学习十五大报告，深刻领会文件精神并落实到实际工作当中，树正气，抓业务，促进首都图书馆的建设。于长江所作的学习十五大辅导报告在广大职工中收到了很好的效果，对首都图书馆的工作起到了很大的促进作用。

10月28日 为加强首都图书馆管理，经馆办会研究决定，正式成立馆务委员会，主要由党、政、工、团主要领导及学术委员会成员组成。

10月 首都图书馆组织全馆人员参加"百万人交通安全测试"答卷活动，有130人参加。

11月 美国纽约皇后区图书馆馆长来访。

11月3日 首都图书馆组织中层干部及部分业务骨干去清华大学图书馆参观学习。主要参观自动化系统、采编系统、阅览室等，并与各部门进行业务交流，学习一些好的经验，如快借服务等。

11月4日—6日 首都图书馆团干部5人参加局团委组织的培训班。

11月9日 越南河内国家大学、河内社会人文大学、通讯、文化部一行34人前来参观首都图书馆，对院内建筑及图书馆工作非常感兴趣，提出很多问题。首都图书馆工作人员进行详细的解答，并带领参观。

11月12日—15日 文化部图书馆司在江西省南昌市召开"全国公共图书馆信息资源建设座谈会暨全国公共图书馆管理工作会"。研究讨论《全国公共图书馆信息资源建设规划》和《〈金图工程〉总体方案》，交流各图书馆数据库建设经验；研究讨论《全国公共图书馆事业发展"九五"计划及2010年远景目标纲要（草案）》和1998年工作安排，部署第二次评估定级工作。首都图书馆馆长金沛霖前去参加会议，并提交了论文。

11月12日—18日 首都图书馆11人参加北京图书馆举办的"机读目录格式培训"，经考试全部合格。

11月18日 武汉汉江石油管理局图书馆一行4人前来首都图书馆参观学习，副馆长常林、黄海燕介绍全馆情况，办公室人员陪同到各业务部门参观解情况和自动化情况。

11月18日 石景山图书馆一行4人来首都图书馆采编部学习分编、加工图书各环节业务，为期两周。

11月20日 在首都图书馆新馆工地举行首都图书馆新馆（一期）工程监理合同签字仪式。出席签字仪式的有：市文化局副局长赵东鸣、文化局基建处处长杨易新、首都图书馆馆长金沛霖、书记高套柱等领导、新馆筹建办公室主任马德凯、北京希地工程咨询总公司总经理施强、经营部经理北京处朱连根、经济处处长范绮友。北京宏福机械施工集团基础工程处总经理刘喜祯等也列席了会议。赵东鸣和施强代表双方在工程监理合同书上签了字。监理合同书的签订以及宏福公司开始进驻工地，标志着首都图书馆新馆建设已进入实质性施工阶段，与会各方代表一致表示不辜负各级领导的重托，一定要密切合作，精心组织，把首都图书馆新馆高效、优质地建设好，向国庆五十周年献礼。

12月 美国国际旅游股份公司董事长一行2人来访。

12月18日 首都图书馆"北京文献编目数据中心"召开本年度第二次采购人员工作会议。会上馆长金沛霖就中心成立以来的工作情况及明年的工作设想做了概括讲话，并对各馆给予的支持表示感谢。副馆长常林、副主任王山水分别就中心的分编工作和"图书联合采购系统"软件的运行情况做了较为详细的介绍，得到了与会者的积极响应。各馆纷纷表示，只要条件成熟，愿意尽快与中心联网，早日实现网上订购、查重。最后，由副主任陆映秋就中心半年来图书采购、加工情况作具体汇报。

12月18日 首都图书馆首届职代会正式成立，共选出28名职工代表，并对职工代表进行培训。

12月24日 首都图书馆读者协会举办读协会员代表座谈会。邀请会员代表40多人参加。会上通过了《首都图书馆读者协会章程》、阐述近几年来读协的工作情况，并请读者对读协工作提出意见和建议。

12月26日 首都图书馆新馆开工典礼，市委副书记李志坚，市常委、宣传部部长龙新民，副市长林文漪，市政府办公厅秦德海、曹振刚，图书馆司司长杜克，文化局局长于长江、副局长赵东鸣及市计委、朝阳区委等领导前来参加，会上副市长林文漪代表市委市政府讲话，并提出："我们一定要高水平、高标准、高质量地把新馆建设好，使它在下世纪初设施和功能不落后，让政府和人民满意。"

12月30日 首都图书馆读协邀请北京出版社《十月》《父母必读》编辑部的主编、编辑与读者见面。有40位读者代表参加。

1998 年

1月8日—10日　首都图书馆负责组织华北图协年会，参加会议的有首都图书馆、天津图书馆、河北省图书馆、山西省图书馆、内蒙古自治区图书馆的馆长及学会负责人。会议就图书馆自动化问题、特色数据库建设问题、编目中心与图书馆网络等问题进行研究讨论。

1月19日　首都图书馆召开离退休老干部茶话会，有40余人参加，是历年参加人数最多的一年。首都图书馆馆长、副馆长、书记等主要领导给老干部拜年，并与老干部座谈。

1月26日　首都图书馆召开春节联欢会。会上对1997年优秀个人进行表彰。各工会小组演出了形式多样的文艺节目，全馆欢聚一堂，共庆佳节。

1月　北京地方文献部为市文物局撰写的《北京博物馆志》提供资料，并编写完成了《北京博物馆事业史丛编》。共收录条目1100多条，编辑为14册。

2月5日—12日　首都图书馆领导班子大部分成员和部分业务骨干共6人由党总支书记高套柱带队，前往上海图书馆进行为期一周的学习考察。这次考察活动的主要目的是参观上海图书馆新馆，了解新馆的筹建情况及运行情况。考察组与上海图书馆的馆领导进行全面交流。上海图书馆馆长马仲良和副馆长吴建中分别进行总体介绍，从上海图书馆新馆的筹建、功能定位、新观念的确立、如何做好人的思想工作、树立读者第一的指导思想，以及实现功能的一些具体做法。考察组成员就一些关键问题进行询问。此后又与历史文献中心、读者服务中心、咨询服务中心、系统网络中心、会议展览中心和教育培训中心进行交流。

2月9日 北京青年报刊登《为捐书者"架上留名"》一文，报道首都图书馆读者捐书一事并公布捐书热线，此文在社会上引起很大反响，许多读者纷纷打电话要求捐书。

2月9日—4月24日 首都图书馆后院电源线路进行改造，以消除火灾隐患。

2月17日 北京音乐台播放首都图书馆读者捐书情况采访录音，馆长金沛霖及办公室人员介绍读者捐书情况。

2月18日 "十大艺德标兵"阅览部副主任陈安琪被邀请到长安大戏院作报告。

2月24日 北京电视台生活频道播出首都图书馆专访，馆长金沛霖介绍读者捐书情况并向多年来关心支持首都图书馆的各界人士表示感谢。

2月24日—25日 文化部图书馆司和北京图书馆出版社共同组织召开的《图书馆岗位培训教材》编委会第一次会议在北京举行。参加会议的有文化部图书馆司司长杜克、副司长周小璞、处长刘小琴、吴希，北京图书馆出版社总编辑曹鹤龙，首都图书馆馆长金沛霖，上海、广东、甘肃、深圳等几大省馆馆长也参加了会议。会议决定合作出版《图书馆岗位培训教材》，并成立编辑委员会。金沛霖为编委成员。

2月24日—26日 馆长金沛霖、党总支书记高套柱参加市文化局召开的1998年工作会议，会议传达了1998年文化部厅局长会议精神，总结了市文化局1997年工作，部署了1998年工作。北京市委常委、宣传部部长龙新民出席会议并作重要讲话。

2月26日 副馆长常林、团总支书记王梅参加市委直属机关团工委召开的1997年度"青年岗位能手"表彰大会。常林被评为"青年岗位能手",受到表彰。

3月2日 美国纽约皇后区公共图书馆总裁石格瑞一行2人前来参观访问。

3月4日 首都图书馆与北京紫禁城影业公司、东城区图书馆、西城区图书馆共同举办《离开雷锋的日子》《背起爸爸上学》剧组与读者见面报告会。《离开雷锋的日子》剧中原型乔安山及《背起爸爸上学》的原型李勇参加了报告会。会上举行第二届"源泉杯"颁奖仪式。乔安山、李勇、编剧、导演等做了报告,读者反响很大。

3月6日 中国计算机报社向首都图书馆赠送该社隆重推出的《中国计算机报》光盘,副馆长常林参加了首发式并接受捐赠,共计20套40张光盘。

3月9日 市文化局免去李永康首都图书馆行政副馆长职务。

3月10日 馆长金沛霖、副馆长常林带领采编部人员参观天津图书馆分类编目系统,了解分类编目定额情况。

3月25日 美国哈佛大学校长尼乐·陆登庭博士一行11人来首都图书馆参观。馆长金沛霖、副馆长常林接待客人并介绍国子监历史,陪同参观辟雍。

3月—4月 首都图书馆辅导部与人事科联合举办首都图书馆工作人员"主题法与主题标引"培训班,邀请北京图书馆《中国图书馆图书分类法》编委会副主编、副研究馆员安鸿书和北京图书馆中文图书编目部、中文书目数据库副主编朱芊授课。共计8天的课程,33人参加了培训并通过了考试。

4月2日—17日 副馆长常林、马德凯等一行3人前往美国进行为期两周的图书馆智能化布线系统考察,参观西蒙公司总部及工厂实验室，同时还参观耶鲁大学图书馆、美国国会图书馆、纽约图书馆、洛杉矶图书馆。

4月12日 首都图书馆举办"我们的家园：旅美女作家王蕤眼里的东方与西方"报告会。

4月24日 北京图书馆召开"纸浆补书机"研制项目技术鉴定会，首都图书馆馆长金沛霖被特聘为鉴定委员出席会议。

4月25日 由北京史研究会主办的"平安大街建设与文物保护"座谈会在首都图书馆召开。

5月8日 法国使馆文化处组织法国图书馆界人士28人来首都图书馆访问。馆长金沛霖接待来宾，介绍首都图书馆情况并带领参观地方文献部、古籍部、辟雍等。

5月14日 北京语言文化大学180人来首都图书馆参观，太学研究室接待并做讲解。

5月19日 陕西西北大学图书馆一行11人前来首都图书馆参观，太学研究室接待并作讲解。

5月22日 德国军队总监、哈尔姆特巴格尔上将一行14人前来首都图书馆参观。馆长金沛霖向客人介绍国子监的历史并参观辟雍，他们对中国的科举制度有了一定的了解。

5月23日 市委宣传部部长龙新民、北京市副市长刘敬民前来检查首都图书馆防火情况，就一些火灾隐患提出整改意见。

5月23日—31日 首都图书馆在1998年图书馆服务宣传周活动期间，与北京市少儿馆共同举办"信息伴您跨入21世纪"系列活动。主要活动有：

一、专题报告会，"面向21世纪的信息传播与利用"特邀请中国科学院情报文献中心博士生导师辛希孟主讲；"成才之路——我和我的三个女儿"邀请文坛三姐妹的母亲楼旨君女士讲怎样培养三个女儿成才。

二、"热情为读者，满意在首都图书馆"活动，评选读者满意的服务人员发放推荐书目，设立科技新书专架及读者方便角；举办"股市入门知识介绍"等。

三、进入知识经济——百题有奖竞答。

四、视听阅览室对外开放并优惠一周。

除以上活动外，还在5月23日开幕式上举行赠书仪式，由志诚律师事务所郭占宁向首都图书馆及区县馆捐赠《中国农村年书》15000册。北京军区总医院庄照来向首都图书馆捐书30册。

开幕式后，举行捐书读者座谈会，邀请近期内向首都图书馆捐书的8位读者来馆进行座谈。座谈会上，读者提出许多好的建议，为改进首都图书馆工作献计献策。这次服务宣传周活动的主要目的，就是通过活动宣传图书馆，使更多的读者走进图书馆、利用图书馆。

5月26日—28日　在湖南省韶山市召开由中国图书馆学会主办，湖南省图书馆学会承办，北京市图书馆学会等三家学会协办的"全国地方文献理论与实践研讨会"。首都图书馆副馆长常林、地方文献部主任韩朴、李诚作为代表出席会议。会议共收到论文200余篇，首都图书馆共有6人撰写的8篇论文入选，经过评审共获得一等奖三篇、二等奖三篇、三等奖两篇。通过交流，与会代表一致认为，在全国图书馆地方文献工作领域中，首都图书馆地方文献部的机构规模、工作内容的完整程度、信息加工的深入程度，尤其是文献信息开发和利用的程度，都居于全国之冠，从而一致肯定了首都图书馆地方文献工作在全国的领先地位。与此同时，首都图书馆地方文献工作者对地方文献基础理论以及方法论的研究水平也得到了与会者的高度认同。

5月　北京地方文献部受北京市人事局史志办公室委托，编辑完成《北京人事管理史料丛编》。共收录条目500余条、540余万字、编为

68册、撰写了编辑说明、凡例、目次和引用文献目录。

5月 首都图书馆对北京文献编目数据中心进行改组，在全馆范围内招标竞岗，成立了首都图书馆采编中心，并于7月开始试运行。

6月12日—13日 首都图书馆党总支组织全体党员去西柏坡参观，进行革命传统教育。

6月23日 首都图书馆与东四交通队进行警民共建，在东四交通队会议室举行创建图书室仪式，副馆长黄海燕、党总支副书记李春红、团总支书记王梅及有关人员参加了仪式。首都图书馆共捐赠图书600余册、期刊605册。

6月—9月 首都图书馆馆长金沛霖、副馆长黄海燕、常林、首都图书馆研究辅导部与北京市文化局社会文化处共同对区县图书馆进行评估工作。先后到平谷、顺义、怀柔、东城、延庆、昌平、门头沟、石景山少儿、石景山、海淀、房山、燕山、崇文、密云、通州、大兴、丰台、宣武、朝阳共计19个区县图书馆进行评估。

7月13日 首都图书馆全员计算机培训班第一期开课，共育26人参加培训。

7月14日 首都图书馆第一批通过社会招聘进馆人员来馆报到，共7人。其中包括研究生1人，本科生6人。

7月15日—19日 首都图书馆馆长金沛霖、党总支书记高套柱去北戴河参加文化局半年工作会。

7月25日 首都图书馆举办"王葳学术报告会""王葳作品研讨会"。

8月17日 市文化局系统财会人员来首都图书馆观摩财务科会计基础工作，从而推动局系统会计工作达标升级活动。

8月20日 首都图书馆广大职工为灾区献爱心共捐款10275元，一并交到中华慈善总会。

8月—9月 首都图书馆副馆长黄海燕参加在荷兰举行的第63届

国际图联大会。

8月17日—9月11日　首都图书馆党、政领导高套柱、李春红、常林、黄海燕等参加北京市文化局组织处举办的处级干部培训班。

9月5日—10日　由法国大使馆文化科学合作处与首都图书馆共同举办的'98读书节——法国艺术书展在首都图书馆举行。开幕式上，法国驻华大使莫磊、法国大使馆文化科学合作处主任专员柯孟德先生、法国阿德力出版社有关人员、北京市政府办公厅副主任秦德海、市委宣传部长王学勤、北京市文化局局长于长江、北京市文化局常务副局长赵东鸣及首都图书馆馆长金沛霖等有关领导出席。读书节期间展出的艺术书籍均为原版珍藏本，这些图书从不同侧面反映了法国艺术发展的情况。

9月9日　新加坡国家图书馆一行2人由北京图书馆国际交流处人员陪同来首都图书馆参观，主要了解业务流程情况。首都图书馆办公室人员带领参观采编部、地方文献部、古籍部等部门，并介绍相关业务情况。

9月12日　首都图书馆举办"来自长江抗洪前线的报道"报告会。

9月18日　北京文化热线开通。首都图书馆作为该热线的一级网站，负责图书馆方面信息的提供。共设"电子报刊""珍藏荟萃""古都风貌"等15个栏目。

9月　首都图书馆姚雪霞参加市文化局"学习十大艺德标兵、争做德艺双馨好青年"演讲比赛，获三等奖。

10月15日　新分配来首都图书馆工作的职高生10人正式上班，并分到各部门工作。

10月16日　首都图书馆职工宿舍"夹皮沟"属于消防隐患违章建筑，所有人员迁出后全部拆除，恢复原状。

10月19日　首都图书馆召开全馆大会，由北京市文化局组织处处长李恩杰宣布首都图书馆领导班子任免书。金春田任馆长,原馆长金沛霖聘为顾问,原少儿馆馆长李素林任首都图书馆党总支书记。原总支书记高套柱为处级调研员。

10月27日 香港大学图书馆馆长简丽冰等一行三人来首都图书馆参观访问,与首都图书馆馆长金春田进行业务交流并参观辟雍。

10月26日 北京市文化局局长于长江、组织处处长李恩杰前来召开首都图书馆新老班子会。会上李恩杰对首都图书馆新老班子共谈了四个问题:一、从新班子开始有新的体制。二、在法人代表负责制体制下怎样工作。三、新老班子工作的交接问题。四、对新班子的要求等。于长江作重要指示,要求班子人员要心态平和,相互团结,互相支持,把首都图书馆的工作搞好。

11月11日 新疆乌鲁木齐图书馆副馆长许淑云等一行8人前来首都图书馆参观学习。首都图书馆办公室人员负责接待,介绍首都图书馆基本情况,并带领参观阅览室、古籍部、期刊部、计算机室、地方文献部、采编部等并赠送业务资料。

11月11日 电话局和平里支局图书馆一行15人前来参观学习,主要了解有关采、分、编及藏书管理等情况。办公室、阅览部、采编部人员接待并介绍有关情况,而后参观各有关部门。

11月20日 经市有关部门批准,国子监辟雍作为文化文物及旅游景点首次对外试开放。首都图书馆在辟雍内恢复了当年乾隆皇帝用过的宝座、五峰屏、御书案等文物,并举办"中国古代科举制度"及"往日京华"两个展览。

11月26日 首都图书馆在东城图书馆报告厅举行"新馆定位及功能论证会",来自高校、科学院、公共图书馆等系统的专家学者及国务院政策研究室、北京市委、文化部、市文化局的领导等20余人与会并发言。在观摩了首都图书馆有关新馆定位、功能、机构设置等情况的计算机演示后，专家学者就首都图书馆所处的地理位置及在北京的文化、教育、信息建设中的地位进行认真的分析和研讨，提出首都图书馆新馆定位及功能设置的依据、发展的侧重等建设性意见，为首都图书馆新馆成为全方位开放式的现代化的世界一流图书馆和知识信息枢纽进行全面的论证。

11月28日 北京地方文献部与北京史研究会共同召开专题学术研讨会，研讨的主题为"北京文献与首都文化建设"。会上，首都图书馆馆长金春田、北京地方文献部主任韩朴讲了话。

11月30日 为庆祝首都图书馆建馆85周年以及北京地方文献部成立40周年，地方文献部举行纪念活动。文化部图书馆司和北京市文化局的领导以及首都地区的图书馆界、档案界、新闻出版界、方志界、社科研究界以及用户代表出席活动。地方文献部还举办专题文献展览"文采京华"，该展览以多种文献形式反映了不同历史时期的首都文化以及近些年首都地方文献事业所取得的巨大成就。

12月6日 首都图书馆举办"超级全脑速读——21世纪的学习直通车"报告会。

12月8日 北京市东城区安定门街道双花鞋业单位、居民联合选举第十二届区人民代表大会代表，首都图书馆副馆长黄海燕作为候选人，凭借她自身的优势，最终以2570票（通过半数）顺利当选为东城区人民代表大会代表。

12月 陈安琪被中共北京市委宣传部评为"北京市宣传卫生系统职业道德先进个人"。

12月 局计财处召开财务决算工作会议，评比1997年财务及决算工作，首都图书馆获得财务工作、决算工作一等奖。

1999 年

1月19日 首都图书馆在京瑞大厦举行"新馆建设汇报会",文化部社会文化图书馆司副司长周小璞,中国国家图书馆副馆长孙蓓欣,市文化局局长张和平、副局长冯守仁,市计委、市财政局有关处长以及有关专家参会。这次会议对正在建设中的首都图书馆新馆工作的开展具有重要的指导作用。

1月22日 首都图书馆馆领导及全体中层以上干部召开为期两天的首都图书馆工作会议,会议研究并安排了1999年的全年工作。

2月3日 首都图书馆计划生育领导小组召开计生工作座谈会。

3月2日 首都图书馆学术委员会召开会议,根据工作需要,增补了几名委员,并对原学术委员会章程进行修改。

3月15日 首都图书馆邀请专家学者召开"为领导及决策机关服务"专家座谈会。

3月17日 首都图书馆馆领导及中层干部一行26人到国家图书馆学习参观。

3月20日 中共中央政治局委员、中共北京市委书记贾庆林,市委副书记李志坚,市委常委宣传部部长龙新民,副市长汪光焘等领导在市文化局局长张和平的陪同下到首都图书馆新馆工地视察并做了重要指示,强调首都图书馆新馆要建成一个智能化、现代化的图书馆,成为北京市重要的知识型信息枢纽和精神文明建设基地。

3月29日—31日　首都图书馆派代表参加"孙中山与近代中国学术研讨会"，地方文献部编制的《孙中山研究书目索引》受到了政府主管部门和与会者的欢迎。

4月8日　北京市公共图书馆工作会议在首都图书馆召开。北京市文化局局长张和平、副局长冯守仁以及首都图书馆和全市21个区县馆馆长、副馆长参加了会议。会议强调贯彻江泽民总书记视察北京图书馆的指示精神和市委书记贾庆林视察首都图书馆新馆工地的讲话精神，要求全市公共图书馆加强学习，做好图书馆工作，进行现代化系统建设，提高服务水平，充分发挥公共图书馆在北京人文环境建设中的作用。

4月19日　首都图书馆内辟雍大殿正式对外开放。

5月14日—21日　围绕北京'99科技周主题"环境连着你和我"，首都图书馆与本市城郊区公共图书馆共同举办"环境·首都人"系列宣传活动。

6月14日　首都图书馆党总支组织党员、中层干部、团员、积极分子参观高科技园区"锦绣大地"和清华大学图书馆。

6月18日　副市长刘敬民在市政府办公楼听取了首都图书馆新馆计算机系统建设的汇报。

7月7日　台湾汉学研究中心人员来馆交流，馆领导及太学、地方文献部、古籍部有关人员与其会谈。

7月初　首都图书馆根据新馆建设和实际工作需要，对馆部分中层干部进行调整。

7月9日—12日　首都图书馆派代表参加中国图书馆学会1999年年会暨学会成立20周年纪念活动。馆长金春田应中图学会之邀，在大会上做了题为《机遇与使命——世纪之交对中国公共图书馆事业发展若干问题的思考》的发言。

7月13日　馆长金春田、副馆长常林及有关人员在首都图书馆接待日本图书馆协会代表团一行的来访。

7月15日　首都图书馆新馆计算机综合信息管理系统图书馆学专家论证会召开。参加论证会的有中国图书馆学会理事长、原文化部部长徐文伯，文化部社文图司副局长周小璞，社文图司图书馆处处长刘小琴，北京市文化局副局长冯守仁，科委综合计划处副处长陈立工，北京师范大学信息系教授袁铭，首都图书馆原馆长冯秉文、金沛霖。与会专家就首都图书馆新馆的计算机综合信息管理系统方案发表了意见。

7月中下旬　文化局局长张和平、副局长冯守仁、马欣及社会文化处等相关处长到首都图书馆审看计算机系统演示报告。

7月26日　上午10时整，期刊部"青年文明号"揭牌仪式在期刊阅览室举行，同时，迎国庆优质服务百日竞赛活动也正式启动。

7月28日　卫生部副部长彭玉莅临首都图书馆视察。

8月1日—10日　馆长金春田、副馆长常林及办公室、改革办、自动化发展部的有关人员一行5人前往广东中山图书馆、广州市图书馆、佛山图书馆、深圳图书馆、南山图书馆、上海图书馆、浙江省图书馆七家兄弟馆考察学习。

8月10日—11日　首都图书馆各党支部按照上级党组织和馆党总支的布置，分别召开关于在党内抓紧处理和解决"法轮功"问题专题民主生活会。

8月12日　团总支响应局团委的号召，举办以"努力拼搏50天，喜迎建国50年"为主题宣传新首都图书馆的活动。

8月16日　采编中心召开北京市各区县馆联合采编工作会议。与会各馆表示，集中采购、统一编目是图书馆今后的发展方向，区县馆将全力支持和配合采编中心下一步的工作。

8月16日　首都图书馆与北京市科协联合举办科普系列讲座第一讲。著名天文学家、中国科学院北京天文台研究员李竞应邀讲学。

8月20日　北京市市长刘淇、副市长兼市政府秘书长刘志华等领导在市文化局局长张和平、副局长冯守仁的陪同下，到首都图书馆新馆工地视察。馆长金春田汇报了首都图书馆新馆建设的情况和存在的问题。刘淇在视察中指出：首都图书馆新馆各方面要有一流的标准，整个大楼要成为智能大厦，实现计算机管理，藏书实现数字化管理，充分发挥现代化图书馆的功能。

8月21日　北京市副市长汪光焘等领导在市文化局局长张和平的陪同下，到首都图书馆新馆工地视察。汪光焘指出，作为北京市的标志性建筑，要明确内涵，并强调要抓好建筑质量。

8月26日　北京市政府信息办主任华平澜等在市文明办主任赵东鸣的陪同下，在京瑞大厦观看了首都图书馆新馆计算机综合信息管理系统的演示汇报。华平澜表示信息办将对首都图书馆新馆的数字化建设给予支持，帮助首都图书馆推动数字化建设，这也关系到信息办的服务工作，以后要彼此加强联系。

8月28日　首都图书馆举办科普知识讲座第二讲。主讲人是中国科学院微生物研究所的研究员孙万儒。

8月30日　北京市副市长刘敬民在市文化局局长张和平、副局长冯守仁陪同下，到首都图书馆新馆工地视察并现场研究工作。针对视察中发现的问题，刘敬民提出一些建设性的改进意见，并提出具体要求。

9月3日　离退休干部党支部召开揭批"法轮功"专题民主生活会。

9月8日　应馆长金春田之邀，上海图书馆副馆长吴建中来到首都图书馆为中层干部做报告。

9月11日　首都图书馆新馆家具设备招标准备工作会议召开。

9月13日—14日 人事科为新入馆的工作人员举办为期两天的岗前培训班。

9月20日 首都图书馆新馆外沿亮相。

9月23日 新加坡图书管理局人员来馆参观交流。

9月28日 北京市图书馆学会成立20周年纪念活动暨"我为环保进一言"征文颁奖大会在东城区图书馆电影院召开。

9月30日 首都图书馆召开"爱国立功劳动竞赛"暨"为了首都图书馆的明天"征文活动颁奖会。

10月15日 新馆研究室主任、副研究员石恩光因病抢救无效去世。

10月18日 中共中央政治局委员、中国社会科学院院长李铁映在中共北京市委副书记李志坚、国务院体改办秘书长彭森等陪同下，到首都图书馆视察工作。李铁映为首都图书馆题词"百年书香国子监，世纪津梁新首都图书馆"，寄希望于首都图书馆事业的新发展。

10月18日 首都图书馆组织全馆人员参观新中国成立50周年成就展。

10月18日 应中国文联国际版之邀，叙利亚作家协会代表团一行5人到首都图书馆参观。

10月19日 馆长金春田、党总支书记李素林及有关人员出席首都图书馆安定门社区阅览室揭幕仪式。

10月21日 美国国际人民交流协会民间大使访华儿童代表团一行12人到首都图书馆参观访问。

10月25日 首都图书馆召开全馆大会，书记李素林主持，馆长金春田向全馆职工作题为《关于首都图书馆发展战略问题的思考》的报告。

11月1日—2日 首都图书馆与北京市图书馆学会共同举办ILAS系统管理员培训班。

11月8日 保卫科组织各部门安全员和新到馆职工40余人在大阅览室前进行消防演习。

11月初，首都图书馆举行青年团员篮球比赛。

11月11日 日本冲绳县公文书馆馆长一行6人来首都图书馆参观考察。

11月11日 首都图书馆与北京市建筑设计研究院下属北京中加智能集成有限公司签订首都图书馆新馆计算机综合信息管理系统合作合同书。

11月12日 国家八六三计划中国数字图书馆发展战略组与首都图书馆在国际会议中心举行隆重的签字仪式和新闻发布会。北京市市长刘淇、副市长刘敬民、中国数字图书馆领导小组组长徐文伯、科技部秘书长林泉以及广电部、中国航天集团等方面的领导出席并讲话。首都图书馆成为中国数字图书馆工程首家示范单位。

11月12日 辽宁省图书馆同行一行4人到首都图书馆进行业务交流。

11月15日 宁夏公共图书馆系统代表团一行18人到首都图书馆参观学习。

11月中旬 首都图书馆工会举办第二届乒乓球、羽毛球比赛。

11月22日 "京城活雷锋"北京军区总医院副政委孙茂芳到首都图书馆给党员、团员、积极分子作报告。下午，首都图书馆党总支召开"学党刊、用党刊"交流会。

12月16日 首都图书馆一期开馆部门负责人一行18人参观西城区图书馆。

12月17日 首都图书馆举行"迎澳门、庆千禧、爱首都图书馆"朗诵歌唱会。

12月20日 首都图书馆、东城区图书馆和北京美能达复印机照相器材维修服务站联合举办迎澳门回归"美能达"杯读者有奖知识答卷活动。

12月27日 由市文化局副局长冯守仁带队的计生检查团一行15人到首都图书馆检查1999年计划生育工作。

1999年—2004年，根据《北京市专业技术人员继续教育规定》和《北京市文化局关于印发北京市图书资料专业人员培训工作方案的通知》提出的要求，在全市图书馆系统全面实行岗位资格证书制度，首都图书馆连续六年开展岗位培训工作。培训班邀请北京师范大学教授和首都图书馆的专业人员讲授图书馆学概论、图书分类、图书馆编目、报刊管理等内容。先后举办13期，有859人通过考试获得上岗培训证书，占全市公共图书馆从业人员的98%。

2000年

1月1日 首都图书馆举行"欢迎新千年首批读者"活动。

1月12日 召开首都图书馆新馆家具设备招标工作会议，会上成立了招标工作小组，同时明确了评标委员会的成员构成。

1月17日—23日 首都图书馆一行10人在书记李素林、副馆长黄海燕带领下到山东图书馆、上海图书馆、浙江图书馆考察学习。

1月25日 召开首都图书馆2000年工作会议。总结1999年的工作成绩和经验教训，研究部署2000年工作。

2月 阅览部副主任陈安琪被评为全国文化系统先进工作者。

2月 台湾乐学书局有限公司向首都图书馆赠送186种216册台版图书。

2月22日 首都图书馆与北京工业大学签订了共建"北京（东南部）综合文献信息中心"的协议书。

3月14日 首都图书馆藏书发展委员会正式成立。

3月16日 首都图书馆与北京杰威广告公司签署了《首都图书馆CIS导入合同书》。

3月21日—30日 召开首都图书馆首届职工代表大会第二次会议。

4月21日 著名艺术家项堃向首都图书馆捐赠剧本《东方醒狮》。

4月22日—23日 首都图书馆工会组织职工春游天津盘山。

5月10日 首都图书馆新馆开展"知识绿荫"植树活动。

5月12日 中共北京市委、宣传部长龙新民来到首都图书馆新馆，与领导班子进行谈话。

5月 夏祖凤任首都图书馆副馆长。

5月29日 首都图书馆举办"崇尚科学，尊重知识"科普报告会。

7月26日—28日 北京市文化局（首都图书馆招标办公室）受北京市财政局政府采购办公室的委托组织邀请招标，对首都图书馆新馆家具设备（部分）进行开标和评标，并将评标结果上报北京市政府采购办公室审批。

8月3日 北京市财政局政府采购办公室下达了"市政采字〔2000〕29号'关于首都图书馆新馆家具政府采购邀请招标结果的批复'"，同意首都图书馆此次招标的结果。

8月3日 经北京市政府采购办公室批准，首都图书馆对其新馆通信类设备、图书防盗设备进行询价采购并确定了两家中标单位。

8月8日 首都图书馆与部分中标厂家签订了中标经济合同。

1. 基藏书库及阅览室书架：广东新会二轻机械厂有限公司
2. 阅览家具：欧艾办公家具（北京）有限公司
3. 馆领导及会议办公家具：北京天坛家具公司
4. 其他办公家具：北京天坛家具公司

8月25日 北京市文化局任命张晓光为首都图书馆党总支书记，免去李素林党总支书记职务。

8月25日 北京市文化局解聘金春田首都图书馆馆长职务。

9月13日 首都图书馆与北京东方中原电子有限公司签订首都图书馆新馆投影系统工程合同。

9月26日 首都图书馆新馆竣工。

9月 首都图书馆新馆西门子图书传输系统全面安装、调试完成。

10月20日 北京市文化局主办，首都图书馆、北京市少年儿童图书馆承办，东城区图书馆、西城区图书馆协办的北京市公共图书馆计算机知识竞赛圆满结束。此次比赛全面地检阅了我市公共图书馆的业务能力和计算机水平，全市公共图书馆掀起学习计算机知识的高潮。

12月14日 市文化局解聘黄海燕副馆长职务。

12月14日 市文化局任命倪晓建为首都图书馆馆长。

2001年—2013年
东南形胜　开创新篇

华威桥畔的大开放，大服务

2001 年

1月1日 首都图书馆新馆试开馆。北京市文化局局长张和平、副局长冯守仁为当日到馆的前十名读者颁发了荣誉证书和纪念品。

1月 首都图书馆根据上级部署，严格按照三讲教育计划，在未耽误新馆开馆筹备工作的前提下，如期保质地完成了三讲教育工作，并得到了文化局领导和局三讲教育工作小组的充分认可与赞誉。

1月—9月 北京市文化局，首都图书馆，朝阳区、崇文区、东城区、海淀区、西城区图书馆联合出版了《北京市公共图书馆特色馆藏联合书目》。书目收录了东城区、西城区、崇文区、朝阳区、海淀区五个区县图书馆的服饰、旅游、包装、法律、装饰方面特色藏书，共计有7599条记录。书目按各馆的特色藏书分为五个部分，每个部分由书目数据、书名索引、著作索引、主题索引和分类索引组成。

2月18日 首都图书馆馆长倪晓建应邀出席世界著名奥运会画家查尔斯·比利奇及澳大利亚堪培拉市政府为北京申奥作画的赠送仪式。首都图书馆新馆作为北京市四大文化标志性建筑之一入选《北京城市千年风景画》，并位于醒目位置。

2月26日 首都图书馆新馆搬迁工作动员大会召开。会议由党委书记张晓光主持，馆长倪晓建就图书馆当前的中心任务、新馆搬迁工作及未来事业发展三个方面做重要讲话。

2月 国家发展计划委员会、北京市国家发展计划委员会领导来首都图书馆新馆视察，并就新馆发展和规划问题进行座谈。

3月 依据首都图书馆学术委员会章程，增补倪晓建、张晓光为学会委员，推举韩朴为学会常务副主任，主理日常工作。

4月4日 北京市委副书记龙新民来到首都图书馆新馆视察工作，并与馆领导班子及部分中层干部进行座谈。会上，龙新民听取了近期工作汇报，并对新馆建设提出四点要求，即抓安全、抓管理、抓服务、抓开发，要打破传统局限，创一流管理，树立良好的行业形象，努力开发新领域，拓展新业务，在确保社会效益第一的前提下，创造良好的经济效益。

4月 北京市文化局机关干部及部分区县馆在局长张和平、副局长冯守仁等领导的带领下，来到首都图书馆支援搬迁工作。

经首都图书馆党政办公会研究决定，成立新馆开馆活动筹备委员会。委派文化服务部主任周心慧为筹委会主任，总负责开馆筹备事宜工作。

5月1日 首都图书馆新馆正式对外开放。新馆开放了中文图书阅览室、报刊阅览室、工具书阅览室、电子阅览室、康复文献阅览室、少年儿童阅览室等20余个厅室，提供阅览座位1300余个，先期可供读者借阅的首都图书馆图书100余万册（件）。新馆计算机综合信息管理系统正式启用，读者检索、图书采访、阅览流通、数据加工等子系统运转正常。五一开放当天，首都图书馆接待读者万余人，其中中文图书阅览室、视听阅览室、中文报刊阅览室日接待读者均高达千人以上，办理借阅卡997个。

5月25日 首都图书馆举行新馆开馆典礼。北京市委书记贾庆林、文化部部长孙家正、北京市市长刘淇、国家图书馆副馆长孙蓓欣等出席典礼。仪式结束后，领导及嘉宾们参观首都图书馆新馆。贾庆林对首都图书馆开馆近一个月来所取得的成绩予以认可和赞许，对首都图书馆事业发展做出重要指示，并明确提出要积极考虑首都图书馆二期的建设问题。

6月28日　首都图书馆举行庆祝中国共产党建党八十周年暨先进党支部、优秀共产党员、新馆开馆先进集体、先进个人表彰会。

6月　首都图书馆针对即将进行的管理机制、用人制度及分配制度的首次改革，成立"首都图书馆改革工作领导小组"，党委书记张晓光任组长，副馆长周心慧任副组长。各项前期准备工作陆续展开。

匈牙利国家图书馆馆长一行造访首都图书馆。这是新馆开放以来迎来的首批国外同行，双方表示今后要进一步加强两国图书馆学界的交流与合作。

7月1日　首都图书馆首家建立为建党80周年献礼的多媒体数据库"北京党史图片资源库和爱国主义教育影视资料库"正式开通，面向读者提供服务。

7月13日—8月10日　审慎分析首都图书馆现状，在广泛汲取国家图书馆、各省、市级兄弟馆改革成功经验的基础上，以采编中心为试点成功地进行尝试，并基本确定了分配制度改革、人事制度改革、管理体制改革的模式和实施操作的程序。

7月　首都图书馆在认真学习、领会事业单位改革政策精神的基础上，经反复讨论，广泛征求意见，数易其稿，起草了《首都图书馆改革工作方案》。

7月起　首都图书馆先后制定了《首都图书馆关于贯彻〈北京市文化局事业单位实行聘用合同制的实施办法〉实施细则》《首都图书馆聘用合同制〈实施细则〉的说明》等35份有关改革的文件，并陆续成立了聘用委员会、劳动争议调解委员会、中层干部竞聘考评小组、分配制度改革工作小组等工作机构。

8月1日　中国人民解放军将帅多媒体数据库建成并正式面向读者

提供服务。首都图书馆馆长倪晓建带领首都图书馆部分员工来到解放军三军仪仗队慰问官兵,并带去千余册各类图书,把文化科技送进军营。

8月11日—9月2日 馆长倪晓建、副馆长常林等应邀参加第二届中美图书馆会议和第67届国际图联大会。倪晓建《基于新信息环境下的精粹信息鉴选研究》的论文被选入"信息政策"分主题,代表中方在大会发言,并得到大会的重视。会议期间首都图书馆代表参观美国国会图书馆、纽约市图书馆、波士顿图书馆、哈佛大学燕京图书馆、洛杉矶图书馆等9个图书馆和联机计算机中心。首都图书馆与华盛顿图书馆结为友好馆,就开展多方面交流初步达成合作意向。首都图书馆与联机计算机中心进行接触,并建立了联系,双方围绕世界都市文献、奥林匹克文献以及有关文献数据库问题进行协商。

8月 首都图书馆根据北京市政府的要求,向河北省滦平县革命老区赠送图书1万册。

9月 根据江泽民关于"搞好社区文化、把精神文明落实到基层"的重要指示和北京市发展社区图书馆事业的决策,首都图书馆在市文化局的直接领导下,经过多方面筹备和周密的准备,在条件已经成熟的东城区东四街道、西城区西长安街和月坛街道、崇文区东花市和前门街道、昌平区南邵镇、通州区宋庄镇小堡村等5个区建立8个分馆,举行赠书及授牌仪式。文化部领导评价此举"具有重要政治意义,是以实际行动贯彻和落实江泽民'七一'重要讲话和'三个代表'的重要思想。"8个社区分馆的建立,标志着北京市的社区图书馆建设进入了一个新阶段,为此项事业的发展提供了可资借鉴的模式和范例。

9月26日 在中国图书馆学会第二届大会上,倪晓建当选为中国图书馆学会学术委员会副主任。

10月1日 首都图书馆在前门等12个街道(乡镇)建立了分馆,把图书馆服务延伸到市民身边。

10月 首都图书馆组织承办了"华北五省市图书馆协会会议"和"全国图书馆特色服务与实践研讨会"。参会代表230余人，就建立图书馆特色服务理论体系、摸索图书馆特色服务规律、推动特色服务在全国各地的实践等问题进行探讨。这次会议是国内首次针对图书馆特色服务专题所进行的理论研究和专业探讨，共收集来自全国25个省、自治区、直辖市的公共图书馆的专业人员论文257篇，评选出优秀论文66篇、大会交流论文137篇、入选论文54篇，为图书馆特色服务理论的发展和实践奠定了基础。

是年，首都图书馆受北京市文化局委托，组织北京代表队参加文化部举办的"全国公共图书馆计算机应用知识竞赛"。北京队在全部五个奖项中均获得了名次，并取得了团体决赛第三名。

首都图书馆开设的全国首家面向残疾人提供服务的康复文献阅览室被北京市列为2001年"为残疾人办的十件实事"之一。

首都图书馆新馆正式开放以来，向读者提供开架图书30余万册、报刊1100多种，接待各界读者68万人次，办理各种借阅卡3.5万余个、临时借阅卡1.4万余个（是国子监旧馆的10倍），流通图书132万册次，借阅量19.5万册，采购图书24万册，加工图书8.5万册，书目数据转录约120万条，完成多媒体数据库建库数据量15GB，用户达到33000人（是国子监旧馆的8倍）。

为提升学术地位和学术水平，首都图书馆积极组织中青年学者开展学术研究活动，申报了"奥运文献信息资源建设与服务""功能信息加工研究""社区图书馆功能与发展""北京地区社区数字图书馆知识网络服务系统""北京历史文献书目索引集成"等部、局级以上课题5个。其中"北京历史文献书目索引集成"获得了北京市哲学社会科学十五规划项目的资助。全年共出版学术专著4部，发表及交流论文20余篇。

2002 年

1月15日 首都图书馆古籍阅览家具、LED显示设备政府采购项目举行开标会，共有11家供应商按时参加了投标。经评标小组综合评审，确定了预中标单位：第一包预中标单位——深圳市深隆行实业有限公司、第二包预中标单位——北京利亚德电子科技有限公司。

1月 组织人事部根据北京市文化局出台的有关规定对人事文件进行第三次修订。

2月9日 首都图书馆向文化局报送《首都图书馆改革工作方案》《首都图书馆关于人事制度改革时间安排的汇报》《首都图书馆关于贯彻〈北京市文化局事业单位实行聘用合同制的实施办法〉实施细则》等各类人事改革文件等共计32份文件。

2月20日 首都图书馆组织人事部完成各部室定岗、定编、定任职资格的调研工作，编制《首都图书馆岗位职责的说明》，报北京市文化局审批。

3月7日 北京市委图书馆领导对首都图书馆进行工作考察。

首都图书馆向北京市文化局报送《首都图书馆津贴分配方法》[后经修订并更名为《首都图书馆分配制度改革方案（试行）》]、《首都图书馆各部室岗位职责》2份文件。

3月7日—12日 组织人事部发布《首都图书馆改革工作启动公告》《首都图书馆机构设置方案》《首都图书馆各部门定岗定编方案》《首都

图书馆中层干部正职竞争上岗办法》及《说明》。

3月11日 首都图书馆召开全馆改革动员大会。

3月15日 首都图书馆发布《关于经营创收部门"竞标"承包运作的通知》,确定会展中心、教育培训中心、文化服务中心实行承包运作经营方式。

3月21日 首都图书馆发布《首都图书馆各中心、部(室)主任(正职)竞聘面试通知》。

3月25日—27日 组织人事部举行各中心、部(室)主任(正职)竞聘面试考评会。

3月27日 首都图书馆发布《首都图书馆经营创收部门负责人竞标会通知》。

3月29日 首都图书馆第二届职工代表大会通过《首都图书馆关于贯彻〈北京市文化局事业单位实行聘用合同制的实施方法〉实施细则》《首都图书馆聘用合同制〈实施细则〉的说明》等35份改革文件。

3月29日 首都图书馆发布《关于职工食堂承包运作的通知》。

4月1日 首都图书馆举行经营创收部门负责人竞标会。

4月4日 首都图书馆公示各中心、部(室)主任正职拟聘人基本情况。

4月4日 首都图书馆通告成立劳动争议调解委员会、聘用委员会。

4月4日 首都图书馆发布《关于职工食堂承包经营人竞标会的通知》。

4月9日 北京市青年联合会文化组在首都图书馆热谈人文奥运。

4月10日 首都图书馆发布《首都图书馆中层干部副职竞争上岗办法》。

4月11日 首都图书馆与北京工业大学图书馆签订文献信息资源共知、共建、共享协议。

4月13日—14日 由中国图书馆学会主办、首都图书馆承办的中国图书馆学会第六届学术研究委员会成立大会暨工作会议在首都图书馆新馆召开。此次会议上，倪晓建当选为目录学专业委员会主任；周心慧当选为社区和乡镇图书馆专业委员会副主任；常林当选为数字图书馆研究与建设专业委员会委员；韩朴当选为地方文献研究专业委员会委员；刘乃英当选为古籍整理与文献保护专业委员会委员；邓菊英当选为图书馆建筑与设备专业委员会委员。

4月16日 首都图书馆公示各中心、部（室）主任副职。

4月16日 首都图书馆成立信息开发室、艺术阅览室并招聘工作人员。

4月17日 由上海市政协教科文卫体委员会常务副主任、上海国际文化影视有限公司董事长孙刚带队的上海市政协"加强文化中介机构、经纪人和行业协会建设"课题调研组在北京市文化局领导的陪同下来到首都图书馆参观。

4月19日 首都图书馆发布全员岗位聘用双向选择正式启动通告及新修订的各部门的定岗定编文件。

4月23日 首都图书馆通告正式聘入各中心、部（室）主任副职拟聘人并任命党办主任。

4月27日 首都图书馆开始全员岗位聘用，实行部门主任和员工之间的双向选择。

4月29日 北京市文献与满学研究研讨会在首都图书馆召开。

4月30日 首都图书馆全员岗位聘用结束，各中心、部（市）公布岗位聘用人员名单及聘用岗位，签订上岗协议书。

4月 文化共享工程北京市分中心成为首批文化共享工程省级分中心。

4月 研究辅导部更名为研究辅导中心。

5月2日 首都图书馆举办历史文献阅览室及绥中吴氏赠书开放仪式。

5月15日—19日 2002年北京科技周"知识就是力量——科普大视野"活动在首都图书馆举行。北京市副市长林文漪到会致辞,向外国友人赠送纪念品,并向残疾人代表赠送科普图书。

北京市公共图书馆工作会议在首都图书馆召开。

5月26日 2002年"图书馆服务宣传周"在首都图书馆开幕。

6月4日 首都图书馆申报的2002年度国家社会科学基金项目课题"社区图书馆功能及发展模式研究"获准立项。

6月14日 首都图书馆与北京高校网络图书馆在其正式开通仪式上签订了资源共知、共建、共享协议。

6月28日 北京市公共图书馆馆长工作会在首都图书馆三层会议室召开。

7月5日 首都图书馆申报的北京市科技计划项目课题"功能信息加工研究"经文化部教科司批准予以立项。

首都图书馆申报的科技项目"社区数字化图书馆知识服务网络的技术研究与实现"经文化部教科司批准予以立项。

7月8日—11日 应北京国际数字化公众信息服务与技术展览会组委会之邀,首都图书馆信息网络管理中心参加在中国国际展览中心举办的北京国际数字化公众信息服务与技术展览会,展示、推广首都图书馆与微方电脑(北京)有限公司共同研制开发的智慧2000数字图书馆系统。

7月18日 北京市第十一届人民代表大会常务委员会第三十五次会议通过了《北京市图书馆条例》。

7月19日 首都图书馆分馆集体外借协议签字仪式在首都图书馆举行。

7月 学术期刊阅览室试开放。

8月30日 首都图书馆六里屯分馆开馆。

9月13日 经北京师范大学管理学分会学位评定委员会审议通过，首都图书馆副馆长周心慧、韩朴为该校硕士生导师。

9月18日 首都图书馆首都机场分馆开馆。

9月26日 首都图书馆开始为10个分馆的13000余册新书进行数字化加工，并为各分馆配备计算机，安装智慧2000图书馆系统软件。

9月30日 历史文献中心正式对外开放，完成了2002年全面开馆的目标。

10月1日—7日 首都图书馆与中国对外艺术展览中心等五单位联合举办中日青少年漫画展，这是第一次大型的中日青少年漫画交流活动，并被北京市教委列为2002年校外教育重点项目。

10月 首都图书馆党委书记张晓光带队组织党员赴山东聊城，在孔繁森纪念馆举行党员入党宣誓仪式。

11月1日 《北京市图书馆条例》正式施行。

11月19日 北京市文化局组织宣传处在首都图书馆举办"北京市文化局学习十六大报告辅导讲座"，党总支积极组织本馆处级干部、中层干部、全体党员、统战代表人士、团干部参加。

11月22日 首都图书馆馆办会作出了在数字化资源建设中创建文化精品的决定，建设以提供北京历史文化遗产为主的"北京记忆"网站。

11月28日 希腊雅典市赠送给北京市的雅典娜雕像（复制品）揭幕仪式在首都图书馆举行。

11月29日 经北京市政府采购办公室批准，首都图书馆以询价采购的方式对全国文化信息资源共享工程北京分中心联网工程设备实施政府采购。

11月　首都图书馆大型历史文化多媒体资源数据库——"北京记忆"正式启动。

12月12日　首都图书馆申报的2003年中国科协科普项目"打开信息之门"获准立项。

12月15日　北京志愿者协会、北京市文化局及北京市公共图书馆在首都图书馆召开北京市公共图书馆先进志愿者表彰大会，20名先进志愿者获得荣誉证书。

12月18日　北京市政府采购办公室同意首都图书馆全国文化信息资源共享工程北京分中心联网工程设备政府采购项目询价结果，中标单位为戴尔计算机（中国）有限公司。

12月26日　北京市公共图书馆计算机信息服务网站正式开通。开通仪式在北京市西城区二龙路街道社区服务中心举行，北京市副市长张茅，文化部社图司副司长周小璞，北京市文化局局长张和平、副局长冯守仁和北京市财政局副局长李颖津等出席。

12月　首都图书馆与24个街道、乡镇图书馆签订协议，首都图书馆流通站正式成立。首都图书馆利用流动图书车，开展送书到街道、乡镇、社区、村、机关、学校和部队的服务，将图书馆服务延伸到市民身边。

是年，馆长倪晓建当选为北京市第十二届人民代表大会代表。

北京市文化共享工程列入市政府提出的"60件实事"中，即第57项："（在）区县图书馆全部建成电子阅览室，实现网络服务；建设城近郊区公共图书馆信息网络，实现联合检索、网上阅读、馆际互借、资源共享，更好地为读者服务。"

2003年

1月4日 由北京市社科联、北京史研究会和首都图书馆联合主办，北京娱乐信报协办的"首图讲坛·乡土课堂·北京历史与文化科普讲座"正式推出。计划每周一次，全年共计48讲。北京史研究会理事、天坛公园副园长姚安以"北京祭坛"为题，做讲座第一讲。

1月28日 首都图书馆召开2003年总结表彰暨春节联欢会。

2月1日 首都图书馆典阅中心举办首都图书馆与读者羊年庆新春活动。

2月16日 首都图书馆2002年考核工作结束，评选出馆级优秀34人、升级奖励7人、提前晋级7人、馆级先进集体3个。

2月25日 首都图书馆组织人事部与北京市文化局人事处签订《人事代理协议书》。所有职工的养老保险、失业保险转交市文化局艺术人才中心处理，保险关系分别由东城区、朝阳区转入西城区。移交在职人员档案128份，离退休人员档案74份。

2月 根据市文化局工会的要求，首都图书馆组织"平凡岗位做贡献'优秀职工''优秀女职工'"的评选活动。通过各工会小组自上而下的推荐，共评出馆级优秀10名，其中局优秀职工2名，进行表彰。

3月3日 伊朗驻华大使馆文化参赞来到首都图书馆访问、赠书并留言，馆长倪晓建与来宾进行会谈。

3月4日 首都图书馆与北京市监狱管理局就充分发挥各自优势，

开展互补性宣传教育等合作事宜在北京市女子监狱正式签署协议。

为纪念"3·5"雷锋日，首都图书馆举行经济日报社向首都图书馆捐赠图书的仪式。

3月5日 首都图书馆全馆开展"岗位学雷锋"活动。

3月6日—8日 馆长倪晓建出席北京市文化局外事、人事、财务工作会。

3月8日 文化部驻外使馆文化参赞参观团由文化部人事司副司长殷福带队来到首都图书馆视察、访问，北京市文化局副局长王珠、办公室主任张珠、外事处处长孙波陪同，馆长倪晓建与来宾进行会谈，并带领来宾参观报刊资料阅览室、历史文献中心、地方文献中心等。

3月11日 经济日报社向首都图书馆捐赠图书仪式举行。

3月19日 首都图书馆向文化局报送《关于首都图书馆与南非共和国约翰内斯堡图书馆建立友好馆的请示》。

3月24日 首都图书馆核定2003年全馆职工养老、失业保险缴费基数。

3月25日 北京市文化局召开老干部工作总结会，首都图书馆在2002年度《北京市文化局离退休工作目标管理责任制》考核评比中被评为优秀等级单位。

3月26日—28日 副馆长常林参加了由文化部主办、上海市文化广播影视管理局和上海图书馆共同承办的"部分省、市城市图书馆资源共建共享工作座谈会"。

4月3日 香港中央图书馆总馆长脱新范访问首都图书馆，馆长倪晓建与来宾进行会谈。

4月14日—15日 首都图书馆开展中国共产党十六大知识竞赛馆内预赛和决赛。

4月15日 首都图书馆行政部协助馆里解决了老馆集体宿舍问题，

起草、修改《关于解决集体宿舍问题的决定》。

首都图书馆党政一把手与副职、主管领导与中层干部逐级签订了《首都图书馆党风廉政建设责任书》。

4月18日 由朝鲜大使馆和首都图书馆共同主办的朝鲜画展开幕，朝鲜大使馆政务参赞、武官及首都图书馆副馆长常林出席开幕式。

4月19日 因"非典"疫情，"首图讲坛·乡土课堂"等所有系列讲座活动停办。

4月22日 因"非典"疫情，首都图书馆关闭北京地方文献阅览室、艺术文献阅览室、少儿阅览室、康复阅览室、综合阅览室、二层自习室、八层自习室。

4月25日 因"非典"疫情，首都图书馆关闭所有阅览室，集中在二层办证处办理还书、续借、退证等手续，并负责接听所有咨询电话。

4月26日 首都图书馆组织部分党、团员及青年职工走上街头，以"传播科学、传播知识，珍爱生命、抗击SARS"为主题，向社会公众免费发送有关防控SARS的科技图书。

5月22日 首都图书馆领导及部分员工携图书及慰问品等，分赴北京市属各医院，慰问从抗击"非典"一线凯旋而归的医护人员。

5月26日始 首都图书馆积极参与"北京市2003年度图书馆服务宣传周"活动。

5月31日 首都图书馆参加北京市文化局"实践'三个代表'重要思想优化首都文化发展环境"有奖征文活动的组织工作。首都图书馆共上报9篇文章，获得1个二等奖、2个三等奖，并获得组织奖。

6月9日—7月20日 首都图书馆党总支在抗击非典型肺炎斗争中开展"学习实践'三个代表'保持先进性"主题教育活动。

6月10日 文学史地阅览室、哲学社会科学阅览室、科技（外文）

阅览室恢复接待读者，开馆时间为9:00—17:00，座位数量减半，以控制阅览人次。艺术文献阅览室恢复接待读者。

6月10日—7月10日 首都图书馆党总支组织开展了党风廉政建设宣传教育月活动，并结合防治"非典"工作，开展"学习实践'三个代表'保持先进性"主题教育活动。

6月12日 北京市委书记刘淇到首都图书馆检查"非典"后的开馆工作。

6月25日 北京市图书馆学会更名为北京市图书馆协会。

6月26日 在北京市文化局总结表彰誓师大会上，首都图书馆被评为"抗非典斗争先进集体"，仲爱红、李淑琴被评为先进个人；首都图书馆党总支被评为"非典斗争局级先进基层党组织"称号；夏祖凤、张子辉、杨国涌、许海萍、姚雪霞被评为优秀共产党员；王永明被文化局评为2003年优秀女职工。首都图书馆党总支被评为2001—2003局级先进基层党组织；赵志芹被评为2001—2003局级优秀共产党员。

6月28日—7月28日 首都图书馆在天坛公园举办室外图书借阅活动。

6月29日 康复文献阅览室、少儿阅览室、二层自习室恢复接待读者，开放时间为9:00—17:00。

6月30日 首都图书馆"庆七一、抗非典、抓建设"总结表彰大会召开。大会表彰了"首都图书馆防控'非典'，全面建设发展工作"先进集体、先进个人、优秀干部、先进党支部和优秀共产党员。

7月1日 北京地方文献阅览室恢复接待读者。

副馆长夏祖凤获"北京市防治非典型肺炎工作优秀共产党员"称号。

7月3日—4日 北京市公共图书馆工作会议在密云召开。

7月18日—20日 首都图书馆组织党员、积极分子共76人参观雷锋同志纪念馆、"九一八"纪念馆、辽宁省图书馆。

7月21日 由伊朗大使馆和首都图书馆共同主办的伊朗民间手工艺展开幕，外方代表伊朗驻华大使等70余家驻华使节及中方代表首都图书馆馆长倪晓建、副馆长周心慧出席开幕式。

7月23日 北京市图书馆协会常务理事会在首都图书馆召开。

7月24日 首都图书馆八层自习室开放，同时各阅览室、自习室恢复正常开放时间，恢复所有阅览座位。

7月26日—8月9日 馆长倪晓建、业务部主任邓菊英、办公室主任姚雪霞三人赴德国柏林出席第69届国际图联大会并顺访德国主要图书馆。

7月28日 中共首都图书馆委员会党员大会召开，应到会党员74名，实到会党员66名。大会根据《选举办法》以无记名投票和差额选举的方式，选举张晓光、倪晓建、常林、李小苏、夏祖凤、赵志芹、韩滨等7人为中共首都图书馆委员会委员；选举李小苏、赵志芹、陈讷等3人为中共首都图书馆纪律检查委员会委员。

7月31日 首都图书馆组织召开复转军人座谈会，请复转军人对首都图书馆的改革提建议。

8月1日 首都图书馆典阅中心和研究辅导中心的员工在副馆长常林的带领下，来到武警六支队驻地进行慰问，并在此建立图书流通站，表达了首都文化工作者对人民子弟兵的节日祝贺。

8月9日 "首图讲坛·乡土课堂"北京历史文化科普讲座恢复举办。

8月26日 综合阅览室重新开放接待读者。

8月28日—9月5日 首都图书馆组织代表队参加北京市文化局中国共产党十六大知识竞赛，在决赛中获得局系统第一名的好成绩，并获得组织奖。

8月29日 首都图书馆堡头分馆举行达标挂牌仪式。

9月3日 蒙古国家图书馆馆长色尔杰一行5人来到首都图书馆访问，馆长倪晓建与来宾进行会谈。

9月8日 北京市图书馆协会会员代表大会在首都图书馆召开。北京市图书馆协会正式成立。冯守仁任理事长；倪晓建任常务副理事长；黄海燕、胡越、王超湘、王彤任副理事长；周心慧任秘书长。会议审议通过了《北京市图书馆协会章程》《北京市图书馆协会三年工作规划》等文件。

首都图书馆所需古籍文献展示家具、补充阅览家具、文献翻拍仪、数字录像机、补充家具和典藏家具，根据北京市政府采购办公室京政采字〔2003〕164号批复，分别确定深圳市深隆行实业有限公司、北京天坛股份有限公司、北京美能达复印照相器材维修服务站、北京荣文诚信科技有限公司、广东省新会市二轻机械厂有限公司为中标单位，并由买卖双方签署中标经济合同。

9月10日 首都图书馆前门分馆"首都图书馆流动图书车"启动。

9月16日—19日 馆长倪晓建、文化服务中心主任马文大应邀赴香港参加由香港中央图书馆主办的"文献足征——香港中央大学图书馆文献征集藏品展"。

9月19日 北京地方文献中心承办"北京学第五次学术研讨会——古都文脉传承和国际化大都市建设"。

9月22日—10月10日 首都图书馆举办全市图书馆系统"信息资源检索（中文部分）"培训，培训共分4次，共有330余人参加了培训。

9月24日 为弘扬北京历史传统文化，配合北京市科协举办的第九届科技周和北京建都850周年，北京地方文献中心制作大型精品图片展"科学的足迹——北京百年城市生活回顾展"，受到观众的一致好评，受到多家新闻媒体的关注和报道。

9月24日 以北京地方文献馆藏资源为基础，"北京记忆"北京历史文化大型多媒体数据库网站试运行。"北京记忆"主要有"燕京金石""京城舆图""昨日报章""专题荟萃""网上答疑"等栏目。网站功能及内容组织得到了领导及社会各界的好评。《人民日报》《晨报》《北京娱乐信报》"千龙网""新浪"等多家媒体予以了报道。

9月29日 首都图书馆"欢度国庆首图员工联欢会"在多功能厅举办。

10月9日 法国普罗旺斯市副市长来首都图书馆访问，馆长倪晓建与来宾进行会谈。

10月10日—13日 北京市图书馆协会组织本市公共图书馆参加中图学会的社区乡镇图书馆建设发展战略研讨会。

10月21日—28日 首都图书馆在报告厅举办全市图书馆系统"信息资源检索（数字信息部分）"培训，培训为期3天。

10月26日 北京市总工会到首都图书馆检查实行聘用制工作情况。

10月30日 台湾汉学研究中心一行6人来到首都图书馆访问、交流，馆长倪晓建与来宾进行会谈。

11月17日 由文化部、墨西哥驻华使馆主办、首都图书馆承办的墨西哥面具展开幕。

11月23日 共青团中央、全国青联在郑州隆重举行第六届"中国青年科技创新奖"颁奖典礼。首都图书馆副馆长、北京市青联常委常林作为第三批青年科技创新教育基地代表领取奖牌。

11月26日—29日 首都图书馆举办90周年馆庆系列活动，举办"往日京华"老照片展览等系列活动。

11月27日 北京学研究所是北京联合大学所属的科研机构，北京联合大学校长张妙弟和首都图书馆馆长倪晓建商议决定发挥各自的优势合办"北京学研究所"，北京地方文献中心为北京学研究所的研究机构之一，冠名为北京文献研究室。是日，北京学研究所在首都图书馆举行挂牌仪式。副馆长韩朴兼任副所长，李诚、王炜兼任北京文献研究室正副主任。

11月28日 首都图书馆举办建馆90周年庆祝活动。

11月30日 首都图书馆在朝阳区南新园社区建立图书流通站，利用流动图书车为社区百姓现场办证、借书。

12月2日 参加2003海峡两岸图书馆建筑设计研讨会部分台湾图书馆界同人一行10人来首都图书馆参观交流，馆长倪晓建与来宾进行会谈，业务部主任邓菊英陪同会谈。

12月8日 德国主体图书馆研讨报告会在首都图书馆举行。

12月10日 香港特别行政区政府民政事务局局长何志平一行5人来到首都图书馆参观、交流，馆长倪晓建与来宾进行会谈。

12月12日 香港中央图书馆总馆长脱新范来到首都图书馆访问交流，馆长倪晓建就两馆合作、馆藏互展等事宜与来宾进行会谈。

12月18日 "千古传承"古典与时尚——盛珍阁瓷器展在首都图书馆二层展厅开幕。

12月22日 首都图书馆举办"拥抱美丽生活——首图与残疾朋友共度世界残疾人日"大型联欢活动。

12月24日 首都图书馆举办"毛泽东著作版本展"。

越南国家图书馆一行8人来到首都图书馆参观、交流，副馆长韩朴与来宾进行会谈。

12月30日 首都图书馆计算机与相关设备经北京市政府采购中心以BGPC—03206文件在国内公开招标。经评标委员会评定，北京优力和光电子技术有限公司、中国大恒（集团）有限公司、北方互联（北京）网络技术有限公司分别为第一、第二、第三包的中标人。

12月 经地区人大代表换届选举，副馆长夏祖凤当选为朝阳区人大代表。

  北京市图书馆学会被北京市社会科学界联合会评为1999—2003年先进学会。

2004 年

1月2日 副馆长常林受聘文化部,作为全国文化信息共享工程绩效评估专家组副组长,前往共享工程国家中心进行业务审查工作。

1月3日 2004年"首图讲坛·乡土课堂"正式开讲。北京市文物局原文物工作队主任、研究员赵迅以"恭王府及花园(2)"为题作年度首场讲演。

1月7日 首都图书馆与北京史地民俗学会签订"北京记忆"网站隶属下的"北京史地民俗学会站点"工作协议。

1月11日 首都图书馆与北京市青年联合会共同举办的"北京青联首图论坛"2004年度系列讲座活动正式开讲。

由首都图书馆和盛仁阁共同主办的"千古传承系列展——瓷器展"在艺术展厅开幕。

1月13日 首都图书馆举行离退休人员迎春团拜会。馆领导班子全体成员参加了团拜会,离退休人员代表40余人到会。

上海图书馆副书记王世伟等一行9人来到首都图书馆参观交流,馆长倪晓建、副馆长常林接待来宾,应邀介绍有关情况。

1月14日 中元国际工程设计研究院完成《首都图书馆二期工程项目建议书(修订版)》。

1月17日 《首都图书馆二期工程项目建议书(修订版)》报北京市发展和改革委员会社会发展处。

首都图书馆发布《首都图书馆转发市防治非典办关于加强外来人口管理的紧急通知的通知》。

"2003北京历史文化科普讲座"稿件编辑完成，首都图书馆与北京市社科联、北京史研究会召开《漫步北京历史长河》出版座谈会。首都图书馆副馆长韩朴出席座谈会并发言。

1月17日—18日 副馆长常林应邀参加文化部社会文化图书馆司主办的关于起草文化部《进一步加强全国文化信息共享工程建设工作》文件的会议。

1月19日 首都图书馆发布《首都图书馆关于在2003年度工作中做出突出贡献的集体、个人进行表彰的决定》。

1月20日 首都图书馆2003年工作总结、表彰暨联欢会召开。

1月30日 首都图书馆二期工程前期工作资料汇总报北京市文化局基建处。

2月9日 澳门特别行政区图书馆一行2人来到首都图书馆进行友好学术交流与访问，副馆长韩朴接见了来访客人。

2月13日 经局党组研究决定，任命肖维平为首都图书馆党委书记，免去张晓光担任的首都图书馆党委书记职务。

北京市委宣传部组织召开"首都图书馆二期工程立项工作会议"，市领导决策建设首都图书馆二期工程。

2月16日—22日 首都图书馆馆长倪晓建参加北京市第十二届人民代表大会第二次会议，并提交《关于支持基层图书馆专项资金集中由首都图书馆统筹使用的建议》。

2月19日 首都图书馆、北京市改革和发展委员会共同研究首都图书馆二期工作。馆长倪晓建、党委书记肖维平、副馆长夏祖风参加了会议。

2月24日 北京市社会科学院图书馆馆长王超湘一行7人来到首

都图书馆参观交流。

3月3日 北京市发展和改革委员会副主任王海平带队到首都图书馆调研，了解二期建设前期工作情况。

北京市文化局巡视员冯守仁、副局长李恩杰来到首都图书馆召开二期工程工作会，部署二期工作。

江苏省政府副秘书长、南京奥体中心总指挥张大强，江苏省财政厅副厅长、南京奥体中心副总指挥孙向东，江苏省建设厅副厅长、南京奥体中心副总指挥徐学军来到首都图书馆参观考察。副馆长夏祖凤向来宾介绍首都图书馆二期工程项目情况。

3月4日 2004年度第一次区县图书馆馆长工作会议在首都图书馆召开。

3月5日 北京市发展和改革委员会发展处副处长凌之杰到首都图书馆指导二期工程前期工作。

"首都图书馆庆'三八'优秀女职工表彰暨劳模报告会"召开。会上表彰了经职工投票产生的2004年度11位优秀女职工代表。

3月5日—9日 馆长倪晓建、副馆长周心慧、文化服务中心主任马文大赴上海图书馆、浙江图书馆考察改革及业务发展。

3月8日 在文化局工会组织召开的"北京市文化局2004年度十佳女职工表彰大会"上，首都图书馆财务部任雪征被评为十佳女职工。

3月14日 副馆长常林前往北京市委、市政府信息中心，与市委、市政府中心主任、北京市市政府信息化办公室副主任阎冠和、市委图书馆馆长郭淑蓉就进行信息网络联网与设立北京市委首都图书馆分馆事宜进行协商。研究辅导中心副主任李海虹参加了会议。

3月16日 北京市文化局巡视员冯守仁、副局长李恩杰到首都图书馆主持召开二期建设协调会。

3月18日 首都图书馆发布《中共首都图书馆委员会关于印发〈中

共首都图书馆委员会2004年度工作计划〉的通知》。

3月23日 歌德学院北京分院向首都图书馆赠送书刊70余册。

副馆长常林应邀前往北京工业大学商谈双方联合举办数字图书馆技术专业方向研究生班事宜。

3月25日 馆长倪晓建参加"图书馆事业百年优秀著作论文评选会"。

北京市文化局财务工作会议召开，首都图书馆被评为2003年度北京市文化局财务工作一等奖，并颁发了证书。

3月26日 新加坡国家图书馆亚洲图书馆服务部主任刘桂华等一行5人对首都图书馆进行友好学术交流访问。首都图书馆副馆长常林会见了来访客人。

由首都图书馆和北京市监狱管理局共同主办的大型展览——"监狱·人文·艺术"圆满开幕。司法部、北京市监狱管理局及首都图书馆部分领导出席开幕式。党委书记肖维平致开幕词。

3月27日 馆长倪晓建被全国哲学社会科学规划领导小组聘为新一届国家社会科学基金项目学科评审组专家。

3月30日 首都图书馆与微方电脑科技（北京）有限公司签订"北京记忆"大型历史文献多媒体数据库及网站项目合作协议书。首都图书馆将在原"北京记忆"的基础上继续进行"北京文汇""旧京图典"等专题数据库的建设。

3月31日 首都图书馆发布《首都图书馆及相关设备管理办法》《首都图书馆多媒体演示设备使用管理规定》《首都图书馆网站信息发布管理规定》。

4月1日 首都图书馆、中元国际工程设计研究院完成《首都图书馆二期工程建设项目建议书补充材料》。

4月2日 上海图书馆馆长吴建中、党委书记缪国琴来到首都图馆访问，馆长倪晓建、党委书记肖维平与来宾进行会谈。

4月6日　公共图书馆网络联合读者卡即"一卡通"将在首都图书馆和崇文、东城、西城、朝阳4个区馆及下属10个社区馆启用，持卡者可实现异馆借书。

4月7日　北京市"一卡通"工程试行，首都图书馆自即日起开始办理八种类型的"一卡通"，原首都图书馆读者卡停止办理。

4月8日　发布《关于印发〈首都图书馆2004年普法教育工作计划〉的通知》《关于下发〈首都图书馆招待来客用餐管理暂行办法〉的通知》《关于印发〈首都图书馆党政联席会议议事规则〉的通知》。

4月9日　北京工业大学计算机学院院长张书杰与首都图书馆馆长倪晓建就双方合作办学培养计算机技术工程硕士事宜进行初步会晤。

4月10日—11日　副馆长韩朴赴南京参加由文化部办公厅主持召开的"全国文化信息资源共享工作会议"。

4月14日　发布《关于印发〈首都图书馆党委关于开展学习贯彻〈中国共产党党内监督条例（试行）〉和〈中国共产党纪律处分条例〉活动的安排〉的通知》。

4月16日　北京市文化局京文基〔2004〕274号文件（附件《首都图书馆二期工程建设项目建议书补充材料》）报北京市发展和改革委员会。

经全国哲学社会科学规划小组批准，馆长倪晓建被聘为国家社会科学基金项目学科评审组专家，担任图书馆·情报与文献学专业的评审专家。

4月30日　根据首都图书馆二期工程功能定位、建设规模，确定首都图书馆总体空间布局及面积分配方案。

4月　首都图书馆研究辅导中心更名为合作协调中心。

5月1日　馆长倪晓建经基层工会民主推荐并公示，由北京市文化局工会、党组讨论通过，经北京市总工会审批，荣获2004年首都劳动奖章。

"一卡通"服务的一期工程正式启动。一期阶段的目标是在首都图书馆和东城、西城、崇文、朝阳4个区级图书馆及其辖区内的社区图书馆，实现信息的实时检索和中外文普通图书的异地借阅等基本功能。北京市36家公共图书馆统一了业务规范，统一使用联合读者卡，同时颁布了《北京市公共图书馆行业条码使用规范》。

5月14日　北京市发展和改革委员会组织首都图书馆二期工程建设考察。此次考察是为了落实全市整合资源，将方志馆并到首都图书馆二期工程建设的方案。先后考察了上海、浙江、山东图书馆及上海、浙江地方志馆。

5月16日　北京科技周首都图书馆会场系列活动开幕。党委书记肖维平主持本次开幕式，馆长倪晓建致开幕词，北京市科技周组委会办公室主任、北京市科协副主任辛俊兴宣布2004年北京科技周首都图书馆会场正式开幕。

5月17日　根据北京市文化局文件精神，首都图书馆开展了一系列党风廉政建设宣传教育活动。

5月20日　韩国国立图书馆支援进修部部长金钟文等一行5人来到首都图书馆参观访问。副馆长常林接待来宾，并详细介绍藏书、业务建设、设施规模等基本情况。

美国Seton Hall大学图书馆教授Beth Bloon、教授包学鸣对首都图书馆进行友好学术交流访问。馆长助理邓菊英会见了来访客人。

5月26日　首都图书馆发布《首都图书馆关于开展"为评估定级做贡献"劳动竞赛活动的通知》。

5月27日　北京市政协港澳委员马有建等一行32人在政协副主席黄承祥等领导的带领下来到首都图书馆视察工作。馆长倪晓建、党委书记肖维平接待来访代表并陪同参观。

首都图书馆与北京群众艺术馆共同主办的"留住精彩瞬间"奥运火炬传递抓拍摄影比赛多功能厅召开新闻发布会，馆长倪晓建、党委书记肖维平出席发布会。

由首都图书馆和世界动物百科——美创造馆共同主办的"世界珍奇动物百科展"在艺术展厅开幕。

6月1日 首都图书馆"为评估定级做贡献"劳动竞赛活动正式开始。

6月3日 首都图书馆羽毛球队在北京市文化局工会组织的2004年度职工羽毛球团体赛中获得冠军。

6月7日 北京市发展和改革委员会、北京市工程咨询公司、首都图书馆、北京市地方志编纂委员会在首都图书馆召开协调会。会议主要对如何落实市长王岐山等市领导关于方志馆建设的指示精神，以及需要对首都图书馆二期工程进行调整的问题进行交流。

6月9日 召开职工代表大会，讨论通过《贯彻北京市文化局事业单位实行聘用合同制的实施办法》实施细则。

6月10日 历史文献中心主任刘乃英和北京地方文献中心副主任李诚赴甘肃敦煌参加"全国图书馆古籍工作会议暨地方文献工作会议"。

6月10日 党委书记肖维平在多功能厅为全馆党员和入党积极分子做了题为《以求真务实的精神做好我们的各项工作——学习胡锦涛同志在中央纪委第三次全体会议上的讲话》的专题讲座。

6月11日 首都图书馆第二届第三次职工代表大会召开。

6月15日 北京市工程咨询公司提出对首都图书馆二期工程建设面积调整方案。

6月18日 由北京市图书馆协会、北京市社科信息学会、北京市档案学会、北京市信息产业协会共同主办，北京市图书馆协会承办的"图书、档案与信息数字化及其开发利用研讨会"在首都图书馆召开。来自4个协会的60余名代表参加了此次研讨会。

6月26日 为配合北京市少年儿童图书馆迁入，首都图书馆原少儿阅览室即日起暂时关闭。

历史文献中心完成"善本书目数据库"建库，加工数据一万余条。

6月29日 北京市发展和改革委员会组织召开首都图书馆二期建设项目评估汇报会。

首都图书馆被首都精神文明建设委员会评为"2004年度首都文明单位"。

6月30日 为庆祝中国共产党建党八十三周年，首都图书馆举办"庆'七·一'，迎评估"综合知识竞赛。

7月10日 首都图书馆召开一、二期功能分区方案论证会，市文化局巡视员冯守仁、馆领导及中层干部参加论证，初步确定了"各功能区的面积分配方案"。

7月20日 北京市图书馆协会召开"我与图书馆"征文及图书馆宣传口号征集活动总结表彰大会。大会对69名获奖作者、99名入选作品作者及23个单位分别进行表彰。首都图书馆获得组织奖。

7月21日 北京市委宣传部纪检监察处对首都图书馆完成市委宣传部纪检监察处开展的"三个突出问题"专项治理党风廉政建设工作的完成情况进行检查。

7月23日—25日 首都图书馆馆长倪晓建、副馆长周心慧、副馆长韩朴前往苏州出席"中国图书馆学会2004年年会暨2004中国图书馆应用技术与专业设备及图书馆资源展览会"。

7月24日 在苏州举行的中国图书馆学会2004年年会上，北京市图书馆协会获"组织贡献奖"和"组织奖"，有多名协会会员获得征文、论文、学术成果等多项奖项，首都图书馆布置的"北京记忆"展台获"最受欢迎的参展单位"奖。

7月28日 北京市文化局下发《北京市文化局关于北京市少年儿童图书馆顺利搬迁开馆给予北京市少年儿童图书馆首都图书馆表彰的通报》。

7月30日 首都图书馆完成了北京市文化局工会开展的厂务公开民主管理互查工作，并撰写了自查报告，参加了局系统的分组互查工作。

7月 北京市少年儿童图书馆迁入首都图书馆内，设立综合办公室、财务部、图书采编中心、汽车图书馆、综合借阅中心、多媒体视听中心、宣传辅导中心。

8月16日 北京市少年儿童图书馆在国子监召开"我为少儿馆搬迁做贡献"劳动竞赛活动总结表彰会。常务副馆长胡永欣主持会议，党委书记肖维平做了总结。北京市文化局社会文化处副处长常林参加了会议。

8月17日 首都图书馆各部门根据"各功能区的面积分配方案"，结合本部门现状及未来发展趋势进行研究，完成了本部门面积分配方案。

8月17日—20日 首都图书馆面向全体职工，在多功能厅进行服务礼仪培训，旨在提高全体职工的服务意识、规范文明礼貌用语、树立良好的首都图书馆形象。这次培训邀请了北京卡耐基成功素质培训部主任张允平前来授课。张允平根据首都图书馆的工作性质，以互动方式详细讲授了各项基本服务礼仪。

8月18日—30日 党委书记肖维平赴阿根廷布宜诺斯艾利斯出席第70届国际图联大会并顺访阿根廷主要图书馆。

8月20日 北京市发展和改革委员会社会发展处一行15人来到首

都图书馆参观、考察。馆长倪晓建、副馆长夏祖凤等接待，并就二期工程事宜进行沟通。

8月24日　北京市文化局党组下发《中共北京市文化局党组关于同意聘任邓菊英同志为首都图书馆副馆长的批复》。

8月26日　首都图书馆党委组织部分党员参加"北京支部生活"杂志社与北京日报理论部联合举办"《北京支部生活》杯·庆祝中华人民共和国成立55周年知识竞赛"答题活动。

8月31日　首都图书馆向北京市第二监狱送书，并接受北京市监狱管理局赠送的锦旗。

9月1日　北京市文化局巡视员冯守仁、副局长李恩杰到首都图书馆听取关于二期工程进展情况的汇报。馆长倪晓建、副馆长夏祖凤汇报了进展情况。

9月6日　发布《首都图书馆临聘人员管理暂行办法》。

9月7日　对中文普通图书进行公开招标，中标商为北京人天书店有限公司。

9月9日　由首都图书馆和文化部共同主办的朝鲜民主主义人民共和国美术展在首都图书馆开幕。朝鲜民主主义人民共和国驻华大使馆崔镇洙出席开幕式，中华人民共和国文化部部长孟晓驷、北京市文化局巡视员冯守仁等有关领导出席。

9月13日　北京市科技周组委会授予首都图书馆2004年北京科技周"优秀活动奖"。

北京市文化局下发了京文组〔2004〕814号《北京市文化局关于胡永欣同志任职的通知》文件。

9月14日　北京市政府采购办公室京政采字〔2004〕220号文件对中文普通图书公开招标结果进行批复。

北京市少年儿童图书馆宣传辅导中心组织召开全市"爱心快递总

动员"活动动员会，各区县图书馆馆长参加了会议。

9月24日 北京市少年儿童图书馆在报告厅举办"知心姐姐报告会"，邀请中国少年报卢勤为全市少儿图书馆工作人员、学校辅导员做报告。

9月26日—10月15日 "爱心快递总动员"活动共接受捐赠图书近12万册。经过分类、消毒、装箱、打包，物品被捐赠给了有关贫困学校、打工子弟学校等。

9月27日 首都图书馆组织民主党派、无党派及高职称等统战人士中秋佳节联谊聚会。

9月30日 北京市文化局下发《北京市文化局关于首都图书馆无障碍设施改造工程开工的通知》。

10月7日 馆长倪晓建任评估组专家开始参加文化部公共图书馆评估工作对部分省级馆进行评估。

10月9日 首都图书馆党委下发《首都图书馆党委关于开展"感受崇高精神，实践党的宗旨"专题教育活动的通知》。

10月20日 首都图书馆党委下发《首都图书馆党委学习贯彻党的十六届四中全会精神和胡锦涛总书记重要讲话精神的安排》。

10月21日 为迎接2004年文化部公共图书馆评估，首都图书馆在报告厅举行迎评估工作动员大会，党委书记肖维平作动员报告。

10月22日 馆长倪晓建被图书馆情报工作杂志社聘请为《图书情报工作》第九届编辑委员会委员。

10月26日—28日 2004年全国公共图书馆评估定级工作专家组对首都图书馆进行检查。

11月2日 首都图书馆党委下发《首都图书馆党委学习贯彻党的十六届四中全会精神和胡锦涛总书记重要讲话精神安排》《首都图书馆关于开展"为评估定级做贡献"劳动竞赛活动评比表彰的通知》。

11月5日 首都图书馆党委为落实北京市文化局《关于组织参加"文明礼仪读书知识竞赛"活动的通知》精神，组织全馆职工参加"文明礼仪读书知识竞赛"答题活动。

11月8日 首都图书馆举行消防疏散实战演习，演习内容包括：防爆演习、抛水龙带、灭火表演，首都图书馆保安队及部分义务消防员参加了演习。

11月9日 首都图书馆下发《关于落实〈北京市冬季防火专项行动方案〉和做好治安防范的通知》。

11月10日 馆长倪晓建被国家图书馆聘为"国家图书馆数字资源建设专家组"成员。

11月15日 按照北京市文化局纪检组的要求，首都图书馆完成对本馆的党风廉政建设自查工作，并向北京市文化局上报2004年党风廉政建设自查情况汇报。

11月19日—30日 馆长倪晓建随文化部文化交流考察团赴澳大利亚、新西兰进行文化交流考察活动。

11月24日 首都图书馆下发《关于做好2004年度考核工作有关事项的通知》。

11月25日 北京市发展和改革委员会社会发展处副处长凌文杰、李方东与首都图书馆党委书记肖维平和副馆长夏祖凤就二期建设进行交流沟通。凌文杰向首都图书馆转达市发改委的意见并对二期工程立项工作提出要求，指出首都图书馆应将建设的必要性从图书馆功能的延伸、资源整合、图书馆资源的辐射和扩散等几个方面做进一步的完善。

北京市少年儿童图书馆图书采编中心由国子监敬一亭搬至首都图书馆办公。

11月30日 北京市发展和改革委员会社会发展处副处长凌文杰、

李方东，北京市文化局社会文化处副处长常林、基建处副处长马德凯，首都图书馆党委书记肖维平，副馆长夏祖凤，邓菊英及项目有关专家在北京市发展和改革委员会会议室召开首都图书馆二期工程项目专家论证会。与会人员主要就二期建设北京市信息网络中心和市图书配送中心的紧迫性、可行性和限制条件等问题进行探讨。

12月1日 首都图书馆全民读书活动启动。

12月3日 首都图书馆为纪念第13个国际残疾人日，举办"播亮你心中那盏灯——学习、宣传、实践新残疾人观"专题活动。中国残疾人联合会原发展部主任、资深理论研究专家丁启文为主讲人，参与主讲的还有英国BBC广播电台著名盲人主持人Peter White和北京大学法学博士李柏光等。

12月15日 首都图书馆召开"我为评估定级做贡献"劳动竞赛活动总结表彰大会，至此"我为评估定级做贡献"劳动竞赛活动结束。

12月16日—17日 北京市少年儿童图书馆在顺义区组织召开北京市少年儿童图书分中心会议，各区县图书馆馆长、市少儿图书馆分馆馆长及少儿部主任参加了会议。

12月21日 首都图书馆党委组织召开2004年度领导干部年度考核述职会，进行民主评测、民主评议，领导班子成员就全年工作进行述职。

12月23日 北京市文化局党组下发《中共北京市文化局党组关于夏祖凤同志解聘的通知》。

12月24日 北京市文化局授予首都图书馆"2004年度全民读书活动组织奖""2004年度北京市公共图书馆网上阅览活动组织奖""2004年度北京市公共图书馆开展送书下基层活动一等奖""2004年度北京市图书馆千场讲座活动一等奖"。

12月27日 首都图书馆下发《首都图书馆关于印发〈首都图书馆

公文处理细则〉的通知》。

12月28日 首都图书馆下发《关于聘用胡启军同志为馆长助理的通知》。

北京市文化局社会文化处下发《关于实施〈关于公益性文化设施向未成年人免费开放的实施意见〉的通知》。

12月31日 首都图书馆2004年度中层以上干部的民主测评工作结束。

2005 年

1月5日 向北京市文化局报送《首都图书馆党委关于 2004 年度民主评议领导干部情况报告》，汇报 2004 年度馆领导民主测评情况。

1月8日 2005 年"首图讲坛·乡土课堂"正式开讲。北京史研究会秘书长李建平以"北京'和'文化"为题做年度首场讲演。

1月9日 首都图书馆在昌平凤山温泉度假村召开 2005 年度工作研讨会，常务副馆长胡永欣主持会议，北京市文化局党组成员、巡视员冯守仁，馆长倪晓建、党委书记肖维平、副馆长杨素音及全体中层干部参加了会议。

1月11日 青海省文化厅厅长曹萍率领青海省旅游局、青海省博物馆等领导一行4人来馆参观、交流。馆长倪晓建、党委书记肖维平及馆领导班子其他成员与来宾进行会谈。

1月12日 为了丰富来京务工人员的文化生活，首都图书馆北京建工集团分馆在北京电视中心工地正式开馆。这是北京市首家专门为来京务工人员设立的图书馆。北京市文化局社会文化处副处长常林、北京建工集团党委副书记刘志国、首都图书馆党委书记肖维平出席揭牌仪式。

1月13日 馆长倪晓建带领首都图书馆部分工作人员将 754 册图书送到了距北京市区 150 公里的房山区浦洼乡东村的农民读者手中。

1月19日 "首都图书馆离退休人员 2005 年度迎春团拜会"在首

都图书馆多功能厅举行。

1月20日 首都图书馆发布《首都图书馆关于开展安全竞赛活动的通知》，决定2005年度广泛开展劳动作业安全竞赛活动。

1月31日 首都图书馆全体党员参加了在报告厅召开的北京市文化局系统关于开展保持共产党员先进性教育活动动员部署大会，统一了思想、明确了任务。

2月1日 首都图书馆发布《首都图书馆关于在2004年度工作中做出突出贡献的集体、个人进行表彰的决定》。

2月2日 "首都图书馆2004年度工作总结暨表彰大会"在首都图书馆报告厅举行。北京市文化局巡视员冯守仁、社会文化处处长阮兰玉、副处长常林、组织宣传处缴俊友出席会议。会上馆长倪晓建做了2004年工作总结，党委书记肖维平宣读了表彰决定，并对3个先进集体、43名先进工作者进行表彰。总结表彰会后，全体职工在多功能厅联欢，共迎新春佳节的到来。

2月6日 首都图书馆党委召开关于开展保持共产党员先进性教育活动党委扩大会议，党委委员和各党支部书记、团总支书记参加了会议。会议讨论通过了《首都图书馆党委关于开展保持共产党员先进性教育活动的实施方案》，并成立了先进性教育活动领导小组，对动员学习阶段的工作做出了进一步部署。会议由党委书记肖维平主持。

2月17日 首都图书馆发布《首都图书馆党委、北京市少年儿童图书馆党支部关于开展保持共产党员先进性教育实施方案的通知》。

2月19日 首都图书馆党委召开先进性教育活动宣传工作会议，先进性教育活动领导小组有关人员参加了会议。本次会议成立了以各党支部书记为主，由首都图书馆、北京市少儿馆负责宣传工作的党员参加的宣传工作组，并明确了宣传组的主要职责。

2月24日 首都图书馆、少年儿童图书馆理论学习中心组召开保持共产党员先进性教育活动专题研讨会，党委书记肖维平主持了此次会议。

2月28日 党委书记肖维平以"始终保持共产党员的先进性，做实践'三个代表'重要思想的模范"为题，为首都图书馆、少儿两馆党员讲了一堂党课。

3月2日 首都图书馆发布《首都图书馆党委、市少儿图书馆支部下发先进性教育活动各项工作制度的通知》，制定并下发了《先进性教育活动领导责任制》《党员领导干部先进性教育活动联系点制度》《先进性教育活动领导督察制度》《先进性教育活动群众监督评价制度》。

3月3日 由青海省文化厅、首都图书馆等8家单位联合主办的《在那遥远的地方——可爱的青海》"青海民族民间文化北京行"活动暨支持藏羚羊"申吉"宣传活动，在首都图书馆拉开帷幕。文化部副部长郑欣淼、青海省副省长郑本太、青海省部分抵京的全国"两会"代表及部分驻华使节参加了开幕式。

3月15日 首都图书馆发布《首都图书馆党委、北京市少年儿童图书馆党支部关于组织开展新时期保持共产党员先进性具体要求的大讨论的通知》。

3月24日 党委书记肖维平、副书记李小苏及8个支部书记参加了由北京市文化局组织的先进性教育活动分析评议阶段工作会。

3月25日—4月30日 首都图书馆党委按照局党组先进性教育分析评议阶段工作要求，认真落实每一环节的工作。各党支部按照党委要求，开展每一个环节的具体活动。

3月28日 首都图书馆发布《首都图书馆党委、北京市少年儿童图书馆党支部关于开展先进性教育活动分析评议阶段工作的通知》。

4月1日 首都图书馆开始实行"零余额账户"制度。

4月4日 首都图书馆先进性教育活动领导小组召开由领导小组成

员及各党支部书记参加的分析评议阶段工作会议，对广泛征求意见和开展谈心活动两个环节的工作情况进行小结，并对下一步工作进行部署。

4月6日 首都图书馆老年电脑知识培训班开班。此次培训针对老年人的学习特点和实际需求，专门编制了教案，包括电脑的基础知识、基本技能，以及互联网的简单操作等内容。来自南新园社区老年大学约40名离退休人员参加了此次培训。

4月8日 典藏借阅中心与北京市监狱管理局合作，在北京市第二监狱举行"首图讲坛——系列爱心帮教讲座进监区活动"的启动仪式。自此具有首都图书馆特色的"首图讲坛"将开进监区，为服刑人员长期举办法律、科技、人文、艺术等多个领域的专场讲座。

针对"如何通过共产党员先进性教育活动更好地促进共青团员模范作用的发挥"，团总支部书记贾蕾主持召开"宣传讲解保持共产党员先进性"专题团课。

4月12日 北京市委宣传部驻北京市文化局保持共产党员先进性教育活动督导组，一行25人来首都图书馆视察工作，党委书记肖维平、副书记李小苏陪同。

4月15日 首都图书馆工会组织职工参加了北京市文化局第三届职工运动会开幕式和各项比赛，取得团体总分第一名，并获得优秀组织奖。

4月19日 由文化部全国文化信息资源建设管理中心和上海图书馆举办的首届"全国图书馆讲座工作研讨会"在上海图书馆召开。国家图书馆和大部分省级馆及地方馆150余位主管讲座工作人员参加了会议。首都图书馆北京地方文献中心副主任李诚、馆员闫虹等四人赴上海参加了此次会议。闫虹在研讨会上做了《试论"首图讲坛·乡土课堂"之特色与实践》的主题发言，从举办特色讲座的角度介绍"首图讲坛·乡土课堂",受到了与会人员的一致好评。

4月23日 世界读书日,首都图书馆向到馆读者发放了约150份"礼仪辞海"宣传手册。

4月25日 首都图书馆发布《首都图书馆党委、北京市少年儿童图书馆党支部关于评选表彰2003—2005年度先进基层党组织、优秀共产党员和优秀党务工作者的通知》。

4月26日 首都图书馆发布《首都图书馆党委、北京市少年儿童图书馆党支部关于下发2005年度工作要点的通知》。

4月29日 首都图书馆发布《首都图书馆党委、北京市少年儿童图书馆党支部关于转发〈中共北京市文化局党组关于对先进性教育活动分析评议阶段工作进行"回头看"的通知〉的通知》。

4月29日 在北京市劳动模范和先进工作者表彰大会上,馆长倪晓建荣获北京市先进工作者称号。

5月12日 在第十五次"全国助残日"到来之际,首都图书馆与北京市残疾人社会公益事业促进会、北京红丹丹教育文化交流中心共同举办"分享·爱·同行"——首都图书馆残疾人文化教育基地揭牌仪式暨首都图书馆与残疾人读者共庆全国助残日活动。

5月13日 共青团首都图书馆总支委员会团员大会暨2005年团总支换届改选大会在多功能厅召开。会议选举李冠南、李志新、李喆、桂筱丹、潘淼为总支委员。北京市文化局团委书记沈睿、首都图书馆党委书记肖维平等领导出席会议。

5月14日 为配合科技周活动,首都图书馆举办的"金石记忆——首都图书馆藏北京地方石刻拓片展"在二层文化艺术展厅开幕。

5月15日 以"科技·艺术·奥运"为主题的科技周首都图书馆分会场正式拉开帷幕,各项活动全面启动。

北京市少儿科普阅览中心昌平分中心正式挂牌成立。北京市科学技术协会副主席辛俊兴等领导参加了活动。

5月20日 首都图书馆党委及北京市少年儿童图书馆党支部先进性教育活动整改提高阶段工作部署及动员大会在多功能厅举行。会议由首都图书馆党委书记肖维平主持，北京市委宣传部先进性教育活动督导组组长张大桢参加了会议。

5月28日 为配合"2005年全国图书馆服务周"活动，由首都图书馆合作协调中心承办的"北京市公共图书馆服务成果展"在多功能厅展出。展览从2004年全市公共图书馆共接待读者数量、文献借阅数量等"一卡通服务"、送书下基层、为弱势群体和特殊群体提供专门服务等方面对公共图书馆的读者服务工作做了详尽描述。

5月 北京市少年儿童图书馆与北京电信签订了CHINANET2M光纤专线接入的协议。

少儿多媒体视听中心与清华同方公司签订了"中小学多媒体数字图书馆"数据库的采购、售后服务协议。

北京市少年儿童图书馆库本库、基藏库和连环画库正式由少儿采编中心移交少儿综合借阅中心管理。

6月21日 首都图书馆发布《首都图书馆党委关于李冠南、贾蔷同志的任免通知》。经首都图书馆团员大会选举，局团委批准，同意任命李冠南为团总支书记，免去贾蔷团总支书记职务。

6月23日 首都图书馆发布《首都图书馆关于公开招聘部门主任的通知》，决定以公开招聘的方式选拔信息网络中心主任和宣传策划部主任。

首都图书馆发布《关于首都图书馆成立信息咨询中心的通知》《关于首都图书馆成立宣传策划部的通知》《首都图书馆关于调整信息网络中心岗位设置的通知》。

6月28日 北京市文化局下发京文人〔2005〕576号《北京市文

化局关于北京市少年儿童图书馆并入首都图书馆的通知》文件。任命胡永欣为常务副馆长，聘任杨素音为副馆长。

6月 赵雪锋被共青团北京市委员会等单位授予北京市青年岗位能手荣誉称号。

首都图书馆组织员工分四批赴外地兄弟图书馆进行工作考察参观。

7月1日 "庆祝中国共产党建党84周年"全体职工大会在报告厅召开。会上对2003—2005年度以及在2005年保持共产党员先进性教育活动中涌现出来的先进党支部、优秀共产党员、优秀党务工作者及在2005年度"平凡岗位做贡献优秀职工"进行表彰。

首都图书馆发布《首都图书馆党委、北京市少年儿童图书馆党支部关于2003—2005年度先进党支部、优秀共产党员、优秀党务工作者的表彰决定》《首都图书馆党委、北京市少年儿童图书馆关于2005年度"平凡岗位做贡献优秀职工"的表彰决定》。

7月5日 北京市文化局党组下发京文发〔2005〕48号《中共北京市文化局党组关于将北京市北京少年儿童图书馆党支部划归首都图书馆党委管理的决定》文件。

7月6日 北京市公共图书馆第一期馆长研习班在密云举办，来自全市25家公共图书馆的馆长参加了学习与交流。首都图书馆馆长倪晓建、副馆长周心慧以"怎样当好图书馆馆长""当代图书馆事业的发展与图书馆权利"为主题进行宣讲。

7月7日 馆长倪晓建被聘为北京大学兼职教授。

7月11日 北京市文化局工会下发京文工〔2005〕019号《北京市文化局工会关于首都图书馆和北京市少年儿童图书馆工会合并的通知》文件。

7月13日 首都图书馆举行奥林匹克阅览室揭牌仪式。北京奥组委新闻宣传部副部长邵世伟、首都精神文明办公室副主任滕毅、北京市文化局助理巡视员阮兰玉、首都图书馆馆长倪晓建、党委书记肖维平、副馆长邓菊英等领导出席揭牌仪式。仪式由副馆长韩朴主持。

7月15日 首都图书馆公开招聘信息网络中心主任竞聘答辩在多功能厅举行。考评小组成员进行现场评分。

7月17日—24日 在广西桂林召开的中国图书馆学会第七次全国会员代表大会暨2005年年会上，产生了新一届理事会和专业委员会。北京市图书馆协会常务理事长、首都图书馆馆长倪晓建当选为中国图书馆学会副理事长，副馆长邓菊英当选为中国图书馆学会副秘书长。

7月22日 首都图书馆发布《首都图书馆党委关于在全体党员中开展"加强学习，提高修养"的征文通知》。

7月27日 首都图书馆发布《首都图书馆党委关于增补党委委员有关工作的通知》。决定按组织程序增补两名党委委员，并对增补名额、候选人条件增补程序和具体要求做出具体的规定。

7月28日 经北京市文化局团委研究，同意共青团首都图书馆总支委员会改建为共青团首都图书馆委员会，并在三个月内完成团委选举工作。

8月5日 为纪念抗日战争胜利六十周年，由北京市文联和首都图书馆联合主办的"纪念抗日战争胜利六十周年图片、摄影、书画展"在文化艺术展厅开幕。中国文联党组书记、常务副主席李树文，市政协副主席张和平，市委宣传部常务副部长王学勤，首都图书馆馆长倪晓建、党委书记肖维平等出席开幕式。

经组织考察，对公开招聘信息网络中心主任、宣传策划中心主任的拟聘人李念祖、王海茹进行公示。

8月12日 应国际图联邀请，党委书记肖维平、常务副馆长胡永欣、合作协调中心主任高莹、地方文献中心副主任李诚、典藏借阅中心主任仲爱红赴挪威首都奥斯陆出席第71届国际图联大会，并拟在会后顺访主要图书馆，对其先进的管理手段、建设理念，设施设备等方面进行综合性考察。

经党政联系会议研究决定，聘任李念祖为信息网络中心主任、聘任王海茹为宣传策划部主任，聘期一年。

8月17日 北京市人大朝阳团代表来到首都图书馆视察工作。馆长倪晓建、副馆长韩朴及部分中层干部与代表们进行座谈。倪晓建向代表们介绍首都图书馆历史及发展现状，韩朴为代表们进行"北京记忆"的演示和讲解。会后，代表们视察了电子阅览室、世界走廊、地方文献中心、报刊阅览室、奥运阅览室、古籍阅览室。

9月1日 为庆祝中越建交55周年及越南社会主义共和国成立60周年，由中国对外艺术展览中心和首都图书馆共同主办的"越南当代绘画展"在多功能厅开展。文化部副部长常克仁、文化部外联局副局长李新、首都图书馆党委书记肖维平、越南社会主义共和国文化通讯部副部长于光语、越南社会主义共和国驻华大使馆大使陈文津、越南社会主义共和国驻华大使馆公使裴仲云等出席开幕式。

9月1日 北京市公共图书馆馆长工作（安全）例会在房山区召开，北京市文化局社会文化处副处长张健、首都图书馆馆长倪晓建提出各公共图书馆要解放思想，拓展服务范围，在和谐社会建设和信息公平建设方面多做工作，形成北京地区公共图书馆建设的模式，让北京的公共图书馆事业走在全国的前列。

9月5日 首都图书馆党委根据《中共北京市文化局党组关于认真做好先进性教育活动"回头看"工作的通知》精神，召开先进性教育活动整改情况通报会。党员、中层干部、职工代表近80人参加了会议。党委书记肖维平主持了会议。

9月10日 首都图书馆举办"以卡献礼教师节"活动，全天免费办卡近 200 张。

9月12日 由首都图书馆和中国对外艺术展览中心共同主办的"著名艺术家卡洛斯·巴艾斯·比拉罗作品展"在首都图书馆二层文化艺术展厅开幕。文化部外联局副局长王燕生、外交部拉美司副司长赵荣宪、文化部外联局参赞李保章、首都图书馆副馆长周心慧、乌拉圭东岸共和国外交部副部长 Belela Herrera、乌拉圭东岸共和国驻华大使 Cesar ferrer Burle、艺术家卡洛斯·巴艾斯·比拉罗等出席开幕式。

9月15日—16日 为保障北京市流动人口特别是来京务工人员平等享受公共文化信息资源的权利，首都图书馆信息网络中心为部分北京市流动人口提供计算机硬件设备和网络学习环境，并对他们进行计算机及网络基础知识方面的免费培训。

9月16日 "书香情"少儿汽车图书馆送书下乡工程全面启动。

9月17日 由首都图书馆、少年儿童图书馆发起的"2005爱心快递图书捐赠总动员活动"启动仪式在首都图书馆广场举行。著名节目主持人余声担任"爱心大使"并主持启动仪式。

2005"爱心快递图书捐赠总动员"活动全面启动。文化部社图司图书馆处处长张小平、未成年人文化管理处处长高万生等领导参加了启动仪式。倪晓建、肖维平、胡永欣、杨素音等首都图书馆馆领导参加了活动，特邀节目主持人余声作为本次活动的爱心大使。本次活动共有 17 个区县 163 所学校近 5 万学生参加，捐赠图书 119693 册。

9月20日 由首都图书馆发起并承办的"2005北京市公共图书馆计算机知识竞赛"在首都图书馆电子阅览室拉开帷幕。来自北京市各区县图书馆、少儿馆的 22 支代表队参加了此次比赛。

9月23日 首都图书馆奥林匹克阅览室奥运文化系列主题展览社区巡展在朝阳区南磨房地区南新园社区正式启动。此次社区巡展为首都图书馆奥林匹克阅览室举办的首期展览"历届夏季奥运会回顾展"。

回顾展以图片、数字和文字重现了现代奥林匹克历程中的重大历史事件，为广大社区居民提供了一个了解奥林匹克文化的平台。

9月27日　北京市第一个农村基层少儿流动图书馆分馆在房山建立。首都图书馆馆长倪晓建、常务副馆长胡永欣及房山区教委副主任赵瑞兰、文化委员会主任刘亚军在房山区张坊镇瓦沟小学参加了揭牌仪式。

9月28日　首都图书馆发布《首都图书馆关于开展职业礼仪宣传教育实践活动的通知》，决定在全馆范围内开展职业礼仪宣传教育实践活动，并做出具体安排。

9月29日　北京市少年儿童图书馆21名工作人员按建制划归文物局所属孔庙和国子监管理处并正式办理了调离手续。

9月30日　由首都图书馆、北京世纪国奥文化传播有限公司、《北京日报》联合举办的"迎奥运 人文精神"百名艺术家作品展在首都图书馆多功能厅开展。全国人大代表、政协委员黄森，张大千弟子张轶凡，澳中文化经济发展促进会会长金伟国，电影演员及书画家张金玲，中国民族画院院长周智慧出席开幕式。

9月　首都图书馆推出"建设和谐社会·我们与你同行"为主题的读书月活动，让所有在京的少年儿童在和谐平等的氛围中汲取书籍的知识。活动期间为外地来京务工人员子女举办专场电影欣赏、图书知识介绍、读书知识问答及"我们都是一家人"读者联谊等活动。

10月7日　由首都图书馆与香港中央图书馆合作举办的"往日京华——首都图书馆历史照片珍藏展"在香港中央图书馆展览馆开展。北京市文化局助理巡视员阮兰玉、首都图书馆副馆长韩朴及香港康乐及文化事务署助理署长李玉文、香港中央图书馆馆长何伍淑敏出席开幕式。此次展览汇集珍贵历史照片复制放大件和原件共计270幅，展览期间，副馆长韩朴做了"历史图片上的古都北京"专题讲座。凤凰卫视及《大公报》等多家媒体进行专题报道。

10月11日 首都图书馆党委在报告厅召开增补委员选举大会。此次大会由党委副书记李小苏主持。会上党委委员倪晓建宣读了《中共北京市文化局党组关于同意首都图书馆党委增补党委委员的批复》。大会审议通过了《首都图书馆增补党委委员选举办法》，介绍候选人预备人选的产生情况和基本情况。最终以无记名投票和差额选举的方式增补杨素音、陈讷2人为中共首都图书馆委员会委员。

10月12日 由首都图书馆、北京市少年儿童图书馆发起的2005年"爱心快递图书捐赠总动员"活动第一个爱心图书室在昌平区东方红学校成立，副馆长杨素音参加了图书室的成立仪式。这批7496册图书为宣武区回民小学、北线阁小学、青年湖小学等6所学校学生及2个街道社区的老师、干部所捐赠。

10月16日 "首图奥运文化大讲堂"开讲仪式在报告厅举行。首都精神文明办公室助理巡视员孙平，北京奥组委信息中心主任徐达，首都图书馆馆长倪晓建、党委书记肖维平出席开讲仪式。女子国际象棋世界冠军、北京棋院院长谢军作为"首图奥运形象大使"出席开讲仪式。

10月20日 首都图书馆在孔庙为21名调入孔庙和国子监管理处工作的员工举行欢送会。常务副馆长胡永欣主持了欢送会。党委书记肖维平、副馆长杨素音及国子监管理处主任马法柱、书记徐明参加了会议。

10月28日 在中华人民共和国人事部、文化部举办的全国文化先进县、先进集体、先进工作者表彰大会上，首都图书馆被授予"全国文化工作先进集体"荣誉称号。

10月30日 馆长倪晓建被聘为北京市图书资料系列高级专业技术资格评审委员会主任委员库成员。

11月2日 经中共北京市文化局党组研究批准，增补杨素音、陈讷两人为首都图书馆党委委员。

11月3日 发布《首都图书馆党委下设党支部机构设置方案》。规定首都图书馆党委下设8个党支部，各支部设立支部委员会，设书记、组织委员、宣传委员各一人。

首都图书馆二期暨北京市方志馆建设工程项目建议书得到北京市发展和改革委员会的批复，同意合并建设首都图书馆二期、北京市少儿图书馆和北京市方志馆。

11月4日 首都图书馆发布《首都图书馆党委所属党支部换届选举工作方案》。方案对新的支部设置、选举工作程序进行具体规定。

首都图书馆召开2005年度红领巾读书活动主办单位协调会，研讨了2006年度活动方案，首都文明办未成年人处处长李建国、北京市文化局社会文化处副处长张健、北京市少年宫副主任史建华等出席会议。

11月8日 发布《关于做好2005年度考核工作有关事项的通知》。通知就2005年度考核工作时间、程序及考核小组成员等事项做了具体安排。

11月8日 首都图书馆常务副馆长胡永欣以"引领未成年人遨游在知识的海洋"为题，向北京市精神文明办公室及部分市人大代表、市政协委员专题汇报了首都图书馆为未成年人开展服务的情况。

11月11日 副馆长杨素音受中国图书馆学会委托带领一行9人赴台湾参加"第六届海峡两岸儿童与中小学图书馆学术研讨会"。

11月15日 首都图书馆发布《首都图书馆党委关于同意各党支部委员候选人推荐结果的批复》。同意下属8个支部推荐候选人参加下届支部委员的选举。

11月16日—28日 少儿采编中心主任郭金荣受教育部外资贷款办公室聘请参加了"国家扶植青少年学生校外活动场所建设项目图书

政府采购"评标专家组工作。

11月30日　馆长倪晓建被聘为中国图书馆学会第七届学术研究委员会副主任委员，目录学专业委员会主任委员；周心慧聘为学术研究委员会委员和社区和乡镇图书馆专业委员会副主任，韩朴聘为学术研究委员会委员和地方文献委员会副主任，胡永新聘为少年儿童图书馆专业委员会委员，邓菊英聘为图书馆建筑与设备专业委员会委员，李诚聘为资源建设与共享专业委员会委员，高莹聘为目录学专业委员会委员，陈坚聘为标引与编目专业委员会委员，刘乃英聘为古籍整理与文献保护专业委员会委员。

12月1日　首都图书馆昌平农业资料中心揭牌仪式在昌平区图书馆举行。馆长倪晓建、副馆长周心慧，昌平区宣传部、农业局、科协、文委及各镇主管文化的镇长等领导参加了仪式。倪晓建和昌平区宣传部长共同为首都图书馆昌平农业资料中心揭牌。

12月15日　首都图书馆发布《关于调整首都图书馆交通安全委员会成员的通知》，对首都图书馆交通安全委员会的性质及组织机构等调整情况进行说明。

12月16日　首都图书馆发布《首都图书馆督察、督办工作管理办法》。

12月16日　首都图书馆发布《首都图书馆交通安全管理暂行规定》。《规定》在原《首都图书馆交通安全管理规定》的基础上进行修订。

12月17日　"书乡情——少儿流动图书馆送书下乡基层工作现场推进会"在房山召开，副馆长胡永欣及10个郊区县图书馆馆长等相关人员参加了会议。会上胡永欣介绍此项工程的工作思路及进展情况。房山区图书馆馆长李清梅介绍该馆开展此项工作的先进经验。会后，与会人员就相关问题进行研讨，并实地参观房山瓦沟小学、长沟小学两个服务点。

应中国出版对外贸易总公司邀请，副馆长周心慧、采编中心主任陈坚赴台湾地区参加2005年祖国大陆图书展活动。

12月20日 应埃及投资开发贸易促进中心、南非社会发展部邀请，馆长倪晓建、副馆长邓菊英及相关业务部门主任共8人赴埃及、南非各主要图书馆进行为期8天的学术交流访问活动。

2005年度红领巾读书活动经验交流会在密云召开，全市19个区县近70人参加了会议。副馆长杨素音做了2005年红领巾读书活动总结，副馆长胡永欣介绍2006年红领巾读书活动工作思路。

12月27日 馆长倪晓建撰写的学术著作《信息加工》被文化部评为文化艺术科学优秀成果奖一等奖。

2005年 北京市建设完成21个文化共享工程地市级（区）支中心、2个文化共享工程县级支中心。

2006 年

1月7日 2006年"首图讲坛·乡土课堂"正式开讲。中国书店总编辑马建农以"北京文化个性的和谐特征"为题做年度首场讲演。

1月9日 即日起首都图书馆对支出项目审核程序加以规范,并责成财务及纪检部门制定出符合首都图书馆工作实际、科学规范管理的财务支出制度。

1月13日 "首都图书馆离退休人员2006年度迎春团拜会"在多功能厅举行。

1月16日—20日 馆长倪晓建参加北京市第十二届人民代表大会第四次会议。

1月19日 "英雄在我心中"主题教育活动启动仪式,暨《永远的丰碑·绘画本》进校园赠书仪式在东城区史家小学举行。出席活动的领导有中共北京市委副秘书长陈启刚,北京市委常委、教育工委书记朱善璐,北京市委常委、宣传部长蔡赴朝,学习出版社社长宋镇玲,市委宣传部副部长宋贵伦,首都精神文明建设委员会办公室主任张慧光,共青团北京市委副书记王粤,北京市文化局助理巡视员阮兰玉,首都图书馆党委书记肖维平,副馆长杨素音等。全市中小学生代表及20家公共图书馆在活动中接受赠书。

1月20日 首都图书馆在北京市第二监狱举办首图讲坛——系列爱心帮教讲座进监区新春慰问专场活动。包括专题系列讲座"老北京风俗系列之———胡同里的小吃"以及竞猜灯谜等项目。副馆长韩朴、馆长助理胡启军及北京市监狱管理局有关领导参加了此次活动。

1月23日—24日　北京市图书馆协会学术年会在北京市房山区召开。文化部社会文化图书馆司图书馆处处长张小平，中国图书馆学会秘书长汤更生、副秘书长顾文佳，北京市文化局社会文化处副处长张健，北京市图书馆协会理事长冯守仁，北京市图书馆协会常务副理事长倪晓建及来自全市的协会会员代表出席会议。北京市图书馆协会秘书长周心慧主持会议。

1月24日　常务副馆长胡永欣、副馆长邓菊英、组织人事部赵志琴参加北京市文化局统战人员春节团拜会。

1月25日　"首都图书馆2005年度工作总结暨表彰大会"在报告厅举行。会上馆长倪晓建做了2005年工作总结，党委书记肖维平宣读了表彰决定，并对6个先进集体、42名先进个人及1名贡献奖获得者进行表彰。总结表彰会后，全体职工在多功能厅进行联欢。

1月29日　应广大读者要求，"金石记忆——首都图书馆藏北京地方石刻拓片展"在艺术展厅再次开展。

2月7日　为加强对首都图书馆财务工作的监督力度，进一步增强法律意识，首都图书馆下发《关于对独立核算账户进行清理检查工作的通知》对馆内独立核算账户进行全面清理检查。工作实行项目责任制，由纪律检查委员会牵头，并成立了清理检查工作组。

2月8日　首都图书馆二期暨北京方志馆工程代建人招标中标候选人公示。中标候选人第一名是北京市第六建筑工程公司，第二名是中国航空工业规划设计研究院，第三名是泛华工程有限公司。

2月9日　首都图书馆制定了2005年度民主评议领导干部领导班子的整改措施，并上报北京市文化局组宣处。

2月14日　首都图书馆将"奥运文化系列巡展"之一的"历届夏

季奥运会举办城市展"送到了北京市第五社会福利院的老人们身边。此次展览是"奥运文化系列巡展"走进社会爱心机构的首展。巡展还将陆续在北京市各区县的其他社会爱心机构展出。

2月15日 首都图书馆党委组织理论中心组围绕学习贯彻中纪委第六次全会精神召开专题学习会。党委书记肖维平主持会议，全体党政班子成员参加了学习，并结合本馆实际提出修改《首图党风廉政建设责任制》《"三重一大"制度》的意见。

2月17日 首都图书馆二期暨北京方志馆工程代建人招标中标公告发布，北京市第六建筑工程公司成为中标人。

2月28日 国家图书馆原副馆长孙蓓欣、北京大学教授李国新、北京大学图书馆书记祁延莉、北京师范大学图书馆书记李晓娟等图书馆界知名专家受邀来到首都图书馆参加"北京市少年儿童图书馆分类法使用本专家论证会"。常务副馆长胡永欣、副馆长周心慧、邓菊英及相关业务部门参加了会议。

3月1日—2日 首都图书馆在昌平金池蟒山会议中心召开第二届四次职工代表大会，30余名职工代表参加了会议，20余名中层干部列席。与会代表听取并审议了馆长倪晓建所作的报告，审议了首都图书馆2005年度财务决算和2006年度财务预算工作报告，反馈了民主评议意见及整改措施，开展了"事业单位民主管理与提案工作"相关知识培训。

3月3日 首都图书馆党委书记肖维平率馆内外奥运志愿者向本市第一所打工子弟中学——蒲公英中学赠送700余册奥运知识图书以及一系列制作精良的光盘等资料。

3月6日 首都图书馆党委下发《中共首都图书馆委员会工作制度》。

3月8日 首都图书馆党委下发《首都图书馆党委2006年度工作

计划》《首都图书馆党委关于开展"学习党章 遵守党章 贯彻党章 维护党章"主题实践活动的方案》。

3月14日—15日 北京市公共图书馆馆长工作会议在通州区召开。会议对今年本市公共图书馆的建设任务进行总体部署，对各项具体工作提出要求。北京市文化局社会文化处处长张健，北京市图书馆协会理事长冯守仁，首都图书馆馆长倪晓建、常务副馆长胡永欣、副馆长周心慧、杨素音以及本市各区县图书馆馆长参加了会议。

3月20日 首都图书馆党委完成《首都图书馆2006年党风廉政建设和反腐败工作任务分解方案》的制定；根据本馆实际情况对党风廉政建设工作小组成员进行调整，修改《首都图书馆党风廉政建设责任制监督检查工作小组职责》；对《首都图书馆领导干部党风廉政建设责任分工》做了调整。

3月29日 副馆长杨素音参加由北京市委宣传部、首都精神文明办等7家单位联合召开的"英雄在我心中"主题教育实践活动座谈会。在座谈会上，杨素音介绍活动开展的具体方案和已经取得的成果。

首都图书馆"童心舞台"推出了以"学英雄 知荣辱 树新风 学做人"为主题的专场演出活动。朝阳区武圣庙小学、东城区帽儿胡同小学、丰台区第五小学银地分校等12所学校的300余名同学参加。首都精神文明办巡视员尹学龙，首都精神文明办未成年人处副处长李建国，北京市文化局社会文化处处长张健，首都图书馆馆长倪晓建、党委书记肖维平、常务副馆长胡永欣及副馆长杨素音出席并观看了演出。

3月29日—30日 首都图书馆召开第二届五次职工代表大会。会议审议通过了《首都图书馆（北京市少年儿童图书馆）关于贯彻〈北京市文化局事业单位实行聘任合同制的实施办法〉实施细则》《首都图书馆（北京市少年儿童图书馆）内设机构调整方案》《首都图书馆（北京市少年儿童图书馆）员工考勤管理暂行办法》《首都图书馆（北京市少年儿童图书馆）员工考核暂行办法》《首都图书馆（北京市少年儿童图书馆）员工奖惩暂行办法》《首都图书馆（北京市少年儿童图书馆）员工工资分配暂行办法》《首都图书馆（北京市少年儿童图书馆）员工参加提高学历教育的管理暂行办法》《首都图书馆（北京市少年儿童图书馆）待岗员工管理暂行办法》等八个文件。

3月　首都图书馆在文化局组织的老干部工作责任制评比中被评为2005年度先进单位。

4月5日　北京市信息化办公室主任朱炎、副主任李洪、推广应用处处长吴钢华、由靖等一行4人对首都图书馆数字化建设工作进行视察和指导。馆长倪晓建、副馆长邓菊英陪同到访领导观看了"北京记忆"大型多媒体数据库和"全国文化信息资源共享工程"北京分中心网站的演示。到访领导还进一步询问了首都图书馆在"共享工程"的资源传输方式和分布情况等方面的工作开展情况。朱炎希望首都图书馆能加入政府数字资源信息专网，将丰富的数据库资源传递到北京市各委、办、局。

4月13日　首都图书馆召开2006年人口与计划生育工作座谈会。馆长倪晓建、党委书记肖维平等党政班子成员参加并在会上做了发言。计生工作主管领导馆长助理胡启军就人口与计划生育工作做了动员讲话。副馆长胡永欣对计生工作的开展给予了充分肯定，并就今后馆内的实际工作提出建设性意见和建议。肖维平做了总结性发言。会后各部门计生宣传员与馆计生办签订了2006年"人口与计划生育责任书"。

4月22日　"我与奥运"有奖征文活动颁奖仪式在多功能厅举行。北京奥组委新闻宣传部、教育处副主任杨志成，北京奥组委信息中心专家、原新华社体育部主任记者李贺普，奥运研究专家团成员、新中国成立后第一批体操运动员、国家体操队第一任队长陆恩淳，《北京日报》奥运专栏主编李健，首都图书馆党委书记肖维平、副馆长韩朴等有关领导参加了颁奖仪式并为获奖者颁发了证书和奖品。

4月23日 馆长倪晓建在中国图书馆学会科普与阅读指导委员会成立暨2006年东莞第二届读书动员会大会上代表中国图书馆学会为会议致辞并讲话。

在世界读书日来临之际，首都图书馆举办"我读书、我快乐、我成长"系列少儿读书活动。

4月27日 北京市红领巾读书活动工作会召开。常务副馆长胡永欣就2003年全市红领巾读书活动工作做了阶段性总结，副馆长杨素音对下一阶段工作进行部署。全市区县图书馆50余人到会。

5月12日 "首都图书馆2006年度平凡岗位做贡献优秀职工"表彰会在多功能厅举行。15名馆员荣获"首都图书馆优秀职工"称号。

5月18日 由首都图书馆、北京市残疾人联合会和北京市残疾人摄影学会联合举办的"蜕变中的美丽——庆祝全国第十六个助残日暨北京市残疾人摄影学会成立20周年摄影展"在首都图书馆二层艺术展厅开幕。

5月20日—26日 2006年北京科技周首都图书馆分会场活动在首都图书馆举行。首都图书馆围绕"携手建设创新型国家"这一主题，响应2008年北京奥运会所提出的"绿色奥运、科技奥运、人文奥运"的理念，开展了各项科普活动。

5月21日 北京市文化局副局长王珠、首都图书馆党委书记肖维平、副馆长杨素音等参加了坐落于密云县图书馆的北京市少儿科普阅览中心密云分中心的成立仪式。

5月26日 在"2006年北京科技周"闭幕式上，北京市科学技术委员会、北京市科学技术协会、北京市人事局共同授予首都图书馆"北京市科学技术普及工作先进集体"荣誉称号。

5月29日—6月4日 首都图书馆以"倡导全民阅读，构建和谐社会"为主题，举办"图书馆服务宣传周"活动。

6月3日 首都图书馆分馆落户山水文园。馆长倪晓建、加拿大LVC国际投资集团董事局主席李辙等集团领导以及获得首都图书馆读者卡的山水文园业主参加了揭幕仪式。

6月15日 副馆长韩朴、北京地方文献中心主任李诚赴山东省图书馆出席两馆合办"北京·济南城市生活百年回顾展"开幕式。韩朴做了"古城北京沧桑纪实"的演讲。

6月19日 在第三次北京市残疾人事业工作会议暨自强模范与助残先进集体、先进个人表彰大会上，首都图书馆被授予"北京市扶残助残先进集体"荣誉称号，典藏借阅中心副主任韩丽被授予"北京市扶残助残先进个人"荣誉称号。

6月22日 副馆长周心慧、信息咨询中心主任袁艳赴美国参加美国图书馆协会年会并调研美国主要图书馆。

6月30日 "心系党旗——首都图书馆庆祝建党85周年歌咏比赛活动"在首都图书馆多功能厅举办，活动分别评出一、二、三等奖。

7月4日 北京市第三次妇儿工作会在京西宾馆召开。首都图书馆荣获"十五"期间"北京市妇女儿童工作先进集体"奖。副馆长杨素音荣获"妇女儿童工作先进个人"奖。

7月13日 全市公共图书馆馆长工作会议在密云召开。北京市文化局社会文化处副处长张健，首都图书馆党委书记肖维平、副馆长周心慧、邓菊英、杨素音、馆长助理胡启军，北京市图书馆协会理事长冯守仁，以及23个区县图书馆和少年儿童图书馆的馆长出席会议。会议总结了2006年上半年公共图书馆的基础业务建设、共享工程进展情况、全民读书活动情况、红领巾读书活动等，布置了下半年的重点工作。

7月19日 馆长倪晓建赴德国参加中共北京市委宣传部组织的为

期一个月的第六届宣传干部文化产业经营管理培训班。

7月22日　副馆长邓菊英、北京地方文献中心副主任李诚参加中国图书馆学会2006年年会，并与图书馆界同人共同探讨图书馆学理论和实践问题。会上首都图书馆获得中图学会颁发的"2005年全民阅读活动优秀组织奖"和"先进单位奖"。

7月28日　北京市文化局2006年平凡岗位优秀职工表彰大会在首都图书馆报告厅举行。大会由文化局工会副主席王朝晖主持，北京市总工机关事业部副部长朱玉成、市委宣传部基层处副处长邓春富、北京市文化局纪检组组长崔国红、文化局工会主席叶重辉、首都图书馆工会主席李小苏等领导出席大会。

7月　首都之窗"数字图书生活"栏目正式上线，市民可在线享受"一卡通"服务。

馆长倪晓建主编的《信息加工》一书获第二届文化部文化艺术科学优秀成果奖一等奖。

8月5日　2006年度"首都图书馆与在京媒体策划会"举办。《人民日报》、千龙网、《北京青年报》《中国少年报》《出版人》等13家媒体出席策划会。党委书记肖维平、副馆长邓菊英向与会媒体介绍首都图书馆基本情况及2006年下半年的工作重点。宣传策划部主任王海茹主持会议，并与各媒体记者就下半年宣传工作开展做详细交流。

8月12日　"全国文化信息资源共享工程"建设成果图片展在首都图书馆文化艺术展厅开幕。

8月19日　应国际图联、日本图书馆协会的邀请，常务副馆长胡永欣、副馆长韩朴、人事主管赵焱、少儿借阅中心主任朱丹赴日本参加第72届国际图联大会前会及在韩国举办的图联大会，并顺访两国主要图书馆，对其先进的管理手段、建设理念、设施设备等方面进行综合性考察。

8月25日 在共青团北京市委举办的北京市"青年文明号"2006年考核汇报展示活动中，首都图书馆以"建在车轮上的青年文明号"为主题，代表市文化局系统进行汇报展示。

8月30日 在北京市文化局团委换届选举中，李冠南当选北京市文化局团委委员。

8月30日 首都图书馆召开"首都图书馆劳务派遣工作动员会"，45名非在编人员和有关人员参加了会议，使用派遣人员工作正式启动。

9月20日 北京市公共图书馆知识竞赛在首都图书馆举行。首都图书馆副馆长邓菊英主持竞赛，文化局社会文化处处长张健出席并致辞。全市22支区县公共图书馆、少儿馆代表队，共计66人参加了竞赛。

9月21日 党委书记肖维平带队组织党员赴陕西延安、西安组织党员活动。

9月27日—28日 在怀柔区举行北京市红领巾读书活动工作会。常务副馆长胡永欣、杨素音及各区县少儿图书馆馆长、少儿部主任等参加了会议。

9月29日 首都图书馆工会召开第二届四次全体会员大会，举行工会换届选举工作，全馆289名工会会员参与了选举。文化局工会副主席王朝晖出席会议。大会由第三届工会委员马文大主持，党委书记肖维平致开幕词。大会审议通过了第三届工会委员会工作报告和财务工作报告，并以无记名投票的方式，选举李小苏、纪鸣、马文大、王雅英、仲爱红、吴卫国、潘淼等7人为第四届工会委员会工会委员；柏青、赵志芹、蒋莉为第四届工会委员会经费审查委员会委员；王雅英、仲爱红、桂筱丹为第四届工会委员会女工委员。馆长倪晓建做了总结发言。

9月29日 为庆祝中蒙建交57周年，由文化部、蒙古国驻华大使馆、首都图书馆共同主办的"蒙古国风情摄影展"在首都图书馆多功能厅举行开幕式。参加此次开幕式的嘉宾有中国文化部对外联络局局长助理汪志刚、中国对外艺术展览中心总经理卜键、中国对外艺术展览中心副总经理万基元、蒙古国驻华大使巴特苏赫、首都图书馆馆长倪晓建等。

9月30日 首都图书馆第四届工会委员会、经费审查委员会、女职工委员会分别召开第一次会议,选举李小苏为工会主席,赵志芹为经费审查委员会主任,仲爱红为女职工委员会主任,并将选举结果及委员分工的请示上报文化局工会批复。

10月16日 全国少儿图书馆工作经验交流会在温州召开,首都图书馆副馆长杨素音参加了会议。

10月18日 首都图书馆副馆长韩朴率队一行8人赴湖南省张家界参加中国图书馆学会2006年地方文献学术研讨会。

10月20日 首都图书馆举办2006年"北京市公共图书馆知识竞赛",全市23家公共图书馆组团竞赛。

10月26日 首都图书馆举办"'寻找英雄的足迹'DV大赛"活动。常务副馆长胡永欣、副馆长杨素音担任了此次活动的评委。

11月16日—20日 应韩国古板画博物馆邀请,副馆长周心慧赴韩国参加中国古板画展览会以及韩中古板画学术会。

11月21日 以色列驻华大使夫人到首都图书馆参观,馆长倪晓建与来访嘉宾进行会谈。大使夫人在倪晓建的陪同下参观正在首都图书馆展出的"'牙买加—中国'从出生之地到先祖之乡"摄影展。

11月23日 蒙古国总理夫人来首都图书馆参观。馆长倪晓建、常务副馆长胡永欣接待来宾,并陪同到访客人参观少儿多媒体视听中心、少儿阅览室等处。

11月27日—29日 首都图书馆第三届第一次职工代表大会召开。首都图书馆党政领导、37名职工代表和6名列席代表参加了会议。北京市文化局工会副主席王朝晖应邀出席会议。会议审议通过了《首都图书馆（北京市少年儿童图书馆）关于落实〈北京市宣传系统事业单位民主管理及职工代表大会办法（暂行）〉的实施细则》和《首都图书馆（北京市少年儿童图书馆）职工代表提案管理实施办法》。

12月20日 召开2006年北京市公共图书馆总结表彰大会。馆长倪晓建做了2006年北京市公共图书馆工作总结，副馆长杨素音做了2006年"红领巾读书"活动总结，北京市文化局社会文化处处长张健宣读表彰名单并讲话。全市百余位图书馆代表参加了表彰大会。

12月21日 由中华人民共和国文化部和首都图书馆共同主办的"巴基斯坦图片展"在多功能厅举行开幕式。中国文化部对外文化联络局副局长张爱平，中国对外艺术展览中心副总经理万基元，首都图书馆副馆长周心慧，巴基斯坦驻华大使萨尔曼·巴希尔，巴基斯坦驻华使馆参赞阿卜杜尔·萨利克，巴基斯坦驻华使馆新闻参赞伊夫迪哈·拉加等出席开幕式。

12月27日 首都图书馆二期暨北京市方志馆工程举行奠基仪式。文化部副部长周和平，北京市委常委李士祥，北京市副市长丁向阳等出席奠基仪式。

是年，北京市共享工程建设完成街道基层服务点136个、乡镇基层服务点182个，完成全市街道、乡镇基层服务点100%全覆盖。

北京市文化信息资源共享工程网站开通，通过互联网向市民提供共享工程资源服务。

首都图书馆在本市党政机关、科研院所、学校、部队、大型居住区、建筑工地、养老院等设立了15个分馆，提供图书借阅和数字资源服务，在密云、延庆、门头沟、昌平、房山的山区农村，建立了10个图书流通点，送书11622册。

2007 年

1月6日 "首图讲坛·乡土课堂"2007年度讲座信息发布会在一层多功能厅举行。此次会议发布了全年讲座目录，天坛公园神乐署为200多名读者演奏了"乐坛清音"，副馆长韩朴做乡土课堂往期讲座回顾报告。首都图书馆、北京市社会科学界联合会、北京史研究会、北京市文史研究馆等领导出席发布会。

1月8日 根据中共北京市文化局党组要求，首都图书馆党委组织全体党员认真完成了中国共产党第十七次全国代表大会提名候选人的推荐工作，经投票决定推荐倪晓建、肖维平作为候选人上报文化局组宣处。

1月12日—13日 首都图书馆中层及以上干部参加了2007年度工作会议。会议对二期工程建设和2007年度全年工作进行研讨和部署。

1月15日 由首都图书馆牵头起草的《北京市公共图书馆文明服务规范（试行）》开始在北京市各公共图书馆试行。

1月18日 根据《中共北京市文化局党组关于做好2006年度局属单位领导干部考核工作的通知》要求，首都图书馆党委组织召开领导班子民主生活会，制定了整改措施，并报送文化局组宣处。

1月23日 首都图书馆老干部迎春联欢会在多功能厅内举行。联欢会由副馆长杨素音主持，党委书记肖维平致辞。馆长倪晓建及党政领导班子成员向离退休老干部们拜年。

1月26日—31日　馆长倪晓建参加北京市第十二届人民代表大会第五次会议。

2月2日　北京市文学艺术界联合会和首都图书馆共同举办的"纪念老舍诞辰108周年——北京记忆名家书画展"在首都图书馆艺术展厅开展。北京市文联副书记黎晶，全国政协委员、老舍先生之子舒乙，著名书画家娄师白，馆长倪晓建等领导及嘉宾出席开幕仪式。

2月5日　首都图书馆与北京市残疾人活动中心共同举办的"传递爱心，共建和谐——首图残疾人文化教育基地迎春联谊会"在首都图书馆多功能厅举行。北京奥组委残奥会部嘉宾丁伯坦，北京市残疾人活动中心领导以及副馆长韩朴等领导参加了此次联谊活动。首都图书馆正式向社会推出"首都图书馆残疾人文化教育基地心屿艺术团"招募活动。

2月7日　北京市公共图书馆馆长会议在怀柔区召开。北京市文化局助理巡视员阮兰玉、社会文化处处长张健，北京市图书馆协会理事长冯守仁，首都图书馆馆长倪晓建，党委书记肖维平，副馆长周心慧、邓菊英、杨素音，馆长助理胡启军、馆长助理陈坚及40余位区县公共图书馆馆长出席会议。会议对全市公共图书馆2006年工作进行总结并对2007年工作进行部署。

2月8日　首都图书馆"2006年度工作总结及先进集体、先进个人总结表彰会""2007年春节联欢会"在首都图书馆多功能厅举行。会上馆长倪晓建做了2006年工作总结，党委书记肖维平宣读了表彰决定，并对9个先进集体、42名先进个人进行表彰。总结表彰会后，全体职工在多功能厅举行联欢会。

2月12日　日本国立国会图书馆亚洲资料部馆员清水扶美子女士到首都图书馆参观访问，馆长助理陈坚接待来访学者，报刊资料中心主任林岫陪同。陈坚向来访学者介绍首都图书馆历史、馆藏规模、部门设置、读者服务等，并回答了两位学者提出的问题。清水扶美子也介绍日本国立图书馆的相关情况。会后，来访客人与采编中心、报刊资料中心等部门进行业务交流。

2月13日 "传递爱心 传递微笑 传递文明 爱心进小屋"活动在北京市太阳村儿童教育咨询中心举行，副馆长杨素音向太阳村的孩子们送去690册新书。

2月28日 馆长倪晓建参加文化部召开的全国古籍保护工作会议。国务委员陈至立、文化部部长孙家正、副部长周和平等出席并做了重要讲话。会议旨在全面贯彻、落实国务院办公厅《关于进一步加强古籍保护工作的意见》，研究部署古籍保护工作，启动古籍保护计划。

2月 北京市图书馆协会组织完成北京市文化局课题《北京市社区乡镇图书馆发展调研》，由现代出版社出版《根植沃土——北京市社区乡镇图书馆研究》。

3月6日 首都图书馆工会组织了"三八"妇女节慰问女职工活动，邀请健康与美容杂志社副社长、妇产科专家沈英做了题为"妇科疾病的危险信号"的健康专题讲座。

3月7日 北京市人事局召开"2007年度北京市人事教育工作会谈"，首都图书馆被评为"北京市继续教育管理工作先进集体"，并被授予奖牌、证书和奖品。

3月9日 北京师范大学图书馆馆长刘丽带领班子成员等一行7人到首都图书馆交流访问。馆长倪晓建接待来宾，双方就公共图书馆与高校图书馆的开展合作共建、逐步扩大及延伸文化服务等进行交流，并在开展读者服务、资源共建共享方面进行探讨。随后，来宾观看了大型多媒体数据库"北京记忆"的演示，听取了二期工程建设的进展情况，并参观电子阅览室及历史文献阅览室等。

3月23日 首都图书馆与中国少年儿童读物促进会（国际儿童读

物联盟中国分会CBBY）联合主办的"共同架起儿童与图书的桥梁——纪念国际儿童图书节四十周年暨中国儿童阅读日系列活动"启动仪式在首都图书馆举行。国际儿童读物联盟（IBBY）副主席艾利斯·万斯（Ellis Vance），中国作家协会副主席高洪波，教育部基础教育司副司长高洪，团中央少年部副部长张朝辉，CBBY主席、中国出版工作者协会副主席海飞等参加活动并发表精彩演讲。来自IBBY、中国作家协会、教育部、团中央、文化部、中国图书馆学会、北京市文化局、首都图书馆和CBBY总部及各地方分会的30余位领导和嘉宾也出席启动仪式。CBBY授予首都图书馆"中国促进阅读示范图书馆"称号。IBBY副主席艾利斯·万斯（Ellis Vance）、秘书长丽姿·佩琪（Liz Page）与北京地区公共图书馆的工作人员见面，就有关"图书馆如何吸引青少年读者"的话题进行深入探讨和交流。

3月23日　首都图书馆党委召开2007年度党员大会，107名党员参加此次会议。大会经过无记名投票的方式，选出肖维平等15人作为代表出席市文化局系统党员代表大会。

3月23日　首都图书馆团委与北京市文化局团委共同开展"点滴贡献　携手奥运"主题活动，组织团员代表参加了北京奥运会志愿者主题报告会，并组织志愿者参加国际长走大会。

3月27日　首都图书馆在北京奥运会倒计时500天之际，推出了"首图奥运文化主题展"、残疾读者学唱奥运歌曲等活动。同时，奥林匹克阅览室网站完成改版。新版网站在功能与内容上都更加完善，读者可以在线浏览"首图奥运文化大讲堂"和"首图奥运文化主题展"的内容，查阅特色文献、奥运知识和奥运名人事迹，了解国内外奥运相关时事新闻。新增的"互动交流"板块，为读者提供了在线交流的园地。

3月29日　北京市文化局在首都图书馆报告厅召开党员代表大会，

选举出席北京市第十次党代会代表。来自文化局系统各单位的123名党员代表参加了选举大会，首都图书馆15名党员代表参加。

4月2日　首都图书馆印发《首都图书馆关于开展"迎奥运 讲文明 树立行业新风尚"教育活动的通知》。

4月5日　首都图书馆印发《2007年首都图书馆党风廉政建设和反腐败工作任务分解方案》的通知。

4月5日　副馆长周心慧、文化服务中心主任马文大、北京地方文献中心副主任李诚、信息网络中心主任李念祖等一行5人赴河北省图书馆、河南省图书馆进行改革工作考察。

4月8日　"北京周末社区大讲堂"在首都图书馆正式启动。市政协副主席、市社科联主席满运来，市委宣传部副部长、市社科联党组书记宋贵伦，首都图书馆馆长倪晓建、党委书记肖维平等领导出席启动仪式。仪式上，市社科联党委副书记张兆民宣读了《关于在全市开展"北京周末社区大讲堂"活动的通知》以及"大讲堂"教授团名单。满运来为"大讲堂"教授成员颁发聘书并宣布"北京周末社区大讲堂"正式启动。中国人民大学教授葛晨女士为市民做了题为"奥运成功从礼仪形象开始"的首场报告。

4月13日　首都图书馆团委协助北京市文化局团委开展了"绿色奥运，从我做起"植树活动，并组织首都图书馆部分团员青年参加。

4月17日　深圳图书馆少儿阅览室筹建小组黄佑文、戴晓颖、钟翔3名成员到首都图书馆进行交流访问。副馆长杨素音接待来宾，并陪同来宾参观少儿综合借阅中心、少儿多媒体视听中心。

4月17日　深圳市文化局一行9人到首都图书馆交流访问，北京市文化局社会文化处处长张健、政策法规处调研员常林，馆长倪晓建等领导接待到访嘉宾。双方就《北京市图书馆条例》等问题进行研讨、交流。

4月17日 在北京市公共图书馆专家系列讲座活动期间，馆长倪晓建做了"文献信息开发工作"的讲座。

4月20日 副馆长杨素音参加由市精神文明办召开的未成年人"迎奥运 讲文明 树新风"工作会，并在会上介绍首都图书馆未成年人"迎奥运 讲文明 树新风"工作开展的情况。

4月23日 在"世界读书日"之际，"奥运文化百校行"活动在北京四中正式启动。北京市文化局助理巡视员阮兰玉，北京市奥林匹克教育工作领导小组办公室主任、北京市教育科学研究院院长助理耿申，北京奥组委新闻宣传部处长杨志成，首都图书馆党委书记肖维平，北京四中党委书记张云裳等领导出席启动仪式。仪式上，肖维平向首批20所奥林匹克教育示范校的代表赠发了《奥运灵魂人物之中国奥运赛场英雄图文集萃》和《2008年北京奥运会、残奥会形象元素》。

4月23日 馆长倪晓建作为评委参加在国家图书馆举行的第二届国家图书馆文津图书奖颁奖仪式。

4月25日 首都图书馆工会第三届第二次职工代表大会召开。馆领导、工会委员、职工代表共40余人参加会议，大会由工会主席李小苏主持。本次会议审议通过了《首都图书馆专业技术职务聘任管理办法（试行）》；向职工代表反馈2006年度民主评议领导干部整改措施。

4月26日 "北京记忆"网站（域名：www.bjmem.com）开通仪式在首都图书馆举行。文化部社图司副司长刘小琴、北京市委宣传部常务副部长陈启刚等领导出席仪式。原副馆长韩朴主持开通仪式。在开幕仪式上馆长倪晓建、北京哲学社会科学规划办公室副主任李建平、文化部社图司副司长刘小琴分别致辞。陈启刚开通"北京记忆"网站。仪式结束后倪晓建引领嘉宾观看"文脉京华"展览。

4月30日 首都图书馆全体职工岗位聘任工作顺利完成。在这次岗位聘任工作中，部门的岗位设置、人员编制有适当调整。

5月10日 著名摄影师克里斯托弗·阿古（Christophe Agou）来到首都图书馆，拍摄反映北京市筹备奥运情况和市民读书看报、文化休闲主题的照片。他是受北京市委宣传部和北京奥组委新闻宣传部邀请来京参加"奥运之城"摄影活动的10位世界著名摄影师之一。

5月16日—23日 北京市公共图书馆馆长工作会召开。市文化局社会文化处处长张健，馆长倪晓建、党委书记肖维平、副馆长周心慧、邓菊英、杨素音及各区县（少儿）馆长出席会议。

5月17日 以"走近科技 感受奥运 共建和谐"为主题的北京科技周首都图书馆分会场活动拉开帷幕。市科协副主席周立军、市文化局副局长王珠等领导参加了开幕式。

5月17日—21日 北京市图书馆协会配合中国图书馆学会学术研究委员会目录学专业委员会，在重庆市北碚区召开第五届全国目录学学术研讨会，征集论文32篇。

5月22日 中、塔两国文化部及首都图书馆共同主办的"塔吉克斯坦艺术展"在文化艺术展厅开幕。此次展览是"塔吉克斯坦文化日"的重要活动之一。展览包括绘画作品、摄影作品共计100余件。

5月23日 首都图书馆与北京人民广播电台签订捐赠协议，接收、保存《茶余饭后话北京》栏目数据，作为地方文献特有品种收藏。首都图书馆对数据拥有信息网络传播权。

5月25日 首都图书馆团委举行"登顶香山 环保同行"登山比赛。第8支部、第7支部和第3支部分别夺得一、二、三等奖，团委向各支部颁发了获奖证书。

5月27日 日本著名绘本大师、《活了100万次的猫》的作者佐野洋子做客首都图书馆，与中国绘本专家、绘本发烧友及部分首都图书馆小作者及其家长亲切会谈。中国作家协会副主席高洪波发来贺电，感谢佐野洋子对儿童绘本所做的贡献。浙江师范大学教授、儿童文学作家彭懿，红泥巴网站创始人阿甲，首都图书馆副馆长杨素音及《活了100万次的猫》中文译者唐亚明等出席此次见面会。

5月28日 北京市18家公共图书馆图书通还服务开始试运行。同时，首都图书馆"一卡通"读者在各个成员馆外借的图书均可以登录北京市公共图书馆计算机信息服务网络，进行全天24小时的网上续借自助服务。

5月30日 文化部全国文化信息资源建设管理中心与首都图书馆共同为北京市行知实验学校建立了全国文化信息资源共享工程的服务站点。文化部社图司图书馆处副处长白雪华、文化部全国文化信息资源建设管理中心主任张彦博、北京市文化局社会文化处副处长周忠华、首都图书馆副馆长周心慧等领导出席当天的仪式并讲话。

5月31日 文化部全国文化信息资源建设管理中心和首都图书馆联合举办的"文化信息资源服务农民工"活动，在北京奥运场馆——五棵松文化体育中心工地举行。1700余张涵盖农业实用技术、少数民族汇演、人口健康教育、农村读物的电子图书光盘以及农业知识电子期刊光盘，送到了工地农民工手中。此外，为方便农民工了解、观看最新的文化资源，"共享工程"还将三台随时更新资源的"移动播放器"赠送给了工地施工方北京城建集团。

6月5日 内蒙古师范大学图书馆副馆长田阳荣等一行9人到首都图书馆进行交流访问。馆长助理陈坚接待来宾，财务部主任陈讷、典藏借阅中心主任仲爱红、信息网络中心副主任陈建新陪同。陈坚向来宾介绍首都图书馆历史、馆藏规模、部门设置、读者服务等，并细致地回答了客人提出的问题。来宾参观电子阅览室、报刊阅览室、古籍阅览室等部门。

6月5日 为贯彻落实《北京市公共图书馆文明服务规范（试行）》，以北京奥运会召开为契机，加强职工队伍建设，提高职工素质，首都图书馆开始定期举办职工英语培训活动。

6月6日 南非国家图书馆馆长 John Tsebe 一行4人到首都图书馆参观访问，馆长倪晓建、党委书记肖维平、馆长助理陈坚接待来访学者。倪晓建向来访客人介绍首都图书馆历史及发展现状，并回答了来宾的问题。会后，肖维平陪同来宾参观电子阅览室、世界走廊、地方文献中心、报刊阅览室、古籍阅览室等处。

6月8日 文化部社文司图书馆处处长陈胜利、共享工程国家管理中心规划处处长刘刚来到北京市顺义区赵全营镇北郎中村进行实地调研，了解全国文化信息资源共享工程在北京市的实施情况。北京市文化局社会文化处处长张健和首都图书馆副馆长陈坚陪同调研。

6月13日 首都图书馆流动服务站在北京市女子监狱成立。北京市女子监狱的服刑人员将享受到首都图书馆提供的免费图书外借服务。首都图书馆向女子监狱送书500册，以后每个季度还将轮换300册。副馆长陈坚、北京市女子监狱副监狱长周英出席仪式并讲话。

6月26日 首都图书馆庆"七一"总结表彰暨"迎、讲、树"活动动员大会在二层报告厅举行，北京市文化局纪检监察处处长罗燕，馆长倪晓建、党委书记肖维平等出席大会。此次大会上，还进行"共产党员献爱心"现场捐款活动。

7月18日 美国明德图书馆基金会会长萧宗庆女士到首都图书馆参观访问，馆长倪晓建接待到访客人。双方就推动交流，加深合作等方面进行会谈。会谈结束后，到访客人参观少儿综合借阅中心、少儿多媒体视听中心和拟作明德少儿英文图书馆的2305阅览室等处。

7月30日 首都图书馆主持的"童心系奥运——六城市红领巾奥运知识现场比赛"在北京电视台现场举办。北京市文化局奥运文化活动协调小组执行副组长阮兰玉，北京市青年宫主任冯松青，北京奥组委新闻宣传部奥林匹克教育处处长杨志成，文化部社图司调研员贾璐，党委书记肖维平、副馆长杨素音等领导到现场观看比赛并为获奖团体颁奖。肖维平代表主办方讲话，感谢各方的通力合作和大力支持，活动圆满成功。

8月4日—7日 在兰州召开的中国图书馆学会2007年年会上，北京市图书馆协会有30名会员获得2005—2007年优秀会员和优秀学会工作者荣誉称号，受到中图学会表彰。首都图书馆获得2006年"全民阅读"活动优秀组织奖。

8月7日 在中国图书馆学会2007年年会上，首都图书馆汪淑梅被评为优秀学会工作者；董占华、袁艳、刘志敏、闫虹、张蕾被评为优秀会员。

8月7日—9日 首都图书馆举办"北京市古籍普查工作培训班"，副馆长陈坚主持了古籍培训班并讲话。全市有21个单位46人参加了培训班。

8月8日 "2007年北京市红领巾读书活动交流会"召开。副馆长杨素音以及各区县图书馆（少儿图书馆）馆长、少儿部主任等50余人参加了会议。会上西城区青少年图书馆、石景山区少儿图书馆、东城区图书馆、通州区图书馆、房山区图书馆、平谷区图书馆分别就上半年开展的少儿读书活动进行经验介绍和交流，同时聘请张守礼等青少年阅读推广专家做了促进青少年阅读方面的讲座。

8月8日 首都图书馆与北京市民讲外语活动组委会、北京市政府外办、北京市文化局等单位共同举办"北京问候全世界"市民外语学习活动。近500名不同年龄、职业的各界读者热情参与。

8月8日 奥运会倒计时一周年之际，首都图书馆举办"五环旗下手拉手"童心舞台专场演出。小读者们演唱了《奥运五环情》等歌曲，还有讲故事、才艺表演等节目，活动中穿插的奥运知识更得到小观众的踊跃抢答。

8月11日 北京电视台SK状元榜栏目播放了由首都图书馆主办的"爱心系奥运——六城市红领巾奥运知识现场比赛"。

8月17日 微缩版国画长卷《京门九衢图》及《古运回望图》捐赠仪式在首都图书馆会议室举行。副馆长陈坚参加捐赠仪式,并向捐赠方北京翰林大运河集团董事长谷建华颁发荣誉证书。

9月10日 首都图书馆党委组织入党积极分子培训,请北京市委讲师团成员、北京市卫生局机关党委副书记高彬来馆,以"如何成长为一名共产党员"为题,为2007年度入党积极分子60余人进行培训。

9月13日 捷克国家图书馆馆长Vlastimil Jezek一行3人参观访问首都图书馆,副馆长邓菊英、陈坚接待来访学者。两位副馆长介绍首都图书馆历史及发展现状,并回答了来宾的问题。会后,邓菊英、陈坚陪同来宾参观电子阅览室、世界走廊、北京地方文献中心、报刊阅览室等处。

9月13日—14日 北京市公共图书馆馆长会议召开。馆长倪晓建,党委书记肖维平,副馆长周心慧、邓菊英、陈坚及全市公共图书馆馆长及负责人80余位出席会议。

9月21日 肯尼亚国家图书馆管理局董事长帕基亚一行5人到首都图书馆参观访问,副馆长陈坚接待来访学者。陈坚介绍首都图书馆历史及发展现状,并回答了来宾的问题。会后,陈坚陪同来宾参观电子阅览室、世界走廊、地方文献中心、报刊阅览室等处。

9月21日 首都图书馆党委组织党员赴河北省白洋淀地区进行爱国主义教育活动。

9月27日—30日 北京地方文献中心主任李诚出席在杭州召开的"运河沿岸20城市图书馆馆长论坛"会议,就运河文献收集、整理及数据库建设等议题进行探讨。

9月28日 上海世博会事务协调局、上海图书馆和首都图书馆共同主办的"中国的机遇 世界的盛会——上海世博会讲座"在首都图书馆举行。讲座由国际展览局主席、外交学院院长吴建民主讲,近400名北京市民参加了此次讲座。

9月29日 北京市古籍保护中心正式在首都图书馆挂牌。北京市文化局副局长王文光任领导小组组长,社会文化处处长张健任副组长。副馆长周心慧任工作小组组长,主要成员由历史文献中心古籍普查业务人员构成。北京市古籍保护中心的成立,标志着北京市古籍保护工作的正式启动。

10月12日 "全国馆际互借与文献传递研讨会"部分代表一行15人到首都图书馆参观访问,副馆长陈坚接待来访代表,信息咨询中心主任袁艳陪同。陈坚介绍首都图书馆历史及发展现状,并回答了来宾的问题。会后,陈坚陪同来宾参观地方文献中心、办证检索大厅、奥运阅览室等处。

10月13日 在北京奥运会倒计时300天之际,来自12个区县的14名优秀选手在首都图书馆进行"我参与 我奉献 我快乐——阳光少年故事会"汇报演出。首都精神文明办副主任滕毅,首都精神文明办未成年人处处长李建国,北京市教委德育处王宇红,首都图书馆党委书记肖维平、副馆长杨素音等领导观看了汇报演出。

10月15日 中、哈两国文化部主办,首都图书馆协办的"哈萨克斯坦艺术展"在文化艺术展厅举行开幕仪式。中华人民共和国文化部副部长赵维绥及哈萨克斯坦共和国文化部副部长布里巴耶夫出席仪式并为本次展览剪彩。

10月18日 首都图书馆图书管理员培训班开班。在培训班上馆长倪晓建讲授了"公共图书馆服务",副馆长周心慧讲授了"如何撰写论文"。全市公共图书馆有300多人参加了培训。

11月3日 在北京社会科学普及周开幕式上,首都图书馆获得由中共北京市委宣传部和北京市社会科学界联合会联合颁发的"2007·北京周末社区大讲堂优秀组织奖"。

11月4日 国际安徒生奖评委会主席Zohreh Ghaeni女士主讲的"世界图画书的发展趋势"讲座在首都图书馆举行。国际儿童读物联盟中国分会常务副主席刘海栖、国际儿童读物联盟中国分会副主席张明舟、国际儿童读物联盟中国分会秘书长马卫东、首都图书馆副馆长杨素音出席本次讲座。佐拉甘尼女士向首都图书馆赠送画书，杨素音陪同佐拉甘尼女士参观首都图书馆。

11月5日 为期两天的全市公共图书馆古籍普查工作培训班开班，副馆长周心慧主持此次培训，全市公共图书馆负责古籍方面的50余名专业人员参加了培训。

11月7日 比利时欧罗巴利亚艺术节代表团一行4人在前比利时驻华大使吉尔尚女士率领下到首都图书馆参观访问，副馆长陈坚接待来访学者。陈坚向来访客人介绍首都图书馆历史及发展现状，并回答了来宾的问题。会后，陈坚陪同来宾参观电子阅览室、世界走廊、地方文献中心、历史文献中心等处。

11月8日 日本国立国会图书馆代表团一行5人在馆长和中幹雄率领下来首都图书馆参观访问，副馆长陈坚接待来访嘉宾，信息咨询中心主任袁艳、宣传策划中心主任王海茹、采编中心主任张云萍陪同。副馆长陈坚向来访客人介绍首都图书馆历史沿革及发展现状，并回答了来宾的问题。会后，陈坚陪同来宾参观世界走廊、北京地方文献中心、历史文献中心、儿童综合借阅中心等处。

11月14日 九三学社北京市委向首都图书馆捐赠图书仪式在首都图书馆二层大堂举行。仪式副馆长周心慧主持。北京市人大常委会副主任、九三学社中央常委田麦久，九三学社北京市主委马大龙，九三学社北京市委秘书长刘永泰，北京市文化局副局长王文光，首都图书馆馆长倪晓建、党委书记肖维平等参加仪式。马大龙向首都图书馆赠送了《北京九三文丛》等社史资料图书80余册。肖维平向九三学社北京市委颁发捐证书。王文光发表讲话。

11月16日 首都图书馆主办，全市23家区县公共图书馆、少年儿童图书馆共同参与的"收获文明 共建和谐"——北京市公共图书馆迎奥运职工风采大赛总决赛在首都图书馆圆满落幕。石景山区图书馆获得团体第一名。

11月19日 上海市宣传系统精神文明创建工作学习考察团一行17人到首都图书馆参观访问。馆长倪晓建向来宾介绍首都图书馆历史、业务开展情况。党委副书记李小苏就首都图书馆近几年开展精神文明创建工作的情况与考察团成员进行交流。会后，来宾在倪晓建的陪同下参观"北京记忆"数据库、北京地方文献中心、少儿多媒体视听中心等处。

11月21日 中华人民共和国文化部、厄瓜多尔驻华大使馆及首都图书馆共同主办的"厄瓜多尔当代艺术在北京"展览开幕式在艺术展厅举行。中华人民共和国文化部副部长赵维绥、厄瓜多尔共和国总统拉斐尔·科雷亚·德尔加多为展览剪彩。

11月22日—23日 北京市公共图书馆总结工作会在昌平区召开，北京市文化局副局长王文光，馆长倪晓建、党委书记肖维平、副馆长周心慧、邓菊英、陈坚、杨素音、馆长助理胡启军及区县（少儿）图书馆馆长50多人出席会议。

11月28日 日本图画书之父《我的图画书论》的作者松居直在报告厅为读者带来题为"图画书与孩子"的讲座。松居直此次讲座，是他第一次在中国面向非专业人士的大众演讲。

11月29日 "倾听你我心声 畅想北京奥运——首都图书馆残疾读者喜迎第十六个世界残疾人日"活动在多功能厅拉开帷幕。北京奥委会残奥会领导丁伯坦、中国疾病预防控制中心副研究员徐岫茹、首都图书馆副馆长陈坚以及北京市残疾人社会公益事业促进会领导等嘉宾出席活动。

11月 首都图书馆拍摄的《大开放 大服务》工作片参加北京市委组织部举办的北京市第八届党员教育电视片观摩评比荣获三等奖。

12月6日 美国皇后图书馆馆员Barry Ernest到首都图书馆交流访问，副馆长邓菊英接待来访学者，典藏借阅中心主任仲爱红陪同。邓菊英向来访客人介绍首都图书馆历史沿革及发展现状，并重点回答了来宾有关社区图书馆建设等方面问题。随后，仲爱红陪同客人参观世界走廊、地方文献中心、儿童综合借阅中心等处。

12月10日 法国著名少儿绘画家旁帝先生、国际儿童读物联盟法国部负责人纳塔利·博女士、法国使馆文化处专员柯蓉女士、法国多媒体图书馆馆长卜力先生等一行6人到首都图书馆交流访问，副馆长杨素音接待来访客人，双方就两国青少年阅读、少儿读书活动等方面内容进行探讨和交流。会谈结束后，杨素音陪同客人参观历史文献中心、少儿综合借阅中心、少儿多媒体视听中心等处。

12月17日 中共北京市朝阳区委宣传部、朝阳区人文奥运指挥部联合主办的"迎奥运 颂和谐"诗联书画"朝阳杯"大奖赛参赛作品展在首都图书馆二层文化艺术展厅开幕。本次比赛已于2007年9月启动，从参赛作品中甄选出250余幅书画作品展出。

12月25日 "亚美尼亚著名画家卡伦·阿甘米安画展"开幕式在首都图书馆二层文化艺术展厅举行，中华人民共和国文化部外联局副局长于兴义、首都图书馆党委书记肖维平、亚美尼亚共和国文化部部长阿斯米克·波戈相等领导和画展作者卡伦·阿甘米安出席开幕式并为展览剪彩。

是年，北京市文化共享工程列入市政府重要实事第41项。要求

"加强公共文化服务体系建设,其中包括制定了'北京市文化局关于共享工程区(县)分中心、基层中心和服务点建设与管理的意见'(京文社〔2007〕255号);组织机构、经费、信息资源等方面建立工作机制";首都图书馆还组织专家对基层建设情况进行检查指导,并要求加强文化信息共享工程建设,2007年完成700个基层服务点建设工作,加快图书馆系统信息工程建设。

共享工程北京市分中心利用有线电视"广播网"的模式,开发了"北京市文化信息资源供工程内容传输平台",向基层服务点广播推送资源。该平台在全国文化共享工程系统内属独创技术,技术领先。

2008 年

1月11日 尼日利亚图书馆馆长 Linus Nguhwar Ikpaahindi 和 Abdullahe Sanusi Nassarawa 主任到首都图书馆交流，副馆长陈坚接待来访学者，信息咨询中心主任袁艳陪同。陈坚向来访客人介绍首都图书馆历史及发展现状，并回答了来宾的问题。会后，陈坚陪同来宾参观世界走廊、典藏借阅中心、历史文献中心、儿童综合借阅中心等处。

1月18日 北京市宣传系统信息工作会议在中国电影博物馆举行。市委宣传部常务副部长陈启刚出席会议，市宣传系统各单位宣传工作主管领导及信息员参加会议。首都图书馆被授予"2007年度宣传系统信息工作优秀单位"称号。

1月22日 首都图书馆老干部迎春团拜会在多功能厅举行。团拜会由副馆长杨素音主持会议，北京市文化局党组副书记、副局长何昕，文化局副局长王文光等局领导受邀出席。

1月30日 首都图书馆2007年度迎春联欢会在多功能厅举行。北京市文化局党组副书记、副局长何昕，文化局副局长王文光等局领导受邀参加联欢会，与首都图书馆全体员工一道共迎新春。

1月 首都图书馆馆长倪晓建被选为北京市第十一届政协会员。

2月3日 首都图书馆将精品数字资源《共享工程幸福花》系列光盘送至北京建工集团工地，为奋战在首都建设一线的外来务工者送去节日的问候。

2月5日 首都图书馆、上海图书馆联合推出的"同一个世界、同一个梦想——奥运知识图片展"在上海图书馆开展。此次展览是两馆之间展会资源共享的又一次成功合作。展览内容经由北京奥组委授权、首都图书馆设计制作,共有150多块图版。

2月6日 按照北京市文化局指示精神,首都图书馆对读者实行全部免费服务。并且,全市公共图书馆都统一取消读者卡办证工本费、注册费和临时阅览证费,进入了对读者免费服务的时代。

2月27日 在北京市文化局举办的"2007年交通安全总结暨2008年交通安全动员部署会"上,首都图书馆被授予"北京市文化局2007年度交通安全管理先进单位"称号。

3月1日 国务院批准颁布第一批《国家珍贵古籍名录》及"全国古籍重点保护单位"。首都图书馆馆藏元刻本《晦庵先生朱文公行状》《故唐律疏议》及《刑统赋》入选名录。同时,首都图书馆凭借丰富珍贵的馆藏实力、一流的藏书环境及成绩显著的古籍保护开发利用工作,入选首批"全国古籍重点保护单位"。

3月5日 首都图书馆第一个领导与职工交流日活动在多功能厅举行。会议由党委副书记李小苏主持,馆长倪晓建、党委书记肖维平等馆领导班子成员、中层干部、副高以上职称人员、工会委员及职工代表、党团支部委员116人参加。主要内容是将2007年度领导干部民主评议意见所涉及的问题与职工进行沟通。

3月6日、7日 在"三八"妇女节来临之际,首都图书馆工会分两批组织女职工参观首都博物馆。通过各具特色的展览,女职工不但了解了北京的历史文化变迁,也体会了古都北京深厚的文化底蕴。

3月17日 "首都图书馆'平安奥运行动'动员暨签订安全管理责任书大会"在报告厅举行。会议由副馆长陈坚主持。馆长倪晓建、党委书记肖维平分别与各部室、中心主任、六家驻馆单位的领导签订了

"平安奥运行动"管理责任书。

4月3日 首都图书馆召开第三届第三次职工代表大会。会议审议通过了《首都图书馆（北京市少年儿童图书馆）员工带薪年休假实施办法》《首都图书馆（北京市少年儿童图书馆）员工工资分配暂行办法（修订）》《首都图书馆（北京市少年儿童图书馆）员工考勤管理暂行办法（修订）》；审议了《首都图书馆（北京市少年儿童图书馆）2008年度机构调整方案》；听取2007年度首都图书馆财务情况和业务招待费使用情况报告。

4月16日 市委宣传部副巡视员张伯华、纪检处处长张景斋，市文化局党组成员、市纪委驻市文化局纪检组长崔国红、纪检监察处处长罗燕一行6人到首都图书馆进行党风廉政建设专题调研。党委书记肖维平，党委副书记、纪检书记李小苏，副馆长杨素音、邓菊英、陈坚等参加了调研。

4月20日 在"世界读书日"来临前夕，由首都图书馆发起，本市各区县公共图书馆共同组织实施，近十万市民积极参与的北京市"唱响2008"迎奥运大型朗诵比赛圆满结束。中国图书馆学会秘书长汤更生、市精神文明办公室副主任滕毅、市文化局副局长王文光、市精神文明办公室处长李建国、市宣传部基层处处长马新明、市文化局纪检监察处处长罗燕、市奥运办公室副主任路斌等领导参观当日举行的决赛。著名作家、北京文联党组副书记黎晶，表演艺术家李嘉存，北京人民广播电台著名主持人邢云，著名朗诵艺术家詹泽等担任决赛评委。

4月22日 首都图书馆接受北京市科学技术委员会与北京市科学技术协会授牌，被命名为北京市科普教育基地。

4月22日 南非夸祖鲁—纳塔尔省艺术、文化和旅游厅长维斯韦·舒斯到首都图书馆交流访问，副馆长邓菊英热情接待来访学者。邓菊英向来访客人介绍首都图书馆历史沿革及发展现状，并回答了来宾的问题。会后，邓菊英陪同来宾参观世界走廊、信息资源网络中心、采编中心、电子阅览室等处。

4月24日 首都图书馆和九三学社共同主办的"百年奥运 百年期盼"书画摄影展在多功能厅开幕。此次展览将展出70余幅摄影作品及50余幅书画作品，均来自九三学社成员，他们多数是从事各行各业的艺术爱好者，也有部分书画摄影作品出自大师之手。

5月1日 中国人权发展基金会、首都图书馆及北京爱心传递文化发展中心等单位联合举办的"奔向2008——第四届国际少儿艺术大展"在文化艺术展厅拉开帷幕，20多个国家的驻华使节，8个国家和地区的代表团，国家文化部、北京奥组委、中国人权发展基金会等单位的领导，以及国内外部分参加大展的少年儿童作者出席开幕式。大展以宣传奥运促进和平友谊为宗旨，来自五大洲的少年儿童代表宣读了"和谐世界爱心传递"宣言。

5月1日《中华人民共和国政府信息公开条例》自今日起正式施行，作为北京市政府信息公开查阅场所之一，首都图书馆北京市政府信息查阅中心也正式向公众开放。查阅中心提供北京市政府所属各委办局及18家区县政府主动公开的纸质和电子信息文本查阅。

5月9日 为了迎接第十八个全国助残日的到来，首都图书馆、北京市残疾人活动中心、北京市残疾人书画会、残疾人摄影学会联合举办"牵手残疾人 走进残奥会"首都残疾人书画、摄影作品展。展览将持续到5月14日。此次展览汇集了北京市残疾人书画会、残疾人摄影学会近期创作的优秀作品，共有摄影作品24幅、书画作品12幅。

5月17日 "北京科技周"首都图书馆分会场活动拉开帷幕。作为"北京科技周"大型标志性活动之一，首都图书馆围绕本届科技周"携手建设创新型国家""科技点燃圣火、创新圆梦中国"的主题，突出科技、奥运、文化三大理念，重点推出四大类20余项活动。

6月13日 "美国使馆体育书籍捐赠仪式"在首都图书馆共享大厅举行。美国驻华使馆公使衔新闻文化参赞元敦奎（Don Q. Washington）一行、北京市文化局副局长王文光、文化部社图司图书馆处处长陈胜利等出席仪式。馆长倪晓建接受赠书。

6月27日 印度尼西亚雅加达省政府图书馆代表团一行3人到首都图书馆访问，馆长倪晓建接待来宾，合作协调中心主任高莹、北京地方文献中心副主任王炜陪同。倪晓建向来访客人介绍首都图书馆历史及发展现状，并回答了来宾的问题。会后，来宾参观世界走廊、地方文献中心、典藏借阅中心、儿童综合借阅中心等处。

6月30日 首都图书馆党委开展了"送书 送情 送关爱——为来京灾区青少年提供文化服务"主题党日活动。党委书记肖维平、副书记李小苏率18名党员代表，来到灾区学生就读的北京市工艺美术职业学校，将全体党员捐款购买的37本《新英汉双解词典》及百余册文史图书、爱心卡、文化衫等物送到了灾区学生的手中。

6月 《北京市文化信息资源共享工程简报》（双月）创刊，在宣传首都图书馆北京市分中心及各区支中心、基层服务点工作的同时，加强了北京与全国各省市的交流。

7月18日 首都图书馆举办"平安奥运行动"防爆疏散演练。各部门安全员、部分职工以及保安队员共计80余人参加了演练。

7月19日 首都图书馆外文图书借阅室，与原学术期刊阅览室、外文报刊阅览室三室合一，重新开放。外文图书借阅室现有可外借的外文图书3600余册，以英文类图书为主，涉及文化、教育、医学、建筑等领域。

7月22日 由北京市文联、北京市书法协会主办，首都图书馆协办的"首都书法家书写'奥运文书'作品展"在文化艺术展厅开幕。此次展览共展出50余位书法名家89件作品。

7月29日 由文化部、北京市人民政府、国家国电总局主办，中国对外文化集团公司承办，首都图书馆协办的"非洲与奥运"图片展在文化艺术展厅开幕。展览共展出图片70余幅，展示了非洲各国运动员参与历届奥运会、残奥会的精彩瞬间以及北京奥运圣火在非洲国家传递的情况等。

7月29日—30日 首都图书馆43名职工进行图书馆服务英语、公共图书馆文明服务规范和图书馆应知应会培训。这43名职工将在奥运会期间，即8月1日至9月20日，配备在本馆确定的2个重点部门和16个重点岗位上开展外语服务工作。

7月30日 在"八一"建军节到来之际，首都图书馆工会组织复转军人参观国子监和孔庙，观看我国古代科举展、孔子生平展、孔庙历史沿革展等展览。

8月2日 "带你看奥运——北京奥运会赛事及观赛指南图文展"在首都图书馆开展。本期展览以现代奥运会28个赛事大项为线索，对北京奥运会的精彩看点、项目历史、项目相关组织、观赛指南等进行全面介绍，为人们观看北京奥运会的各项赛事提供信息导航。

8月6日 首都图书馆主办的大型历史文化多媒体网站"北京记忆"英文版正式开通。英文版包括"现代北京""文化北京""旧京印象"等主题栏目。

8月11日 "沙特民间遗产和阿拉伯风俗传统画展"在首都图书馆文化艺术展厅开幕。沙特奥运代表团团长纳瓦夫·本·费萨尔亲王、沙特驻华大使叶海亚·本·阿卜杜克里姆·载德、中阿友好协会会长铁木尔·达瓦买提、文化部部长助理丁伟等出席开幕式并剪彩。

8月27日 首都图书馆召开奥运安全工作再动员会议。"平安奥运"行动办公室成员、馆安全巡视员、驻馆单位领导以及相关部门的负责人等参加会议。会议由馆长助理胡启军主持，馆长倪晓建、党委书记肖维平出席会议。

8月28日 孟加拉国文化部代表团一行5人到首都图书馆访问，副馆长陈坚接待到访客人，信息咨询中心主任袁艳、业务部贾蕾陪同。陈坚向来访客人介绍首都图书馆发展现状，并回答了来宾关于数字图书馆、与区县馆业务关系等方面的问题。会后，陈坚陪同来宾参观世界走廊、电子阅览室、地方文献、典藏借阅中心等处。

8月29日 北京市档案局（馆）领导班子及全体处级以上干部60余人到首都图书馆参访交流。馆长倪晓建等领导接待来访人员，并举办特色文献建设、保护及利用；非正式出版物的收集；特藏文献的保存与管理；以及政府信息公开查询服务等方面的讲座与现场交流活动。

9月1日 在首都博物馆举行的北京市中小学生社会大课堂启动仪式上，北京市教委授予首都图书馆"北京市社会大课堂中小学课程教学活动实验基地"铜牌。北京市市长郭金龙，教育部党组成员、部长助理郭向远等出席仪式。首都图书馆成为首批481家资源单位之一，为在京中小学生提供免费借阅图书和免费网上阅读。仪式结束后，首都图书馆少儿阅读活动中心主任王梅参加了启动活动新闻发布会，介绍首都图书馆为落实北京市中小学生社会大讲堂精心打造的活动。

9月3日 首都图书馆第七个领导与职工交流日，就首都图书馆开展"讲党性、重品行、做表率"活动和职工进行广泛交流。

9月22日 新加坡国家图书馆管理局两位馆员到首都图书馆交流访问，副馆长陈坚接待到访客人，信息咨询中心主任袁艳、历史文献中心主任刘乃英、北京地方文献中心主任李诚与到访客人进行交流。陈坚介绍首都图书馆发展现状，并细致回答了来宾的问题。会后，陈坚陪同来宾参观世界走廊、电子阅览室、北京地方文献中心、典藏借阅中心等处。

9月23日—24日 首都图书馆举办北京市公共图书馆"一卡通"

专题交流研讨班。副馆长邓菊英等就一卡通专题进行讲授，西城区图书馆副馆长阎峥和朝阳区图书馆的工作人员分别介绍西城和朝阳图书馆"一卡通"工作经验。70多位区县图书馆及街道乡镇一卡通联网馆成员参加了研讨活动。

9月24日　埃塞俄比亚国家图书馆与档案局管理代表团一行5人到首都图书馆访问，副馆长陈坚接待到访客人，信息咨询中心袁艳、典藏借阅中心主任仲爱红、采编中心主任张云萍陪同。陈坚向来访客人介绍首都图书馆发展现状，并回答了来宾关于书籍采编、读者服务、信息咨询等方面的问题。会后，陈坚陪同来宾参观世界走廊、电子阅览室、北京地方文献中心、典藏借阅中心、历史文献中心等处。

10月10日—20日　首都图书馆参加在地坛举办的第八届北京图书节，这是首都图书馆第一次走进图书节。

10月14日　首都图书馆、上海市图书馆协会与上海浦东新区陆家嘴街道图书馆联合举办的"梅园杯上海藏书票邀请展"在首都图书馆文化艺术展厅展出。此次展览正值第32届国际藏书双年展在京举行，共展出60幅国外藏书票精品。

10月14日　"擎起奥运大厦的人们"纪实摄影展作品捐赠仪式在首都图书馆文化艺术展厅举行。仪式上，北京市摄影家协会向首都图书馆赠送百余幅反映北京奥运场馆建设盛况的摄影作品。

10月21日　馆长倪晓建陪同文化部全国文化信息资源建设管理中心主任张彦博、技术处处长罗云川到平谷区就文化信息资源共享工程无线入户等有关情况进行调研。

10月23日　首都图书馆和北京市图书馆协会联合主办的"2008年北京市图书馆学术讲座"在一层报告厅举行，加拿大阿尔伯塔大学图书馆负责人Margaret Law女士，为来自全市各类型图书馆的200余名工作人员做了题为"图书馆服务的推广——以加拿大为例"的报告。

10月25日 著名外交家、国际展览局名誉主席、中国前驻法大使、前外交学院院长吴建民走进"首图讲坛",在报告厅为市民作"奥运后的中国精神"的精彩讲座。

10月26日 副馆长陈坚、北京地方文献中心主任李诚等参加中国图书馆学会2008年年会。

10月28日—11月14日 由国家古籍保护中心主办,北京市古籍保护中心承办的第二期全国古籍编目培训班在首都图书馆开班。来自全国各公共图书馆、高校图书馆及文博单位的40名学员参加培训。馆长倪晓建、副馆长周心慧,国家古籍保护中心办公室主任陈红彦、全国古籍保护工作专家委员会主任李致忠出席开幕仪式并发表讲话。

10月—11月 北京市古籍保护工作小组组长周心慧带队前往昌平区图书馆、延庆县图书馆等单位调研、考察古籍收藏情况。

10月31日 "越南综合艺术展"在首都图书馆文化艺术展厅开幕。展览包括百余幅反映越南名胜古迹、信仰仪式、风俗习惯和传统艺术的精美图片,还有形式多样的越南特色民族乐器、竹制生活用品和观赏性手工艺品等。此外,展览还展出了中越两党、两国在政治、经济、外交等领域的历史照片。

11月3日 "大潮气势——海宁当代书画展"在首都图书馆一层多功能厅展出。书画展展出了以张宗祥书画院特聘书画师为主的39位书画家的80余幅作品。

11月5日 大连图书馆副馆长辛欣及大连区属图书馆馆长一行16人到首都图书馆交流访问,副馆长陈坚接待到访客人,合作协调中心主任高莹、信息网络中心李念祖陪同,并与到访客人进行交流。陈坚向来访客人介绍首都图书馆发展现状,并回答了来宾的问题。会后,陈坚陪同来宾参观电子阅览室、北京地方文献中心、典藏借阅中心、少儿综合借阅中心等处。

11月7日 俄罗斯自然科学图书馆馆长 Nekolay Kalenov 等一行 4 人到首都图书馆交流访问，副馆长陈坚接待到访客人，合作协调中心主任高莹等陪同进行交流。陈坚介绍首都图书馆发展现状，并回答了来宾的问题。会后，陈坚陪同来宾参观北京地方文献中心、报刊资料中心、历史文献中心、少儿综合借阅中心等处。

11月14日 全国未成年人思想道德建设工作经验交流会在杭州召开。会议表彰了一批全国未成年人思想道德建设工作先进城市、先进单位和先进工作者。首都图书馆被评为全国未成年人思想道德建设先进单位，是文化系统唯一获此殊荣的单位。

11月18日 "黎晶书画与文学展"在首都图书馆文化艺术展厅开幕。黎晶为北京市文学艺术界联合会党组副书记，并且兼任中国作家协会会员、中国音乐家协会会员、中国书法家协会理事。

11月20日 台湾女书人钟芳玲携新版著作《书店风景》来到"首图讲坛"，做题为"钟芳玲：为书走天涯"的讲座，与到场读者分享她多年游历世界各地独立书店所遇到的书人书事。馆长倪晓建出席讲座，并陪同钟芳玲参观首都图书馆。

11月20日—22日 文化部全国文化信息资源建设管理中心资源处处长赵保颖、浙江省图书馆副馆长刘晓清、山东省图书馆周浩、国家管理中心刘平组成的全国文化信息资源共享工程督导组一行，对北京市共享工程工作进行督导检查。北京市文化局巡视员叶重辉，首都图书馆馆长倪晓建、副馆长陈坚、杨素音等陪同督导。

12月3日 副馆长陈坚与乌克兰大使馆文化参赞、文化信息中心主任 Vzlentyn Veluchko，就开展"基辅春天在北京"展览和果戈理诞辰 200 周年在京纪念活动等事项进行磋商。信息咨询中心主任袁艳，宣传策划中心主任王海茹陪同。

12月5日 首都图书馆、海淀区公共委、海淀区文化委、海淀图书馆等单位联合举办的"2008阳光少年'我心中新时代英雄'征文演讲比赛汇报演出暨颁奖大会"在北京海淀剧院举行。此次活动旨在发挥公共图书馆的文化传播与社会教育职能，引领青少年"立正义之感、树时代新风、促社会和谐"。活动在海淀区中小学校广泛开展，130余所学校的近18000名学生参与其中。

12月10日 在"北京2008"城市奥运文化活动协调小组召开的"北京2008"城市奥运文化活动总结暨表彰大会上，首都图书馆被授予"北京2008"城市奥运文化活动优秀组织奖。

12月11日 俄罗斯国家图书馆东方中心主任Mr. Kukushkin Sergey Vladimirovich等一行4人到首都图书馆交流访问，副馆长陈坚接待到访客人，信息咨询中心主任袁艳、信息网络中心副主任陈建新、北京地方文献中心副主任王炜等陪同与到访客人进行交流。陈坚向来访客人介绍首都图书馆的发展现状，并回答了来宾的问题。会后，袁艳陪同来宾参观北京地方文献中心、报刊资料中心、历史文献中心、少儿综合借阅中心等处。

12月11日 国家图书馆2008年度新入馆员工到首都图书馆参观学习。在观看《印象首图》后，副馆长陈坚向他们介绍首都图书馆情况，随后，在部分业务部门中层干部带领下，国图新员工参观各个阅览室。

12月16日 在"2009年北京科技周活动启动大会暨2008年北京科技周总结表彰会"上，首都图书馆被北京科技周组委会授予"2008年北京科技周优秀活动奖"。

12月19日 中华民族文化促进会和首都图书馆共同主办的"纪念改革开放30周年书法作品展"在多功能厅举办。

12月20日 人民日报社新闻中心和首都图书馆主办的"中华翰墨情——纪念改革开放三十周年全国书画邀请展"在首都图书馆文化艺术展厅开展。

12月25日　首都图书馆党委召开"首都图书馆2008年度领导干部述职会暨学习实践活动领导班子分析检查报告会",并组织了民主测评。

12月29日　首都图书馆第三届第四次职工代表大会召开,审议通过了《首都图书馆(北京市少年儿童图书馆)岗位设置方案实施细则》《首都图书馆党务公开制度》《首都图书馆馆务公开实施细则》。

是年,首都图书馆协调公共图书馆数字资源建设,实现CNKI数据库、人大报刊资料、国研网、龙源期刊、方正电子书等数字资源的统一购买,根据区县图书馆的使用流量分配各馆使用,既丰富了区县图书馆的数字资源,满足了数据库检索的需求,又节约了大量经费。

是年,北京市图书馆协会因工作成效显著,被北京市社会科学界联合会评为"第五届(2004—2007年)优秀学会"。

2009 年

1月3日 "首图讲坛·乡土课堂"新年开讲仪式在多功能厅举行。馆长倪晓建、副馆长邓菊英及北京市社科联、北京市史研究会的相关领导出席仪式。仪式上,邓菊英介绍"乡土课堂"的举办情况,北京史研究会副会长李建平发布了讲堂2009年度讲座安排。

1月9日 在西单图书大厦举行的"首届中国公共阅读文化论坛"暨"30年最具影响力的300本书推介活动发布会"上,首都图书馆获得由"中国图书商报""阅读周刊"等单位联合评选的"2008公共阅读文化推广奖"。

1月19日 文化部全国文化信息资源建设管理中心、首都图书馆共享工程北京分中心和朝阳区图书馆共享工程北京区级支中心来到闽龙陶瓷总部基地陶瓷艺术馆,将全国文化共享工程2008年征集的优秀作品集萃,作为"文化共享新春乐"光盘大礼箱,送给了闽龙陶瓷总部基地的来京务工者。

1月20日 首都图书馆2008年度总结表彰大会在二层报告厅举行。会上,馆长倪晓建做了《首都图书馆2008年工作总结暨2009年工作计划》报告,党委书记肖维平宣读了《首都图书馆关于表彰2008年度先进集体和先进个人的决定》,馆领导向获奖集体和个人颁发了荣誉证书。

1月21日 北京市公共图书馆总结工作会召开,北京市文化局公共文化事业发展处处长马德凯，首都图书馆馆长倪晓建、党委书记肖维平、副馆长邓菊英等领导及各区县图书馆馆长出席会议。会议对2008年度图书馆的主要工作进行总结，并对全民阅读活动中做出突出成绩的区县及街道图书馆进行表彰，同时对2009年度公共图书馆的主要工作进行部署。

2月12日 国务院办公厅举办的全国政府信息公开工作培训班，约180人到首都图书馆政府信息查阅中心参观视察。北京市政府信息公开办公室主任王琛陪同参观。来宾听取了副馆长邓菊英关于落实《中华人民共和国政府信息公开条例》以及《关于落实在全市各级公共图书馆设置政府信息查阅服务设施工作方案（草案）》所开展工作的情况，并进行现场考察。

2月16日 塞万提斯学院（西班牙文化中心）安东尼奥·马查多图书馆馆长Belén Fernández-del Pino Torres等一行2人到首都图书馆交流访问，副馆长陈坚接待到访客人。信息咨询中心主任袁艳、业务部贾蔷等陪同并进行交流。陈坚介绍首都图书馆基本概况，并回答了来宾相关问题。会后，陈坚陪同来宾参观外文阅览室、视听资料中心、历史文献中心等处。

2月18日 首都图书馆党委召开深入学习实践科学发展观活动群众满意度测评会，就学习实践活动以来的工作成效接受群众检验。首都图书馆党政领导班子成员，人大代表、政协委员代表，中层干部、党团支部委员、区县图书馆代表、读者代表、职工代表等60余人参加测评。馆党委书记肖维平在测评会上代表党政领导班子向与会人员介绍首都图书馆开展学习实践科学发展观活动的情况，并就制定整改措施及落实情况进行说明。根据测评结果统计，对学习实践活动感到满意的达97%。

2月23日 首都图书馆召开"深入学习实践科学发展观活动总结

大会"。文化局党组成员、副局长王文光，首都图书馆领导和中层干部、全体党员出席会议。

2月 首都图书馆历史文献中心主任刘乃英等3人前往北京画院资料室进行古籍普查调研。

3月3日 印度驻华大使馆信息与文化处参赞Manish Chauhan一行2人到首都图书馆交流访问，副馆长陈坚接待到访客人，信息咨询中心主任袁艳、业务部贾蔷等陪同。陈坚向来访客人介绍首都图书馆及首都图书馆有关印度方面的藏书情况，并就参赞Manish Chauhan先生提议的印度使馆赠书事宜进行沟通。

3月25日 丹麦书目中心总裁Mogens Brabrand Jensen带领国际图联亚洲图书馆服务网络学习考察团一行6人到首都图书馆交流，副馆长邓菊英接待到访客人，信息咨询中心主任袁艳、信息网络中心主任李念祖等陪同。邓菊英介绍首都图书馆发展现状，并回答了来宾的问题。会后，来宾参观各主要阅览室并观看了北京记忆、首都图书馆动漫在线的演示。

4月2日 著名儿童文学作家、《淘气包马小跳》系列图书的作者杨红樱女士与小读者见面会在首都图书馆二层报告厅举行。馆长倪晓建、副馆长杨素音出席见面会。

4月15日 新加坡国家图书馆代表团一行6人到首都图书馆交流，副馆长陈坚接待到访客人，采编中心主任张云萍、典藏借阅中心主任仲爱红、后勤服务中心主任张子辉等陪同。陈坚向新加坡同行介绍首都图书馆的基本情况，双方就图书馆业务问题进行友好交流。会后，到访客人到相关部门进行对口交流。

4月17日—18日 在北京市文化局系统乒乓球团体比赛中，首都图书馆男女代表们分别战胜各自的对手，夺得团体冠军。

4月20日 "书香首图·阅读接力"童心对话名家系列讲座在一层

多功能厅举行。美国惊险小说大师R.L.斯坦与中国儿童文学父女作家葛冰、葛竞出席讲座，并与台下读者交流互动。

4月 首都图书馆被北京市青少年学生校外教育工作联系会议办公室、北京市教委评为"北京市校外教育先进集体"。

5月14日 市纪委副书记张厚崑、市纪委常委边学愚、市纪委综合监察室副主任徐纪铭等一行到首都图书馆调研北京市公共图书馆事业发展情况。北京市文化局党组成员、纪检组长崔国红，纪检监察处处长罗燕参加了调研。馆长倪晓建详细介绍首都图书馆历史、业务布局和全市公共图书馆事业发展情况，并陪同领导参观。

5月17日 2009年"北京科技周"首都图书馆分会场活动开幕式在文化艺术展厅举办。中国科协青少年科技中心主任王延怙，北京市科协副主席、北京市科技周组委办公室主任周立军，北京市新闻出版局副局长梁成林，北京市文化局巡视员叶重辉，北京科技记者编辑协会理事长黄天祥，首都图书馆党委书记肖维平等领导出席开幕仪式。

5月22日 为期一周的2009年"北京科技周"首都图书馆分会场活动成功举办。作为"北京科技周"大型标志性活动之一，首都图书馆以"感受科技传承，分享绿色生活"为主题，推出了包括展览、讲座、互动等三大类十余项活动。

5月23日 经北京市"一卡通"成员馆协商，北京市文化局批准，统一对读者逾期费设置上限为30元/册，此项调整于当日实施。

5月27日 文化部全国文化信息资源建设管理中心与首都图书馆共享工程北京分中心来到北京市海淀区行知实验学校，参加"迎六一，爱祖国，赏戏曲，唱理想"文化共享主题活动。文化部全国文化信息资源建设管理中心为同学们送去"热爱祖国　放飞希望——六一儿童节大礼包"，共享工程北京分中心在该校建立了基层服务点。文化部全国文化信息资源建设管理中心副主任崔建飞、首都图书馆副馆长邓菊英、中国艺术研究院数字艺术研究中心主任张雷等领导出席当天活动。

6月1日 北京市首家以英文原版少儿图书为主题的图书馆——北京明德少儿英文图书馆在首都图书馆正式开馆。美国驻中国大使馆新闻文化处文化事务专员王萍、国家新闻出版总署对外合作处处长王华、北京市文化局公共文化事业处处长马德凯、美国明德图书馆基金会代表梁奕女士、首都图书馆馆长倪晓建等领导和嘉宾出席开馆仪式。

6月9日 国务院批准颁布第二批《国家珍贵古籍名录》，首都图书馆馆藏元刻明递修本《资治通鉴》、元刻本《药师琉璃光如来本愿功德经》等62部古籍入选名录。

6月22日 "战争中的世界"大型摄影图片展在首都图书馆文化艺术展厅正式开幕。红十字国际委员会、中国红十字会、北京市红十字会以及瑞士驻华大使馆的相关代表出席开幕仪式。

7月1日 首都图书馆党委庆"七一"暨"创优争先"总结表彰大会在报告厅隆重召开，139名党员和30名入党积极分子参加了会议。大会由党委副书记李小苏主持，馆党委书记肖维平发表讲话。馆党委委员、馆长倪晓建宣读了《关于表彰2007—2009年度先进党支部、优秀共产党员和优秀党务工作者的决定》。

7月4日 随着收官之讲"慧眼辨真赝——书画鉴定"讲座的成功举办，首都图书馆大型系列讲座——"走进故宫"圆满落幕。该系列讲座历时3个月，共举办讲座11场，观众累积逾5000人次。

7月20日 为期5天的首都图书馆新员工入职培训开班仪式在三层会议室举行，组织人事部主任张利中主持开班仪式。馆长倪晓建、党委书记肖维平及副馆长邓菊英、陈坚、杨素音，党委副书记李小苏、馆长助理胡启军参加了开班仪式。

7月30日 2009年北京科技周总结表彰会在北京科技活动中心召开。市科协党组书记、常务副主席田小平，市新闻出版局副局长孙瑛，市文物局副局长王丹江，北京科技周组委会办公室主任、市科协副主席周立军等领导出席会议。首都图书馆承办的"首都图书馆系列活动"荣获2009年北京科技周优秀活动奖。

8月14日　首都图书馆正式安装部署"全国古籍普查平台"，并即时开通使用。

8月18日—27日　应国际图联组委会邀请，首都图书馆副馆长陈坚赴德国参加"图书馆与阅读论坛"，并赴意大利米兰出席第75届国际图联大会。会议期间，陈坚顺访两国主要图书馆，对两国图书馆使用的管理手段、建设理念、设施设备等方面进行综合性考察。

8月26日　首都图书馆党委书记肖维平带队，工会主席李小苏、馆长助理胡启军、组织人事部主任张利中、典阅中心主任仲爱红及部分台口服务人员一行21人，到北京邮政管理局东区双井邮局参观学习。东区党委书记、宣传处处长、业务处长及双井邮局局长、书记等接待访问团队。

8月26日　按照市委宣传部、市文化局的部署，即日起什邡市图书馆馆长廖恩发、主任刘锋一行与首都图书馆进行为期20天的图书馆专业对口交流。这也是北京市公共图书馆在继捐赠1辆图书流动车、近16万册（件）图书文具系列活动后，开展文化援建服务的延伸。期间，廖恩发一行与业务部、信息网络中心，二期办、组织人事部等14个部门进行图书馆业务开展、信息自动化建设、组织人事管理等多方面的深入交流与探讨。什邡市图书馆一行还参观北京市部分区县图书馆和共享工程基层服务点。

8月　在"北京曲剧优秀剧目演出季"开演之前，首都图书馆携手北京市曲剧团特别推出了"首图讲坛——与北京曲剧亲密接触"专题系列讲座，先后邀请了老舍先生之子、现代文学馆原馆长舒乙，人艺著名导演顾威，北京市曲剧团团长凌金玉走进"首图讲坛"，为普通市民讲北京曲剧。

9月1日 2009年"文化共享杯"知识竞赛复赛和决赛在首都图书馆二层报告厅举行。来自市、区县图书馆近60名选手参赛，文化部全国文化信息资源建设管理中心培训指导处处长刘刚，首都图书馆馆长倪晓建、副馆长邓菊英担任此次竞赛评委。北京市对口支援的四川省什邡市图书馆馆长廖恩发、主任刘锋观摩了现场竞赛。

9月2日 中华人民共和国文化部、外交部、国家广电总局、国家新闻出版署、北京市人民政府共同举办，首都图书馆协办的"亚欧文化艺术节"活动内容之一的"万象凝彩——2009亚欧国际邮币展"在首都图书馆文化艺术展厅开展。此次展览共展出43个亚欧国家不同时期的珍贵邮币及钱币400余件套。

9月4日—11月2日 首都图书馆依据《北京市文化局关于开展北京市县以上公共图书馆第四次评估定级工作的通知》精神，组建专家评估组，对18个区县图书馆（少年儿童图书馆）进行实地考察，顺利完成评估工作。18个区县图书馆全部获得文化部颁布的一级图书馆称号。

9月10日 北京市对口支援的四川省什邡市图书馆馆长廖恩发在首都图书馆报告厅为北京市公共图书馆的同人作专题报告，廖恩发介绍什邡市图书馆5·12受灾情况和灾后重建情况。廖恩发感谢北京市公共图书馆界对什邡市图书馆的热心援建。

9月11日 香港康乐及文化事务部署助理署长李玉文、香港公共图书馆总馆长刘淑芬一行2人到首都图书馆交流访问，馆长倪晓建、党委书记肖维平、副馆长邓菊英接待到访客人。倪晓建向来宾具体介绍首都图书馆情况，并回答了来宾的问题。会后，来宾参观北京地方文献中心、历史文献中心等处。

9月18日 毗邻著名画家村的宋庄镇平家疃村图书馆正式开馆，

首都图书馆党委书记肖维平、中共通州区委宣传部常务副部长王立生为图书馆揭牌，书画大师黄永玉题写馆名"平家疃村图书馆"。在平家疃村图书馆筹备过程中，首都图书馆在环境布置、文献资源建设、业务规范制定、计算机管理系统建立和人员培训等方面，给予了全程支持，并且捐赠价值5万多元的文献资料3000余册。

  9月21日—24日 馆长倪晓建、副馆长邓菊英等参加"中国图书馆学会第八届学术委员会"年会，北京地方文献中心主任李诚聘为地方文献专业委员会委员。

  9月22日 北京德威英国国际学校图书馆馆长Emma Rees、Karen Gockley等一行3人到首都图书馆交流访问，副馆长陈坚接待到访客人，地方文献中心副主任王炜陪同。陈坚向来宾具体介绍首都图书馆情况，并回答了来宾的问题。会后，来宾参观少儿明德图书馆、外文阅览室等处。

  9月22日 北京市文化局主办、北京戏曲艺术职业学院和北京市艺术研究所承办的"庆祝新中国成立60周年北京市文化局艺术档案成果展"在首都图书馆文化艺术长廊开展。展览共展出了北京京剧院、北方昆曲剧院、中国评剧院、北京市河北梆子剧团、北京市曲剧团、北京戏曲艺术职业学校、北京市艺术研究所、北京交响乐团、北京歌剧舞剧院有限责任公司、北京儿童艺术剧院股份有限公司、中国木偶艺术剧院有限责任公司、中国杂技团有限公司、北京画院、北京文化艺术活动中心等14家单位600余幅图片和部分实物。

  9月28日 首都图书馆"歌颂祖国"朗诵比赛在报告厅举行，共庆伟大祖国六十华诞。全馆有20个部门组队，260余位职工上台参赛，参赛人数约占全馆职工人数的70%。

  10月24日 首图讲坛·乡土课堂2009年度读者座谈会在首都图书馆会议室举办。讲座主办方北京史研究会、首都图书馆、北京市文史研究馆的领导、专家讲师代表、媒体记者及热心听众代表出席座谈会。副馆长陈坚，北京史研究会秘书长、北京市哲学社会科学规划办公室副主任李建平等领导参加座谈。

10月29日 北京市机构编制委员会正式下发《关于同意首都图书馆加挂牌子的函》（京编办事〔2009〕97号），批准首都图书馆加挂"北京市古籍保护中心"的牌子。

10月30日 北京市文化局、首都图书馆、北京市各区县公共图书馆、少年儿童图书馆共同主办的"与祖国同脉动——北京市公共图书馆六十年成就展"开幕仪式在首都图书馆共享大厅举办。北京市文化局副巡视员、首都图书馆馆长倪晓建，党委书记肖维平，北京市部分区县图书馆馆长、众多热心读者参加了开幕仪式。

11月5日 李诚、张娟等5人参加了广西南宁召开的2009年中国图书馆学会年会。在本次年会上，首都图书馆获得"全民阅读基地"称号；张娟获得第一届青年人才奖；邓菊英、于景琪被评为优秀学会工作者；郑明光、桂筱丹、袁碧荣、董占华、林岫、朱悦梅、袁艳、黄菁、张娟被评为优秀会员。

11月11日 北京市文化局副局长王明明带队的局党风廉政检查工作小组一行4人来到首都图书馆，对首都图书馆党风廉政建设工作进行专项检查。馆长倪晓建，党委书记肖维平，副书记、工会主席李小苏，副馆长邓菊英、陈坚，馆纪检委员、工会委员、中层干部代表、职工代表18人参加了会议。

11月20日 2009北京家庭教育高峰论坛在国家会议中心三层报告厅举行，副馆长邓菊英出席会议。在会上启动了由北京市妇女联合会、北京教育委员会、首都精神文明建设委员会办公室、共青团北京市委员会、北京市民政局、北京市社会科学界联合会、北京妇女儿童发展基金会联合主办，北京市家庭教育研究会、北京市家族教育指导服务中心和首都图书馆联合承办的"新蕊计划——2010北京家庭教育公益大讲堂"活动。

11月25日—26日　北京市古籍保护中心组织召开北京市古籍保护工作研讨会。馆长倪晓建、副馆长陈坚及14家市属古籍收藏单位的主管领导和业务负责人、北京大学图书馆研究员沈乃文等5位古籍界专家、国家古籍保护中心王红蕾出席会议。

11月　北京市在《2009年政府工作报告》中提出"在全市317个街道、乡镇设立图书服务站点"的工作任务。首都图书馆积极发挥中心馆的职能，于11月初实现了全市街道、乡镇图书馆的全覆盖，构建起四级服务体系，服务网点达到4067个，其中市级图书馆1家、区县图书馆23家、街道图书馆143家、乡镇图书馆183家、社区图书室1076家、村图书室2665家。

12月2日　上海图书馆（上海科学技术情报研究所）副馆长、副所长陈超等一行11人到首都图书馆参访，党委书记肖维平和副馆长陈坚接待来访客人，双方就公共图书馆事业的发展进行交流。

12月3日　共青团首都图书馆委员会换届改选大会在二层报告厅召开。北京市文化局团委负责人许博，首都图书馆党委书记肖维平，党委副书记、工会主席李小苏出席会议。来自全馆的129名团员参加了大会，团委特邀各党支部书记、委员列席会议。大会通过了第一届馆团委的工作报告，选举产生了由李冠南、周文珏、姜波、曹云、潘森等5名委员组成的第二届馆团委。在共青团首都图书馆第二届委员会第一次全体会议上，李冠南当选为馆团委书记。

12月5日　为期6天的第七届国际文化交流赛克勒杯中国书法竞赛获奖作品展在首都图书馆文化艺术展厅闭幕。

12月7日—8日　首都图书馆邀请了文化界、新闻界、科普界以及儿童文学领域的30余位专家学者及媒体记者召开2010年度读者活动策划会。副馆长邓菊英、陈坚出席会议。

12月9日 "北京市古籍保护中心"网页正式上线开通。网页设置了机构概况、工作文件、古籍普查、古籍保护、古籍数据库、古籍修复等常规栏目，还利用网络技术，对古籍数字资源进行链接和发布。

12月11日 首都图书馆组织全体职工进行政治理论、服务规范的培训。馆长倪晓建在职工培训专题报告会上作《图书馆服务宣言》学习辅导的专题报告。

12月14日—17日 首都图书馆组织职工分三批外出进行十七届四中全会精神专题讲座培训，征求职工对《首都图书馆2009年工作总结及2010年重点工作安排》的意见，分组进行讨论。

12月22日 2009年度领导干部述职报告会在五层电教室举行。馆长倪晓建、党委书记肖维平、副馆长邓菊英、陈坚、党委副书记李小苏进行述职，参会人员包括中层以上干部、党团支部委员、副高以上职称人员、工会委员及职工代表，会后分组对领导干部履职情况进行民主评议。

12月 文化部文化信息资源共享工程督导组一行3人来京督导文化共享工程建设工作。督导组由国家图书馆副馆长陈力、共享工程国家中心财务处副处长黄蕴翘、技术处处长助理胡晓峰组成。北京市文化局党组副书记、副局长何昕，首都图书馆党委书记肖维平、副馆长邓菊英、陈坚等领导及相关工作人员参加会议并陪同视察。

是年，受北京市文化局委托，北京市图书馆协会完成了"《北京市图书馆条例》实施情况调研"课题的研究。通过调研会、调查问卷、实地走访、开展征文等方式，收集了大量详实数据，对《北京市图书馆条例》的修改完善提供了参考依据，为政府制定事业建设发展政策提供了决策依据。

首都图书馆历史文献中心派出工作人员，协助中共北京市委图书馆编目、整理、转运馆藏古籍、民国文献。该项目历时7月有余，共计整理编目各类文献四千余种，六万余册（件），全部转运至古籍书库保存。由此，首都图书馆也在全国范围内开创了"委托代存"的古籍保护新模式。

2010年

1月9日 海燕出版社联合首都图书馆举办的"虎年贺岁——原创图画书手绘原稿展"在文化艺术展厅展出。这次展览展出了《小小虎头鞋》《神奇虎头帽》《虎妞妞》三本2010年新上市的原创图画书的全部48幅手绘原稿。

1月11日—13日 "北京市文化信息资源共享工程视频资源建设基础技能培训"在首都图书馆二层报告厅举行，来自北京市分中心、各区县支中心的40余人参加了培训。

1月19日 首都图书馆老干部迎春联欢会在多功能厅内举行。联欢会由团委书记李冠南主持，党委副书记李小苏致辞。馆长倪晓建、党委书记肖维平等向老干部们拜年。

1月22日 中国妇女活动中心、中国妇女发展基金会主办，首都图书馆协办的"关爱中国女性健康专项基金"公益健康大讲堂，在首都图书馆举办开讲仪式。开讲仪式上，中国妇女发展基金会——关爱女性健康专项基金 / "健康与我同行——中国女性健康系列活动"组委会授予首都图书馆北京市培训基地称号。中国妇女活动中心主任兼党委书记郭象和首都图书馆副馆长邓菊英分别致辞。

2月3日 "首都图书馆与北京市科学技术情报研究所合作协议签字仪式暨'展望首都2030'展览开幕式"在文化艺术展厅举行。北京市委宣传部文化处副处长王珏，北京市科学技术研究院副院长、党委副书记李永进，北京市文化局党组副书记、副局长何昕，北京市文化局副巡视员、首都图书馆馆长倪晓建，北京市科学技术情报研究所所长王苏舰以及合作双方的相关领导出席开幕仪式。

2月4日 "首都图书馆2009年度总结表彰会"在报告厅举行。市文化局纪检监察处处长罗燕出席会议。会上，馆长倪晓建、党委书记肖维平讲话，并对获奖集体和个人进行表彰。

2月11日 2台"城市街区24小时自助图书馆"在首都图书馆运行，24小时全天候为市民提供图书借还、书目信息查询以及数字资源阅览服务。

3月6日 北京书法院、日本产经国际书会、北京人民广播电台联合主办，首都图书馆协办的"中日书法交流展"在多功能厅开幕。北京书法院院长、北京人民广播电台台长汪良，日本驻中国大使宫本雄二，产经国际书会理事长斋藤香坡，首都图书馆馆长倪晓建出席开幕式。展览展出了中日两国书法家的75件艺术精品，展示了书法艺术的恒久魅力和中日书法家的时代风采。

3月23日 北京市政协文史和学习委员会委员到首都图书馆视察交流，市政协常委、文史和学习委员会主任王芸主持交流活动。馆长倪晓建就首都图书馆历史、发展概况、基础业务建设以及全市公共文化服务开展情况做了介绍，并重点演示和介绍首都图书馆自主创建的文化服务品牌"北京记忆"大型多媒体数据库。随后，委员们在馆长倪晓建、党委书记肖维平的陪同下参观北京地方文献中心、历史文献中心的特色馆藏。

3月24日 首都图书馆被授予"2009年度南磨房地区人口和计划生育工作先进集体"称号。

3月27日 话剧《琥珀》《恋爱的犀牛》的编剧廖一梅在首都图书馆二层报告厅为读者作题为"创作者是雌雄同体的"讲座。

4月2日　首都图书馆、文化共享工程北京市分中心联合推出的展览"清明时节"在文化艺术展厅展出。该展同期推出网上展览，登录首都图书馆网站、共享工程北京市分中心网站及"北京记忆"网站，均可免费在线观展。展览还在市各区县公共图书馆同期展出。

4月3日　北京民俗学会秘书长高巍在首都图书馆举办题为"春风舞动到清明——关于清明节的文化解析"的讲座。

4月7日　首都图书馆历史文献中心主任刘乃英等三人前往北京市社科院图书馆进行古籍普查调研。

4月9日　首都图书馆作为"北京市中小学生社会大课堂"及"北京市校外教育基地"策划推出"春意浸首图　书香暖童心"主题少儿阅读活动。芳草地小学国际部来自五大洲的58个国家和地区的700名外籍学生受邀来到首都图书馆，参加读书活动。

4月10日—5月1日　"首图讲坛"连续4个周六推出"特别策划·经典重读"系列讲座。特邀穆鸿逸、史航、柏邦妮和十年砍柴4位中青年古典文学爱好者，分别对《西游记》《三国演义》《红楼梦》《水浒传》进行个性、独特的研读，和读者一起重温了中国古代四大名著。同期，首都图书馆馆员还精心挑选了200册中外文学经典图书，在2层文史阅览室设立专架，供读者浏览借阅。

4月14日　市文化局副局长叶重辉对首都图书馆落实国务院安全生产委员会关于开展全国安全生产大检查工作进行指导、检查。副馆长胡启军陪同检查、保卫部主任杨国湧、二期办主管张震宇等陪同检查。

4月23日　台湾汉学研究中心副馆长吴英美及助理编辑刘秀玲到首都图书馆交流访问，馆长倪晓建热情地接待来访客人。倪晓建介绍首都图书馆历史、发展概况、基础业务建设以及全市公共文化服务开展情况，并细致回答了相关问题。随后，倪晓建陪同来宾参观北京地方文献中心、历史文献中心等处。

4月23日 首都图书馆在六层电子阅览室举办读者公益培训,带领读者走近数字资源,拓展阅读新视野。

4月26日 北京市外事办公室、基辅市文化艺术总局、乌克兰驻华大使馆文化信息中心、北京市文化局主办,乌克兰—中国文化交流协会协办、首都图书馆承办的"北京—基辅市画家艺术作品展览"在文化艺术展厅开幕。乌克兰驻中国公使波诺马廖夫节·维克多、中—乌文化信息交流中心主任赵东、首都图书馆馆长倪晓建出席开幕式。展览展出了乌克兰首都基辅市画家协会会员、艺术高中学生及摄影师的绘画和摄影作品百余幅。

4月 为庆祝新中国成立60周年,中共中央提出要深入开展学习"100位为新中国成立做出突出贡献的英雄模范人物和100位新中国成立以来感动中国人物"。为此,文化部全国文化信息资源建设管理中心在全系统范围内开展了学习"双百"人物有奖征文活动。首都图书馆在文化部全国文化信息资源共享工程宣传学习"双百"人物有奖征文活动中获得组织奖。

5月1日 在"五一"国际劳动节期间,首都图书馆与各区县公共图书馆联合推出包括展览、讲座、诵读、培训、电影放映、新书推荐、演讲比赛、互动活动等8大类70余项文化活动。

5月6日 首都图书馆在报告厅举行"北京市三八红旗集体""北京市青年文明号"授牌仪式暨工作动员会。市委宣传部基层处处长马新明,市文化局党组副书记、副局长何昕、组宣处处长董国华出席会议。会议由党委书记肖维平主持,市文化局副巡视员、首都图书馆馆长倪晓建做工作动员,何昕在会上发表讲话。馆领导和全体职工参加了会议。

5月12日 北京市残疾人活动中心、首都图书馆和通州区西集镇残联共同举办"为农村残疾人兄弟姐妹送文化"活动。当天，首都图书馆在此建立的"流动图书站"正式启动，并为西集镇残疾人"温馨家园"办理了500册图书的集体阅览证。

5月13日 "北京市红领巾读书活动"动员会在首都图书馆三层会议室召开。首都图书馆以及各区县公共图书馆、少年儿童图书馆的"红读"活动主管馆长和活动负责人与会并聘请了中央电视台新闻节目中心、央视一套播音员杨光，为"红读"活动辅导人员进行发音与表演技巧的培训。

5月15日 首都图书馆与上海图书馆联合举办的"一起看世博——中国2010年上海世博会图片展"在首都图书馆文化艺术展厅开展。这是首都图书馆与上海图书馆继2008年奥运文化展览后再次合作展览。

5月15日 "北京科技周"首都图书馆分会场活动启动。本届科技周，首都图书馆以"阅读环保 绿色生活"为主题，推出世博会主题展览、科普图书推介、水资源保护读书沙龙等十余项活动。

5月16日 首都图书馆、接力出版社、新浪网亲子频道联合举办的"书香首图阅读接力"童心对话名家系列活动，在首都图书馆一层多功能厅举行主题为"阿凡达的科学、人文与艺术"的讲座。科幻作家、北京师范大学副教授、中国科普作家协会科学文艺委员会副主任委员吴岩以电影《阿凡达》剧本为例，向孩子们讲述了如何阅读科幻文学作品，如何在科普阅读中开拓自己，丰富自己，塑造健全人格。

5月24日 印度尼西亚国家图书馆考察团一行47人由执行秘书带队来首都图书馆交流，副馆长陈坚接待到访客人，宣传策划中心主任王海茹、典藏借阅中心主任仲爱红、少儿活动中心主任王梅等陪同进行交流。陈坚向来访客人介绍员工培训、管理状况及业务发展等基本情况，会后，陈坚陪同来宾参观教育培训中心、电子阅览室、北京地方文献中心、典藏借阅中心等处。

5月24日 首都图书馆"北京记忆——大型北京历史文化多媒体数据库"荣获全国第十五届"群星奖"。项目主要负责人、北京地方文献中心副主任王炜被授予"群文之星"称号。

5月24日—25日 首都图书馆党委组织全体党员赴平谷区黄松峪乡塔洼村开展了"心系农民，捐书捐读"主题党日活动。活动中，首都图书馆党委书记肖维平与黄松峪乡副乡长王伟签署了《共建协议书》。市文化局机关党委副书记吴秀泉、组宣处副处长龚萍亲临活动现场进行指导。

5月29日 为迎接中国第五个"文化遗产日"，首都图书馆特别策划的"穿越时空的音画艺术——中国非物质文化遗产"系列讲座在二层报告厅举行。上午，北京市文物研究所副研究员陈平作题为"燕都尘封三千年——琉璃河西周古燕都遗址揭秘"的讲座。下午，中国艺术研究院副院长、中国非物质文化遗产保护中心常务副主任张庆善作"申遗与保护——中国非物质文化遗产的现在与未来"的讲座。

6月8日 国家图书馆主办，首都图书馆承办的"汉字·文化津梁 中国奇迹展"在文化艺术展厅开展。展览共分八章，展出了100幅展板和近30件表现不同时期汉字构成特点的实物。

6月8日 德国图书馆与信息协会主席芭芭拉·莉森（Barbara Lison）在首都图书馆一层多功能厅作题为"数字化时代图书馆的角色"的学术讲座。北京市各级公共图书馆、部分高校图书馆和行业图书馆的从业人员近200人参加。

6月11日 国务院批准颁布第三批《国家珍贵古籍名录》，首都图书馆馆藏元刻本《晋书》、宋刻本《阿毗达磨顺正理论》等60部古籍入选名录。

6月23日 北京市文联、北京市民间艺术家协会举办的"北京风筝面塑艺术展"在首都图书馆文化艺术展厅开展。展览展出了北京多位民间艺术家的百余件风筝、面塑作品。

6月25日 北京市老龄工作委员会办公室、北京市老年学学会与首都图书馆共同主办的《北京老年人维权指南》新书首发式暨公益讲座"老年人常见法律问题及应对"在多功能厅举办。公益讲座由中国政法大学民商经济法学院副教授、《北京老年人维权指南》主编寇广萍主讲,并为听众解答了一系列老年人常见的法律问题。

6月28日 首都图书馆与北京市公安局收容教育所结成共建单位,首都图书馆收容教育所分馆在收容教育所举行启动仪式,副馆长陈坚与北京市公安局监所管理处副处长孔庆宝为分馆揭牌。

6月 中国图书馆学会编译出版委员会特聘首都图书馆馆长倪晓建为第八届编译出版委员会委员、图书馆学著作编辑出版专业委员会副主任。聘期四年。

7月7日 首都图书馆"童心'阅'动,快乐暑期——阳光少年暑期读书行动"启动。活动包括由首都图书馆与蒲蒲兰绘本馆、新浪育儿频道联合主办,由四位育儿专家主讲的"成长课堂"之"爱上绘本"系列讲座;青年竹笛演奏家孙杰、北京国学院副院长诸天寅为小读者讲述民族音乐文化和传统文明礼仪知识等。

7月10日 杨柳青年画霍派第六代传人霍庆有在首都图书馆多功能厅做了题为"从杨柳青年画看中国传统年画艺术"的讲座,百余名观众到场聆听。

7月14日 首都图书馆领导与职工交流日活动在视听集体阅览室举行,中层以上干部、党支部委员、职工代表数十人参加。馆领导通报近期主要工作,并就《首都图书馆十二五规划(草案)》与职工进行交流。

7月14日 首都图书馆党委组织党员干部观看了反腐倡廉警示教

育片《金鼎下的蛀虫》《钢炉中的残渣》。

7月20日　首都图书馆党委邀请中央党校教授高新民作题为"建设学习型组织，提高党建科学化水平"的报告。报告在多功能厅举行，全馆在职党员、申请入党人员和中层以上党外干部200余人参加。

7月22日　首都图书馆党委邀请中央党校教授曹普作题为"89年的伟大历程"的报告。报告在多功能厅举行，全馆在职党员、申请入党人员和中层以上党外干部200余人参加。

7月23日　首都图书馆、北京新文化运动纪念馆联合主办的"新时代的先声——五四新文化运动展览"在文化艺术走廊开展。展览分为点燃新文化的火炬、吹响新时代的号角两部分，共展出200余幅历史图片。

7月26日—27日　首都图书馆共享工程北京市分中心召开专题会议部署2010年市政府重要事实相关工作。副馆长邓菊英、信息网络中心副主任陈建新、18个区县支中心的技术与宣传工作负责人以及相关人员与会。

8月1日　北京市文联、北京民间文艺家协会、首都图书馆共同主办的"北京脸谱艺术展"在文化艺术展厅举办。展览汇集了侯宝华、田有亮、杜彦锋等多位艺术家的近百件脸谱艺术作品。

8月7日　中国近代史学家、中国李大钊研究会马模贞，在首都图书馆多功能厅作题为"李大钊的高尚品格"的讲座。

8月14日　首都图书馆举办英语嘉年华"如何安全过暑假"，近80位小读者和家长参与其中，与外教老师本（Ben）一起，在唱英文歌曲、看图说单词和连线游戏中学习安全知识和自救自保方法。暑期少儿英语嘉年华活动自开展以来，受到小读者和家长的欢迎，众多小读者在美籍外教的带领下，用英语展开头脑风暴、说讲英语故事、演唱英文歌曲，还通过英语交流做手工、参加益智游戏。

8月18日 北京市古籍保护中心召开北京市古籍保护专家座谈会，馆长倪晓建、原副馆长周心慧，国家博物馆研究员黄燕生，中国科学院国家科学图书馆研究员罗琳等出席。

8月18日—19日 北京市红领巾读书活动工作交流会召开。首都图书馆副馆长邓菊英、各区县图书馆及少儿图书馆馆长、"红读"活动负责人与会。会议对"红读"活动2010年上半年的开展情况进行阶段性总结，并对日后的工作重点和活动安排进行交流和探讨。邓菊英在交流会上做了重要讲话。

8月25日—26日 首都图书馆党委举办党团干部培训班。各党团支部交流"创优争先""学习型组织建设""劳动竞赛"和"青年论坛"活动的开展情况，同时结合二期建设和"十二五"规划等中心工作进行探讨。党委书记肖维平主持了研讨会，党委委员、团委委员、党支部委员近50人参加。

8月26日 "乌克兰传统刺绣艺术展"在首都图书馆文化艺术展厅开幕。此展览是在"中华人民共和国文化部和乌克兰文化旅游部2009—2012年文化合作执行计划"框架下，由中国文化部和乌克兰文化旅游部共同主办，中国对外文化集团公司和中国对外艺术展览中心承办的。作为"乌克兰文化日"的重要项目，展览展出了乌克兰国家博物馆馆藏的精美刺绣工艺品。此套展品还曾在奥地利、德国、法国、日本等十余个国家展出。

9月1日 馆长倪晓建被中国人民大学批准为博士生导师。

9月1日 首都图书馆领导与职工交流日活动在一层多功能厅举办，中层以上干部、党团支部委员、职工代表数十人参加。副馆长邓菊英就二期情况与职工进行交流。

9月12日 在鲁迅先生诞辰129周年之际，首都图书馆"寻找北京文明的足迹"系列活动走进鲁迅故居和毗邻的北京鲁迅博物馆。同名展览同时在首都图书馆文化艺术回廊展出。

9月16日 "珍的旅程——珍·古道尔冈比黑猩猩研究五十周年图片展"在首都图书馆文化艺术展厅开幕。珍·古道尔亲临现场与首都图书馆副馆长邓菊英一起为展览剪彩揭幕，并在象征加入环保行列的"地球生命之树"上按下手印。

9月18日 文化部全国文化信息资源共享工程推出了"共建亲情纽带 共享文化资源"活动。活动由首都图书馆、重庆市少年儿童图书馆、深圳市少年儿童图书馆、天津市少年儿童图书馆共同承办，利用共享工程现有的设备，借助互联网，为留守儿童和他们外出务工的父母搭建网络亲情纽带。邀请重庆籍来京务工人员到电子阅览室，让他们通过网络，与留守故乡的子女视频聊天，在中秋节前互道问候、亲情对话。

9月28日 德国杜伊斯堡城市图书馆馆长巴比安应邀到首都图书馆，进行题为"文化：人类的精神食粮——德国公共图书馆对少年儿童的'文化教育'所做的工作"的主题报告会。北京市各级公共图书馆、部分高校图书馆的图书馆从业人员百余人参加了学术报告会。此次报告会由中国图书馆学会、歌德学院与首都图书馆共同主办。中国图书馆学会秘书长汤更生、歌德学院中国大区图书馆馆长魏妮卡、首都图书馆副馆长陈坚出席。

10月12日 南非共和国文化副部长辛娃娜女士（Ms Lulu Xingwana）到首都图书馆考察，副馆长邓菊英接待到访客人，并陪同来宾参观少儿综合借阅中心、少儿多媒体视听中心、英德图书馆、北京地方文献中心、古籍阅览室等处。

10月12日 新加坡国家图书馆管理局（National Library Board, Singapore）黄惠龄等5位馆员到首都图书馆研修交流。典藏借阅中心、合作协调中心、采编中心、信息网络中心、信息咨询中心等部门主任与到访客人进行深入的交流。典藏借阅中心主任仲爱红陪同来宾参观北京地方文献中心、典藏借阅中心、采编中心等处。

10月16日 团市委、市少工委、市教委、市精神文明办、市文化局五家单位主办，首都图书馆承办的"争做文明人——北京市未成年人'传承文化弘扬经典'现场知识竞赛"在报告厅举办。来自全市19个区县的57名小学生参加。首都精神文明建设委员会未成年人处处长周大庆、北京市少先队员总辅导员陈膺、中国群众文化学会副会长成志伟、北京市作协秘书长王升山和著名儿童文学家马光复担任本次活动的评委。

10月18日 首都图书馆与北京摄影家协会共同主办的"中国华北摄影第23届联展"在文化艺术展厅开展。此次展览展出了200余幅展现华北五省优美自然风光、淳朴的风俗民情和丰硕的经济建设成果的摄影作品。

10月26日 2010年北京市未成年人"知书·达礼——做文明有礼的北京人"演讲故事会在多功能厅举办。

10月26日—30日 北京市古籍保护中心举办第三期北京市古籍普查培训班。此次培训班为碑帖专题培训，共有来自故宫博物院图书馆、中国书店、北京市文物局图书资料中心、东城区图书馆等10家单位的36名学员参加。

11月5日 北京市公共图书馆与北京国际科技服务中心联合举办的"'画说'低碳生活"主题展览在首都图书馆二层文化艺术回廊展出。此次展览也是"知书·达礼——做文明有礼的北京人"主题活动之一。

11月8日 北京摄影家协会主办，首都图书馆协办的"北京摄影家看世界摄影展"在首都图书馆文化艺术展厅展出。本次展览共展出176幅摄影作品，主要涉及美国、英国、法国、西班牙、澳大利亚、俄罗斯等国家。

11月9日 首都图书馆开展"119消防宣传周"演习活动。活动具体分为灭火器使用以及消防栓的安装使用两部分。馆内职工、保安、幸运时光餐吧营业员以及二期施工人员等参与了灭火器使用技能的培训，并且进行实践操作。

11月12日 北京市妇女儿童工作委员会办公室主办，首都图书馆承办的"'兴趣·人生——读书伴我成长'流动儿童读书、写作促进活动征文比赛表彰活动在多功能厅举行。联合国儿童基金会驻中国代表处项目官员张亚丽、国务院妇女儿童工作委员会办公室儿童处副处长胡道华、北京市妇女儿童工作委员会办公室常务副主任周静莅、首都图书馆副馆长邓菊英参会，并为获奖的学生代表颁奖。

11月22日 阿塞拜疆共和国驻华大使馆一等秘书Mr. Adil Rasulzded和三等秘书Mr. Farhad Anisa-Babayev到首都图书馆赠送阿塞拜疆国家文献34册，副馆长陈坚接受赠书。

11月23日—24日 首都图书馆2011年度读者活动策划会召开，来自文化界、出版界以及新闻界的二十余位专家学者、文化名人和媒体记者与会。副馆长邓菊英致欢迎辞，副馆长陈坚出席会议。

12月2日 首都图书馆党委主办，团委承办和实施的第二届"青年论坛"总结展示活动在一层多功能厅举办。会议由馆党委委员、团委书记李冠南主持。市文化局党组成员、副局长关宇，纪检监察处处长罗燕，组织宣传处调研员董保平，团委负责人许博及馆领导出席会议，120多名青年职工参加了活动。市文化局副巡视员、馆长倪晓建为活动致开幕词。关宇做了重要讲话。

12月13日 首都图书馆隆重召开"我为首图二期做贡献"劳动竞赛总结表彰大会。市总工会机关事业部部长张开泰，市委宣传部基层处处长张爱军，市文化局党组副书记、副局长、工会主席何昕、工会副主席王朝晖和市文化局副巡视员、馆长倪晓建等馆领导出席会议。

会议由馆党委书记肖维平主持，张开泰及何昕发表了重要讲话。

12月17日 北京市农村工作委员会和北京摄影家协会联合主办，首都图书馆协办的"首届北京聚焦美丽乡村主题摄影大展"在首都图书馆文化艺术展厅展出。本次展览共展出217幅摄影作品。

12月25日 "阅读故事发现会"互动活动"当传统成语遇上现代绘本"在首都图书馆视听集体阅览室举办，来自纸飞机传媒的插画师曹小影、林子和孔博，将用画笔和语言"讲述"绘本中的成语故事，把小读者带入童话般的艺术世界中。

12月26日 著名作家、学者王蒙在首都图书馆报告厅，为读者作题为"为什么要讲《红楼梦》"的讲座。

12月28日 首都图书馆2010年度领导干部述职报告会在一层多功能厅召开。馆长倪晓建作《2010年度首图领导班子述职述廉报告》，党委书记肖维平作《首都图书馆党委2010年度干部选拔任用工作报告》，馆长倪晓建、党委书记肖维平、副馆长邓菊英、陈坚、胡启军、党委副书记李小苏分别进行个人述职。参会人员包括中层干部正副职、党团支部书记、副高以上职称人员、工会委员及职工代表，会后分组对领导干部履职情况进行民主评议。

2011 年

1月8日 台湾作家张大春在首都图书馆多功能厅为读者举行以其新作《城邦暴力团》为主题的讲座。

1月9日 画家、文艺评论家陈丹青在首都图书馆报告厅作题为"陈丹青：十年写作"的讲座。

1月25日 青年竹笛演奏家孙杰在报告厅做了"笛声吹进童心间"的讲座。讲座采用演、讲结合的形式，为小读者介绍竹笛的类型和特点、中国笛子演奏的发展、南方笛与北方笛的差异等。

1月25日 首都图书馆召开2010年度总结表彰大会。会上，馆长倪晓建作《首都图书馆2010年工作总结暨2011年度工作计划》报告，党委书记肖维平宣读了《首都图书馆关于表彰2010年度先进集体和先进个人的决定》，馆领导向获奖集体和个人颁发了荣誉证书。

1月 北京市人民政府聘请馆长倪晓建为北京市人民政府专家咨询委员会委员，聘期五年。

2月17日 首都图书馆"兔宝宝剪纸故事会"在少儿英文阅览室举行。剪纸艺术家马博华来到小读者中间，和大家一起讲故事、教大家剪纸。现场还展出了奥林匹克剪纸类金奖获得者李旺的"兔宝宝"主题剪纸作品。

2月17日 首都图书馆举办"2011年网上元宵灯会"，广大读者可以通过登录北京市文化信息资源共享工程网站参加。

2月—12月 北京市古籍保护中心陆续到北京市文联图书资料室、北京市委党校图书馆、北京市第二十五中学图书馆、东城区图书馆、朝阳区图书馆、宣武区图书馆、海淀区图书馆、丰台区图书馆、通州区图书馆、北京工业大学图书馆、北京教育学院图书馆、雍和宫、北京市回民学校图书馆、北京四中图书馆等单位开展了古籍普查摸底工作，对以上各馆的古籍收藏情况有了具体了解。

3月2日 由陕西省文化厅副厅长蒋惠莉、江苏南京图书馆副馆长许建业和共享工程管理中心综合管理处处长赵保颖组成的文化部全国文化信息资源共享工程督导组一行，到首都图书馆就2010年北京市文化共享工程开展情况及公共电子阅览室建设试点工作进行督导检查。北京市文化局副巡视员、首都图书馆馆长倪晓建代表市文化局对督导组一行表示欢迎，副馆长邓菊英对"十一五"期间和2010年北京市文化信息资源共享工程及公共电子阅览室建设试点工作的汇报。督导组成员观看了北京市文化信息资源共享工程服务平台的技术演示、分中心宣传片等，并参观中心机房和电子阅览室。

3月25日 美国畅销少儿书作家、儿童教育家巴尼·萨尔茨堡（Barney Saltzberg）先生来到首都图书馆少儿英文阅览室，为小读者们做了题为"童心对话名家之激发创造力"的讲座。

3月25日 美国驻华使馆新闻文化处地区信息咨询官李如兰（Elizabeth Leonard）女士在使馆信息咨询中心主任顾红的陪同下，来到首都图书馆参观访问。馆长倪晓建、副馆长邓菊英接待来访客人。倪晓建向客人介绍首都图书馆馆舍、馆藏与特色服务等基本情况。双方还就文化项目合作、中美图书馆学术交流，以及共同开展青少年文化教育活动等进行交流。随后，邓菊英陪同参观并介绍首都图书馆电子书阅读器、自助图书馆等特色阅读服务情况。

3月28日 中央文化管理干部学院承办的全国基层文化队伍培训

第一期省级图书馆师资培训班学员一行36人到首都图书馆参观访问。副馆长邓菊英接待来访学员，介绍首都图书馆馆史、馆藏概况、特色阅读服务及二期发展愿景等情况。培训班学员一行还参观首都图书馆电子阅览室、地方文献中心、报刊资料中心、少儿综合借阅中心等处。

3月30日 2011年北京市古籍保护工作研讨会召开。首都图书馆原副馆长周心慧介绍北京市古籍保护中心近年工作情况和工作成果。副馆长陈坚传达全国古籍保护工作会议精神并商讨2011年北京地区古籍保护工作方案。历史文献中心主任刘乃英汇报了《中华古籍总目》（北京卷）工作计划以及开展古籍普查工作取得的阶段性成果。北京市各藏书单位代表分别介绍本单位的古籍资源、保护工作的现状与问题，并提出对北京市古籍保护中心工作的建议。

4月15日 首都图书馆党委书记肖维平率馆中层以上干部30人到新开放的国家博物馆考察，为筹备二期开馆工作学习取经。

4月16日 北京市残疾人联合会、北京市残疾人活动中心和首都图书馆共同主办的"走进图书馆——庆祝'世界读书日'系列活动启动仪式"在二层展厅举办。80余位残疾读者参加了活动。仪式上，副馆长邓菊英介绍首都图书馆已开展的扶残助残工作情况以及在"牵手残疾人，走进图书馆"公益文化活动中将重点开展的活动项目。随后，首都图书馆向市残联捐赠了"首图讲坛"优秀讲座资源光盘和北京历史文化科普丛书。市残联副理事长吕争鸣为首都图书馆颁发了"爱心助残"荣誉证书。

4月19日—20日 为纪念中国共产党建党90周年，首都图书馆党委围绕"创先争优"活动，落实在全体党员干部中开展"迎七一温党史习党章阅时事"学习竞赛主题活动，分批组织210名党员干部参观中国国家博物馆举办的"复兴之路"大型主题展览。

4月21日—22日 首都图书馆召开第三届六次职工代表大会。职工代表、工会委员共40人参加了会议，大会由工会主席李小苏主持。会议审议了《首都图书馆2010年度财务情况报告》和《首都图书馆2010年度业务招待费使用情况报告》；职工代表就提交的提案进行交流研讨；会议审议并通过了《首都图书馆（北京市少年儿童图书馆）员工绩效工资分配暂行办法》。

4月22日 首都图书馆、门头沟区图书馆联合主办的"2011年门头沟区全民读书活动启动暨庆祝中国共产党建党90周年'我们的信仰'系列视频讲座光盘发放仪式"在门头沟蓝龙社区举行。文化部全国文化信息资源建设管理中心副主任崔健飞、首都图书馆副馆长邓菊英和门头沟区文委主任陈世杰、城子街道以及门头沟支中心的负责人出席仪式并发言。

4月22日 首都图书馆举办"图书馆体验日"活动，邀请读者参观采编中心、历史文献中心、北京地方文献中心和视听资料中心等部门，通过参观读者了解了首都图书馆特色馆藏资源建设和组织情况；最后读者们还观看了自助图书馆等现代借阅设备演示和古籍修复操作。

4月22日 首都图书馆在北京市社会科学界联合会举办的2011北京周末大讲堂·经常性系列科普讲座启动仪式暨科学普及电视专题片《长河》首发式活动中被授予北京市社会科学普及试验基地称号。

4月23日 "首图讲坛·乡土课堂寻找天桥"系列讲座启动。努尔哈赤第十五代孙金业勤先生在二层报告厅为大家带来讲座"皇族后裔流落天桥"，他回顾了天桥当年景貌，讲述老天桥"掌穴人"卖艺生涯。

4月23日 首都图书馆"图书交换大集"在二层艺术展厅举办。读者将闲置图书带到现场由馆员和志愿者进行分类并参加换书活动。大集上未换出的书刊，授权公益组织"北京捐书助学网"安排捐赠。

4月28日 首都图书馆、天津图书馆、上海图书馆、重庆图书馆联合主办的"全国直辖市公共图书馆2011高峰论坛"在重庆隆重召开。

国家图书馆馆长周和平、文化部社文司巡视员刘小琴、国家图书馆和四个直辖市图书馆馆长及业务骨干出席本次会议。周和平在开幕式上讲话，馆长倪晓建作题为"文献信息加工体系及方法创新"的主旨报告。会议还邀请了业界知名学者北京大学信息管理系教授刘兹恒和中山大学图书馆馆长程焕文作学术报告。

4月30日 为纪念中国共产党成立90周年，首都图书馆和北京李大钊故居联合在二层文化艺术展厅举办"铁肩担道义 妙手著文章——中国共产党创始人李大钊专题展览"。该展览用140余幅珍贵历史照片，全面展示了李大钊光辉的一生及他对中国革命所作出的重大贡献。展览除了文字和图片，还向市民展示了多册首都图书馆馆藏的珍贵报刊与书籍，如《新青年》《少年中国》《史学要论》等。

5月11日 首都医科大学图书馆部分工作人员到首都图书馆参观交流。副馆长陈坚接待到访嘉宾，并向参访客人介绍首都图书馆概况以及首都图书馆的特色服务，其中重点介绍"北京记忆""首图讲坛"及"共享工程"等服务品牌。会谈结束后，参访人员参观明德阅览室、北京地方文献阅览室等处。

5月12日 首都图书馆党委邀请中央党校党史研究部教授李东朗到馆作"中国共产党为什么能取得全国胜利"专题报告，近200名党员和入党积极分子参加。会议由馆党委副书记李小苏主持。

5月12日 首都图书馆展厅推出展览"垃圾的故事"，以展板的形式介绍垃圾的历史、现状、处理方法等，向公众全面展示垃圾问题的严峻性，号召大家积极行动起来，参与到垃圾减量、分类回收和再利用的行动中。

5月13日 副馆长陈坚率部分馆员到"心目影院"，与"心目影院"共同为盲人朋友开启"心目阅读之旅"主题活动。"心目影院"是专门运用语言，向有视觉等方面障碍的残疾人讲述电影画面的公益组织。

副馆长陈坚向"心目影院"赠送包含中外经典名著、历史典故及30场"首图讲坛"讲座的有声读物。

5月20日 中共北京市委政法委员会和首都图书馆联合主办的"首都政法大讲堂首讲仪式暨第一次学习讲座",在首都图书馆报告厅正式开讲。本次讲座邀请到清华大学经济与管理学院教授华如兴,专门讲述从当前宏观经济运行看待通货膨胀问题。北京市政法系统400余名局级干部参与了本次讲座。

5月23日 首都图书馆邀请央视主持人王宁以"特邀馆员"的身份在阅览室进行图书借阅服务,并向有需要的读者进行书籍推荐;首都图书馆希望通过多元化的方式鼓励更多市民走进图书馆。

5月23日 首都图书馆开启"我的图书馆——信息素养加油站"读者培训活动,免费向读者讲解如何利用网站更好地使用图书馆资源。

5月24日 首都图书馆开展办卡进社区——让服务"走出去"活动,为大成国际中心及紫南家园社区人员免费办理"一卡通"联合读者卡。此项活动旨在通过"进社区"的方式贴近百姓、服务于民。

5月25日 首都图书馆举行"图书馆体验日"活动,近20名读者及媒体工作者参加。

5月27日 "图书馆员的职业道德和礼仪素养"专题讲座在二层报告厅举行,国家图书馆社会教育部学术讲座中心主任金龙主讲,首都图书馆及区县公共图书馆近400名职工参加。

5月28日 首都图书馆"尚读沙龙:经验匮乏与穷而后工"讲座在二层报告厅举行,香港凤凰卫视著名主持人梁文道和台湾著名作家骆以军做客"首图讲坛·尚读沙龙",以"经验匮乏"和"穷而后工"为关键词,和广大读者一起畅谈港台文学剖析港台文学现状。

5月30日 首都图书馆"文献再次利用 共建精神文明"展览在二层共享大厅举行。展览详细介绍中共北京市委机关各个部门向首都图书馆捐赠文献资料的全过程。

6月1日 法国当红视觉设计者、插画家塞吉·布罗什在首都图书馆一层视听集体阅览室与小读者们共同分享绘本艺术的魅力和图画书阅读的乐趣。

6月2日 由首都图书馆和北京民俗博物馆联合举办的"话说端午"展览在首都图书馆文化艺术回廊开展。展览通过生动的文字和丰富的图片详细介绍端午节的各种习俗。展览还展出两馆收藏的与端午节习俗相关的珍贵古籍馆藏文物。

6月8日 馆长倪晓建被北京市人民政府聘为专家咨询委员会委员。

6月10日 由首都图书馆与中共北京市委讲师团共同推出的"信仰的力量"大型系列讲座中的首讲"光辉历程——新民主主义革命时期"在首都图书馆一层多功能厅开讲。本场讲座邀请到中国人民大学马克思主义学院中共党史系教授吴美华担当主讲人。讲座重点分析了中国共产党诞生的社会历史条件，详细介绍从新民主主义革命到新中国成立的艰辛革命历程，让广大读者对这段红色历史有了更加清晰的认识。

6月10日 北京市残疾人联合会主办，首都图书馆、北京市残疾人活动中心承办的"庆祝中国共产党成立九十周年残疾人书画展"在首都图书馆报告厅举行。本次展览展出书法、绘画、篆刻作品90幅。

6月17日 "信仰的力量"党史系列讲座第二讲开讲。本场讲座邀请到中共中央党史研究室副主任章百家讲述"中共党史的新认识"。讲座主要讲述了中共党史研究的起源和改革开放以来党史研究的进展，以及围绕新出版的《中国共产党历史》第二卷讲解若干重大问题。北京市公安局人口管理处、北京市委宣传部、中共北京市委市直属机关工委党校、东城交通大队、北京市社会收容教育所、潘家园街道办事处、南磨坊街道办事处以及各区县图书馆前来参加了本次讲座。

6月17日 北京摄影家协会主办、首都图书馆承办的"尘封记忆 辉煌历程——纪念中国共产党成立九十周年北京图片展"在二层文化艺术展厅展出，共展出近百名北京摄协会员的近300幅作品。

6月21日 北京市委宣传部主办，首都图书承办的"展风采 书豪情——北京市宣传系统离退休干部纪念建党90周年书画、摄影、手工艺作品展"在首都图书馆一层多功能厅开展，市委宣传部常务副部长陈启刚出席开幕仪式并致辞。展览共展出全市宣传系统老干部书画、摄影、手工艺等作品113件。

6月23日 首都图书馆党委庆"七一"暨"创先争优"总结表彰大会在馆报告厅隆重召开。市文化局党组成员、副局长王珠到会并讲话。馆党委书记肖维平对首都图书馆2009年以来开展"创先争优"活动进行回顾和总结，文化局副巡视员、首都图书馆馆长倪晓建宣读了《关于表彰2009—2011年度先进党支部、优秀共产党员和优秀党务工作者的决定》。市委宣传部基层处副处长朱娜，市总工会机关事业部部长张开泰和市文化局组织宣传处处长董国华、机关党委副书记吴秀泉、工会副主席王朝晖、公共文化事业处处长黄海燕、老干部处处长何明杰等领导到会，全馆党员、入党积极分子、职工、离退休干部近400人参加了会议。

6月23日 首都图书馆党委在二层报告厅举办"党在我心中"——红歌演唱会活动。市文化局党组成员、副局长王珠，市委宣传部基层处副处长朱娜，市总工会机关事业部部长张开泰等领导到会参加此次活动。

6月24日 北京市文化局民主评议基层站所（服务窗口）检查组莅临首都图书馆，对政府信息服务和读者服务工作进行全面检查和指导。市文化局党组成员、市纪委驻市文化局纪检组组长崔国红，办公室主任李萍，纪检监察处处长罗燕等巡查了各阅览室，听取了首都图书馆2011年民主评议基层站所（服务窗口）自查报告和首都图书馆2011年上半年党风廉政建设工作自查报告。文化局副巡视员，馆长倪晓建，党委书记肖维平，党委副书记、纪检书记李小苏，副馆长陈坚等参加了会议。

6月29日 首都图书馆联合北京市残疾人活动中心、红丹丹教育文化交流中心在一层多功能厅举办"庆祝中国共产党建党90周年唱响心灵的歌"朗诵会，原中残联发展部主任、红丹丹教育交流文化中心顾问丁启文、首都图书馆副馆长邓菊英等领导出席本次活动。

6月31日 中共北京市委授予肖维平优秀党务工作者称号。

7月1日 全国文化信息资源建设管理中心主办，首都图书馆协办的"党旗飞扬 文化共享——全国青少年纪念建党90周年党史知识大赛"活动在报告厅举行。文化部全国文化信息资源建设管理中心主任崔建飞、资源管理处副处长琚存华出席本次活动。

7月4日 北京市人大常委会副秘书长、研究室主任刘维林，民宗侨办公室主任席文启，研究室副主任傅雁南等市人大领导莅临首都图书馆，与北京师范大学副校长韩震等文化领域专家一同参观首都图书馆，并就"全国文化中心的内涵和主要功能"主题进行座谈。馆长倪晓建、党委书记肖维平等馆领导参加了座谈。倪晓建介绍首都图书馆基本概况。韩震、中国人民大学文化创意产业研究所所长金元浦、北京社会科学院首都文化发展研究中心副主任沈望舒、中央党校文史教研部副主任周熙明先后围绕调研主题作发言。

7月7日 首都图书馆的工作人员再次来到位于通州区西集镇残疾人"温馨家园"的"流动图书站"，为那里的残疾读者送去200余册图书。

7月14日 国家图书馆李致忠、程有庆，国家古籍保护中心洪琰，国家图书馆研究院丁延峰等一行，到馆考察首都图书馆和中共北京市委图书馆所藏宋刻本。副馆长陈坚、历史文献中心主任刘乃英、市委图书馆负责人何亦红陪同李致忠等专家，对首都图书馆15部宋刻本和市委图书馆3部宋刻本（现由首都图书馆代存保管）进行详细的考察和鉴定。

7月21日 辽宁省图书馆副馆长卢丹一行5人来到首都图书馆交流考察。副馆长陈坚、胡启军接待考察小组。在考察交流会上，陈坚介绍首都图书馆基本概况，并回答了考察小组关于图书馆业务及发展方面的问题。双方在服务、管理、文献资源、数字化建设、新馆建设及消防安全等方面进行深入的探讨与交流。

7月21日 为了更好地指导市民使用这两个数据库，共享工程北京市分中心（首都图书馆）对全市各支中心的数字资源管理员进行先期培训。之后，各分、支中心将分别组织开展面向市民的有针对性的培训与指导课程，帮助人们快速了解数据库的使用方法和技巧，为人们阅读书刊、查找资料提供实用有效的文献和信息支持。

7月23日 首都图书馆"辛亥，摇晃的中国"讲座在二层报告厅举行，中国人民大学国际关系学院政治学系教授张鸣担任主讲人，本次讲座是"纪念辛亥革命一百周年"系列讲座的首场。

7月25日 首都图书馆在北京市公安局收容教育所举办"首图讲坛"活动，特邀中国青年出版社《虹 madame FIGARO》杂志总编辑、编辑总督导曹作兰女士为被收教人员做了题为"懂得生活，让自己因生活而精彩"的讲座。

7月27日 北京电视台主办的"《这里是北京》第六辑捐赠仪式"在首都图书馆一层多功能厅举行。北京广播电视台台长兼北京电视台党委书记、台长王晓东，北京市文物局副局长于平，北京市新闻出版局副局长王野霏，延庆县副县长赵志萍，首都图书馆党委书记肖维平等领导出席捐赠仪式。北京电视台将《这里是北京》第六辑图书赠予了首都图书馆、本市10家区县图书馆、社区图书馆及小学图书馆。

8月1日 "马新阶、马俐图画书原画展"在首都图书馆二层文化艺术展厅举行。本次展览展出了曾获得冰心图书奖等多项奖项《中国情》原创图画书系列的《满月》《荷灯照夜人》《冈拉梅朵》三部作品的全部原画。两位画家向首都图书馆赠送5套参展图画书。马新阶还赠送画作给首都图书馆。

8月6日 北京市文化局局长、党组副书记肖培在首都图书馆馆长倪晓建等陪同下对首都图书馆二期工程建设情况、开展文化服务情况进行现场调研。

8月14日 首都图书馆和北京大学出版社联合举办的"读名著美文，听名师点评，享北京大学之风聚书香首图——暑期青少年博雅阅读大讲堂"系列活动在首都图书馆开展。著名儿童文学作家曹文轩来到首都图书馆与广大小读者见面，一起畅谈"阅读·朗读·写作"。

8月14日 中国煤矿文工团一级演奏员、著名板胡演奏家郭一在首都图书馆一层多功能厅做了题为"快乐二胡享受二胡"的讲座。

8月19日 台湾清华大学图书馆馆长庄慧玲一行4人来到首都图书馆进行参访交流。副馆长陈坚接待到访客人，他简要介绍首都图书馆概况，并就读者服务、场馆建设、数字资源建设、新媒体运用及创新服务等方面进行深入交流。会后，陈坚陪同参观历史文献中心书库、北京地方文献阅览室及自助图书馆等处。

8月20日 "首图讲坛"特别策划的"回望辛亥——纪念辛亥革命百年"系列讲座圆满落幕。当日，来自南开大学历史学院的主讲嘉宾李冬君在二层报告厅做了题为"遭遇1911"的精彩演讲，读者反响热烈。

8月26日 历史文献中心刘乃英主任及工作人员范猛、朱正前往吕世杰家中接收其捐赠给首都图书馆的书籍。吕世杰是北京市委离休干部，藏有古籍多部。为使这些古籍得到更好地保护，服务于广大读者，吕世杰决定将家传古籍捐赠给首都图书馆。

8月29日 首都图书馆和秦风老照片馆联合推出的"《伦敦新闻画报》中国史画——辛亥革命一百周年纪念特展"在二层文化艺术展厅开幕。副馆长陈坚、北京市社会科学院历史研究所所长王岗和该展览撰稿人徐家宁出席开幕式并剪彩。展览共展出了100余幅《伦敦新闻画报》等早期报刊史画原件作品，这些作品均是首次与广大公众见面。

8月—12月 首都图书馆与北京市图书馆协会联合，面向全市各级公共图书馆举办全民阅读活动典型案例和学术论文的征集活动，经过专家组的评审，有7篇获得一等奖、11篇获得二等奖、17篇获得三等奖。

9月 首都图书馆正式启动"首都图书馆藏古籍珍善本图像数据库"建设。该数据库以馆藏善本古籍图像为基础，一期制作国家珍贵古籍35万页，并将不断增补。数据库系统具有简单检索、高级检索、全文影像浏览、打印下载等功能。

9月19日 新加坡国家图书馆管理局经理沈秀香一行4人来到首都图书馆进行参观访问。副馆长邓菊英向她们介绍首都图书馆概况，并就品牌建设、读者服务、数字资源建设、自助图书馆等方面与新加坡国家图书馆同人进行深入交流。会后，沈秀香一行参观历史文献阅览室、北京地方文献阅览室及哲学社会科学图书借阅室。

9月20日 由于北京城市管理广播电台领导的更换，原《茶余饭后话北京》的无偿捐赠协议被废除。出于节目信息价值以及文献保存完整性等多方考虑，首都图书馆与北京城市管理广播电台签订节目数据购买协议。"北京记忆"网站数字资源第一次以采购方的身份进行数字资源的采集。

9月22日 为进一步加强对北京市党政机关、企事业单位的文献信息服务工作，首都图书馆组织召开为党政机关、企事业单位服务座谈会，北京市委图书馆等16家市属机关、企事业单位图书馆和信息服务部门的代表参加了会议。

9月24日 团市委、市少工委、市教委、首都精神文明建设委员会办公室、市文化局五家单位主办，首都图书馆承办的2011年北京市"红读"活动"快乐阅读 绿色出行"小学生知识竞赛在二层报告厅举行。

9月24日 中国人民大学文学院院长、前鲁迅博物馆馆长孙郁和作家、书评人止庵做客"首图讲坛"，在一层多功能厅为广大读者做了题为"孙郁对话止庵:再读鲁迅"的讲座，共同纪念鲁迅诞辰130周年。

9月28日 首都图书馆在中山公园举办的北京市万名"孝星"和千家为老服务示范单位命名大会暨重阳节"敬老月"活动启动仪式上，被命名为"北京市敬老爱老为老服务示范单位"，西城区图书馆、海淀区图书馆、朝阳区图书馆、通州区图书馆等4家区县馆获得了示范单位称号。

9月28日 首都图书馆党委主办、团委承办的第三届青年论坛——"首都图书馆文明服务"研讨会在三层会议室召开。会议由团委书记李冠南主持，党委副书记李小苏、副馆长陈坚出席会议。近40名青年团员参加了会议。

9月30日 "2011首都科学讲堂·诺贝尔奖获得者专场"活动在首都图书馆二层报告厅举行。两位诺贝尔物理学奖获得者，挪威—美国科学家伊瓦尔·贾埃弗（Ivar Giaever）与美国科学家道格拉斯·奥谢罗夫（Douglas D. Osheroff）来到首都图书馆，与公众进行创新话题的平等交流与热情互动。这是诺奖获得者第一次走进中国的公共图书馆与读者交流。本次活动以"开拓创新、科学发展"为题，是中国科学院、国务院发展研究中心和北京市人民政府共同主办的"2011诺贝尔奖获得者北京行"系列活动之一。"首都图书馆荣誉馆员"邀请项目正式启动,馆长倪晓建向他们颁发"首都图书馆荣誉馆员"聘书。

9月 中国社会科学情报学会聘任首都图书馆馆长倪晓建为中国社会科学情报学会副理事长。

9月—12月 为体现北京市公共图书馆凝聚力,提升北京市公共图书馆统一的整体形象,让公益、开放、平等的北京市公共图书馆更快地走近每一位市民,首都图书馆面向社会公开征集北京市公共图书馆Logo(形象标志),共收到作品1008个,经专家评审出29个获奖作品。

10月20日—21日 召开首都图书馆第七届七次职工代表大会,会议审议了《首都图书馆(北京市少年儿童图书馆)"十二五"期间人才发展规划》《首都图书馆机构调整方案》。

10月22日 《史说北京》新书发布会暨"首图讲坛·乡土课堂"2011年度读者座谈会在首都图书馆举行。北京市社科联社科普及部主任孙武权,北京史研究会会长李建平,中国人民大学校长助理、中国人民大学出版社社长贺耀敏,首都图书馆副馆长邓菊英等领导及《史说北京》作者、读者代表出席本次活动。《史说北京》(插图本)是由北京市社科联、北京史研究会、首都图书馆共同汇编的历史文化类图书,内容选自"首图讲坛·乡土课堂"推出的同名系列讲座,由中国人民大学出版社出版发行。

10月26日 在中国图书馆学会2011年会上,首都图书馆李恺、王海茹获得第二届青年人才奖;陈坚、权菲菲被评为优秀学会工作者;肖维平、刘乃英、杨之峰、张利、贾蔷、吴洪珺、韩佳、苗文菊、朱宝琦被评为优秀会员。

10月26日—27日 首都图书馆党委组织了党团干部培训及工作研讨,各支部交流"走基层、转作风、改文风"主题教育活动的开展情况，研讨2012年党团重点工作，党委部署了下一阶段开展"为民服务创先争优"活动。

11月9日 首都图书馆开展了"119消防宣传周"演习活动。首都图书馆部分职工、保安、餐吧营业员以及二期施工人员等参与了灭火器使用技能的培训，并进行实践操作。

11月11日 市委宣传部在首都图书馆举办宣传系统首都文明单位（标兵）观摩会。北京电视台、首都图书馆等15家宣传系统首都文明单位参加了座谈交流与现场观摩活动。市委宣传部基层处副处长朱娜发表讲话。期间，与会人员还对首都图书馆党员活动室、北京市政府信息公开查阅中心、办证大厅等进行实地观摩。

11月12日 首都图书馆、北京史研究会联手推出"解读'北京精神'"大型系列讲座。首场"解读'北京精神'"文化沙龙将在首都图书馆一层多功能厅举行。

11月17日 首都图书馆二层"@学习中心"正式向社会开放。"@学习中心"是集阅读、学习、娱乐、休闲等资源于一体的数字体验中心，设有"首图掌上阅览室"100台，为不同年龄层的读者提供更适合他们的图书馆服务。

11月23日 首都图书馆与北京师范大学管理学院联合举办的"图情专业研究生课程进修班"正式开课，来自首都图书馆和区县图书馆的66名学员参与了当天的开班仪式。馆长倪晓建在开班仪式上讲话。

11月25日 首都图书馆新馆（二期）专家论证会在三层会议室举行。国家图书馆馆长周和平、文化部社会文化司巡视员刘小琴、上海图书馆馆长吴建中、中国社会科学院图书馆馆长杨沛超、中国科学院文献情报中心副主任孙坦、北京市文化局公共文化处处长黄海燕以及来自部分省市、高校图书馆的馆长等20余名专家领导莅临首都图书馆，为二期发展进行论证、指导。首都图书馆班子成员及中层干部参加了本次会议。

12月7日 北京市文化局、北京市科学技术研究院主办,首都图书馆、北京市科学技术情报研究所承办的"低碳——让我们生活更美好"科普展览在二层文化艺术长廊举办。

12月12日 文化部全国文化信息资源共享工程督导组一行,来到共享工程北京市分中心(首都图书馆),就北京市"十一五"期间文化共享工程建设及2011年度文化共享工程工作开展、公共电子阅览室建设试点工作进展情况进行督导。督导组成员由宁夏文化厅副厅长陶雨芳、浙江省图书馆副馆长刘晓清、共享工程管理中心资源处刘平组成。北京市文化局党组成员、副局长王珠、公共文化发展处处长黄海燕及首都图书馆副馆长邓菊英、陈坚接待督导组。督导组听取了北京市分中心文化信息资源共享工程暨公共电子阅览室建设试点工作的汇报,并深入基层服务站点,实地考察了东城区东华门文体中心及朝阳区奥运村社区文化中心,询问了基层服务站点的公共电子阅览室服务情况及共享工程服务基层群众的活动开展情况。督导组对北京市分中心在资源建设、技术创新、制度建立、队伍组成等方面给予了高度肯定,并就如何促进北京市文化信息资源共享工程与公共电子阅览室建设在"十二五"时期实现又好又快发展提出宝贵建议。

12月18日 由首都图书馆、新疆乌鲁木齐图书馆联合推出"新疆情"系列讲座首讲在首都图书馆一层多功能厅开讲。新疆文化厅党组书记韩子勇为现场近200名读者主讲了"新疆情·新疆的生活与文化"。

12月25日 首都图书馆与《中国少年英语报》联合举办的"少儿圣诞英语嘉年华"活动在明德少儿英文阅览室举行,100余名小读者和家长在那里度过了一个快乐的圣诞节。《中国少年英语报》主编陈丽霞为"才艺大比拼"优胜小读者颁发了奖状,并抽取了现场的"幸运大奖"。

12月27日—28日 北京市公共图书馆工作会议召开，各公共图书馆馆长及首都图书馆部分员工参加了会议。会议对本年度北京市公共图书馆的业务工作进行总结，并对本年度公共图书馆全民阅读活动、共享工程、红读活动的获奖单位进行颁奖。北京市文化局副巡视员、馆长倪晓建对2012年度的工作进行部署，北京市文化局公共文化事业处处长黄海燕出席会议并发言。

12月 历史文献中心编辑的《首都图书馆古籍善本书目》由国家图书馆出版社正式出版。全书共收馆藏古籍善本5272种，6121部，是对馆藏古籍善本的一次全面整理和详细著录。

12月 历史文献中心编辑的《首都图书馆藏稀见方志丛刊》由国家图书馆出版社正式出版。该书收入36种馆藏稀见方志，对研究相关地区的历史、地理、政治、军事等具有较高的参考价值。

2012 年

1月6日 重庆市渝北区图书馆馆长潘恩一行4人来到首都图书馆参访交流。首都图书馆副馆长陈坚介绍首都图书馆概况，并就品牌建设、读者服务、数字资源建设、二期建设及图书馆内环境布置等方面并与重庆市渝北区图书馆同人进行深入交流。会后，潘恩一行参观首都图书馆二期建设工地。

1月7日 以"弘扬北京精神，传承北京文化"为主题的"首图讲坛·乡土课堂2012年新闻发布会"在一层多功能厅举行。北京市社科联社科普及部主任孙武权，北京史研究会会长李建平，北京史研究会副会长谭烈飞、王岗，北京史研究会秘书长张蒙，北京市人民政府参事室，北京市文史研究馆副巡视员李海波，北京市规划院副院长杜立群及首都图书馆副馆长邓菊英、陈坚出席新闻发布会。邓菊英对2012年度"乡土课堂"活动开展进行总结。

1月9日 市委宣传部副部长张淼来馆对春节期间安全工作进行检查。市委宣传部基层处处长张爱军，市文化局巡视员叶重辉、安全处处长羊国斌及首都图书馆馆长倪晓建、党委书记肖维平等陪同检查。下午，市文化局副局长王珠一行也到首都图书馆安全检查，并对春节期间安全工作做重要指示。

1月20日 国家图书馆与首都图书馆联合举办的"北京精神"大型主题展览在首都图书馆二层文化艺术展厅展出。

1月31日 北京市委书记刘淇来到首都图书馆调研文化服务设施建设情况，参观"北京精神"大型主题展、视察了社区数字文化站展示厅、听取了首都图书馆关于二期工程的汇报，对图书馆近年来在建设北京市公共文化服务体系的成绩给予了肯定。刘淇对"北京记忆"数据库建设给予了充分肯定。他指出，先进技术手段的应用，不仅保护了珍贵的文献资源，还让它们得到了进一步开发、利用和传播。刘淇还详细了解了"首图动漫在线"开发建设情况，他表示，首都图书馆要不断创新，开发制作出更多为青少年所喜爱的动漫短片，发挥更大的影响力。刘淇在调研中强调，要大力实施文化惠民工程，加快首都标志性公共文化设施建设，盘活现有文化设施资源，利用好新建文化设施，提升文化设施的利用率和服务水平，坚持以人为本，以满足人民群众文化需求为目标，大力弘扬和践行北京精神，加强公共文化设施建设，完善基层公共文化服务，实施文化惠民工程，更好地发挥首都全国文化中心示范作用。中共北京市委常委、市委秘书长、办公厅主任李士祥，北京市文化局局长、党组副书记肖培，首都图书馆馆长倪晓建、党委书记肖维平等领导陪同调研。

2月2日 在市文化局局长肖培的带领下，各区县文委主任到首都图书馆参观社区数字文化站展示厅。肖培就推广社区数字文化站建设做了具体部署。社区数字文化站是北京市文化局、首都图书馆推出的一项文化惠民新举措，集中展示了利用数字传媒和网络技术建设的自助图书馆、移动图书馆和基于有线电视高清平台的家庭虚拟图书馆等全新数字文化资源。2012年，社区数字文化站将在全市社区文化中心进行推广，并将列入市政府为群众拟办重要实事之一。各区县文委同时参观"北京精神"大型主题展及二期工程。

2月2日 中国社会科学院聘请馆长倪晓建为中国社会科学院第八届图书资料系列高级专业技术资格评审委员会委员。

2月27日 "首图动漫在线"在首都文明办组织开展的2011年度首都未成年人思想道德建设创新案例征集评选活动中,荣获创新案例奖。

3月12日 首都图书馆联盟成立大会暨国家图书馆与首都图书馆战略合作协议签约仪式在国家图书馆举行。北京行政区域内的国家图书馆、党校系统图书馆、科研院所图书馆、高等院校图书馆以及医院、部队、中小学图书馆和北京市公共图书馆共110余家图书馆,自愿联合发起成立了"首都图书馆联盟"。文化部党组成员、副部长杨志今,文化部原副部长、国家图书馆馆长、首都图书馆联盟名誉主席周和平出席大会并为联盟揭牌并发表重要讲话。北京市委宣传部、北京市文化局、国家图书馆、首都图书馆以及部分联盟图书馆成员馆有关负责人参加了大会。北京市文化局局长肖培主持大会。伴随联盟成立,十大惠民服务措施也同时启动。

3月14日 日本国立国会图书馆关西馆亚洲信息科馆员汤野基生来到首都图书馆,首都图书馆副馆长陈坚接待来访嘉宾,并就古籍保护、数字资源建设、电子出版物采集等方面与嘉宾进行交流。

3月24日 由首都图书馆、北京人民广播电台新闻广播联合举办的"北京故事"主题讲座启动仪式在首都图书馆一层多功能厅举行。北京新闻广播台长罗湘萍、副台长张红力、首都图书馆副馆长陈坚出席本次活动。

3月26日 乌克兰国家图书馆协会代表团一行28人来到首都图书馆参观访问,副馆长陈坚接待参访团,并向来访嘉宾介绍首都图书馆概况、业务发展、数字资源建设等情况。随后,代表团参观北京地方文献阅览室及历史文献阅览室。

3月31日 为了迎接"国际儿童图书日"的到来,首都图书馆特别策划了"书香暖童心阅读促成长"国际儿童图书日主题活动。来自北京劲松第四小学的近1500名学生通过看电影、读好书、与名家面对面等多种形式，丰富自身知识、享受阅读乐趣。北京劲松第四小学的孩子们用朗诵、舞蹈等表演形式为国际儿童图书日启动拉开帷幕。副馆长邓菊英代表首都图书馆向北京劲松第四小学赠送200册《童年书缘》，并鼓励孩子们走进图书馆，体验阅读的快乐。

4月19日 首都图书馆联盟在首都图书馆一层多功能厅召开新闻发布会。联盟主席、市文化局党组书记、副局长张文华，联盟副主席、国家图书馆副馆长陈力及联盟常务副主席、秘书长、首都图书馆馆长倪晓建出席本次发布会。会上，张文华向在场媒体通报了"首都图书馆联盟工作进展情况"。陈力及倪晓建分别向媒体记者通报了"首都图书馆联盟世界读书日主题阅读活动"及"2012年度'北京换书大集'启动及开展情况"。随后，三位领导就首都图书馆联盟成立以来推出的文化惠民举措、下一阶段工作开展计划、"北京换书大集"等相关内容进行答记者问。

4月21日 由首都图书馆联盟主办，首都图书馆、国家图书馆、北京市区县图书馆联合承办的"北京换书大集"在首都图书馆一层多功能厅启动。本次"北京换书大集"邀请多家出版社提供新书免费交换；邀请多位文化名人持签名图书参与交换；国家图书馆也提供了近年的文津图书奖获奖图书进行参与。首都图书馆联盟成员馆的北京市23家区县图书馆均加入书刊收集行列。

4月22日 首都图书馆联盟、首都图书馆和中国传媒大学播音主持艺术学院共同主办的"品读书香·传诵经典——世界读书日大学生诵读会"在首都图书馆二层报告厅举行。来自中国传媒大学、北京师范大学、北京大学、北京联合大学四所高校的青年学生以朗诵、配音、吟唱等形式，赞美阅读情操、歌颂人性光辉，为现场近400名观众带来了一次高雅的文化体验。

5月5日 "动物之美、科学之美——走进国家动物博物馆"讲座在首都图书馆一层多功能厅开讲。这是"博物馆之旅"系列讲座之自然科学篇的首讲,国家动物博物馆副馆长黄乘明做了关于动物的主题讲座。

5月8日 辽宁省图书馆馆长助理姚杰一行4人来到首都图书馆参观访问。副馆长陈坚接待参访人员,并介绍首都图书馆基本概况和新馆建设情况。双方还就读者活动开展、残疾人服务、少儿服务等方面进行探讨。

5月9日 北京市朝阳区残疾人联合会与朝阳区文学艺术界联合会主办,首都图书馆承办的"细致之美——罗丽艳工笔作品展"在首都图书馆一层多功能厅开幕。本次展览展出由残障人士罗丽艳所作画作88幅。

5月12日 "五个一"文化助残系列活动赠书仪式暨文化助残讲座在首都图书馆举行。副馆长陈坚、市残联宣文部主任董连民、市残疾人活动中心主任李焕林、市肢残人协会主席刘京生等领导出席本次活动。

5月18日 首都图书馆、黄松峪乡政府、塔洼人家度假村乡村文明共建服务点、平谷区图书馆分馆正式在塔洼书苑举行挂牌仪式。

5月19日 北京市科技周开幕日,2012年北京市红领巾读书活动青少年原创科普剧比赛在科技周分会场——首都图书馆举行。比赛以"携手建设创新型国家"为主题,有16个区县的19支代表队,近300名中小学生参与其中。

5月24日 韩国釜山广域市立市民图书馆馆长张泰奎一行5人来到首都图书馆进行参访交流。首都图书馆副馆长陈坚接待参访人员,介绍首都图书馆基本概况,并就文献典藏、古籍保护、青少年阅读服务等方面与参访人员进行交流。

5月25日 广州市文化广电新闻出版局副局长陈春盛一行10人至北京市文化局,就图书馆立法工作进行调研。考察组在市文化局研究室主任常林、法规处副处长张洪义、公共文化事业处副调研员刘贵民的陪同下,来到首都图书馆,听取了关于《北京市公共图书馆条例》立法情况的汇报。双方就图书馆资源建设、业务发展等内容进行交流、探讨。馆长倪晓建陪同调研。

5月31日 中宣部副部长申维辰一行至北京市调研北京精神宣传教育工作情况及取得的社会效果。在北京市委副秘书长傅华、市委宣传部常务副部长王海平陪同下,来到首都图书馆,参观北京精神主题展并调研北京精神宣传工作开展情况。馆长倪晓建、党委书记肖维平陪同调研。

5月 北京市古籍保护中心邀请北京市各公共图书馆及市属古籍藏书单位负责人召开2012年度第一次北京市古籍保护工作会议,传达2012年3月全国古籍保护工作会议精神,与各单位负责人讨论了2012年北京地区古籍普查工作计划及《古籍普查登记目录》编纂方案。

6月1日 "图书馆体验日——走进现代图书馆"活动在首都图书馆举行。近20名读者代表、媒体工作者参与了本次活动并参观首都图书馆社区数字文化站展示厅,体验了自助办理读者证、自助借还书等服务,并参观二期工程现场。

6月3日 首都图书馆工作人员来到首地大峡谷,免费为广大市民办理"一卡通"联合读者卡。"一卡通"联合读者卡可在本市150余家图书馆网点使用。

6月12日—8月3日 北京市古籍保护中心先后7次派出工作组,前往昌平区、石景山区、顺义区、门头沟区、房山区、平谷区和西城区等区县公共图书馆,开展古籍普查登记工作,合计登记古籍786种,6811册,其中善本古籍109种。通过普查登记,基本厘清了北京市各区县公共图书馆的古籍藏书现状，完成了古籍普查基础工作，还发现一批善本古籍。

6月20—21日 北京市公共图书馆馆长工作会议在昌平区召开。北京市文化局副巡视员、首都图书馆馆长倪晓建，北京市文化局公共文化处处长黄海燕，首都图书馆及各区县公共图书馆馆长参加了会议。会上对首都图书馆联盟成立、上半年全市公共图书馆的基础业务、数字社区建设、24小时自助图书馆运行、网络信息共享工程、红领巾读书活动以及图书馆安全工作等，进行总结与部署。

6月23日 首都图书馆、商务印书馆共同策划推出的"百年学脉——中华现代学术名著"系列讲座首讲将在首都图书馆二层报告厅开讲。本次讲座邀请到清华大学国学研究院副院长、哲学系教授、博士生导师刘东作为主讲嘉宾，为广大读者带来讲座"跨越与回归——清华国学院之魂"。

7月2日 首都图书馆党委书记肖维平、副馆长邓菊英率中层干部、业务骨干一行40余人到北京师范大学图书馆参观学习。肖维平向北京师范大学图书馆副馆长王琪赠送首都图书馆纪念品，双方表示两馆将在建设现代化、智能化、数字化图书馆的道路上持续努力，多作交流。

7月6日、20日 首都图书馆组织中层干部及2011年度考核优秀职工前往天津图书馆参观考察。

7月18日 首都图书馆党委举办学习北京市第十一次党代会精神专题报告会，特邀市委党校哲学部主任张军作主题报告。馆党政领导班子成员、中层干部、全体党员共计150余人参加。

7月24日 法国公共信息图书馆Annie Dourlent女士、Regis Dueuemee先生来到首都图书馆进行参访交流。副馆长陈坚接待参访人员，介绍首都图书馆基本概况，并就数字化图书馆建设、远程数字化服务等方面进行交流。馆长助理李冠南、共享工程北京分中心主任陈建新、数字资源建设中心主任张娟陪同接待。

7月25日 为响应市委、市政府号召，积极参与"7·21特大自然灾害事故救灾捐款活动"，首都图书馆向全体党员、共青团员、职工发出倡议书，动员广大馆员积极参与救灾捐款，向受灾群众献上一份爱心。本次所捐款项将转交至北京市慈善协会，由他们直接送达灾区和困难群众手中，帮助受灾群众解决生活困难。

8月1日 首都图书馆举行欢迎2012届新员工入职见面会。馆党政领导班子全体成员参加。在见面会上，馆长倪晓建和党委书记肖维平对24名新员工提出希望和要求。

8月1日 市文化局巡视员叶重辉到首都图书馆，就防汛等安全工作进行检查。副馆长胡启军等相关人员陪同检查，并就防汛等安全工作的开展情况进行汇报。

8月21日 由中国文化部与厄瓜多尔驻华大使馆主办、中国对外文化集团公司中国对外艺术展览有限公司承办，首都图书馆协办的"厄瓜多尔摄影作品展"在多功能厅开展。本次展览展出了艺术家埃斯特韦斯、金曼2人的摄影作品共计150余幅。

8月23日 首都图书馆"市民学习空间"平台开通，该平台以11万集学术视频为主，整合相关优质数字资源，提供视频学习的平台，打造市民学习中心。

8月28日 黑龙江少年儿童出版社与首都图书馆联合举办的"童话中成长——《安武林阶梯童话》新书发布会暨赏读会"在首都图书馆一层多功能厅举行。黑龙江少年儿童出版社副社长张立新主持发布会，黑龙江出版集团副总经理于晓北、黑龙江少年儿童出版社社长赵力、首都图书馆副馆长邓菊英出席发布会并发表讲话。安武林、金波、曹文轩、樊发稼、王一梅等十几位著名儿童文学作家、评论家、教育专家、儿童阅读推广人参加了发布会，并与小读者面对面交流。

8月—12月 为提高基层文化工作者的综合素质和服务能力，贯彻落实《文化部关于开展全国基层文化队伍培训工作的意见》及《北京市文化局关于开展全市基层文化队伍培训工作的实施意见》，首都图书馆开展了面向全市区县图书馆从业人员和街道乡镇专职管理员的培训工作，近1200人参加了培训，有效提升了基层公共图书馆从业人员的专业素养与服务水平，为建设一流的人才队伍，完善公共文化服务体系奠定了基础。

9月3日 首都图书馆联盟主办的第一届"首都读者周"正式与广大市民见面，落实了将每年9月的第一周设立为"首都读者周"的服务举措。作为联盟单位之一的首都图书馆，特别策划推出了公益讲座——"馆长带您走进图书馆"，由馆长倪晓建担任主讲嘉宾，为市民讲解图书馆的服务功能，帮助读者更好地利用图书馆资源。本场讲座也为首都图书馆"读者周"主题活动拉开帷幕。

9月15日 首都图书馆文化志愿者培训班正式开班。党委书记肖维平出席开班仪式并讲话。参加本期培训的志愿者达150余名，经过培训并通过考核的志愿者，主要从事新馆现代化设备的导读导引、读者服务等工作。

9月24日 "北京市宣传系统创先争优活动成果展"在首都图书馆展出。展览展示了宣传系统各基层党组织活动、党员生活等图片，包括中共北京市委宣传部、北京市文化局、北京市广播电影电视局等单位在内的28家单位参加了成果展。

9月26日 首都图书馆新闻发布会在新馆报告厅召开，馆长倪晓建宣布了新馆开馆时间，介绍新馆特色和服务举措并答记者问。

9月28日 首都图书馆新馆开馆仪式在新馆报告厅举行。文化部副部长杨志今，国家图书馆馆长、首都图书馆联盟名誉主席周和平等领导出席，仪式由北京市文化局局长肖培主持。馆长倪晓建报告了新馆建设情况。

9月28日　首都图书馆"掌上图书馆"开通,此应用基于iOS、安卓系统开发,提供了学术视频、首都图书馆讲坛、电子书报刊等的阅览,提供全国600余家图书馆馆藏信息的查询、最新文化信息咨询、图书的续借预约等功能,同时开发网页版,适用于非iOS、安卓系统的应用。

9月28日　首都图书馆举办"清秘朗鉴——首都图书馆藏文献珍品展"。在新馆开馆之际,历史文献中心精心甄选60余件馆藏珍品进行展览,展出珍秘善本、名家书画、碑帖珍本等馆藏珍品。

10月6日　首都图书馆"首图讲坛"特别策划的系列讲座"国之重宝"在二层报告厅揭开帷幕,中国国家博物馆研究馆员、中央文史研究馆馆员、国家文物鉴定委员会副主任委员、全国古籍整理出版规划领导小组成员孙机为广大读者做了题为"神龙出世六千年"的讲座。

10月17日　台湾汉学研究中心主任曾淑贤一行5人来到首都图书馆进行参访交流。馆长倪晓建、党委书记肖维平、馆长助理李冠南接待到访客人。倪晓建向来宾介绍首都图书馆的基本情况,并就新馆建设、文化社区及数字资源建设以及建立文化志愿者队伍等相关内容进行交流与探讨。曾淑贤一行在相关人员陪同下参观首都图书馆。

10月21日　首都图书馆联盟、首都图书馆和中国传媒大学播音主持艺术学院共同主办了"弘扬北京精神激昂青春风采"主题诵读会在首都图书馆二层报告厅举行。

10月27日　首都图书馆、北京市残疾人活动中心共同举办的"品味书香　亲近阅读"残疾人阅读沙龙暨北京市残疾人征文比赛颁奖仪式在首都图书馆报告厅举行。颁奖仪式后,还举行了"品味书香　亲近阅读"残疾人阅读沙龙。

10月27日　"首图讲坛·国之重宝"系列讲座之一"锦绣江山画

中游"在首都图书馆二楼报告厅举行，讲座由中国国家博物馆研究员王宏钧主讲。

10月31日 首都图书馆联盟、首都图书馆主办，西城区宣武图书馆、西城区美术家协会协办的"著名书法家石祥、刘育新诗词书法作品展"开幕式在新馆第二展厅举行。首都书画界、文学界和艺术界近百位名家出席仪式。书画家们现场挥毫泼墨，切磋技艺。大家互赠笔墨丹青，李世英、舒浩华等书画名家向首都图书馆赠送珍贵墨宝。

10月31日 "我为首图新馆开馆做贡献"劳动竞赛暨新馆开馆总结表彰会在首都图书馆报告厅举行。市文化局党组书记、副局长张文华出席大会并讲话。党委书记肖维平对劳动竞赛暨新馆开馆工作进行全面总结，馆长倪晓建对2013年度重点工作进行安排部署。领导们为先进集体和先进个人颁发了获奖证书，4位先进集体、个人代表进行交流发言。

10月 文化部聘请首都图书馆馆长倪晓建为文化部图书资料专业高级职称评审委员会委员，聘期一年。

11月1日 北京大学信息管理系教授李国新率该系14名博士研究生，到首都图书馆二期新馆现场教学，并邀请馆长倪晓建进行指导。

11月4日 北京市民营剧团创排的话剧《白纸坊太狮》在首图剧场精彩亮相，拉开了由北京市委宣传部、北京市文化局共同主办的"庆祝党的十八大胜利召开，2012年北京优秀剧目汇报演出"的帷幕。文化部副部长董伟，北京市文化局局长肖培，北京市委宣传部秘书长张成刚、王珏，北京市文化局副局长王鹏，北京市文化局党组成员崔国红，北京市文化局巡视员吴然，馆长倪晓建等出席活动。

11月7日 新西兰国家图书馆代表团一行来到首都图书馆进行参访交流，来访人员包括新西兰内政部信息和知识服务司副司长苏·鲍威尔（Sue Powell）和新西兰国家图书馆馆长威廉·麦克努特（William

Macnaught)。副馆长陈坚接待到访客人，并陪同参观新馆的各阅览区域和文化设施。

11月9日　首都图书馆开展了消防安全系列活动，在广场悬挂宣传横幅、张贴宣传标语，并组织开展了消防演练。

11月12日　美国图书馆协会主席莫利·拉斐尔（Molly Raphael）女士在首都图书馆以"图书馆作为社区和公民参与的领导者"为主题，与北京市公共图书馆的工作人员进行学术交流。

11月20日　北京市人大常委会副主任吴世雄一行50余人来到首都图书馆，视察本市全国文化中心建设公共文化建设进展情况。陪同视察的有市人大常委会委员、教科文卫体委员会委员和部分市人大代表等。在市文化局局长肖培，首都图书馆副馆长邓菊英、陈坚、胡启军的陪同下，吴世雄一行听取了肖培关于新馆建设与服务情况的介绍。随后，视察了数字文化社区样板间、视听文献借阅区、历史、地理文献借阅区和剧场。

11月22日　日本国立国会图书馆代表团一行来到首都图书馆参观访问，来访人员包括日本国立国会图书馆副馆长池本幸雄、关西馆次长山崎治、收集书志部主任司书大塚奈奈绘等。副馆长陈坚接待参访客人，数字资源中心主任张娟、采编中心副主任宋艳萍、信息咨询中心副主任王松霞陪同。陈坚详细介绍首都图书馆馆藏建设、自助借阅服务、多媒体资源使用及古籍保护与修复等情况，并陪同参观数字文化社区样板间、历史与地理文献借阅区、试听文献借阅区、数字书房及古籍阅览室。双方还就馆藏建设与读者服务等项目进行友好交流。

11月24日　北京市第八届全民终身学习周活动开幕式在中国妇女儿童博物馆举行。会上为荣获2012年"首都市民学习品牌""首都市民学习之星"代表及"北京市创建学习型社区先进街道（乡镇）"进行颁奖。首都图书馆文化品牌活动"首图讲坛"荣获了2012年"首都市民学习品牌"称号。

11月26日 为庆祝中国和白俄罗斯建交20周年,由两国文化部共同主办,中国对外文化集团公司承办,首都图书馆协办的"白俄罗斯民族服装暨现代绘画展"于首都图书馆B座一层第二展厅开幕。白俄罗斯共和国文化部副部长V.M.卡拉切夫斯基、白俄罗斯共和国驻华参赞谢纽塔、白俄罗斯现代艺术博物馆馆长Sharanhovich Natallia、白俄罗斯民俗建筑和生活博物馆馆长Pakhomenka Iryna、中华人民共和国文化部外联局副局长谢金英、中国对外文化集团副总经理阎东、首都图书馆馆长倪晓建等领导嘉宾出席开幕式。

11月 北京市古籍保护中心邀请市属各藏书单位召开北京市古籍保护工作会议。此次会议的与会单位有首都博物馆、宣武区图书馆、首都师范大学等20余家图书馆。会议主要传达了中国图书馆学会年会期间召开的"全国古籍保护工作会议和古籍整理与文献保护专业委员会会议"精神,并介绍今年开始启动的民国文献保护工程。

11月底至12月 北京市古籍保护中心举办第五期北京市古籍保护工作培训班,共有来自中共北京市委党校图书馆、北京市文物局图书资料中心、首都图书馆等21家单位的53名学员参加了此次培训。培训邀请了中国人民大学教授张美芳与中国国家图书馆古籍馆张平,分别为学员讲授古籍及民国文献的保护与修复等课程。

12月2日 首都图书馆举行"十八大:您最牵挂的关键词"主题展览。展览为读者梳理十八大报告中的中国特色社会主义、科学发展、五位一体等十六个关键词,每一关键词均配以原文摘录、专家解读及精美图片进行详细展示。展览受到读者热烈响应,共计两万名读者在展出当天进行参观学习。

12月3日 中共中央政治局委员、北京市委书记郭金龙来到首都图书馆,就基层单位学习贯彻十八大精神及公共文化服务设施建设情况进行调研。市领导赵凤桐等陪同调研。郭金龙参观"十八大：您最牵挂的关键词"主题展、"旗帜的力量——学习贯彻十八大精神 馆藏历史文献展"及首都图书馆新馆B座，并在首都图书馆剧场观看了基层群众带来的学习贯彻十八大精神的北京琴书和快板书。

12月5日 北京市人民政府在首都图书馆新馆举行外国驻华使节招待会。来自100多个国家驻华使馆和国际组织驻华代表处的大使、代办、首席代表及其配偶近200人应邀出席。北京市委副书记、代市长王安顺出席招待会并致辞。中联部副部长于洪君，中央外办副主任叶大波，外交部部长助理张昆生，市领导吉林、李士祥、唐龙、沈宝昌出席招待会。招待会后，王安顺参观首都图书馆新馆。

12月7日 国家图书馆聘请首都图书馆馆长倪晓建为《中国珍贵典籍史话丛书》工作委员会副主任委员。

12月8日 首都图书馆联盟、首都图书馆、中国传媒大学播音主持艺术学院联合主办的"第十四届齐越朗诵艺术节暨第八届全国大学生朗诵大赛优秀作品展演"在首都图书馆剧场举行。本次诵读会邀请中央电视台著名主持人顾国宁、王宁担任主持，有近700名读者及学生参与。全场14个展演作品均为本届齐越朗诵艺术节的优秀作品。

12月18日 北京市曲剧艺术中心举办的"北京曲剧60年主题展"在首都图书馆隆重开幕。中国现代文学馆馆长、北京曲剧剧种奠基人、老舍先生之子舒乙，北京人艺著名导演顾威和北京京剧院剧作家王新纪等嘉宾出席开幕式。

12月20日 "书写北京榜样、感受身边雷锋"大型书画摄影作品展在首都图书馆B座第二展厅展出。展览共分为"摄影篇""学生篇""721纪事""名家题字""艺术家篇"五部分，展出摄影、书画作品161幅。这些作品均出自著名画家、书法家、摄影家及大学生之手。该展览由首都精神文明办与北京人民广播电台共同主办，是"北京榜样"大型年度评选活动的延伸活动之一。

12月20日　首都图书馆联盟、西城区文化委员会共同主办的"读书的艺术"百姓摄影展在首都图书馆A座多功能厅展出。展览共展出摄影作品200余幅，真实展现了大众阅读的风貌。

12月　国家图书馆聘请首都图书馆馆长倪晓建为民国时期文献保护工作专家委员会顾问，聘期两年。

是年，全国文化信息资源共享工程北京市分中心承办市文化局2012年北京市政府重要实事："启动数字文化社区建设工程，在100个社区安装建设集艺术欣赏、文化传播、交流互动、信息查询于一体的社区公共文化数字新平台。"100个数字文化社区内，市民可进行传统阅读、数字化阅读、触摸读报、移动阅读及通过高清交互电视平台收看各类型的优秀数字文化资源，并实现无线覆盖。

是年，首都图书馆"数字文化社区及电子阅览室资源导航系统"开通，整合同类信息资源服务系统，实现异地发布、跨平台检索，为市民提供一站式信息服务。

是年，首都图书馆"市民学习空间"平台开通，该平台以11万集学术视频为主，整合相关优质数字资源，提供视频学习的平台，打造市民学习中心。

2013 年

1月1日 职工餐厅正式启用，解决了单位职工多年来的就餐问题。

1月8日 在市委宣传部、市委社会工委、市社科联、市科委、市曲艺团共同举办、海淀区委宣传部承办的"2013周末社区大讲堂系列科普讲座科普基地活动启动式暨宣传十八大精神社科普及进社区文艺专场演出"活动中，首都图书馆凭借在2012年科普工作中的突出贡献，被评为2012年度"全国人文社会科学普及基地"。

1月11日 新加坡国家管理局代表团一行6人来到首都图书馆交流。馆长倪晓建接待代表团，并简要介绍首都图书馆概况。倪晓建向代表团发出邀请，希望新加坡图书馆同人前来参加首都图书馆建馆100周年纪念活动，以促进双方文化交流及图书馆事业的共同发展。随后，代表团一行参观首都图书馆，并对新馆的数字化建设、布局设计等给予了高度肯定。

1月12日 "乡土课堂"十周年纪念仪式暨2013年讲座计划新闻发布会在首都图书馆A座报告厅举行，馆长倪晓建，北京史研究会副会长、中国文物交流中心副主任姚安出席。倪晓建回顾了"乡土课堂"十年发展历程。2003年1月，以"北京祭坛"为题的"乡土课堂"正式拉开帷幕。十年来，首都图书馆、北京史研究会、北京市社科联鼎力合作，保证了"乡土课堂"的品质和高度。姚安在讲话中表示，除常规的北京历史文化讲座外，将重点打造"美丽北京"主题系列讲座。

从历史发展、都城建设、生态文明、区域特色等方面，宣传北京之美，让更多人关注北京建设，进一步促进城市的和谐发展。

1月18日 四川省图书馆副馆长王嘉陵一行7人来到首都图书馆参访交流。副馆长李冠南接待到访客人，介绍首都图书馆的基本情况，并就新馆建设、新馆自动化系统、地方特色服务等相关内容与来宾进行交流探讨。王嘉陵一行在相关人员陪同下参观首都图书馆。

1月29日 在B座电影厅举办首都图书馆老干部迎春团拜会。馆长倪晓建、党委书记肖维平等参加团拜，肖维平代表党政领导班子致辞。

1月31日 首都图书馆召开2012年度总结表彰大会。会上馆长倪晓建做了《首都图书馆2012年工作总结暨2013年度工作计划》报告，党委书记肖维平宣读了《首都图书馆关于表彰2012年度先进集体和先进个人的决定》，馆领导向获奖集体和个人颁发了荣誉证书。

2月2日—3日 朝阳区南磨房第六届民俗文化节暨迎小年社区庙会隆重启动。首都图书馆走进社区庙会为现场市民提供读者卡办理服务。读者卡最吸引人的地方在于"一卡在手，终生有效，150余家图书馆任你走"。

2月8日 首都图书馆参加了由北京市文资办、北京市文化局、北京市文联等多家单位在中华世纪坛联合主办的"北京之光"新年文化活动。为发挥公共图书馆在首都文化建设中的作用，首都图书馆积极响应并精心策划活动方案，将首都图书馆品牌少儿活动——"首图动漫在线"和"巧巧手美劳加工厂"带进本次冬令营。

2月 春节期间，首都图书馆在A座二层文化艺术展厅推出了"京城·惊喜——美丽北京发现之旅"主题展。展览介绍33个好玩好看且极具京城文化特色的观赏景点。为拓展读者视野，首都图书馆还于3月2日举办相关主题讲座，带领读者通过展览了解北京的历史文化发展历程。此外，为提升广大市民参观的便捷性，让更多读者观看到本次展览，首都图书馆还在首都图书馆网站推出"京城·惊喜"电子展览。开展近一个月，接待参观读者4万余名，受到广大读者好评。

3月4日　由美国驻华大使馆和首都图书馆联合举办的公益文化讲座"Understand China through Mandarin Learning 梦里中国——关于生活、爱与语言"，在首都图书馆一层多功能厅开讲。来自美国的著名作家、语言学家Deborah Fallows做客首都图书馆，为市民们带来了她在中国生活和学习中的趣闻趣事，与北京市民一同分享了她对中文、中国、中国文化的独特理解和感悟。美国大使馆公使衔新闻文化参赞托马斯·霍奇斯（Thomas Hodges）先生、讲座嘉宾德博拉·法洛斯（Deborah Fallows）女士向副馆长邓菊英赠送《梦里中国：有关生活、爱与语言的中文课程》（*Dreaming in Chinese—Mandarin Lessons in Life, Love, and Language*）图书。

3月5日　市委常委陈刚作为一名志愿者来到首都图书馆与其他文化志愿者共同参与了北京志愿服务活动。共青团北京市委员会书记常宇，市委社会工委书记、市社会办主任宋贵伦，市委办公厅副主任费宝岐，市文化局副局长王珠一同参与了志愿服务。活动现场，陈刚慰问了服务中的文化志愿者。他勉励大家，要做好文化志愿服务，为民助人，不断传递正能量。随后，陈刚一行作为普通志愿者参与了志愿服务。在工作人员的指导下，他们接受志愿服务岗前培训，学习志愿服务基础知识、了解当日志愿服务内容，并与其他志愿者一起将读者归还的图书排序、整理上架，操作移动图书点检车进行校验与定位。

3月12日　由中国书法家协会主办，首都图书馆、北京书法院承办，美术报、陈振濂名家工作室协办的"颐斋同门六人书法展"在首都图书馆B座展厅开展。中国书法家协会顾问、中国革命军事博物馆研究员、解放军书法院院长李铎，中国书法家协会副主席胡抗美、陈振濂等嘉宾出席开展仪式。

3月13日　北京市文化局局长陈冬到首都图书馆调研。馆长倪晓建向陈冬汇报了首都图书馆整体情况及2013年重点工作项目。随后，陈冬参观首都图书馆数字文化社区样板间、四层借阅区及首都图书馆剧场、会议中心等处。

3月16日　由澳大利亚驻华使馆、首都图书馆、Books Illustrated画廊等机构联合推出的"来自澳大利亚的问候"系列活动在首都图书馆启动。该活动是2013年澳大利亚文学周的重要项目之一。为期五天的活动中，小读者们不仅体味到澳洲儿童图书的风采，还与当地的儿童绘本作家、插画家进行亲密接触、愉快交流。

3月17日　由北京市残疾人活动中心、首都图书馆、北京电视台"书香北京"栏目、北京市残联社会工作部、北京红丹丹教育文化交流中心共同举办的"心阅书香"——盲人有声阅读活动在一层视听集体阅览室举行。30位盲人朋友来到活动现场，一起聆听了北京电视台主持人和志愿者们分角色朗诵的小说《山楂树之恋》两个章节。

3月26日　《科学健身指导丛书》2013年新闻发布会暨"全民健身读书月"活动启动仪式在首都图书馆举行。国家体育总局群体司司长刘国永、中国体育报业总社社长兼人民体育出版社社长涂晓东、中国体育报业总社副社长兼人民体育出版社总编辑史勇、首都图书馆馆长倪晓建、奥运冠军何雯娜，以及国家体育总局群体司综合处副调研员孟亚峥、国家体育总局体育科学研究所研究员王梅、优秀健身教练孙童童出席新闻发布会及启动仪式。活动由中国资深体育评论员张路主持。

4月2日　为了更好地落实中国图书馆学会2013年3月10日发布的《关于举办"2013年全国少年儿童阅读年活动"的通知》，首都图书馆精心策划了"别样课堂在首图"主题系列活动。来自北京市朝阳区枣营幼儿园、南磨房中心小学、劲松四中的近600名师生参加了本系列活动，在书海中度过了一个难忘的"国际儿童图书日"。

4月3日　由首都图书馆联盟、首都图书馆主办，中国科学院国家科学图书馆、北京大学图书馆、对外经济贸易大学图书馆及北京市区县图书馆联合承办的第三届"北京换书大集"正式启动收书。

4月8日　新疆维吾尔自治区图书馆副馆长黄胜珠一行四人来首都图书馆学习交流，就改扩建工作经验及图书馆功能布局工作座谈调研。首都图书馆副馆长邓菊英接待到访客人，业务部主管张震宇陪同交流与实地参观。

4月17日　由文化部与哥伦比亚共和国驻华大使馆共同主办的"形象、景象和抽象——哥伦比亚艺术展"在首都图书馆开幕。作为2013"相约北京"大型文化活动之"第一届拉美艺术季"的第二个艺术展，该展展出了众多哥伦比亚艺术家的精选作品54件，呈现了哥伦比亚艺术的发展趋势。

4月19日—20日　为迎接"4·23世界读书日"，首都图书馆联盟、首都图书馆联合中国科学院国家科学图书馆、北京大学图书馆、对外经济贸易大学图书馆及北京市区县图书馆，举办第三届"北京换书大集"。本届换书大集延续"分享阅读交换快乐"口号，号召广大市民将家中闲置书刊流动起来，与其他市民交换阅读，推动社会阅读，倡导分享阅读、绿色阅读、快乐阅读的理念。本届换书大集共举办2天，除首都图书馆作为主会场外，活动还增设了中国科学院国家科学图书馆等12家分会场，方便市民就近交换。

4月23日　首都图书馆举办"书眼看世界——与高卢英雄一起历险"世界读书日主题活动。来自西城区实验小学的420余名师生与童书编辑邢培健分享了《高卢英雄历险记》中的经典镜头，共同了解作者的创作初衷和创作过程中的故事。

4月27日　南京图书馆党委书记方标军一行三人来到首都图书馆

参访交流。首都图书馆馆长倪晓建、副馆长邓菊英接待到访客人。倪晓建向他们介绍首都图书馆概况，并就品牌建设、读者服务、数字资源建设等方面工作进行深入了交流。会后，倪晓建陪同方标军一行参观首都图书馆。

5月4日　由首都图书馆、中信出版社联合推出的"醉看中华文化——马未都《醉文明》系列丛书读者分享会"在首都图书馆剧场举行。主讲人马未都与现场500余名市民分享了自己的阅读之道。

5月7日　由首都图书馆、美国驻华使馆联合举办的美国"克莱维诺"钢琴三重奏音乐会，在首都图书馆Ａ座二层报告厅举行。3位来自美国的著名的音乐家共同为现场400余名市民带来了十分精彩的演出。本次活动是首都图书馆首次举办室内音乐会类型的公益文化活动。

5月7日　白俄罗斯驻华使馆公使衔参赞瓦季姆·谢纽塔、三等秘书罗曼·索科尔一行到访首都图书馆。副馆长邓菊英接待到访嘉宾，双方就白俄罗斯国家图书馆与首都图书馆建立合作等事宜进行会谈。瓦季姆·谢纽塔参赞向邓菊英副馆长转达了白俄罗斯国家图书馆与首都图书馆合作的意向，并希望首都图书馆能提供合作协议样本，由他转交给白俄罗斯国家图书馆。

5月9日　甘肃省图书馆馆长郭向东、党委副书记魏孔俊一行7人来到首都图书馆考察交流，副馆长陈坚接待到访客人，双方就馆舍功能设计及业务布局等方面进行交流。随后，陈陪同到访客人参观新馆。

5月14日　为迎接第23个"全国助残日"，由北京市朝阳区残疾人联合会主办，朝阳区残疾人综合活动中心承办的"花开有声"朝阳区聋人画家蔡珍年、韩琳作品展，于首都图书馆Ａ座一层多功能厅隆重展出。近百名残疾朋友到场参观。

5月18日　主题为"促进生态文明　建设美丽北京"的2013年北京市红领巾读书活动青少年原创科普剧比赛在首都图书馆举行。全市共有16个区县的19支代表队，近300名中小学生参与。

5月19日 以"科技创新·美好家园"为主题的第19届北京科技周将隆重开幕。作为北京科技周分会场，首都图书馆联手北京地球村环境教育中心，特别策划了"生活中的化学"主题讲座。首都图书馆品牌讲座"乡土课堂"也将在科技周期间推出2场科普文化讲座，为大众普及科学知识，提高人们生活质量。

5月20日 韩国首尔市政府图书馆政策课课长全郁镇一行访问首都图书馆，馆长倪晓建、副馆长李冠南接待到访客人。全郁镇称本年是首尔市与北京缔结姐妹城市20周年，4月时首尔市市长还来京访问。他希望借此良机，和首都图书馆建立起长期的合作关系，倪晓建对此表示欢迎。李冠南提到，2013年首都图书馆将迎来百年华诞，希望能与世界更多国家图书馆建立长期合作的关系，首尔市与北京向来有着良好的外交关系，希望首尔市图书馆能成为首都图书馆第一批战略合作伙伴，特别是在馆员互派、联合办展、文献开发、出版物交换等方面进行合作，促进双方文化的交流。会谈结束后，李冠南陪同到访客人参观首都图书馆数字社区样板间、历史文献阅览室及地方文献阅览室等处。

5月23日 哈尔滨市图书馆姊妹馆韩国釜山广域市立市民图书馆曹真华一行5人，来到首都图书馆考察交流。首都图书馆业务部副主任贾蔷接待到访客人。双方就新馆建设及图书馆常规业务等方面进行交流，旨在互相学习经验，加强两馆业务合作交流。

5月29日 安徽省图书馆一行5人，由副馆长许俊松带队来到首都图书馆考察交流。业务部副主任贾蔷、信息网络中心主任李念祖、共享工程中心主任陈建新接待到访客人。双方就国家公共文化服务数字支撑平台项目、数字图书馆建设、数图推广工程建设、新馆信息化建设、图书设备、弱电、专项设备、计算机系统等方面进行交流，旨在互相学习经验，加强两馆业务合作交流。随后，安徽省图书馆访问团在各业务部门主任陪同下前往首都图书馆新馆参观。

6月3日　为迎接六一国际儿童节，首都图书馆举办"点亮孩子童年的中国经典民间童话"等种类丰富、形式多样的少儿文化活动，以丰富孩子们的节日文化生活。

6月7日　首都图书馆荣获了由北京市科学技术委员会、北京市科学技术协会联合颁发的"2013—2015年北京市科普基地"荣誉称号。首都图书馆作为北京市中心图书馆，不断发挥文化辐射职能，并借助资源优势，向市民普及先进的科学文化知识。截至2013年5月，首都图书馆共举办讲座、展览等科普文化活动150余场，惠及民众近10万人次。"第三届北京换书大集""生活中的化学"科技周系列讲座、"京城惊喜——美丽北京发现之旅"主题展等活动赢得社会一致好评。

6月13日　由首都图书馆特别策划推出的"美丽中国梦"主题展在首都图书馆B座二层连廊展出。展览共分为"中国梦的提出""中国道路""中国精神""中国力量""梦的引领者""人民的梦"六个部分，通过大量文字、图片等，为读者梳理了中国梦的内涵，展示中国梦的魅力。

6月18日　由首都图书馆和美国杜克大学图书馆联合举办的"一百年前的北京社会——西德尼·甘博摄影图片展"在B座一层第二展厅正式开幕。开幕式由首都图书馆副馆长李冠南主持，美国驻华公使衔文化参赞托马斯·豪杰斯、美国杜克大学副校长诺拉·拜纳姆、昆山杜克大学副校长玛丽·布洛克、美国杜克大学纪录文献中心主任托马斯·兰金斯、北京市文化局副局长吕先富、首都图书馆馆长倪晓建等领导出席。倪晓建，美国杜克大学副校长诺拉·拜纳姆，美国杜克大学中国文化文学教授、移动艺术中心主任洪国钧，杜克大学图书馆中国研究馆员周珞均在开幕式上发表了讲话。

6月18日 来自非洲21个国家的文化主管部门官员、企业和机构负责人、专家学者来到首都图书馆，听取了北京市文化局副局长关宇所作的北京市文化产业报告。中国文化部外联局非洲处处长松雁群、副处长张洪浩，北京市文化局文化产业处处长林增伟，外事处处长孙波等人出席会议。会议结束后，嘉宾们还参观视听阅览区、数字社区样板间、剧场及展厅，并观看了智能书架导航、光影魔方和自助借还书设备的演示。党委书记肖维平、副馆长李冠南陪同参观。

6月20日 由中华人民共和国文化部、伊朗文化与伊斯兰联络组织主办，中国对外文化集团公司、伊朗驻华大使馆文化处、首都图书馆承办的"伊朗文化周"系列活动在首都图书馆拉开帷幕。文化部部长蔡武、国家新闻出版广电总局副局长邬书林、文化部外联局局长张爱平、北京市文化局局长陈冬、首都图书馆馆长倪晓建、伊朗文化与伊斯兰联络组织主席霍拉姆沙德、伊朗驻华大使马赫迪·萨法里等领导出席开幕仪式。本次活动由"伊朗综合艺术展"、伊朗电影展映和伊朗传统表演三项内容组成。

6月22日 受文化部委托，首都图书馆馆长倪晓建任评估组组长，率专家组成员赴广东省、海南省评估。

7月8日 受文化部委托，由陕西省图书馆馆长谢林任组长，湖北省图书馆馆长汤旭岩任副组长的专家组到馆进行全国公共图书馆第五次评估定级暨有关重点文化工程督导。在首都图书馆评估工作汇报会上，市委宣传部副部长、北京市文化局局长陈冬致欢迎辞，北京市文化局副局长王珠作"北京市公共图书馆事业发展汇报"，首都图书馆馆长倪晓建作题为"理念与创新品牌与服务——首都图书馆评估定级工作汇报"。随后，专家评估组对首都图书馆开展了实地考察、资料审阅、读者调查等各项考核督导工作。

7月8日—15日 受文化部委托，首都图书馆副馆长邓菊英任副省级以上公共图书馆评估定级暨有关重点文化工程督导评估组组长，率专家组成员赴宁夏回族自治区、新疆维吾尔自治区评估。

7月11日 中央文化管理干部学院县级图书馆业务培训班一行40余人到首都图书馆参访。副馆长陈坚、李冠南接待到访客人，采编中心主任张娟、业务部副主任贾蔷、业务部主管张震宇参加了座谈。双方就新馆建设等相关问题交流了意见。会后，中央文化管理干部学院县级图书馆业务培训班学员参观首都图书馆新馆。

7月12日 由北京市东城区纪委监察局、首都图书馆联合主办的"廉者仁心"北京古代廉政历史文化展在首都图书馆A座二层文化艺术展厅开展。本次展览共分为"廉洁教化""廉政制度""廉鉴春秋"三部分。展览通过大量历史故事、图片资料详细展现了北京金、元、明、清四个朝代的廉政文化。展览以历史人物及故事为切入点，详细讲述了"廉"的起源、社会发展及在古代政权中的表现，强调了廉洁、廉政对社会发展的重要意义。

7月13日 由首都图书馆、北京新闻广播联合策划推出的"北京榜样故事会：大爱无言筑晨阳——七旬伉俪倾力十五年圆山区孩子求学梦"主题讲座在首都图书馆A座二层报告厅举行。"北京榜样故事会"是首都图书馆与北京新闻广播联合打造的品牌讲座，邀请的群众榜样讲述自己自强不息奋力追梦的人生经历，为社会传递正能量。

7月17日《中国首都图书馆与白俄罗斯国家图书馆合作协议》在钓鱼台国宾馆签署，白俄罗斯文化部第一副部长卡拉切夫斯基、首都图书馆副馆长邓菊英分别在协议书上签字。该合作协议在白俄罗斯副总理的见证下签署，是白俄罗斯总统卢卡申科今年访华期间的成果之一，旨在增进两馆之间的交流与合作，加强双方的文化交流。

7月18日—25日 中国图书馆学会副理事长、首都图书馆馆长倪晓建与信息咨询中心副主任王松霞随中国图书馆代表团赴俄罗斯、英国参加信息环境下现代数字图书馆研讨会和第10届诺桑比亚图书馆与信息服务绩效评估国际会议。会上，倪晓建馆长做了题为"区域性数字图书馆建设的实践——以北京记忆为例"的主题发言。

7月20日 由首都图书馆、作家出版社联合举办的"《读字》——发现汉字之美"主题讲座在首都图书馆A座一层多功能厅举行。《读字》的两位创作者谢飞东、聂晖做客"首图讲坛"，与现场200余名读者分享了创作感想、汉字之美及其中隐藏的国人哲学。

7月25日 经馆党委和共青团北京市文化局委员会批准，共青团首都图书馆委员会第三届大会在A座报告厅隆重召开。北京市文化局团委书记许博、馆党委书记肖维平出席会议并讲话，全馆88名团员参与选举。大会由馆团委第二届委员会组织委员潘淼主持。会议审议并通过了《共青团首都图书馆第二届委员会工作报告》及《团费收缴、使用和管理情况报告》，选举产生了共青团首都图书馆第三届委员会。根据《中国共产主义青年团章程》和《中国共产主义青年团基层组织选举规则（暂行）》，馆团委第三届委员会候选人名单由全体团员推荐产生。按照差额选举、无记名投票的方式，会议选举潘淼、王静斯、李靓、张法、高远巍等5人为团委第三届委员会委员。

7月25日 北京市委常委、统战部部长牛有成，市委副秘书长赵玉金到首都图书馆调研。北京市文化局局长陈冬，党组书记、副局长张文华及局领导班子成员，党委书记肖维平及班子成员陪同调研。

7月31日 广东省文化厅副厅长陈杭一行4人到首都图书馆参访。副馆长邓菊英接待到访客人，双方就图书馆公共数字文化建设、新馆建设等方面进行交流。会后，邓菊英陪同到访嘉宾参观首都图书馆新馆。

8月1日、8日 首都图书馆分两批组织中层以上领导干部和2012年度优秀职工代表前往山西图书馆新馆参观学习。

8月12日 首都图书馆党委召开党的群众路线教育实践活动动员大会，文化局党组书记、副局长张文华、局组织宣传处处长董国华、局机关党委副书记吴秀泉、局纪检监察处调研员周丽萍、局组织宣传处副处长缴俊友等出席大会。中层以上领导干部及全体党员参加会议，会议由馆长倪晓建主持，党委书记肖维平对首都图书馆如何做好党的群众路线教育实践活动进行动员。

8月13日 中华人民共和国文化部聘请首都图书馆馆长倪晓建为国家公共文化服务体系建设专家委员会委员。

8月13日—15日 由中国图书馆学会、国家图书馆、云南省文化厅共同主办，以"阅读与圆梦"为主题的首届全国图书馆未成年人服务论坛在昆明开幕。首都图书馆在"阅读与圆梦——第一届全国图书馆未成年人服务论坛"活动中，凭借"共享书与影的精彩世界帮助孩子爱上阅读"活动案例荣获二等奖。

8月22日 由北京摄影家协会主办，首都图书馆协办的首届北京摄影艺术展在B座第一展厅开展。展览共分为"中国梦想·光影同行"及"美丽平谷"两个系列，展出摄影作品400余幅。摄影师们用镜头记录了自然之美、城市之美及人与动物的和谐之美，捕捉住生活中被人们忽视的精彩瞬间。

8月25日 由北京京剧院、首都图书馆联合举办的"奚韵流长·京剧公开课"吸引了近600位观众的踊跃参与。当代著名书法家、京剧艺术家欧阳中石为奚派青年名家张建峰和喜爱戏剧的市民们上了一堂别开生面的公开课。

8月27日—29日 馆党委举办"2013年度党团干部培训班暨群众路线教育实践活动推进工作会"，馆党委委员、纪检委员、团委委员，党、团支部委员40余人参加了培训。

8月29日—30日 馆工会举办2013年度职工代表培训，馆工会委员、职工代表共70余人参加了培训。

9月3日　中央文化管理干部学院图书馆师资培训班一行32人到首都图书馆参观学习。首都图书馆副馆长邓菊英接待到访客人，业务部副主任贾蔷参加了座谈。邓菊英介绍首都图书馆基本概况，双方就文献典藏、古籍保护、青少年阅读服务、数字文化社区样板间等方面与参访人员进行交流。

9月6日　建馆100周年新闻发布会在A座报告厅举行。馆长倪晓建发布了首都图书馆百年系列文化活动开展情况及将推出的惠民服务举措，并宣布首都图书馆建馆100周年纪念大会将于10月16日举行。纪念大会将开启以"城市与图书馆"为主题的国际图书馆论坛。届时，荷兰海牙市图书馆、法国蓬皮杜国家艺术和文化中心公共参考图书馆、爱尔兰都柏林城市图书与档案馆、芬兰赫尔辛基市立图书馆、美国哈佛大学燕京图书馆、美国芝加哥大学东亚图书馆等国外知名图书馆代表都将前来，一同探讨智慧城市与图书馆等话题。

9月9日　"新材料和新能源"——2013诺贝尔奖获得者北京论坛主题展在B座一层第一展厅展出。罗伯特·蒙代尔、乔治·斯穆特等8位参与本届论坛的国际科研大师及多位国内相关领域专家、学者出席开幕式。展览通过47项实物展品、11项多媒体展项以及大量图文资料，生动直观地向公众展示了新材料和新能源对人类文明的推动作用、给人类带来的巨大变革。

9月11日　国务院发展研究中心、中国科学院、中国科学技术协会、北京市人民政府共同主办，首都图书馆协办的2013年诺贝尔奖获得者北京论坛"新材料和新能源学术主论坛"在B座剧场举办。罗伯特·蒙代尔、埃德蒙·菲尔普斯等6位外方相关领域专家与中国科学家出席本次论坛。嘉宾们围绕"美国和全球货币及汇率政策与世界经济""新材料、新能源与人类发展"等11个分主题进行发言。

9月14日　由中国社会科学院、首都图书馆联合推出的社科类讲座品牌首都图书馆讲坛"社科讲堂"成立仪式暨首场讲座在A座二层报告厅举行。中国社会科学院离退休干部工作局局长刘红，中国社会科学院离退休干部工作局副局长崔向阳，首都图书馆馆长倪晓建出席成立仪式。讲堂将把资深的、离退休的学部委员、荣誉学部委员、研究员请进图书馆，为市民带来国际政治、经济、文化等各个学科领域的权威讲座。

9月23日　受文化部委托，北京市文化局局党组成员、驻局纪检组组长崔国红，向首都图书馆颁发"廉政文化教育基地"铜牌。此次文化部组织的文化廉政教育基地评选活动，汇集了全国优秀文化资源和单位，经过各地筛选和文化部专家评审，最终确定60个单位为"廉政文化教育基地"。

9月24日　由北京书法院和美国汉字书法教育学会联合主办，北京人民广播电台、首都图书馆、北京国际艺苑美术基金会协办的"2013年北京国际书法邀请展"在B座一层第一展厅开展。本次展览展出了来自24个国家及地区133位书法家180余幅作品。

9月24日　国家图书馆新员工一行80人，到首都图书馆参观学习，旨在借鉴新馆装修设计和功能布局方面的经验。典藏借阅部副主任田峰，业务部副主任贾蕾接待来访客人，并与客人一同参观首都图书馆新馆。

9月29日　北京市人大常委会机关党委一行80人，由市人大常委会副秘书长刘凤仪、机关党委专职副书记刘瑞金带队，来到首都图书馆参观。馆长倪晓建接待来访嘉宾，嘉宾听取了首都图书馆相关情况介绍，并参观新馆以及"阅读的力量"主题展览。

10月12日　为纪念金中都建都860年，北京市文化局联合首都图书馆，特别策划推出"京都华彩——北京建都史主题展"，并在首都图书馆A座二层文化艺术展厅展出。展览以介绍北京作为金、元、明、清朝代都城的发展历程为主，充分利用图书馆文化辐射职能，向市民传播北京历史文化，加强市民对北京城的了解与认识。

10月16日 首都图书馆A座场馆恢复对外开放，重装的少年儿童图书馆正式迎接小读者。改造后，服务空间达4000平方米，面积增加三倍。根据不同年龄读者需求，开设"亲子借阅区""少儿中文书刊借阅区""少儿英文阅览区"及"青少年多媒体空间"四大区域，为小读者提供多元文化服务。

10月16日 "城市与图书馆"学术论坛暨首都图书馆百年纪念会议在首都图书馆B座剧场举行。文化部党组副书记、副部长杨志今，北京市市委常委、市委宣传部部长李伟，原文化部副部长、中国国家图书馆馆长周和平等领导嘉宾出席本次会议。北京市文化局局长陈冬、党组书记张文华分别主持会议及论坛。会议在馆长倪晓建的致辞中拉开帷幕，陕西省图书馆馆长谢林代表图书馆界向首都图书馆百年华诞表示热烈祝贺，并祝愿首都图书馆在今后发展中取得更大的成绩。李伟代表北京市委、市政府对首都图书馆百年华诞表示了祝贺，并对首都图书馆近年来的发展成就给予肯定。在各位领导嘉宾的见证下，馆长倪晓建与法国蓬皮杜国家艺术和文化中心公共信息图书馆副馆长伊曼纽尔·阿齐扎签署了合作协议。随后，周和平做了"城市与图书馆"论坛主旨演讲。

10月16日 "城市与图书馆"学术论坛开讲。上午，上海图书馆、法国蓬皮杜国家艺术和文化中心公共信息图书馆、美国哈佛大学燕京图书馆、爱尔兰都柏林市图书馆的4位馆长、学者分别进行发言。下午，两场学术论坛分论坛活动在首都图书馆举行。来自荷兰海牙市图书馆、法国里昂市中心图书馆、意大利米兰市图书馆、芬兰赫尔辛基城市图书馆、加拿大不列颠哥伦比亚大学亚洲图书馆、新加坡公共图书馆、美国芝加哥大学东亚图书馆、香港公共图书馆、中国科学院国家科学图书馆、中山大学图书馆、北京大学等国内外图书馆或相关机构的13位馆长、学者分别进行发言。

10月25日 北京市"新起点扬帆"观护基地成立暨附条件不起诉观护工作座谈会在首都图书馆举行，首都图书馆被授予"新起点扬帆观护基地"。观护基地是由首都综治办、市检察院、团市委联合设立，以富有社会责任感和观护能力的爱心企业、图书馆等实体单位为依托，在征得涉罪未成年人及其法定代理人同意下，为附条件不起诉的涉罪未成年人提供考察、教育和矫治场所的专门观护组织。

10月31日 上海图书馆一行45人，到首都图书馆考察交流。副馆长邓菊英接待到访客人，双方就首都图书馆在公共文化服务、共享工程、数字图书馆推广工作中的先进经验进行交流座谈。共享工程中心主任陈建新，业务部副主任贾蔷，宣传策划部主任王海茹参加座谈。会后，邓菊英陪同客人参观首都图书馆新馆。

10月31日 湖北省图书馆副馆长张清宇一行11人，来到首都图书馆考察交流。副馆长陈坚接待到访客人，双方就图书馆科学管理、公共数字文化建设、读者服务工作、国有资产及物业管理、安保消防工作等方面进行交流座谈，后勤服务部主任宋治国，党办主任段瑞林，财务部主任王玉平，报刊资料中心主任林岫，保卫部主任杨国湧，少儿综合借阅中心主任朱丹，信息网络中心主任李念祖参加了座谈。会后，副馆长陈坚陪同客人参观首都图书馆新馆。

10月31日 芬兰、爱沙尼亚文化官员一行5人到访首都图书馆，党委书记肖维平接待来访嘉宾，双方就首都图书馆特色服务、特色馆藏、先进服务设施、理念进行交流。之后肖维平陪同客人参观首都图书馆A座少儿新馆及B座数字文化样板间、经济、语言文献及视听文献借阅区等处。

11月5日 中国人民政治协商会议文史委员会一行38人,由市政协副主席陈平带队,来到首都图书馆视察参访。馆长倪晓建接待到访客人。倪晓建简要介绍首都图书馆建设及发展情况,并陪同委员参观北京建都史主题展览、百年馆史展及新馆二期等。

11月6日 由北京市监狱管理局主办,首都图书馆协办的"墨香艺韵重塑新生——服刑人员'光明行'书画手工艺作品展"在B座第二展厅开展。市属各监狱服刑人员狱中创作的74幅书画作品首次面向全社会正式展出。作品不仅展示了他们对艺术的向往与追求,更展示了服刑人员对监狱改造生活的刻画以及对人生的感悟。

11月7日 为配合"11·9"全国消防安全周活动的开展,强化安全责任意识,提高职工安全保卫能力,检测消防设备、设施的正常运转,首都图书馆组织了消防安全系列活动,聘请消防专家授课,对员工进行消防知识培训,在广场悬挂宣传横幅、张贴宣传标语,并组织开展了抛水龙带喷水演习,带灭火器50米跑演练以及实战灭火演练三项科目消防演练。首都图书馆全体消防安全员、保安员、新入馆职工、物业管理人员和餐吧营业员参加了实战演练。

11月8日 台中市副市长蔡炳坤、台北市文化局局长刘维公率台湾文化创意产业交流参访团一行22人到馆参访,首都图书馆党委书记肖维平接待到访嘉宾。北京市人民政府台湾事务办公室副主任黄赛溪、市文化局局长陈冬出席见面会。会后,肖维平陪同参访团参观视听文献借阅、少儿综合借阅中心等处。

11月8日 新加坡国家图书馆一行3人参访首都图书馆,副馆长邓菊英接待到访嘉宾,国际交流中心主任袁艳陪同。双方就首都图书馆特色服务、交流合作等问题进行广泛深入的交流。会后,邓菊英陪同参观少儿综合借阅中心、少儿多媒体空间、地方文献阅览、视听文献借阅等处。

11月13日　广州图书馆党委书记何建平率队一行10人，来到首都图书馆考察交流。首都图书馆副馆长邓菊英接待到访客人，双方就首都图书馆在智能化服务、服务创新工作、服务布局和环境管理的先进经验进行交流座谈。典藏借阅中心副主任田峰、信息咨询中心副主任王松霞、少儿综合借阅中心主任朱丹、信息网络中心主任李念祖参加了座谈，并与客人一同参观首都图书馆新馆。

11月21日　由北京市残疾人活动中心、首都图书馆、北京电视台"书香北京"栏目等联合举办的"心阅书香——盲人有声阅读特别活动"在怀柔区泉河街道温馨家园举行。活动邀请了首都图书馆的6名馆员志愿者为现场30余名残疾朋友演绎了两个短片故事——《卖红薯》和《疯娘》。

11月23日　由北京市妇女联合会和首都图书馆共同主办的"'读世界，看天下'——首都家庭阅读国际文化推广活动"落下帷幕，来自俄罗斯文化处的艺术总监卡佳女士首先为小读者们带来了童话故事《渔夫和金鱼的故事》。之后，俄罗斯少年儿童走上首都图书馆"童心舞台"，用木勺、多木拉琴、古斯里琴等俄罗斯传统民族乐器演奏了民间舞曲，并献上俄罗斯民歌《格林卡》小合唱，引领在座观众感受俄罗斯独特的艺术风情。

11月27日　海淀区图书馆一行3人，来到首都图书馆考察交流。副馆长邓菊英接待到访客人，双方就首都图书馆少儿馆的新特色、少儿活动安排等方面进行交流座谈。少儿综合借阅中心主任朱丹、少儿视听中心主任张皖、合作协调中心主任高莹参加了座谈，并与客人一同参观首都图书馆新馆。

11月28日　广州少年儿童图书馆副馆长李慧敏率队一行16人，来到首都图书馆考察学习。副馆长邓菊英接待到访客人，双方就首都图书馆开展品牌读者活动和特色服务的经验，采编工作，少儿数字资源建设以及岗位设置、绩效考核等方面进行交流座谈。少儿视听中心主任张皖、采编中心主任张娟、组织人事部主任张利中参加了座谈，并与客人一同参观首都图书馆新馆。

11月 首都图书馆开通了微信公众账号。这是继进驻豆瓣小站、新浪博客、腾讯微博等几大社交媒体后，首都图书馆紧跟科技发展步伐推出的又一个官方发布平台，更是主动服务读者、实现与读者密切互动的又一重要渠道。

12月2日 在"国际残疾人日"即将到来之际，由北京市残疾人活动中心、首都图书馆、北京电视台"书香北京"栏目、北京市残疾人联合会社会工作部、北京文化志愿者首都图书馆分中心、北京市红丹丹视障文化服务中心共同举办的"心阅书香"盲人有声阅读全年展演活动在首都图书馆开幕。

12月2日 塔吉克斯坦文化部文化机构和民间工艺发展局局长沙萨伊多夫·萨法尔·哈萨诺维奇率代表团一行7人参访首都图书馆。副馆长邓菊英接待到访嘉宾。国际交流中心、业务部、典阅中心、采编中心、信息网络中心、宣传策划中心、少儿综合借阅中心等部门主任参加了会谈。会后，邓菊英陪同到访嘉宾参观首都图书馆地方文献阅览区、视听文献借阅区、数字文化样板间、少儿综合借阅中心及少儿多媒体视听空间等处。

12月2日 首都图书馆康复文献阅览室重装开放。全新的康复阅览室面积扩充至20平方米，可为残疾读者、老年读者提供文献信息资源服务。阅览室内配备了盲文点显器、有声地图、盲文打印机、电子手持放大器、大字阅读器、电动轮椅等专业设备。

12月3日 绍兴图书馆副馆长廖晓飞率队一行5人，来到首都图书馆考察交流。副馆长邓菊英接待到访客人，信息网络中心主任李念祖陪同。双方就图书馆建设布局、后勤管理等方面进行交流，旨在互相学习经验，加强业务合作交流。会后，邓菊英陪同参观新馆。

12月4日 法制宣传系列活动在第十三个全国"12·4"法制宣传日拉开帷幕。司法部法宣司、市人大内司委、市文化局、市司法局等部门领导参加了现场活动，并向首都图书馆授予"市级法治文化建设示范点"称号。

12月8日 由首都图书馆联盟、首都图书馆、中国传媒大学播音主持艺术学院和北京教育系统关心下一代工作委员会联合主办的以"中国梦，我的梦！2013"为主题的第十五届齐越朗诵艺术节暨全国大学生朗诵大会优秀作品展演在首都图书馆举行，700多名首都大中小学生和朗诵艺术爱好者观看了演出。此次展演，来自全国8所高校的14部优秀作品一一登场，演出最后，北京朗诵艺术团领队、著名朗诵艺术家郑健康登上舞台，对之前的学生作品进行点评，并为现场观众带来名篇朗诵《可爱的中国》(节选)。

12月18日 北京市图书馆协会第五次会员代表大会在首都图书馆召开，会员代表及嘉宾近380人参加会议。中国图书馆学会等单位相关领导出席会议。北京市图书馆协会第一届常务副理事长倪晓建作《北京市图书馆协会第一届理事会工作报告》，副理事长王超湘作《北京市图书馆协会第一届财务工作报告》，监事齐金薇作《北京市图书馆协会监事会工作报告》。会员代表审议通过了《北京市图书馆协会程章（草案）》《北京市图书馆协会会费管理办法（草案）》，并就理事、监事进行选举及投票表决，最终产生理事48名、监事3名。由理事会成员选举产生常务理事15名。首都图书馆馆长倪晓建当选为协会第二届理事长；副馆长邓菊英当选为常务副理事长兼秘书长；副馆长陈坚、北京联合大学应用文理学院副院长王彤、首都师范大学图书馆副馆长熊丽、西城区第二图书馆馆长李金龙、东城区第一图书馆馆长肖佐刚、北京友谊医院图书馆馆长吴晓海当选为副理事长。会上，经监事会选举通过由首都图书馆党委书记肖维平担任监事长。

12月18日 由北京市文化局主办,北京文化艺术活动中心承办,首都图书馆协办的"影像北京——共筑中国梦"美术、书法、摄影作品展在首都图书馆B座一层第一展厅开展。本次展览共展出书画、摄影作品100余幅,均是"影像北京——共筑中国梦"2013北京市群众美术、书法、摄影大赛获奖之作。这些作品不仅展示了北京的美丽风景和人文情怀,更记录了这座城市的变迁与发展,凝聚了创作者的心血和热情,向首都文化事业建设和发展奉献一份礼物。

12月19日 继2010年首次合作之后,首都图书馆与北京市委机关开展了第三次文献转赠合作。截至12月19日,首都图书馆共接收来自北京市委机关各处、室捐赠文献近3万册件。捐赠文献将按照用途进行分类,部分资料将用于建立相应研究性专藏文库;部分科普、娱乐性文献将赠送给各区县、街道等图书馆(室),用于丰富基层馆藏;部分理论书籍将赠送给有需求的基层党组织。

12月22日 在圣诞节即将来临之际,由首都图书馆特别策划推出了"英语嘉年华之圣诞节活动"。活动分为低幼组和学生组,邀请了具有丰富经验的外教老师,为现场190余名小读者开展有趣的英语教学。

12月30日 首都图书馆在由北京市青少年学生校外教育工作联席会议办公室、北京市教育委员会组织开展的"第二届(2013)北京阳光少年文化节"活动中荣获优秀组织奖。

2014年—2023年
智慧转型　再创辉煌

面向未来的新平台，新生态

2014 年

1月2日 国家图书馆典藏阅览部一行6人,到首都图书馆参访。副馆长邓菊英接待到访客人,双方就首都图书馆在音像多媒体、数字阅读等读者服务方面进行交流座谈。典藏借阅中心副主任田峰,少儿视听中心主任张皖,共享工程中心主任陈建新参加了座谈。

1月4日 由首都图书馆、北京史研究会、北京市社科联联合打造的科普文化讲座品牌"'首图讲坛·乡土课堂'2014年开讲仪式暨新闻发布会"在A座多功能厅举行。首都图书馆副馆长邓菊英,北京史研究会会长、北京市哲学社会科学规划办公室副主任李建平等领导出席。邓菊英回顾了"乡土课堂"2013年的成长历程,李建平发布了"乡土课堂"2014年讲座计划。

1月7日 "新京报2013年度好书致敬礼暨年度书香榜发布会"在首都图书馆举行,发布会公布了2013年度畅销小说、生活、经管等6大类10余本图书信息,并向9本好书致敬,首都图书馆收获"阅读创客"特别致敬。

1月16日 浙江绍兴图书馆副馆长王以俭带一行6人,来到首都图书馆学习交流。首都图书馆副馆长李冠南接待到访客人,双方就首都图书馆在讲座、展览、读者活动等方面进行交流座谈。宣传策划部主任王海茹、共享工程中心主任陈建新参加了座谈。

1月18日 为纪念于是之先生逝世一周年,首都图书馆联合作家文摘报社，共同策划推出了"演员于是之"主题讲座。当日，于是之夫人李曼宜，以及著名作家顾骧，北京人艺著名编剧郭启宏，北京人艺演员濮存昕，著名编剧曹禺之女万方，著名编剧何冀平，于是之先生的亲友、同行走进"首图讲坛"，为现场观众讲述一个戏剧背后的于是之。

1月19日　由首都图书馆、中信出版社、中国移动手机阅读联合主办的"说不尽的外交：李肇星的快乐记忆"主题讲座在首都图书馆举行。原外交部部长李肇星做客"首图讲坛"，与现场450余名听众分享了他人生中诸多不为人知的一面。

1月23日　首都图书馆老干部迎春团拜会在B座4层电影厅内举行。馆长倪晓建、党委书记肖维平及党政领导班子成员向老干部们拜年。副馆长李冠南致辞。

1月28日　首都图书馆召开2013年度总结表彰大会。会上馆长倪晓建作《首都图书馆2013年工作总结暨2014年工作计划》报告，副馆长胡启军宣读了《首都图书馆关于表彰2013年度先进集体和先进个人的决定》，馆领导向获奖集体和个人颁发了荣誉证书。

1月31日　农历大年初一，馆长倪晓建、党委书记肖维平到一线向读者及节日坚守岗位的职工们拜年，并对前30位入馆的读者赠送首都图书馆纪念书签。春节期间，围绕"品味书香共迎马年"这一主题，首都图书馆举办"京都华彩"北京建都史主题展，"历史的现场——西德尼·甘博摄影图片展"，首都图书馆少儿馆还举办多项少儿文化活动。一系列别具特色的春节活动吸引了不少读者前来参与。

2月8日　"首图讲坛·乡土课堂"全新策划推出"古巷探幽"历史文化保护区系列讲座。首场讲座"月牙河畔的旗人与名士"邀请北京史研究会副会长、北京社会科学院历史所研究员、北京文史馆馆员吴建雍，带领听众探秘清朝居住在月牙河畔的名人志士，了解他们为京师历史文化作出的重要贡献。

2月17日　深圳图书馆一行9人由副馆长王冰带队,来到首都图书馆学习交流。首都图书馆副馆长陈坚接待到访客人,双方就首都图书馆在二期书库建设、文献服务和数字文化社区等方面进行交流座谈。典藏借阅中心副主任田峰,共享工程中心主任陈建新参加了座谈,并与客人一同参观首都图书馆新馆。

2月20日　白俄罗斯驻华使馆三等秘书索科尔·罗曼先生到访首都图书馆,并向首都图书馆转交了由白俄罗斯国家图书馆捐赠的55册图书,国际交流中心主任袁艳代表馆长接待到访嘉宾。索科尔·罗曼先生转达了白俄罗斯国家图书馆关于在2014年至2016年间履行两馆合作协议的六大合作活动安排,希望在互办展览、互换图书、互换数字馆藏、开展馆际学术交流、领导互访、馆员互派等方面加强中白双方的文化交流。

2月26日　首都图书馆与北京师范大学政府管理学院图情专业研修班首期结业暨第二期开学典礼在首都图书馆A座一层多功能厅举办。北京师范大学政府管理学院院长唐任伍、副院长耿骞,首都图书馆馆长倪晓建、党委书记肖维平出席典礼,图情班两期学员120余人参加。典礼上,肖维平对首期研修班工作进行总结,双方领导还为首期研修班学员代表颁发了结业证书。

2月27日　首都图书馆党委在A座一层多功能厅召开党的群众路线教育实践活动总结大会,局机关党委副书记、文化局教育实践活动领导小组办公室成员吴秀泉和首都图书馆党政领导班子成员出席大会。会上,馆长倪晓建反馈了首都图书馆开展党的群众路线教育实践活动整改方案。党委书记肖维平对首都图书馆开展党的群众路线教育实践活动进行总结讲话。

3月10日　由中共北京市委宣传部、中国国际文化交流中心、中国对外文化交流协会共同主办，北京文创集团、中国画院承办的"炫彩北京情　共筑中国梦——2014首届百名艺术家创作暨大型国际精品书画展"在首都图书馆B座一层第一展厅拉开帷幕。本次展览共展出10天，随后在纽约和莫斯科陆续展出。

3月12日　"今日首图"摄影作品征集活动优秀作品在首都图书馆A座二层文化艺术展厅展出。活动共计收到了来自读者投稿的200余幅摄影作品，其中30个摄影作品最终分获一、二、三等奖。

3月12日　美国驻华大使馆新闻文化处信息咨询官王瑟、咨询专员王伟参访首都图书馆，馆长倪晓建、副馆长邓菊英接待到访嘉宾。倪晓建向客人介绍首都图书馆的基本情况、首都图书馆2014年的各项展览活动，期望与美方在互办展览、文献交换等多方面实现合作。倪晓建，邓菊英还陪同客人参观北京地方文献中心、少儿多媒体视听空间等处。

3月15日　"2014年澳大利亚文学周系列活动"之一的"书眼看世界——澳洲作家盖布瑞尔·王讲述创作灵感"主题活动在首都图书馆举办。澳大利亚驻华使馆新闻文化参赞高志磊、新闻文化一秘梅珍妮及首都图书馆副馆长邓菊英出席。澳大利亚著名儿童作家及插画家盖布瑞尔·王女士，与现场近百名小读者分享了绘本故事及创作灵感。

3月18日　湖南省少年儿童图书馆一行5人，来到首都图书馆考察学习。首都图书馆副馆长邓菊英接待到访客人，双方就首都图书馆开展品牌读者活动和特色服务的经验，采编工作，少儿数字资源建设以及岗位设置、绩效考核等方面进行交流座谈。少儿阅读活动中心主任王梅、少儿综合借阅中心主任朱丹、采编中心主任张娟、组织人事部主任张利中参加了座谈。

3月23日　"播撒幸福的种子"故事人培训活动在首都图书馆举行第五期结业式，14名故事人通过考核获得结业证书。同时，第六期培训班迎来近百名新学员加入。

3月25日 中国驻莫斯科中国文化中心与首都图书馆正式签署了《(中国驻)莫斯科中国文化中心与(中国)首都图书馆馆际互借与文献传递服务合作协议》。这是首都图书馆在馆际互借与文献传递业务方面，首次与中国驻海外文化机构开展合作。

3月27日 召开首都图书馆工会第五届第三次会员（职工）代表大会，首都图书馆新一届职工代表、馆领导及馆工会委员60余人参加了。会议由副馆长兼工会主席李冠南主持。组织人事部主任张利中对本馆《岗位设置方案实施细则（修订）》进行说明，党委书记肖维平、馆长倪晓建先后就《岗位设置实施细则（修订）》出台的背景、目的及制定过程等做了进一步说明。会后，代表们表决通过了《岗位设置实施细则（修订）》。

3月28日 由市司法局、市文化局与首都图书馆联合打造的北京司法大讲堂启动仪式暨"市民普法讲堂"首场讲座在首都图书馆举行。活动将邀请法学领域的著名专家学者、法官检察官、著名律师及社会名人走进图书馆，开坛设讲。市法宣办常务副主任、市司法局局长于泓源，市司法局副局长邓建生，市文化局副局长吕先富，市司法局副局长吴庆宝及首都图书馆党委书记肖维平出席仪式，近300名读者参与了活动。

4月1日 "别样课堂在首图——书眼看世界"中国儿童读书日专场活动在首都图书馆举行。画家、图画书作家、阅读推广人姬炤华与130余名小读者面对面，带领孩子们走进漫画《高卢英雄历险记》的世界，在幽默的故事中收获知识，感受阅读魅力。

4月10日 由来自尼日利亚、埃塞俄比亚、苏丹、南苏丹、南非、津巴布韦、毛里求斯、加纳等7个国家的教育部、卫生部、档案图书馆、国家图书馆及大学图书馆的高级管理人员组成的"2014年非洲英语国家图书馆高级管理人员研修班"一行19人访问首都图书馆，副馆长邓菊英接待到访嘉宾。在座谈会上邓菊英就首都图书馆的社会职能、馆藏特色、读者服务、新技术应用与国际交流合作等方面做了详细介绍。研修班成员对首都图书馆的管理方式、图书馆业务管理系统、规章服务等表现出了极大的兴趣，就馆藏资源建设、读者管理服务、图书馆合作交流等问题进行交流。随后，研修班成员参观首都图书馆地方文献阅览区、视听文献借阅区、少儿综合借阅中心及少儿多媒体视听空间。

4月12日　市委宣传部纪检组组长丁力率宣传部机关干部一行15人，到首都图书馆参加文化志愿活动。丁力一行首先来到"首图文化志愿者之家"，进行志愿者申请表和服务登记表填写工作，并接受了志愿服务项目岗前培训。首都图书馆党委书记肖维平向他们介绍首都图书馆的职能定位、业务概况、创新服务、新技术应用和中心馆功能，以及首都图书馆志愿服务的发展现状。培训后，机关干部一行在首都图书馆文化志愿者的协助下，分文献流通、数字空间导航、自助借还服务三组开展了志愿服务。

4月19日　中共中央政治局委员、北京市委书记郭金龙，市委副书记、市长王安顺等市委市政府有关领导一行8人到首都图书馆参加文化志愿服务。郭金龙等市领导首先听取了馆长倪晓建关于首都图书馆建设情况的汇报，并在接受志愿服务岗前培训之后，开展了近2小时的志愿服务。市领导一行还参观"首图文化志愿者之家"、听取了首都图书馆文化志愿者队伍建设和综合服务等情况的汇报，并参观首都图书馆少儿馆及历史文献中心。郭金龙指出，图书馆不仅是文化交流的窗口，更是了解基层群众的窗口，首都图书馆要注重馆藏资源建设，藏用并重，更好地服务社会大众。

4月22日　由北京市文化局、首都图书馆联盟联手打造的"阅读之城——北京读书计划"主题活动在首都图书馆正式启动。北京市文化局党组成员、副局长关宇,《梁启超传》作者解玺璋,中央电视台主持人郎永淳,中央民族大学历史系副教授蒙曼,首都图书馆馆长倪晓建及北京师范大学图书馆馆长张奇伟出席启动仪式。仪式上,倪晓建向现场观众介绍"阅读之城——北京读书计划"。关宇在致辞中指出,在建设"和谐北京、文化北京、首善北京"的过程中,读书应当纳入市民的生活之中,人人养成读书的习惯。"阅读之城——北京读书计划"主题活动为普通市民搭建了一个好书互荐的平台。解玺璋、郎永淳及蒙曼分别做了题为"图书馆是我的第一所大学""我的阅读生活"及"阅读丰富心灵"的主题演讲。

4月22日、23日 首都图书馆分别举办"童心对话名家""书眼看世界"两场"别样课堂在首图"世界读书日主题活动。来自南磨房中心小学和东罗园小学的200余名师生参与了本次活动。

4月23日 在世界读书日到来之际,首都图书馆的公益讲座栏目"首图讲坛"开通了直播间,读者使用电脑、手机或平板电脑登录网址http://dian.fm/id/clcn,即可足不出户同步收听首都图书馆的讲座。首都图书馆成为国内第一家利用网络进行讲座实时音频直播的图书馆。

4月23日 "同抒爱国情,共传华夏声——世界读书日诵读会"在首都图书馆举行,来自大中小学的学生们和朗诵艺术爱好者共约600名观众共同观看了演出。

4月24日 由首都图书馆推出的两款全新的数字资源客户端——"首图读览天下"和"首图移动知网"正式上线。"首图读览天下"是首都图书馆推出的移动休闲阅读项目。通过手机下载客户端,读者可以浏览1600种、5万余册综合性人文大众类期刊,内容涵盖新闻人物、商业财经、文化艺术等领域,为广大读者阅览各类期刊提供了便捷服务。"首图移动知网"整合了中国知网内海量的优质、权威的学术类资源，读者通过客户端可以下载大量学术期刊、学术论文、工具书等。该款软件支持一站式文献统一检索并提供多种检索方式，方便读者进行文献获取、全文浏览和下载编辑。

4月25日 首都图书馆中老年读者电脑技能培训第一期活动圆满结束，30名中老年学员经过为期两个月共八个主题的培训，学会了基本的电脑使用方法。此次培训为这些中老年读者开辟了便捷获取信息的新途径，受到读者们的欢迎。

4月27日 中央电视台记者、主持人水均益携新书《益往直前》来到首都图书馆，与现场600余位读者分享了新书的诸多幕后故事。首发式由朱军、春妮主持，伊拉克战争报道组部分成员，主持人白岩松、崔永元，以及好友王刚、高晓松到场。《益往直前》是继1998年出版《前沿故事》之后水均益又一力作。水均益、朱军、王刚、高晓松向首都图书馆赠送自己的作品。馆长倪晓建和副馆长邓菊英向水均益、朱军、春妮、白岩松、崔永元、王刚、高晓松、冀惠彦颁发"首都图书馆荣誉馆员"聘书。

4月29日 北京科技大学图书馆副馆长王瑜一行50余人来到首都图书馆参观学习。副馆长邓菊英接待到访客人。双方就首都图书馆开展品牌读者活动和特色服务的经验，信息服务、技术支持、图书采编等方面进行交流座谈。

5月11日 由国家大剧院、首都图书馆联合主办的"国家大剧院五月音乐节首都图书馆专场公益演出"在B座二层引航厅举行。国家大剧院管弦乐团的四位演奏家为读者奉上了一场室内管弦乐四重奏表演。演出中既包含了大众耳熟能详的《蓝色多瑙河》《饮酒歌》（歌剧《茶花女》选段），也有节奏明快的《匈牙利舞曲第五号》，更有为电影爱好者所熟知的《闻香识女人》经典插曲。

5月23日 由北京市文化局主办，首都图书馆联盟、首都图书馆承办的第四届"北京换书大集"正式启动。本届换书大集延续"分享阅读交换快乐"主题，号召广大市民将家中闲置书刊流动起来，与其他市民交换阅读，在推动社会阅读的同时，倡导分享阅读、绿色阅读、快乐阅读的理念，吸引市民走进图书馆、利用图书馆。

5月25日 由首都图书馆、市残疾人活动中心、北京电视台、北京红丹丹教育文化交流中心等单位联合举办的"心阅书香"助盲志愿服务培训在首都图书馆启动。本次培训共有北京市委宣传部、首都图书馆、通州图书馆和北京科技大学等团队的20余名文化志愿者参加。活动邀请到红丹丹文化教育中心的董丽娜对志愿者们进行吐字发声、阅读技巧等课程的培训。

5月26日 文化部"2014年非洲法语国家（地区）图书馆高级管理人员研修班"参访首都图书馆并举行座谈。市文化局副局长关宇在座谈中介绍北京市文化产业发展情况；之后，代表团在首都图书馆党委书记肖维平及国际交流中心主任张震宇的引领下参观地方文献等特色阅览室。

5月27日 在"六一儿童节"即将来临之际，首都图书馆联合北京市残疾人活动中心共同举办"书香启智"助残读书行动——六一儿童节专场活动"。首都图书馆"播撒幸福的种子"志愿服务团队利用多媒体和游戏的方式，与小朋友们分享了《鸭子骑车记》和《小步走路》等多篇少儿故事。

5月27日 由首都图书馆党委、北京戏曲艺术职业学院党委、北京交响乐团党委和朝阳区南新园社区党委联合举办的"中国梦主题报告会"在报告厅举办。活动邀请到国家行政学院政治学部主任、博士生导师范文教授，作题为"中国梦是当今中国发展进步的精神旗帜"专题报告，从中国梦的重要意义、中国梦的科学内涵、实现中国梦的基本方略等三个方面对中国梦进行详细解读。

5月28日—30日 "双楯藏心曲——吴晓铃先生诞辰一百周年纪念展览"在B座第二展厅展出。展览从吴晓铃的生平事迹、学术研究成果、双楯书屋的朋友们、绥中吴氏藏书、吴氏藏书的保护与研究五个方面，详细介绍吴晓铃及其藏书。展览还首次展出了吴晓铃的部分遗物、珍贵手稿、精品藏书以及文献研究和整理成果等。

5月29日 为纪念吴晓铃诞辰一百周年，追忆其为我国学术和公共文化事业发展作出的杰出贡献，首都图书馆举办"双楯藏心曲——吴晓铃先生诞辰一百周年纪念座谈会"。北京市文化局副局长关宇，首都图书馆馆长倪晓建、党委书记肖维平、副馆长陈坚及吴晓铃的亲属、生前友人及同事60余人参加座谈。

5月30日 纪念建党93周年党员大会在A座二层报告厅隆重召开，大会由馆长倪晓建主持。市文化局局长、党组副书记陈冬，市文化局办公室主任路斌，市文化局组宣处副处长龚萍，党委书记肖维平等领导出席大会，首都图书馆全体党员、入党积极分子等140余人参加了大会。

6月1日 "纸上蝴蝶"——首届北京市中小学生"我的藏书票"设计比赛获奖作品展在首都图书馆A座二层文化艺术展厅展出。

6月12日 由台湾著名画家许文融创作的《台湾风物图卷》在首都图书馆B座一层第一展厅展出。北京市政协主席吉林，国务院台湾事务办公室原主任、海峡两岸关系协会原会长、海峡两岸关系协会书画交流分会理事长陈云林，国务院台湾事务办公室原副主任、海峡两岸关系协会原常务副会长、海峡两岸关系协会书画交流分会副理事长李炳才，中国国民党原副主席、台湾新竹县副县长章仁香，台湾著名画家、《台湾风物图卷》绘者许文融等领导嘉宾出席开幕式，北京市政协副主席沈宝昌主持仪式。《台湾风物图卷》高1.8米、全长326米，载入吉尼斯世界纪录，是世界上最长的中国水墨画卷。画卷囊括了台湾全岛的自然风光、人文景观、民俗风情，包含晨、昏、午、夜、时空及平、仰视不同视角的变化，被誉为现代台湾的《清明上河图》。

6月14日 由国家图书馆（国家古籍保护中心）、中国图书馆学会、北京市文化局主办，首都图书馆（北京市古籍保护中心）、北京市图书馆协会承办的"中华古籍保护计划成果展"在首都图书馆B座二层引航厅展出。展览充分秉承"让文化遗产活起来"的主旨，通过展览、展示等形式，让书写在古籍里的文字活起来，拉近广大市民与古籍文献的距离，充分展示中华文化的独特魅力。

6月15日 经国家社会科学基金学科评审组评审，全国哲学社会科学规划领导小组批准，馆长倪晓建申请的国家社会科学基金项目——面向大数据的单元信息组织体系研究获准立项。

6月18日 包头市图书馆馆长助理白龙一行9人来首都图书馆参观学习。副馆长陈坚接待到访客人。双方就少儿部、期刊部、辅导协作部、社会活动部等部门相关工作进行交流。少儿综合借阅中心主任朱丹、报刊资料中心主任林岫、合作协调中心主任高莹、业务部副主任贾蔷参加了座谈。

6月26日 BALIS原文传递中心、中国人民大学图书馆原文传递小组一行来到首都图书馆调研学习。首都图书馆副馆长陈坚接待到访客人，报刊借览中心副主任朱悦梅陪同座谈。双方就首都图书馆原文传递服务情况及馆藏特色、北京高校图书馆文献资源保障体系及BALIS原文传递情况进行交流。

6月26日 科特迪瓦共和国驻华武官巴祖玛南·苏哈里上校一行3人参访首都图书馆，副馆长陈坚、李冠南热情接待到访嘉宾，国际交流中心主任张震宇陪同。双方就中科两国的文化、体育与经济发展等方面情况进行广泛深入的交流。

6月26日 福建省图书馆叶建勤、陈丹一行2人，来到首都图书馆参观学习，副馆长胡启军接待到访客人。胡启军就公共图书馆后勤社会化管理工作情况、北京地区公共图书馆服务网络建设情况进行交流。后勤服务部主任宋治国参加了交流。

6月30日 首都图书馆"书香宣讲团"在市委宣传部组织的"最美北京人"百姓宣讲比赛活动中荣获"优秀宣讲团"称号。邵劲、刘晶晶荣获"优秀宣讲员"称号。

7月4日 北京市政协主席吉林率队一行9人来馆就公共文化服务进行调研。市文化局局长陈冬，首都图书馆馆长倪晓建、党委书记肖维平及班子其他成员陪同。陈冬向调研组介绍北京市公共文化服务"四化"发展目标，即以推动公共文化服务标准化、均等化、社会化、数字化为重点，加快构建现代公共文化服务体系，着力保障文化民生。倪晓建、肖维平向调研组简要介绍首都图书馆基本情况。随后，调研组一行参观首都图书馆，并体验了自助借还书机、触屏读报机等现代化服务设施。

7月5日 由北京市文学艺术界联合会、北京市民间文艺家协会主办，首都图书馆协办的"承忆指尖——民间手工艺新会员及新增艺术门类专场汇报展"在B座一层第二展厅举行，展览共展出剪纸、刺绣、核雕、泥塑等艺术作品300余件。

7月8日 由中国图书馆学会、歌德学院（中国）主办，北京市图书馆协会、首都图书馆承办，特邀德国汉堡市图书馆下属儿童图书馆布瑞特·易卜生女士主讲的"阅读从看图开始——绘本阅读"专题讲座在一层多功能厅举办。易卜生女士就职于德国汉堡市市立图书馆，负责汉堡市市立图书馆下属的儿童图书馆采编审校部领导工作。讲座中，易卜生女士就汉堡市图书馆如何开展阅读活动与服务做了主旨发言。

7月14日 北京市消防局检查小组到馆就首都图书馆消防安全设

备设施完善程度及相关人员安全知识掌握情况等方面进行检查指导，并给予首都图书馆消防安全考核达标的评价。

7月31日 全国盲人阅读推广工作经验交流会暨盲人有声读物捐赠仪式在中国盲文图书馆举行。会上宣读了"关于表彰2014年全国盲人阅读推广优秀单位和个人的决定"，首都图书馆荣获阅读推广优秀单位称号。本奖项由中国盲人协会、中国盲文出版社、中国盲文图书馆、全国盲人阅读推广委员会共同颁发，以鼓励2014年为盲人阅读作出突出贡献的单位和个人。

8月18日—22日 科特迪瓦共和国驻华武官夫人、科特迪瓦经济与财政部图书档案管理部档案信息处理司副司长苏哈里·玛丽亚姆·迪阿比（SOUHARE Mariam Diabi），来馆进行为期一周的参访交流。其间，驻华武官巴祖玛南·苏哈里上校和夫人还与首都图书馆同人进行座谈。首都图书馆副馆长陈坚介绍首都图书馆的社会职能、馆藏特色、读者服务、新技术应用和文化活动等情况。苏哈里上校和夫人对首都图书馆的热忱接待表示感谢，并期望中科两国图书馆界的交流与学习能为两国的文化交流建立良好基础。

8月22日 由首都图书馆制作的"北京城市生活百年回顾展"及相关主题讲座在马耳他中国文化中心举办，中国驻马耳他使馆临时代办兰崇信、马耳他文化艺术委员会总监Lisa Gwen Baldacchion（丽萨·文·巴尔达奇诺）、在马华人代表以及各界友好人士100余人出席开幕仪式。本次展览共分为衣、食、住、行四个部分，以100余幅珍贵照片为媒介，向马耳他观众展示了100年来北京城市生活的演变历程以及在新时期北京城市日新月异的变化。在展览开幕前，北京地方文献中心主任李诚举办"北京城市生活百年回顾"主题讲座，介绍北京城市的历史与现在。

8月25日 朝鲜人民大学习堂一行10人在对外交流处副处长金胜

气带队下到馆进行访问交流。副馆长邓菊英接待到访客人，国际交流中心主任张震宇、历史文献中心主任刘乃英、信息网络中心主任李念祖陪同接待。邓菊英向访问团介绍北京市公共图书馆服务体系建设情况，并就古籍保护、数字图书馆建设等方面开展了业务交流。随后，访问团一行在相关工作人员陪同下参观首都图书馆。

8月27日 为庆贺西湖申遗成功三周年，由政协杭州市委主办，杭州市文学艺术界联合会、中共杭州市下城区委宣传部协办，首都图书馆、桐荫堂书院承办的"'最美西湖'蔡云超、于广明书法摄影精品联展"在B座一层第二展厅开幕。展览共展出书法和摄影作品80余幅。

8月27日 中国质检出版社一行4人，来到首都图书馆考察调研。副馆长邓菊英接待到访客人，信息网络中心主任李念祖、采编中心副主任宋艳萍陪同。座谈会上中国质检出版社向首都图书馆介绍出版社相关情况，希望共同研讨今后可合作项目，并且双方基于国家图书馆标准数据资源合作经验，就标准数据库资源合作开发机远程投送平台建设工作进行探讨。

8月29日 马耳他共和国教育部官员安娜·吉尔森，自由撰稿人维拉·福山妮塔女士及马耳他中国文化中心顾洪兴主任到访首都图书馆。国际交流中心主任张震宇、北京地方文献中心主任李诚接待到访嘉宾，马耳他来宾向首都图书馆赠送有关马耳他历史文化的书籍及音像制品。

8月31日 由首都图书馆、生活·读书·新知三联书店、大佳网联合举办的"'江湖与庙堂之间'《王道剑》新书分享会"在B座剧场举行。书作者台湾中华文化总会会长刘兆玄与知名作家、厦门大学教授易中天做客"首图讲坛"，与现场近700名听众畅聊了武侠世界中的"江湖与庙堂"。

8月31日 "书眼看世界——亲子共读：走进多彩的童书世界"活

动在A座二层报告厅举办。加拿大英语教学专家、双语儿童文学作家王若文女士从中西方文化交流的多维角度，启迪家长们如何甄选合适的儿童文学作品，陪伴孩子茁壮成长。副馆长邓菊英出席交流活动。

9月5日 "网络书香·掠美瞬间"数字图书馆推广工程摄影大赛优秀作品展巡展至首都图书馆，与北京市民见面。此次展出的作品包括所有获奖作品及部分优秀参赛作品共约200幅。

9月9日 为纪念中国与突尼斯建交五十周年，由中国文化部、突尼斯文化部及突尼斯驻华大使馆联合主办的"突尼斯文化周"在首都图书馆开幕。本次活动通过综合艺术展、传统音乐演出和电影放映等方式多元化展现突尼斯的历史与文化。

9月26日 首都图书馆A座二层报告厅举办消防知识培训。培训结束后，保卫部汇集物业部、行政部，带领保安队和安全员对首都图书馆重点部位、区域展开安全大检查并进行隐患排查。

10月10日—12日 2014年中国图书馆年会在北京召开。开幕式上举办"2014年中国图书馆榜样人物"颁奖仪式。首都图书馆副馆长邓菊英凭借其为北京市公共图书馆事业发展作出的突出贡献，荣获了"2014年中国图书馆榜样人物"称号。

10月10—12日 "2014年中国图书馆学会年会展览会"在北京农业展览馆举办。展会上，北京市文化局与北京市图书馆协会联合推出了"文化的港湾——首都图书馆事业发展纪实"主题展。展览由北京市公共图书馆建设成果和"人人读书 人人荐书——2014年请读书目"展示两部分组成，受到业界同人和参观民众的好评。

10月11日 由首都图书馆联盟、北京市图书馆协会和首都图书馆共同承办的"图书馆公共服务体系的实践与探索——政府、馆员、志愿者及理事会制度"等主题论坛在A座报告厅举行。活动邀请到国际图联管理委员会委员严立初、首都图书馆副馆长邓菊英、北京市西城区第二图书馆馆长李金龙、中山大学图书馆馆长程焕文等知名专家学者开讲。中国图书馆学会副理事长倪晓建和杨沛超为中国图书馆学会2014"会员论坛之星"进行颁奖。

10月12日 以台湾汉学研究中心主任曾淑贤为团长的台湾卓越图书馆代表团参访首都图书馆。馆长倪晓建和副馆长邓菊英及相关部门负责人接待访问团,并就读者服务、数字图书馆建设等问题进行业务交流。随后,访问团在工作人员陪同下参观首都图书馆。

10月12日 上海浦东图书馆副馆长、副书记郭慧一行12人来首都图书馆实地参观,副馆长李冠南接待客人。典藏借阅中心主任田峰、信息网络中心主任谢鹏参加了交流和参观。

10月22日 国务院扶贫开发领导小组办公室全国扶贫培训宣传中心向首都图书馆进行图书捐赠,副馆长陈坚接受赠书。本次捐赠图书为《党和国家领导人论扶贫(1978—2001)》《中国农村扶贫大事辑要(1978—2000)》及《扶贫工作文件汇编(1978—2000)》,均由国务院扶贫开发领导小组办公室及国务院扶贫开发领导小组专家咨询委员会联合出版。

10月22日 上海图书馆副馆长刘炜一行9人来到首都图书馆,就图书馆业务发展、公共服务体系建设等方面进行调研。首都图书馆副馆长邓菊英接待调研组,向调研组简要介绍首都图书馆发展概况及新馆建设情况。双方就图书馆业务发展等方面问题开展了深入交流。随后,在相关部门负责人陪同下,调研组参观首都图书馆。

10月28日 由首都图书馆主办的"社会主义核心价值观主题展"在首都图书馆二层展厅展出。展览运用大量图片及事例向广大读者介绍社会主义核心价值观的基本内容,如何更好地践行社会主义核心价值观及其重要意义。

10月31日 宁夏图书馆副馆长王璐一行10人,来到首都图书馆考察学习，副馆长陈坚接待到访客人。在座谈会上陈坚就文献资料借阅服务、数字化服务、参考咨询服务、书库管理、读者活动拓展等方面的情况进行交流。宣传策划部主任王海茹、采编中心主任张娟、典阅中心副主任田峰、信息咨询部副主任王松霞参加了座谈。

11月1日 由中央国家机关书法家协会、人民美术出版社、雅昌文化集团主办，首都图书馆承办的"《国学墨韵——魏传忠书国学名句作品选》丛书赠书仪式暨书法作品展"在首都图书馆B座第一展厅举行。国家质检总局系统、首都文化艺术界、出版界等单位300余人参加本次活动。仪式上，魏传忠将精装版《国学墨韵》丛书分别赠予国家图书馆、首都图书馆以及北京大学、清华大学等十余所高校图书馆。

11月6日 新西兰内政部信息与知识服务司副司长彼得·穆雷和新西兰国家图书馆馆长威廉·麦克努特到首都图书馆进行参访交流。首都图书馆副馆长邓菊英向来宾介绍首都图书馆基本情况，并就北京市公共图书馆服务体系建设、北京记忆、古籍保护、少年儿童图书馆、数字图书馆建设等方面与参访人员进行交流。随后，参访人员参观首都图书馆。

11月20日 日本国立国会图书馆一行5人由总务部司书监、专门调查员中山正树带队，来到首都图书馆进行访问交流。首都图书馆副馆长陈坚接待访问团，简要介绍首都图书馆相关情况。双方就北京市公共图书馆服务体系建设情况、北京记忆、古籍保护、少年儿童图书馆服务、数字图书馆建设等方面进行交流与探讨。随后，访问团在相关人员陪同下参观首都图书馆。

·11月20日 江西省部分县市文化局局长、图书馆馆长、博物馆馆长、文化馆馆长等一行30人到首都图书馆进行现场教学和参观考察，副馆长邓菊英接待客人，并就读者服务、数字图书馆建设等问题进行业务交流。随后，访问团一行在相关工作人员陪同下参观首都图书馆。

11月21日 "首图市民法治宣传教育示范基地"举行揭牌仪式。司法部副部长张苏军、市委政法委书记杨晓超出席仪式并为示范基地揭牌。首都图书馆法治宣传示范基地是由北京市法制宣传教育领导小组办公室、北京市文化局、北京市司法局在2014年整合各方资源优势共同创建,为广大市民提供免费学习法律、交流法律、参观法律展览、进行法律咨询、积极参与法治宣传教育活动的新型示范基地。其中,设立在首都图书馆B座八层的法律主题馆是开展市民法治宣传教育的重要阵地。该馆分为文献阅览区、多媒体区、留言互动区、普法宣传展览区及咨询活动区。馆内包含阅览座席136个,政治、法律类图书3万余册,各类工具书1万余册,法律期刊杂志40余种。

11月21日 由北京市司法局主办,首都图书馆协办的"司法行政在身边"主题展览在A座二层文化艺术展厅展出。展览分为领导关怀、服务为民、创新履职、区县风采和依法监管五个篇章,通过大量图片展示近年来首都司法行政事业发展的历程,新时期司法行政工作开拓创新的成果,以及司法行政机关贴近社会、贴近基层、贴近群众服务民生的工作成效。

12月1日 "特拉维夫时刻"图片展在首都图书馆B座二层中庭展出。展览通过摄影师之眼,记录了以色列重要城市特拉维夫—雅法市的城市风光和人文风情。20余幅图片中不仅包含当地的特色建筑,还展示了节日庆典、马拉松比赛、音乐节等重大活动以及当地居民、游客的日常生活。

12月3日 在国际残疾人日和国际志愿者日到来之际,"心阅影院"助盲有声阅读志愿服务在首都图书馆启动。首都图书馆依托自身文献资源优势,结合北京红丹丹教育文化交流中心的专业助残服务,为视障视弱群体打造了一个全新的观影文化中心。

12月5日 由中华人民共和国文化部、蒙古国文化体育旅游部、蒙古国驻华大使馆联合主办，首都图书馆协办的"蒙古文化周"暨"蒙古国摄影艺术展"在首都图书馆B座第一展厅开展。文化部副部长丁伟、蒙古国文化体育旅游部副部长图盟扎尔格勒、文化部对外文化联络局局长张爱平、外交部亚洲司副司长邢海明等领导嘉宾以及部分国家的驻华使节和首都各界和艺术家代表出席开幕活动。

12月5日 "移动设备的客户端安装方法及挑选"主题培训在首都图书馆举行。作为第二期首都图书馆老年读者信息技能培训的收官之作，活动迎来了150余名读者的参与。

12月12日 北京市公共图书馆馆长工作会议召开，市文化局副局长庞微、公共文化事业处处长黄海燕莅临会议，首都图书馆及各区县图书馆馆长及相关工作人员参加了会议。

12月12日 由中华人民共和国文化部、哥伦比亚共和国驻华使馆主办，中国对外文化集团公司、首都图书馆承办的"地之灵——塔巴塔·达萨个人摄影展"在首都图书馆B座第二展厅开幕。哥伦比亚驻华公使有参赞路易斯·桑阿、文化部对外文化联络局副局长孙建华、中国对外文化集团公司党委书记宋官林、首都图书馆党委书记肖维平、哥伦比亚艺术家塔巴塔·卡洛琳娜·达萨·莫拉等领导嘉宾出席开幕式。

12月13日 由北京市文化局、共青团北京市委员会主办，北京市青年宫、北京青年文化交流协会、北京青年艺术团、首都图书馆承办的第四届（2014）北京青年艺术节在首都图书馆启动。北京市文化局副局长庞微、北京青年艺术节艺术总监甲丁、北京青年艺术团团长崔宁、北京市青年宫主任冯松青及首都图书馆馆长倪晓建参加启动仪式并共同开启了象征"音乐、绘画、文学、雕塑和舞台"的五扇"艺术之门"。

12月24日 "BALIS管理中心与首都图书馆合作协议"在中国人民大学签订。此举为北京市民获取北京地区高校的优质学术资源打开了一扇门。今后，北京市公共图书馆"一卡通"读者可借助BALIS原文传递与馆际互借平台获取北京部分高校的馆藏资源，其可传递资源包含大部分数字资源以及部分可复制的纸质资源。

12月27日 由首都图书馆联盟、首都图书馆主办的"悦读阅美"主题展览在首都图书馆B座二层引航厅展出。《习近平谈治国理政》《邓小平时代》《古语趣谈》等30种图书，作为"市民读书计划"评选出的"2014年度请读书目"在现场展出。

12月28日 在首都图书馆举办2014首都市民系列文化活动收官展演——"2014首都市民系列文化活动群众精品节目汇演"，来自全市各区县的400余位文艺爱好者上演了自编自演的精彩节目。

2015 年

1月3日 由首都图书馆、北京史研究会、北京市社科联联合打造的科普文化讲座品牌"'首图讲坛·乡土课堂'2015 年开讲仪式暨新闻发布会"在 A 座多功能厅举行。北京史研究会会长李建平、北京史研究会副会长王岗、北京史研究会副秘书长张宝秀、北京市文史研究馆文史处处长刘卫东、首都图书馆副馆长邓菊英等领导出席。会上,邓菊英对 2014 年度"乡土课堂"工作进行总结。李建平发布了 2015 年度"乡土课堂"讲座计划。在观赏花样快板、《四世同堂》片段朗诵及歌曲《逛北京》之后,2015 年度首场讲座"前门楼子九丈九——趣谈正阳门故事"正式开讲。

1月15日 韩国大邱天主教大学图书馆科学系教授赵庸完一行14人参访首都图书馆。副馆长邓菊英向来宾介绍首都图书馆基本情况,双方就北京市公共图书馆服务体系建设、北京记忆、古籍保护、少年儿童图书馆、数字图书馆建设等方面进行业务交流。随后,参访人员参观首都图书馆。

1月18日 首都图书馆主办的志愿者活动"播撒幸福的种子"第六期学员结业暨第七期学员开班仪式在 A 座多功能厅举行。副馆长陈坚参加活动并聘请林晓晞、林晓旸为首都图书馆"播撒幸福的种子"专项顾问。

1月20日 在文化部召开的 2015 年全国文化志愿服务工作推进会

议上，首都图书馆推荐的文化志愿者夏树敏荣登榜首。

1月30日　新疆和田地区代表团文体组在北京市文化局副局长庞微等的陪同下来到首都图书馆考察参观，双方就图书馆建设及开展文化服务方面进行交流座谈。考察团文体组一行首先听取了首都图书馆馆长倪晓建关于首都图书馆在场馆建设、运营管理以及开展公共文化服务等方面所开展工作情况的汇报。和田地区文体局党组书记、局长居来提·麦色依提和新疆和田市文化体育广播影视出版局党委书记买买提艾力·玉素浦等介绍和田地区公共文化设施建设和开展服务的现状。

2月3日　首都图书馆班子召开2014年工作总结及2015年重点工作安排研讨会，北京市文化局副局长庞微出席并主持会议。庞微听取了首都图书馆馆长倪晓建关于首都图书馆2014年主要工作开展情况及2015年重点工作计划的汇报、党委书记肖维平关于首都图书馆2014年党务工作及党风廉政工作开展情况的汇报、副馆长胡启军关于首都图书馆安全工作的汇报。庞微就首都图书馆2015年重点工作的部署和开展与首都图书馆班子进行研讨，并对2015年的工作提出要求，并对首都图书馆安全工作开展情况进行现场检查和指导。

2月3日　2015年图书交换工作会在志愿者之家召开，党委书记肖维平、志愿服务工作负责人、图书交换志愿服务工作的项目负责人参加了工作会。

2月5日　首都图书馆的亲子借阅区推出《快乐农场之才艺大比拼》手偶剧表演。伴随着欢快的音乐，融合了歌唱、舞蹈、相声、三句半等多种表演形式的手偶剧，为现场的小读者提前带来了春节的喜乐气氛。

2月11日　中国画画家于大武携新作儿童图画书——《北京的春节》，到首都图书馆与小读者们面对面交流。

2月15日 首都图书馆心阅书香志愿服务项目推出以"心手相牵 共度春节"为主题的"心阅美文——欢乐融融过大年"春节特别档活动，朝阳区潘家园残联、南磨房地区残联、十八里店残联及丰台和义街道办事处残联的近50名残障朋友和首都图书馆部分文化志愿者参加，北京残疾人联合会副理事长吕争鸣，北京市残疾人联合会宣文部主任宿廷虎，北京市志愿服务指导中心副主任王赢，首都图书馆党委书记肖维平，首都图书馆工会主席、副馆长李冠南参加了活动。

3月11日 国家图书馆后勤服务管理中心副主任张海波等人来首都图书馆进行调研、参观，首都图书馆副馆长胡启军接待到访客人。双方就后勤服务保障的范围、岗位设置、人员调配方式、节能减排工作、物业服务保障及监管工作等部门相关工作进行交流。

3月13日 广州图书馆副馆长黄秋玲一行7人来到首都图书馆参观考察，首都图书馆副馆长李冠南接待到访客人。双方就图书馆立法宣传推广经验等方面进行交流。

3月27日 中央文化管理干部学院来京参加"芜湖市公共文化服务管理与创新专题研修班"的文化馆干部、公共文化服务单位骨干人员等一行40人来首都图书馆开展现场教学活动，副馆长陈坚接待客人，介绍公共文化服务开展情况，并引领他们参观首都图书馆。业务部主任贾蕾参加了交流。

4月1日 深圳大学城图书馆馆长赵洗尘、副馆长李桂芬一行6人来到首都图书馆调研，副馆长陈坚接待到访客人。双方就资源建设情况、近三年资源建设经费额度与使用、新馆建设与开放使用相关问题、公共服务方面的具体做法与相关经验等相关内容进行交流。采编中心主任张娟、典藏借阅中心主任田峰、业务部主任贾蕾参加了交流。

4月8日 吉林省图书馆副馆长宋艳一行4人来到首都图书馆参观考察，首都图书馆副馆长陈坚接待到访客人。双方就数字资源采购事宜进行交流。

4月10日 上午，上海浦东图书馆馆长张伟一行3人来到首都图书馆参观调研，副馆长陈坚接待到访客人。双方就"十三五"规划制定情况、北京市图书馆协会管理运作模式以及理念创新、阅读推广、品牌化服务等方面的先进经验等相关内容进行交流。业务部主任贾蔷、合作协调中心主任高莹、宣传策划部主任王海茹参加了交流。

4月10日 下午，北京大学信息管理系教授张广钦带领学生25人来首都图书馆开展教学参观。馆长倪晓建为师生们讲授公共图书馆研究、公共文化服务等方面内容。业务部主任贾蔷参加了参观和座谈。

4月28日 清华大学图书馆采编科古特藏党支部书记贾延霞及编目部、特藏部、资源建设部等部门的党员、骨干等一行21人来到首都图书馆进行参观交流。副馆长李冠南接待到访客人，双方就图书馆整体建筑、环境建设、空间规划、功能布局、业务概况、特色服务，地方文献自建数据库、资料收集与管理，非正式出版物分类、著录、服务和古籍管理、服务等相关内容进行交流。采编中心主任张娟、典藏借阅中心主任田峰、历史文献中心主任刘乃英参加交流。

5月5日 台湾大学图资系教授兼图书馆馆长陈雪华一行5人到访首都图书馆，副馆长陈坚接待到访嘉宾。双方就北京市公共图书馆服务体系建设情况、读者服务特色等方面进行交流。国际交流中心、信息咨询中心、采编中心及典藏借阅中心主任参加了交流。

5月7日 北京市人民政府外事办公室副主任高志勇一行就推广"新中装"一事访问首都图书馆，并在党委书记肖维平、副馆长李冠南及国际交流中心主任张震宇的陪同下考察了相关文化设施。

5月21日 中国中共党史学会党领导文化建设史研究专业委员会会长龙新民带队一行14人，到首都图书馆考察参观。北京市文化局局长陈冬、首都图书馆馆长倪晓建接待到访客人，倪晓建介绍图书馆事业发展状况及阅读对提高全民文化素质的重要作用，并陪同参观首都图书馆少年儿童图书馆、新馆及库藏文物。

5月22日 江西省图书馆副馆长李晓君一行3人，到首都图书馆考察学习。副馆长胡启军接待到访客人，双方就首都图书馆在新馆建设方面的先进理念及相关数据资料等方面进行交流。国际交流中心主任张震宇、业务部主任贾蕾、少儿视听中心主任张皖、采编中心主任张娟、后勤服务部主任宋治国参加座谈。

5月28日 中央文化管理干部学院培训部主任刘瑞彪一行47人，到首都图书馆考察学习。馆长倪晓建、副馆长陈坚接待到访客人，倪晓建做了"三网融合背景下公共数字文化的服务建设机制"的授课。业务部主任贾蕾参加了座谈。

5月29日 陕西省图书馆原副馆长徐大平一行4人，到首都图书馆考察学习。副馆长胡启军接待到访客人，双方就首都图书馆建馆理念进行交流座谈。国际交流中心主任张震宇、后勤服务部主任宋治国参加了座谈。

5月29日 由北京市文化局、首都图书馆联盟联合打造的北京市全民阅读大型公益活动"阅读之城——市民读书计划"在首都图书馆启动。中国人民大学图书馆副馆长索全军、北京市文化局办公室主任路斌、北京市文化局公共文化处副处长刘贵民出席启动仪式。首都图书馆馆长倪晓建进行致辞，中央民族大学外国语学院院长郭英剑和科普作家、中国地震局地质研究所研究员位梦华分别作题为"数字化时代的阅读：读什么和怎么读"和"读书漫谈"的演讲，中央美术学院绘本创作工作室文本辅导向华也以视频的形式作"阅读与传承"的主题演讲。

6月12日 首都图书馆在B座十层天光会议室举行馆领导与职工交流日活动。陈坚、胡启军、李冠南等馆领导就近期有关工作与近40

位中层干部、职工代表就劳务派遣、《北京市控制吸烟条例》落实情况等方面进行沟通交流。

6月13日　为进一步展示首都图书馆近年来在文化遗产保护方面的积极行动和工作成果，激励公众自觉参与文化遗产保护实践，首都图书馆在第10个文化遗产日，举办主题讲座、互动活动和主题展览。中国印刷博物馆研究室主任、中国印刷史研究会副秘书长李英做了"全民阅读兴起于宋代"的主题讲座。首都图书馆还举办"雕版印刷体验之旅"的读者互动活动。

6月16日　中国思想政治工作研究会秘书长、中宣部思想政治工作研究所所长王学勤一行访问首都图书馆，并在馆长倪晓建、副馆长李冠南及国际交流中心主任张震宇的陪同下参观首都图书馆。

6月17日　为贯彻落实习近平总书记一系列讲话精神，扎实有效开展"三严三实"和"忠诚干净担当"专题教育，党委组织中层干部、党团干部、党员及入党积极分子在馆多功能厅进行集中学习，党委书记肖维平做主题为"深入学习践行'三严三实'，做忠诚、干净、担当的好干部"的党课，标志着首都图书馆"三严三实"专题教育正式启动。

6月26日　国际禁毒日，北京市公安局禁毒大队和南磨房派出所民警在首都图书馆采取版面宣传、舞蹈和发放宣传册、纪念品等形式，向市民宣传毒品对人体的危害，呼吁群众"珍惜生命，远离毒品"。北京市政法委书记杨晓超，公安部副部长、北京市公安局局长王小洪以及朝阳区相关领导参加此次活动，首都图书馆副馆长胡启军陪同。

6月27日　由人民出版社与首都图书馆"首图讲坛"共同策划的第九期公大读书会在首都图书馆B座四层影院举行。本次读书会以"互联网＋：未来空间无限"为题材，由中央电视台《朝闻天下》气象主播高坚主持，阿里巴巴研究院副院长宋斐主讲，近300名热心读者现场参与。

6月30日 为了迎接中国共产党成立94周年，馆党委在A座二层报告厅召开纪念建党94周年党员大会。大会由党委委员、副馆长李冠南主持，市文化局党组副书记、副局长吕先富，市文化局党组成员、副局长庞微等领导出席。党委书记肖维平对馆党委两年来开展的工作做简要回顾，同时对下半年重点工作进行布置。馆长倪晓建宣读了《首都图书馆党委关于表彰2013—2015年先进党支部、优秀共产党员和优秀党务工作者的决定》。大会还组织进行"共产党员献爱心"捐款活动，表达了广大党员干部对困难家庭的关爱之心。

7月4日 由首都图书馆和中央美术学院绘本工作室携手推出的"绘有话说——中国原创绘本新生代力量大展"在A座文化艺术展厅开展。展览展出的260幅原画，来自20本不同的原创绘本作品，拉开了"首都图书馆2015中国原创绘本展览季"的大幕。

7月5日 由中国国土经济学会、中国自然辩证法研究会、中国未来研究会、中国生产力研究会、中国技术经济研究会、国家发展和改革委员会、中国民生研究会、孙冶方经济科学基金会、知识产权出版社和首都图书馆联合举办的于光远学术思想研讨会在首都图书馆举行。中国科学院、中国社会科学院、北京大学、清华大学等单位的多名专家学者参与研讨，于光远的夫人孟苏女士、女儿余小东教授等家人，与于老生前的友人、学生和部下约150人一起参加了研讨会。会上，中国科学院院士何祚庥、中国社会科学院学部委员张卓元等十多位专家做了专题发言，回顾了于光远的学术思想和生前事迹；馆长倪晓建介绍于光远与首都图书馆多年的密切关系。

7月7日 首都图书馆部分团员代表在中华世纪坛参加了由宣传系统团工委组织的"铭记历史 缅怀先烈 珍爱和平 开创未来"纪念抗日战争暨世界反法西斯战争胜利70周年团员集体宣誓活动。活动由市文化局团委书记许博主持。本次活动是馆团委响应馆党委开展"铭记历史，坚定信念"主题团日活动的具体举措。

7月8日 在全民族抗战爆发78周年之际，首都图书馆部分党员代表，前往中国人民抗日战争纪念馆，参观纪念中国人民抗日战争暨世界反法西斯战争胜利70周年主题展览"伟大胜利 历史贡献"。展览通过大量珍贵图片和实物，全景式展现了中华民族英勇抵抗日本军国主义侵略的光辉历史，展现了中国共产党的中流砥柱作用，全面反映了中国政府和中国人民付出最大的决心和努力，同世界各国人民一道，坚决捍卫中国人民抗日战争暨世界反法西斯战争的胜利成果。

7月16日 首都图书馆与蒲公英童书馆联合推出"故乡·遇见——九儿绘本作品原画展"，绘本画家九儿自2012年的130余件原画及雕塑作品首次与读者见面，九儿的绘本新作《回不去的故乡》《想要正好的遇见》两本书也在展览开幕之际首发。首都图书馆副馆长陈坚、北京市新闻出版广电局公共服务处处长王亦君、儿童文学作家白冰、资深出版人叶俭、清华美院雕塑系教授王小蕙等领导和嘉宾出席展览开幕式并致辞。

8月1日 "幻想，童年的朋友——彭懿、九儿原创图画书《不要和青蛙跳绳》新书发布会"在首都图书馆举行。首都图书馆副馆长陈坚、中国科学院心理所研究员张梅玲、北京师范大学学文学院教授陈晖、人民文学编辑部主任李东华、图画书研究者阿甲、接力出版社总编辑白冰等领导和嘉宾出席发布会。

8月6日 北京市公共图书馆馆长工作会议在首都图书馆召开，市文化局领导、全市公共图书馆馆长及相关人员60余人参加了会议。会议对上半年公共图书馆服务工作进行总结。市文化局领导对落实"1+3"公共文化政策相关工作进行部署。各馆就整合基层图书馆服务资源进行讨论并介绍经验，还提出一些意见和建议。

8月12日 首都图书馆在B座十层天光会议室举行馆领导与职工

交流日活动。馆长倪晓建、党委书记肖维平等馆领导与70余位中层干部、职工代表就职工工资制度改革和养老保险制度改革的测算和补发，首都图书馆劳动竞赛、青年论坛活动的开展等多项工作进行沟通交流。会议由副馆长、工会主席李冠南主持。

8月12日 首都图书馆党委召开以"严以律己，严守政治纪律和政治规矩，自觉做政治上的'明白人'"为主题的专题学习会。首都图书馆党委委员、馆中层以上领导干部、纪检委员、党支部书记及委员、团委干部近40人参加了会议。会议由党委委员、副馆长李冠南主持。会上，与会人员观看了由全国党建研究会特约研究员、北京市委党校教授姚桓带来的视频报告《"三严三实"之严以律己》。

8月12日 四川省图书馆调研小组编目部主任赫青、信息网络部主任郑蜀等一行6人，到首都图书馆考察学习。副馆长陈坚接待到访客人，双方就首都图书馆在数字资源采购流程及资源评估管理机制、读者服务阅览室的设置与布局、图书馆信息化数字化建设概况及成果、新馆搬迁中遇到的问题及解决办法等多个方面进行交流座谈。报刊资料中心主任林岫、业务部主任贾蔷、信息网络中心主任谢鹏、采编中心主任张娟参加了交流。

8月13日 首都图书馆"新加坡图书馆管理体制与读者服务培训班"总结会在B座1041会议室召开，市文化局党组成员、副局长庞微，外事处处长孙波、人教处处长田金贵及首都图书馆领导班子成员听取了培训团组的总结报告。

8月14日 在报告厅举办电梯安全乘用知识培训，首都图书馆全体职工、派遣员工、上书服务公司人员、物业人员、保安及全体保洁人员参加了此次培训。北京中建华宇机电工程有限公司工程师姚毕忠结合案例为大家详细讲解如何正确使用电梯、安全乘用电梯需要注意的问题等相关知识。

8月15日　首都图书馆与人民出版社，在B座四层影院共同举办阅读分享会。本次阅读分享会以《中国抗日战争史简明读本》为题材，由中央电视台《朝闻天下》气象主播高坚主持，中央马克思主义理论研究和建设工程专家刘庭华教授主讲。党委书记肖维平等为读书分享会作出贡献的主持人、副秘书长和荣誉书友颁发了证书。活动结束后，人民出版社向首都图书馆捐赠图书3000余册，用于"图书交换"书籍置换和援建"爱心书屋"。

8月19日　由首都图书馆与童趣出版有限公司联合主办的"名家面对面——走进神奇的冒险侦探世界"活动如期举行。来自奥地利的知名儿童文学作家托马斯·布热齐纳走进图书馆，与小读者们一同分享他的冒险侦探世界。由他创作的小虎队系列图书受到了中国无数小读者的喜爱，他也因此获得了"侦探小说大师"的称号。

8月21日　阿拉伯联合酋长国文化、青年与社会发展部图书馆司司长艾哈迈德·哈达比一行4人到访首都图书馆。副馆长陈坚接待参观团并向来宾简要介绍首都图书馆相关情况，随后陪同来宾参观。

8月21日　由来自印度尼西亚、马来西亚、菲律宾等国的文化官员组成的参观团一行21人到访首都图书馆。副馆长陈坚陪同来宾进行参观，并向来宾简要介绍首都图书馆的有关情况。

8月21日　文化部主办、中央文化管理干部学院承办的"第九期东盟—中日韩（10+3）文化人力资源开发合作研讨班"成员一行23人，到首都图书馆进行参观考察。副馆长陈坚接待到访客人，双方就公共文化服务管理方面进行交流座谈。业务部主任贾蔷、典阅中心主任田峰、少儿综合借阅中心主任朱丹参加了座谈。

8月28日　四川省图书馆副馆长陈雪樵一行4人，到首都图书馆考察学习。副馆长李冠南接待到访客人，双方就少儿服务、图书采编、读者服务、文献布局、图书剔旧等业务工作进行交流座谈。典阅中心主任田峰、少儿综合借阅中心主任朱丹、采编中心副主任宋艳萍参加了座谈。

8月28日 十堰市图书馆党支部书记赵明意一行2人，到首都图书馆考察学习。副馆长李冠南接待到访客人，双方就首都图书馆部门设置和总分馆体系建设等情况进行交流座谈。党委办公室主任段瑞林、信息网络中心主任谢鹏参加了座谈。

9月14日 大连图书馆副馆长李珠一行4人，到首都图书馆考察学习。副馆长陈坚接待到访客人，双方就音乐图书馆及新媒体服务工作进行交流。视听资料中心主任韩滨、宣传策划部主任王海茹参加了座谈。

9月18日 广州市天河区图书馆馆长刘驰一行5人，到首都图书馆考察学习。副馆长陈坚接待到访客人，双方就图书馆场馆建设、部门及岗位设置、人员管理、图书馆信息化及数字图书馆建设等方面工作进行交流座谈。组织人事部主任张利中、国际交流中心主任张震宇、信息网络中心主任谢鹏参加了座谈。

9月18日 首都图书馆党委在1041会议室召开以"严以用权，真抓实干，实实在在谋事创业做人，树立忠诚、干净、担当的新形象"为主题的专题研讨会，馆领导班子成员及全体中层干部参加。会议由党委委员、副馆长李冠南主持，党委书记肖维平传达了文化局党组2015年第12次会议精神，并就贯彻落实局长陈冬重要讲话提出工作要求。

9月22日 河北省委组织部、省文化厅与文化部人事司联合主办的"河北省现代公共文化服务体系构建专题培训班"成员一行50人，到首都图书馆进行参观学习。副馆长陈坚接待到访客人，双方就公共文化服务建设方面进行交流座谈。采编中心主任张娟参加了座谈。

9月22日 绍兴图书馆副馆长那艳一行3人，到首都图书馆考察学习。副馆长陈坚接待到访客人，双方就讲座、展览的组织与开展、读者活动的举办等方面工作进行交流座谈。

9月23日 上海图书馆组织的"十三五"建设发展规划调研小组成员一行4人，到首都图书馆参观学习。副馆长陈坚接待到访客人，双方就总分馆体系及现代公共图书馆服务体系建设等方面工作进行交流座谈。业务部主任贾蕾、合作协调中心主任高莹参加了座谈。

9月24日 由首都图书馆和北京蒲蒲兰文化发展有限公司合作策划推出的"原创十年·绘本原画展"在二层展厅开幕。展览通过作者原画、多媒体、互动游戏等形式，集中展示了《荷花镇的早市》《北京的春节》《妖怪山》等十几本优秀的原创绘本。

9月24日 由首都图书馆、美国驻华大使馆联合举办的"美国钢琴家约翰·罗毕莱特（John Robilette）古典钢琴音乐会"在首都图书馆报告厅举行。美国钢琴家约翰·罗毕莱特被称为"黄金时代"的复古钢琴演奏家。他曾在许多世界顶级音乐殿堂独奏过，包括美国国会图书馆、华盛顿特区的肯尼迪中心、伦敦的威格摩尔音乐厅、里约热内卢的萨拉塞西莉亚·梅雷莱斯音乐厅等。

9月28日 由北京市文化局、乌鲁木齐市委宣传部、乌鲁木齐市文化局（新闻出版局、版权局）主办，首都图书馆、乌鲁木齐市艺术创作研究中心承办的"乌鲁木齐印记——庆祝新疆维吾尔自治区成立60周年"摄影图片展在首都图书馆B座一层第一展厅展出。展览共展出乌鲁木齐城市建设变迁风貌图片共计200余幅。

9月29日 首都图书馆法律主题馆走进中海城社区，为社区居民举办以"幸福万年，平安上门"为主题的系列沙龙活动，为市民提供一个更加专业、更加便捷、更具针对性的法律知识平台。北京华佳律师事务所主任、北京市百名优秀公益律师、首都图书馆法律专家志愿者张华为社区居民进行一场有关财产继承的专题讲座。张华结合自己遇到的经典案例与市民们做了精彩分享，教会大家如何保护好自身的财产权益，到场的市民们纷纷表示受益良多。

10月1日 首都图书馆组织党员干部职工代表近60名赴民族文化宫参观"在祖国的怀抱中——新疆维吾尔自治区成立60周年成就展"。

10月14日 参加"2015年人大系统信息资源共建共享研讨会"的全国人大、北京市人大常委会相关领导及各省、自治区、直辖市与会人员近100人，到首都图书馆考察参观。馆长倪晓建、副馆长陈坚接待到访客人，并陪同参观。

10月15日 国家图书馆馆长兼党委书记韩永进一行6人，到首都图书馆考察。馆长倪晓建、副馆长陈坚和副馆长胡启军接待到访客人，双方就首都图书馆建设和服务等方面进行交流座谈。办公室主任姚雪霞、业务部主任贾蕾、报刊资料中心主任林岫参加了座谈。

10月23日 北京市人大代表、市人大常委会教科文卫体办公室在市文化局副局长吕先富和李新平的陪同下赴首都图书馆，就京津冀协同发展规划文化方面的具体规划情况进行视察。党委书记肖维平接待到访客人，汇报推动京津冀图书馆一体化协同发展、联盟建设、信息资源共建共享有关工作情况。

10月30日 首都图书馆召开2015年文化志愿者工作联席会议，首都图书馆党委书记肖维平，北京市律师协会、北京市残疾人文化体育指导中心、北京市红丹丹教育培训交流中心、首都师范大学初等教育学院、北京市劲松职业高中5家单位的志愿团体代表、志愿者个人代表以及首都图书馆9个志愿项目的负责人参加了此次联席会议，会议由党办主任段瑞林主持。

11月5日 2015年全国基层文化队伍示范性培训"河北省公共图书馆高级管理人员研修班"一行50人，到首都图书馆参观学习。副馆长陈坚接待到访客人，双方就公共文化服务建设方面进行交流座谈。

业务部副主任贾蕾参加座谈。

11月9日 为配合"11·9"全国消防安全周活动的开展，强化安全责任意识，提高职工安全保卫能力，检测消防设备、设施的正常运转，首都图书馆开展了消防安全系列活动，在广场悬挂宣传横幅、张贴宣传标语，聘请专家为首都图书馆职工授课，并在课后组织消防演练和检查。

11月10日 美国加州大学圣巴巴拉分校戴维森图书馆地图与图像实验室主任乔恩·雅布隆斯基教授到访首都图书馆，副馆长陈坚接待到访嘉宾。国际交流中心主任张震宇、少儿综合借阅中心主任朱丹与少儿活动中心主任王梅参加座谈。

11月11日 韩国国立中央图书馆企划进修部部长柳政荣（副馆长）一行5人到访首都图书馆。副馆长李冠南接待到访嘉宾，双方就北京市公共图书馆服务体系建设情况、读者服务特色等方面进行交流。

11月17日 由北京市文化局、首都图书馆联盟主办的第二届"阅读之城——市民读书计划"书目终评会在首都图书馆举行。北京市文化局党组成员、副局长庞微，首都图书馆联盟常务副主席、馆长倪晓建，中国作协副主席、书记处书记李敬泽，著名学者解玺璋，文学评论家止庵，中央民族大学历史文化学院副教授蒙曼，知名媒体人郎永淳等二十位专家，就初评书目进行研讨，并投票评选出了由《中国古典文心》《中国古代物质文化》《物种起源》等30册图书组成的"2015年度请读书目"。

11月17日 首都图书馆举行2015年度劳动竞赛活动推进会。北京市文化局党组成员、副局长庞微，局工会副主席董保平及馆领导出席会议。党委书记肖维平回顾了劳动竞赛活动，并对下一步工作提出要求。庞微发表讲话并对劳动竞赛活动的继续开展提出要求。

11月18日 法国文化中心多媒体图书馆馆长高莉（Emilie

Bettega）一行2人就推广法国绘本展一事来访首都图书馆，与国际交流中心主任张震宇进行会谈，并参观相关阅览室及展览场所。

11月19日 北京市社会科学界联合会"社科学术资讯服务中心筹建组"一行4人，到首都图书馆调研学习。副馆长李冠南接待到访客人，双方就首都图书馆馆藏整体情况、数字化现状及使用情况、历届北京市哲学社会科学优秀成果评奖获奖图书的馆藏情况及查询使用情况等进行交流座谈。采编中心主任张娟参加了座谈。

11月19日 首都图书馆、天津图书馆、河北省图书馆在石家庄签署合作协议，成立了京津冀图书馆联盟。北京市文化局副局长庞微，天津市文化广播影视局社会文化处处长朱义海，河北省纪委驻文化厅纪检组长、河北省监察厅驻文化厅监察专员张军田出席活动并讲话。

11月20日 由首都图书馆与乌鲁木齐市文化局联合主办，乌鲁木齐市艺术团自编、自导、自演的原创儿童奇幻童话剧《音乐精灵》在首都图书馆剧场演出。作为向新疆维吾尔自治区成立60周年的献礼作品，《音乐精灵》演出是北京市文化局、首都图书馆文化援疆的一个项目，是首都北京与祖国边疆文化交流的又一成果。

11月23日 首都图书馆召开党风廉政建设责任制工作部署会。馆中层以上领导干部、党委委员、纪检委员、党支部书记参加会议。党委书记肖维平传达了北京市文化局关于党风廉政建设责任制检查工作部署会的精神，与会人员观看了《守纪律，讲规矩，全面从严治党——深入学习和理解〈中国共产党廉洁自律准则〉和〈中国共产党纪律处分条例〉》辅导报告和反腐倡廉警示教育片——《自首：安家盛案警示录》。

11月26日 "'活力老人 艺动京城'北京市老年人艺术作品展览"在首都图书馆B座一层第一展厅开展。300余件参展作品通过公开征集所得，均出自本市55周岁以上市民之手。其中不仅有水墨画、毛笔字帖、摄影作品，还包含了瓷器、手工艺品等形式各异的精湛作品。北京市老龄产业协会会长翟鸿祥等领导出席活动并致辞。

11月30日 "十三五规划——十大惠民政策与你有关"主题展览在二层连廊开展。展览梳理了十八届五中全会审议通过的《中共中央关于制定国民经济和社会发展第十三个五年规划的建议》和中共中央关于公报的相关建议，摘取了"收入""扶贫""教育"等十条与民生密切相关的内容展示给社会大众。

12月1日 宁波市图书馆副馆长沈冠武一行8人，到首都图书馆参观学习。首都图书馆副馆长胡启军接待到访客人，双方就当今国内图书馆专业信息化前沿技术设备和应用、新馆智能化建设的预算及构成、十三五数字图书馆规划等方面进行交流座谈。业务部主任贾蔷、信息网络中心主任谢鹏、宣传策划部主任王海茹、国际交流中心主任张震宇等参加了座谈。

12月2日 由北京市残疾人文化体育指导中心主办的北京市残疾人文化组织成立30周年成果展在首都图书馆第一展厅举办，有近100幅书画作品、150幅摄影作品、集邮作品和文学创作作品参展。中残联宣文部副主任邹柏林、北京市文联机关纪委书记张亮京、北京市残疾人联合会党组书记郭旭升以及北京市相关文化组织和市残联相关部门的领导出席开幕式。

12月10日 由北京市文化局党组成员、副局长关宇任组长，局非遗处处长白玉清、局机关服务中心主任云辉、局办公室副主任王维波等组成的局党风廉政建设责任制检查组一行4人来首都图书馆检查2015年度落实党风廉政建设责任制、推进惩治和预防腐败体系建设情况。馆党委书记肖维平，副馆长陈坚、胡启军、李冠南等馆领导及党委委员、纪检委员、中层干部代表、工会委员代表、职工代表共13人参加了座谈会。

12月11日 首都图书馆召开干部大会，宣布市文化局党组关于首都图书馆主要领导职务调整的决定。市文化局党组书记、局长陈冬出席会议并做重要讲话。局党组副书记、副局长吕先富在会上宣读局党组决定：常林兼任首都图书馆馆长，免去倪晓建馆长职务。局组织宣传处、教育人事处处长田金贵出席会议。倪晓建、常林分别讲话，首都图书馆党委书记、副馆长肖维平发言。首都图书馆领导班子成员、党委委员、纪检委员、中层干部、工会委员、团委委员和党团支部书记共44人参加了大会。

12月11日 拉美文学研究家陈凯先教授、拉美魔幻现实主义名作《百年孤独》的中文版译者范晔、年轻作家阿乙相聚首都图书馆影院，对话探讨阿根廷文豪豪尔赫·路易斯·博尔赫斯留下的"文学遗产"。

12月12日 中国戏曲学院参与的北京市学校美育发展工作之孟丽油画鉴赏公开课在第二展厅举行。此次画展特邀了中国艺术研究院青年油画家、世界著名艺术院校列宾美院的优秀毕业生孟丽担任导师，旨在发挥北京高等学校、社会力量在体育美育方面的优势和引领作用，帮助中小学全方位、多样化、深层次地开展学校体育美育工作。

12月15日 "图书交换"志愿服务项目在北京第二监狱开展了"暖风行动"主题活动，为北京市第二监狱捐赠图书1550册，援建了第四家爱心图书室。二监副监狱长王海峰主持召开交流座谈会，首都图书馆副馆长李冠南、典藏借阅中心（汽车图书馆）主管赵雪锋、人民出版社读书会副会长王振东及第二监狱3个主要监区监区长参加会议。

12月16日 在广州举办的中国图书馆年会上，首都图书馆荣获"2015年全国少年儿童阅读年系列活动""2015年全国少年儿童阅读年——全国少年儿童'我的藏书票'设计大赛""2015年全国少年儿童阅读年——中国传统节日"、图书馆未成年人服务案例征集评选活动三项优秀组织奖。

12月18日 人民邮电出版社副社长顾翀在首都图书馆二层图书交换现场向首都图书馆文化志愿服务图书交换项目捐赠图书2700册，党委书记肖维平接收了赠书。此次获赠的书籍将用于图书交换项目援建图书室。

12月27日 由光明日报出版社出版的《阅世录》新书首发仪式在十层天光会议室举行，这部被不少学者称为当代格言小品的丛书甫一问世就受到了各界关注。

12月29日 首都图书馆官方网站发布暂时关闭A座部分区域的通知。由于首都图书馆内部施工改造，自2016年1月11日起暂时关闭A座康复文献阅览室、一卡通通还处、少儿外文图书阅览区、北京明德少儿英文图书馆。

2016 年

1月1日 由北京市文化局、首都图书馆联盟共同主办的"悦读阅美——2015年请读书目主题展",在B座二层引航厅开展。本次展览既是第二届"阅读之城——市民读书计划"主题活动的成果展示,也是2016年度主题活动的起点。展览采用展板形式,将"2015年请读书目"呈现给社会大众。现场不仅提供了30册图书的实体版供读者阅览,市民还可以通过扫描二维码获取每本书的电子试读版。同时,现场专门设立了荐书台,市民通过填写图书推荐表参与2016年主题活动,推荐好书、撰写书评,将自己的阅读体验与他人分享。

1月2日 "乡土课堂"2016年度开讲仪式暨新闻发布会在首都图书馆举行。北京史研究会会长李建平、北京史研究会秘书长张蒙、北京史研究会理事袁长平、首都图书馆馆长常林和副馆长陈坚出席开讲仪式。陈坚总结了2015年"乡土课堂"所取得的成果,李建平发布了2016年"乡土课堂"讲座计划,其中"北京绿色发展"和"寻访皇家艺术"是2016年"乡土课堂"隆重推出的两大系列讲座。

1月4日 首都图书馆在B座十层天光会议室举行馆领导与职工交流日活动。党委书记肖维平,副馆长陈坚、胡启军、李冠南与60余位中层干部、党团支部委员、职工代表就2016年重点工作和"十三五"发展规划等内容建言献策。会议由副馆长、工会主席李冠南主持。

1月7日 首都图书馆40名副高以上专业技术人员由党委书记肖

维平率队，前往北京会议中心参加阎肃先进事迹报告会。

1月11日 "魅力越南——越南摄影绘画作品展"在首都图书馆B座第二展厅开幕。越南驻华大使邓明魁、中国文化部外联局局长助理王晨、中国—东盟中心秘书长杨秀萍及部分外国驻华使节等近200名嘉宾出席开幕式。此次越南摄影绘画作品展是中越建交66周年系列庆祝活动之一，共展出越南摄影师阮越清、黄海盛和画家邓芳越近50幅作品，他们的创作灵感均来自越南绚丽多姿的风土人情。

1月15日 由首都图书馆、河北省图书馆、沧州市图书馆联合主办的"杂技之光——河北吴桥杂技文化展览"在首都图书馆A座二层文化艺术展厅展出。展览以图片资料为主，深层次、多方位地展示了我国杂技的历史发展和文化底蕴，以及河北吴桥杂技艺术发展历程，为市民构建了一个了解杂技历史、感悟杂技文化、交流杂技理念、传承杂技思想、发展杂技产业的文化平台。

1月19日 首都图书馆在B座十层天光会议室召开"三严三实"专题民主生活会。市文化局局党组成员、副局长庞微，局人事教育处、组织宣传处处长田金贵参加了会议。会议由馆党委书记肖维平主持。会上，党政领导班子成员对习近平总书记在中央政治局"三严三实"专题民主生活会上的重要讲话精神进行深入研讨，并对自身遵守廉洁自律有关规定情况和个人有关事项情况进行详细说明。肖维平汇报了民主生活会准备情况，并代表班子做对照检查发言。班子成员结合自身工作实际，逐一做个人对照检查发言，并开展批评与自我批评。庞微局长对专题民主生活会进行点评，并对下一步工作提出具体要求。

1月21日 根据2013年首都图书馆与法国里昂市立图书馆签署的《首都图书馆与法国里昂市立图书馆合作协议》中有关开展馆际图书交换的相关条款，法国里昂市立图书馆向首都图书馆赠送法文原版图书102册。

1月21日 首都图书馆在B座第一影院召开2015年度领导班子述职述廉大会。党委书记肖维平作《首都图书馆2015年度领导班子述职述廉报告》和《首都图书馆党委2015年度党建工作报告》。随后，班子成员依次对2015年履职情况、廉洁自律、存在问题及今后努力方向进行述职述廉。北京市文化局副巡视员、首都图书馆馆长常林在会上讲话。北京市文化局组宣处副处长缴俊友出席大会，馆领导班子成员、中层干部、党团干部、副高以上专业技术人员、职工代表共128人参加会议，并对领导班子及成员进行测评。会议由肖维平主持。

1月22日 首都图书馆荣获了由中国科学技术协会授予的"全国科普教育基地（2015—2019年）"称号。首都图书馆于2008年被命名为"北京市科普教育基地""朝阳区科普教育基地"，并于2010年被评为"全国科普教育基地（2010—2014年）"。

1月22日 在北京校外教育协会2015年工作总结表彰会上，首都图书馆荣获第十届"北京阳光少年活动"优秀组织奖。首都图书馆作为校外教育协会会员，为学生提供了丰富的校外文化生活，组织学生走进图书馆、认知图书馆，打开学生阅读之门。

1月22日 由北京市文化局、河北省文化厅指导，首都图书馆与中国文化新闻促进会、河北省图书馆联合主办的"创新京津冀公共图书馆协同发展新模式"座谈会在固安幸福图书馆召开。为鼓励社会力量建设公益性公共阅读空间，北京市文化局、河北省文化厅指导首都图书馆、河北省图书馆，积极探索公共文化服务体系建设、管理的新办法、新机制，共同构建辐射毗邻地区的公共文化服务体系，创新京津冀公共图书馆协同发展新模式，共同对社会力量举办的公益性社区图书馆进行业务指导和监督，更好地提升对读者的服务能力。参会领导共同见证首都图书馆、河北省图书馆与中国新闻文化促进会签订合作协议，并为首都图书馆固安分馆揭牌。

1月26日 首都图书馆2016年老干部春节团拜会在B座第一影院举行。馆长常林，党委书记肖维平，副馆长陈坚、胡启军、李冠南和70多位老干部欢聚一堂共度佳节。

1月26日 首都图书馆党委在B座十层天光会议室召开理论学习中心组扩大会议，馆党委理论学习中心组成员及中层干部、党团支部委员近50人参加了会议。会上，参会人员学习《党委（党组）意识形态工作责任制实施办法》，观看了北京日报社社长傅华所作的《谈意识形态建设》专题报告，研讨了各部门存在的风险点。会议由党委书记肖维平主持。

1月28日 首都图书馆在B座4层第一影院举办"播撒幸福的种子第七期结业仪式暨第八期开班仪式"，副馆长陈坚，知名阅读推广人林晓晞、林晓旸为33位学员颁发结业证书；为顺义图书馆爱阅团团队、通州区图书馆故事妈妈团队、雪绒花小书屋团队颁发首批"首都图书馆'播撒幸福的种子'文化志愿者服务基地"铜牌；授予方庄紫芳园快乐小陶子公益童书馆、通州大方居神奇飞屋社区童书馆"首都图书馆'播撒幸福的种子'讲故事人志愿服务队"旗帜。

1月28日 首都图书馆在A座报告厅召开2015年度工作总结表彰大会。会上，馆长常林作2015年度工作总结报告，并对2016年工作做出总体部署；党委书记肖维平宣读《关于表彰2015年度先进集体和先进个人的决定》，馆领导班子向获奖的先进集体和个人颁发荣誉证书；副馆长胡启军对春节期间的安全工作进行部署。馆领导及职工共248人参加了会议。会议由副馆长李冠南主持。

3月2日 2016年第一期全国县市文化局长培训班成员一行90人到首都图书馆参观考察。副馆长李冠南接待到访客人，组织人事部主任张利中、业务部副主任贾蔷、采编中心主任张娟、报刊资料中心主任林岫、典藏借阅中心副主任田峰、信息咨询中心副主任王松霞、历史文献中心主任刘乃英、数字图书馆管理中心副主任谢鹏、宣传策划部主任王海茹、少儿综合借阅中心主任朱丹、财务部副主任王玉平参加了座谈。

3月4日 首都图书馆文化志愿服务项目参加由市委宣传部、首都文明办、市残联和市志愿服务联合会等单位联合举办的"爱满京城——2016年首都学雷锋志愿服务推动日"活动,完成三个项目与五家志愿团队、社会单位的对接。

3月5日 首都图书馆文化志愿者网站正式上线(http://stzyz.clcn.net.cn/),网站设有关于我们、志愿项目、志愿动态、志愿风采、培训资料、联系我们、注册登录等多个栏目。

3月7日 首都图书馆党委和朝阳区南磨房地区妇联在B座第一展厅联合举办"绽美丽风采,展和谐之光"主题系列活动,260余名女职工参加。

3月9日 2016年北京市红领巾读书活动主办单位协调会在首都图书馆B座一楼会议室召开。首都精神文明建设委员会办公室未成年人处处长常建军、团市委中少部部长杨海松、首都图书馆副馆长陈坚及市红领巾读书活动办公室的工作人员参加了会议。

3月10日 首都图书馆党委书记肖维平带领首都图书馆志愿者们前往北京市未成年犯管教所,举办"首图志愿服务在行动"主题活动。"图书交换"志愿服务项目组捐赠1164册图书,建立了第五家爱心图书室。

3月11日 北京市质量监督局计量监督处处长马丽一行4人到首都图书馆调研,党委书记肖维平、副馆长陈坚接待到访客人,双方就质检设备的保存、举办相关展览等方面的问题进行交流座谈。北京地方文献中心主任马文大参与接待。

3月17日 京剧表演艺术家孙毓敏捐书仪式在首都图书馆地方文

献中心阅览室举行。北京交响乐团党委书记黄海燕，首都图书馆馆长常林、副馆长陈坚，北京市戏曲艺术教育基金会秘书长叶黛珠等出席仪式。孙毓敏向首都图书馆捐赠图书24种84册、音像制品14种，常林为其颁发捐赠证书。

3月18日　全国文化干部素质能力提升工程——温州市公共图书馆专题培训班成员一行45人，到首都图书馆参观学习。副馆长邓菊英接待到访客人，双方就首都图书馆的发展情况进行交流座谈。业务部副主任贾蔷参加了座谈。

3月18日　首都图书馆在B座首都图书馆剧场举行廉洁公开课的录制，北京天文馆馆长朱进带来题为"解码璀璨星空——从天文学看探索创新精神"的讲座，首都图书馆110名职工参加。

3月24日　首都图书馆在天光会议室召开2016年经费预算下达暨党风廉政建设工作会议。首都图书馆中层以上领导干部、党团干部52人参加了会议。会议由党委书记肖维平主持。

3月25日、28日　北京儿童艺术剧院创作的儿童剧《胡同.com》在B座首都图书馆剧场举行。这部讲述新老北京碰撞交融的戏中，北京那些"会说话"的老物件儿将成为剧中的重量级演员。本次演出共三场次、接待观众1800余人次。

3月29日　首都图书馆在B座第二展厅召开2015年文化志愿服务总结表彰会暨2016年文化志愿服务推进会。市志愿服务指导中心党总支副书记崔杰，首都公共文明引导员指挥中心主任王树智，市律师协会副秘书长刘军，首都图书馆党委书记肖维平、副馆长李冠南，首都图书馆文化志愿服务各项目负责人以及优秀文化志愿者代表共计82人参加。会议由首都图书馆党办主任段瑞林主持。

3月31日　应北京市援疆和田指挥部邀请，首都图书馆副馆长邓菊英、共享工程中心主任陈建新、数字图书馆管理中心副主任谢鹏一行三人前往新疆维吾尔自治区和田市，就和田市图书馆新馆建设项目开展了业务指导工作。和田市图书馆作为北京市对口支援和田市重点援疆建设项目，今后将承担起重要的文化教育职能。首都图书馆专家针对馆舍功能布局、读者服务理念、家具设备、网络信息化建设等方面都提出建设性意见，将首都图书馆在新馆建设过程中积累的宝贵经验与当地图书馆工作人员进行分享。

4月5日—9日 应四川省什邡市图书馆邀请，首都图书馆副馆长陈坚和数字图书馆管理中心副主任谢鹏参加了首届京什文化交流周活动。什邡市图书馆为北京市对口支援什邡恢复重建项目，在当地文化教育等方面发挥着重要作用。活动期间，陈坚、谢鹏就市级图书馆总分馆建设体系和"一卡通"网络建设要点两个主题分别与当地图书馆工作人员开展了培训、交流活动，将首都图书馆的宝贵经验与当地图书馆从业人员进行分享。

4月6日 首都图书馆在天光会议室召开第五届第四次职工代表大会，67名职工代表参加。会上审议并通过了《首都图书馆财务管理办法》等11个文件，通报了《首都图书馆福利项目标准调整情况》，就《首都图书馆2016年度员工继续教育计划》征求意见。副馆长邓菊英、胡启军和工会委员列席了会议，副馆长、工会主席李冠南主持会议。

4月7日 乌拉圭东岸共和国驻华大使费尔南德·卢格里斯及一秘劳拉·希尔瓦到访首都图书馆。馆长常林在会面中向大使费尔南德·卢格里斯一行简要介绍首都图书馆的相关情况，卢格里斯阐述了中乌友谊并希望通过更多的文化交流促进和加深两国人民的友好交往。随后卢格里斯向首都图书馆赠送西班牙原版图书，常林向乌方回赠根据首都图书馆馆藏古籍珍品制作的高仿真复制品。会面结束后，卢格里斯一行在常林和副馆长邓菊英陪同下参观首都图书馆。

4月14日 首都图书馆党员、高知代表10人赴人民大会堂，参加文化部部长雒树刚题为"加快文化改革发展建设社会主义文化强国"的报告会。

4月14日 首都图书馆"法律专家志愿者咨询"项目被评为全国最佳志愿服务项目。项目负责人付平怡赴市志联领取了证书和奖牌。

4月15日 北京市人大内务司法委员会相关领导及代表一行20人，到首都图书馆开展"七五"普法规划调研座谈活动。党委书记肖维平、副馆长胡启军接待到访客人，相关领导及代表听取了首都图书馆作为北京市法治文化基地的建设和运行情况的汇报以及北京市文化局法治文化建设工作思路和意见建议的介绍。市文化局副局长庞微出席此次活动。

4月15日 2016年第二期全国县市文化局长培训班成员一行100人，到首都图书馆进行参观考察。副馆长邓菊英接待到访客人，双方就首都图书馆公共文化服务建设情况进行交流座谈。业务部副主任贾蕾参加了座谈。

4月15日 首都图书馆工会组织26名党务干部赴通州区东郊森林公园参加护绿爱绿志愿植树活动。副馆长陈坚、李冠南参加活动。

4月20日 根据2013年首都图书馆与德国科隆城市图书馆签署的合作协议中有关开展馆际图书交换的相关条款，首都图书馆向该图书馆寄出近两年市面上关于北京历史、文化、风俗等内容的优秀出版物共计100册。

4月21日 "我们的价值观"百姓宣讲团在首都图书馆四层影院举行2016年度首场宣讲报告会。市委宣传部副部长赵卫东、市委讲师团副团长刘梅等领导出席宣讲会。首都图书馆党员和职工代表20余人参加。

4月22日—23日 由北京市文化局、首都图书馆联盟主办的第六届"北京换书大集"在B座第一展厅举行。以"分享阅读 交换快乐"

为口号，"北京换书大集"号召市民将家中闲置的好书、好刊拿到图书馆，与其他市民交换阅读。活动在为大众提供以书会友平台的同时，在全市推广"分享阅读、快乐阅读、绿色阅读"的阅读理念。除主会场首都图书馆外，另有18家首都图书馆联盟成员馆作为分会场参与收书、换书。换书大集期间，首都图书馆14支志愿团队308名志愿者参与服务。

4月25日 著名青年舞蹈家刘岩的第一本专著《手之舞之——中国古典舞手舞研究》（英文版）新书发布会在首都图书馆B座第二展厅举行。本次新书发布会的主题为"相信美好"，著名主持人杨澜、陈鲁豫，著名歌唱家龚琳娜等嘉宾到场。

4月25日 由大兴区文化委员会、大兴区文学艺术界联合会主办，北京南海画院、大兴美术家协会、中国书画世界行北京委员会、大兴区文化馆承办的"京津冀国画名家'月季颂'主题创作作品邀请展"在首都图书馆B座第一展厅开幕。本次展览共展出京津冀书画家作品120幅。展览活动以"月季"为媒介，带领着艺术家们在共同传承中国传统文化艺术的同时，进一步增进了京津冀三地文化交流，同时也为即将到来的2016年世界月季洲际大会预热。

4月28日 以韩国国会图书馆法律情报管理部副主任沈银珠女士为团长的代表团一行三人到访首都图书馆。副馆长陈坚简要介绍首都图书馆的相关情况。国际交流中心主任张震宇、采编中心主任张娟也分别对读者服务等问题进行回答讲解并陪同韩国代表团参观首都图书馆。

5月4日 首都图书馆团委举办"凝聚青年力量 推动首都图书馆发展——庆祝'五四'青年节暨青年论坛成果展示"活动。北京市文化局团委书记许博，国家图书馆典藏阅览部主任、少年儿童馆馆长王志庚，西城区第一图书馆馆长阎峥，首都图书馆党委书记肖维平等领导出席活动。全馆近150名青年职工参加活动，论坛由首都图书馆团委书记潘淼主持。

5月6日 首都图书馆与中国人民对外友好协会、法国摄影家联合会、法中经济文化教育交流协会共同举办的"法国摄影家四人展"在第二展厅开展。共展出包括摄影家们的历次获奖作品、近期新作和中国题材作品60余件。中国人民对外友好协会副会长户思社、首都图书馆党委书记肖维平、法中经济文化教育交流协会会长段莉生及摄影师代表弗洛昂斯·诺特女士出席开幕式并致辞。

5月6日 首都图书馆接收签约合作馆德国科隆城市图书馆赠书，共计62册。

5月9日 首都图书馆党委召开"两学一做"学习教育动员会。会议传达了市委书记郭金龙在市委"两学一做"学习教育工作会议上的讲话精神，传达学习市宣传文化系统和市文化局系统"两学一做"学习教育动员部署会议精神。馆党委就首都图书馆贯彻落实"两学一做"学习教育工作总体要求做出了具体安排。党委委员、各党支部书记、支部委员共30余人参加了会议。会议由党委委员、副馆长李冠南主持。

5月13日 中国艺术研究院图书馆办公室主任李晓冬到首都图书馆进行参观学习。副馆长邓菊英接待到访客人，双方就首都图书馆新馆建设的规划方案及实施经验进行交流座谈。

5月22日 为深入贯彻落实习近平总书记关于"要重视家庭建设，注重家庭、注重家教、注重家风，发扬光大中华民族传统家庭美德"，"记住要求、心有榜样、从小做起、接受帮助"和"讲好故事事半功倍"的要求，由首都文明办、北京市教委、北京市妇联共同主办，首都图书馆、北京学生活动管理中心承办的"中华美德少年行——家风故事宣讲活动"在首都图书馆开讲。副馆长陈坚及主办单位相关领导出席本次活动，200余名少年儿童及家长参与。

5月23日　党委书记肖维平在B座天光会议室主持召开党政联席会议。会议传达了北京市文化局党组关于在常林病休期间，由肖维平负责首都图书馆全面工作，代行馆长职责的决定。会议要求班子成员要同心同德、恪尽职守，按照年初制定的全年工作计划积极、稳步地推进各项工作。

5月24日　党委组织党员干部召开党章集中学习专题会议。会上，与会人员轮流诵读《党章》，共同观看了由中央党校党建教研部教授、博士生导师高新民带来的题为《学习党章，做合格党员》的视频报告。会议由党委办公室主任段瑞林主持，中层以上领导干部、各党支部书记及委员、团委委员共计40余人参加了会议。

5月31日　馆长常林签署授权委托书，在其病休期间授权给党委书记肖维平代行法定代表人职权。副馆长李冠南、办公室主任姚雪霞、党委办公室主任段瑞林、金诚同达律师事务所律师受托参与授权事务。

6月1日　新疆和田地区文体局调研员张化杰、地区图书馆馆长储鑫一行3人到首都图书馆参访。副馆长邓菊英接待到访客人，双方就少儿服务工作的特色以及日常运行情况和地方文献工作的开展等方面进行交流。少儿借阅中心主任朱丹、北京地方文献中心主任马文大陪同。

6月2日　由北京教科院基教研中心、首都图书馆联合主办，北京市教委"利用社会资源丰富中小学校外实践活动课程"项目重点活动之一的"书香首图悦读阅美"中小学校外实践活动在A座少儿图书馆举办。来自北京市朝阳区劲松第四小学、北京中学的240余名师生，在首都图书馆上了一堂精彩纷呈的校外实践课。北京教科院基教研中心基础教育研究中心副主任王建平、综合实践活动教研室主任梁烜、朝阳区教委小学教研室副主任王颖、首都图书馆副馆长陈坚等领导参加活动。

6月3日 "2016年北京市红领巾读书活动动员会"在B座天光会议室召开，本市16个区20个公共图书馆30余人参加了会议。副馆长陈坚出席会议并就红读活动工作提出要求，他希望各区继续加强对红领巾读书活动的重视，积极开拓活动范围，注重实效，创新形式，不断推出质量优、趣味性强、深受广大未成年人喜爱的阅读活动。少儿阅读活动中心主任王梅就2016年红领巾读书活动进行部署。

6月14日 由中国文化部和古巴驻华大使馆共同主办、中国对外文化集团公司承办的"古巴革命领袖——菲德尔·卡斯特罗纪实图片展"，在首都图书馆B座第二展厅展出。本次展览共展出87幅纪实性摄影图片以及2个视频作品。党委书记肖维平出席开幕仪式。

6月20日 由首都图书馆牵头，东城区、通州区、大兴区、平谷区、门头沟区等区县图书馆共同开展的线上推广活动——"市民学习计划"学霸争夺赛顺利结束。本次活动基于首都图书馆的网上学习平台——市民学习空间（http://shoutu.xuexi365.com）开展，该平台以学术视频资源为主，包括大量高校的专业课、公开课、讲座、访谈等视频。读者在活动期间通过制定学习计划，在平台上观看相关视频进行学习，并撰写学习体会的方式参与活动。

6月21日 党委举行纪念建党95周年大会暨"学党史 感党恩 跟党走"主题党日活动。"书香宣讲团"成员带来了题为"两学一忆 促发展"的主题宣讲。随后，大家集中观看了党建纪录片《永远的焦裕禄》。在职党员、离退休党员代表、入党积极分子200余人参加了本次主题党日活动。

6月22日—30日 委书记肖维平率团赴台湾参加"北京文化周"，并开展了一系列文化交流活动。代表团一行参访了台北市立图书馆、高雄市立图书馆、台图李科永纪念图书馆、台图龙华民众阅览室等四家公立图书馆和分馆，台湾师范大学图书馆、实践大学图书馆、东海大学图书馆、正修科技大学及图书馆等四家高校图书馆及校区。活动期间，"阅读北京"专区分别落户台北市立图书馆和高雄市正修科技大学图书馆。代表团除带去有关北京的200余种图书，还赠送特别读者卡供访问"北京记忆"等多种数字资源，并带去"北京公园开放记"电子展览。首都图书馆分别与高雄市正修科技大学图书馆、台中市东海大学图书馆签订双方合作框架协议。除设立"阅读北京"文化空间、赠送图书外，首都图书馆与台湾各馆在未来还将进一步开展文献资源互递、特色馆藏文化展览、讲座、学术论坛、馆员交流等相关活动。

6月29日 首都图书馆在B座天光会议室举办6月馆领导与职工交流日活动。副馆长陈坚、胡启军、李冠南与近70位中层干部、职工代表进行沟通交流。副馆长、工会主席李冠南主持会议。会上，馆领导对《首都图书馆办公环境管理办法》《首都图书馆办公用房调整方案》进行说明并征求职工的意见和建议，还对部分问题给予了解答。

6月30日 在中国共产党95岁生日即将到来之际，首都图书馆副馆长李冠南陪同市委宣传部纪检组组长丁力走访慰问了40年党龄的退休职工张子辉，受市委宣传部委托走访慰问了退休党员张建龙，向两位党员送去了组织的关怀和慰问。首都图书馆在"七一"前夕，还走访慰问了离退休干部、困难党员9人。

7月4日 为纪念中国共产党建党95周年，首都图书馆特别策划推出的"细数党章历次修改"主题展览，在B座二层连廊展出。本次展览通过大量的图片和文字，为大众梳理了中共一大至中共十八大的党章历次修改内容，通过加强对党章的认识，更好地了解党的过去、现在和未来。

7月8日 日本丸善雄松堂株式会社图书馆事业部部长矢野正也一行到访首都图书馆。副馆长陈坚、国际交流中心主任张震宇及业务部副主任贾蔷陪同代表团参观，座谈中回答了代表团关于图书馆政策等方面的问题，并探讨了未来交流合作的内容与模式。矢野正也在参访过程中表达了希望在10月带领一支由日本国内图书馆专家组成的代表团参访首都图书馆的意向，陈坚对此表示欢迎。

7月8日　由文化部主办、中国对外文化集团承办的"意会中国——斯里兰卡青年艺术家采风作品展"在首都图书馆第二展厅开展。文化部外联局局长助理王晨、斯里兰卡驻华大使卡鲁纳塞纳·科迪图瓦库出席开幕式并致辞。此次展览是5位斯里兰卡青年艺术家于2016年6月底至7月初访华采风创作成果的展示。参展作品创作于北京通州宋庄画室，艺术家们以饱满的热情、个性化的风格表达了他们心目中的中国印象，展现了斯里兰卡当代绘画的水平。

7月12日　根据《社会团体管理条例》及《首都图书馆读者协会章程》的有关规定，首都图书馆读者协会于2015年11月15日召开会员大会决议注销，并成立清算组于2015年11月16日开始对读者协会进行清算，并于2016年7月12日完成了读者协议的全部注销手续。

7月14日　邯郸学院图书馆馆长杜良贤一行14人到首都图书馆参访。副馆长陈坚接待到访客人。双方就首都图书馆各职能区域分布、制度及文化建设、文献资源建设、参考咨询服务工作开展情况等进行交流座谈。业务部副主任贾蔷参加座谈。

7月18日—20日　北京市宣传系统"两学一做"主题百姓宣讲比赛活动在文联小剧场举行。在馆党委高度重视和各部门主任的大力支持下，首都图书馆从基层青年干部职工中选拔了11名宣讲员，分别选送市文化局代表队和首都图书馆书香宣讲团，积极参与了此次比赛活动。

7月20日　"北京国际经济贸易资料中心"启动仪式在首都图书馆B座十层天光会议室举行。北京市文化局副局长庞微，北京市贸促会副会长、北京国际经济贸易学会会长张钢，首都图书馆党委书记肖维平，中国国际商会国际事务部部长赵振格等有关领导出席启动仪式。张钢和肖维平签署了《北京国际经济贸易资料中心共建协议书》。北京国际经济贸易资料中心由北京市贸促会、首都图书馆合作共建，是全国首家由贸促机构和省级图书馆共建的专业类公共资料中心。

7月21日 由北京市文化局主办，朝阳区文化委员会、北京交响乐团、首都图书馆三家单位共同发起并承办的"'艺术朝阳'——纪念长征胜利80周年交响音乐会"在首都图书馆剧场举行。来自北京交响乐团的专业演奏团队，在首都图书馆剧场奏响了美妙乐章。《红旗颂》《瑶族舞曲》《北京喜讯到边寨》等耳熟能详的曲目，赢得现场700余名观众的一致好评。北京市文化局副局长庞微、首都图书馆党委书记肖维平等领导出席本次音乐会。

7月28日 首都图书馆党委举办2016年度党团干部培训班开班仪式。按照"两学一做"学习教育要求，结合党团干部培训安排，馆党委书记肖维平在开班动员后，为党团干部上了一堂严肃生动、求真务实的党课。近50名党团干部聆听了党课。

7月29日 首都图书馆工会在"八一"前夕，组织馆军转干部赴中国人民抗日战争纪念馆参观"民族先锋中流砥柱——中国共产党抗战英烈事迹"展览，重温中国共产党领导中国人民取得抗日战争胜利的光辉历史，感受革命先辈对理想信念的执着追求和坚守。

8月4日 湖南省少年儿童图书馆史彦一行4人到首都图书馆进行参访。首都图书馆副馆长邓菊英接待到访客人。双方就首都图书馆环境建设和阅览场地特色设计元素与理念、先进的服务理念与手段等进行交流座谈。少儿视听中心主任张皖、少儿阅读活动中心主任王梅、少儿综合借阅中心主任朱丹参加座谈。

8月4日 按照首都图书馆党委"两学一做"学习教育安排，馆党员领导干部胡启军、李冠南分别讲了党课，党委书记肖维平主持。近

50名党团干部聆听了党课。

8月4日　北京市文化局机关党委副书记、纪委书记吴秀泉一行到首都图书馆督导"两学一做"学习教育工作。吴秀泉对馆内开展的"两学一做"学习教育工作给予了高度评价。

8月15日—19日　由首都图书馆副馆长李冠南带队，同陈建新、谢鹏和徐冰组成的4人小组赴美国参加2016年国际图联大会，并圆满完成参会任务。

8月19日　由文化部和北京市文化局主办、北京市对外文化交流事务中心承办、首都图书馆协办的"2016台湾学子暑期实习月"活动圆满结束。首都图书馆国际交流中心联合历史文献中心、少儿阅读活动中心、少儿综合借阅中心等部门为三名台湾大学生制订了详细的实习方案。三位学生在馆内和北京部分文化机构实习。此次活动得到了国台办、市台办、市文化局相关领导的称赞与认可，以及中央电视台、新华社等多家媒体的通力报道。

8月19日　由首都图书馆携手东城区、西城区、朝阳区、海淀区图书馆举办的北京市基层图书馆管理员培训班落下帷幕。此次培训邀请业界具有较高学术水平和实际工作经验的专家授课，内容涵盖互联网+图书馆服务创新、基层图书馆阅读活动组织与推广、新技术服务等课程。此次培训取得良好效果，学员反映授课老师"观点新颖、见解独到、讲解透彻"，"结合了国内外案例，开阔了思路，受益匪浅"。

8月25日　根据《中共北京市文化局党组关于市委第八巡视组巡视反馈情况的集中整改方案》的通知要求，首都图书馆针对馆级领导在所属企业兼职问题进行整改，将北京市雍幽文化书社和北京市泮水文化服务中心的法人变更为北京地方文献中心主任马文大，并完成企业法人变更工作。

8月25日　由北京市直机关工委主办的以"凝心聚力跟党走，协同发展谱新篇"为主题,围绕庆祝中国共产党建党95周年、纪念中国工农红军长征胜利80周年的歌咏比赛在首图剧场举行。在历时两天的比赛中,来自北京市直机关33家单位组成的合唱团,约1250人次在首都图书馆剧场参加了比赛。

  8月26日 "弘扬志愿奉献精神,推进法治文化建设——全国律师咨询日暨法律主题馆专家顾问团成立仪式"在首都图书馆隆重举行。著名律师陈旭被聘请为形象大使,另有11名检察官、法官、律师组成了专家顾问团。他们将从法律信息服务、法律宣传、文献资源建设等多个方面对法律主题馆的建设提出建议、意见,同时,他们也将以首都图书馆文化志愿者的身份为广大市民提供专业的法律信息服务。北京市法宣办常务副主任、北京市司法局局长于泓源,北京市文化局局长陈冬、副局长庞微、法规处副处长贺雪梅,北京市司法局法宣处副处长王超军,北京市志愿服务指导中心副主任王赢,以及首都图书馆党委书记肖维平、副馆长胡启军、李冠南出席活动。

  8月29日 "我的数字生活"2016年数字资源主题展在A座二层文化艺术厅展出。本次展览分为"我的阅读空间""我的学习空间""我的科研空间""我的艺术空间"和"我的亲子空间"五个区域,通过多媒体展示方式,向读者呈现了首都图书馆已配置的近80种数字资源。展览现场读者不仅可以通过电脑浏览数千种电子书、有声书、连环画、电子杂志,还可以通过扫描二维码,将其下载到手机阅读。此外,展览期间不同区域还推出了读书会、少儿故事会、数字资源讲座等多元文化活动,与读者进行线上线下的双向交流。

  8月29日 为纪念汤显祖逝世400周年,由首都图书馆、北京市古籍保护中心联合主办的"梦回临川四百年——汤显祖戏曲文献展",在首都图书馆A座一层历史文献阅览室展厅开展。首都图书馆遴选了50余件馆藏古籍文献和现代出版物,向读者展示了这位伟大戏曲家的生平创作与影响所及。展览共分为四个篇章,以中外现当代学者在汤显祖年谱与传记、作品整理与翻译、戏曲研究与表演等领域的斐然成果为回顾重点,介绍汤显祖的生平经历、"至情"为上的思想观念及主要作品。为配合本次展览,首都图书馆还特别制作了"一场幽梦同谁近,千古情人独我痴"的专题视频,在展览区内循环播放。视频结尾读者还能欣赏到《牡丹亭·游园》的经典唱段。

8月30日 由北京伍伦国际拍卖有限公司推出的"日本藏书家滨田德海旧藏的三十六件敦煌遗书展"在首都图书馆第一展厅开展。本次展览展出了日本藏书家滨田德海旧藏的三十六件敦煌遗书,其中三件为6世纪南北朝时期的写经,另外三十多件为7世纪到9世纪的唐人墨迹。

8月30日 由北京市文联、北京市摄影家协会、天津市摄影家协会、河北省摄影家协会、山西省摄影家协会、内蒙古自治区摄影家协会共同主办的第28届中国华北摄影艺术展在首都图书馆第二展厅开幕。北京市文联副书记杜德久、中国摄影家主席王瑶等领导出席开幕仪式。展览持续4天,共展出200幅由华北五省区市摄影工作者创作的摄影作品,展现了华北地区优美的自然风光和独特的人文景观、淳朴的民俗民风以及丰硕的经济建设成果。

8月31日 重装一新的历史文献阅览室恢复开放。阅览室总面积由原来的80平方米扩展至约300平方米,阅览座位和数字资源机位数量均有增加。读者不仅可以浏览包括《中华再造善本》(宋元编)、《续修四库全书》《四库全书存目丛书》等在内的11000余册大型影印古籍丛书,还可以通过阅览室内的电脑检索使用"首都图书馆珍善本图像数据库""中国基本古籍库""四部丛刊"等31种古籍和民国文献全文数据库。同时,阅览室还增设了历史文献展厅,为广大读者提供文献资源展览展示及相关文化讲座沙龙服务。

9月9日　首都图书馆选举产生新一届党委、纪委。中共首都图书馆党员大会在A座报告厅举行，大会由党委委员、副馆长李冠南主持。党委书记肖维平代表上届党委向大会作工作报告，党委委员段瑞林代表上届纪委向大会作纪检工作报告。大会通过无记名投票，选举产生了新一届党委委员和纪委委员。肖维平等7人当选为新一届党委委员，李冠南等5人当选为纪委委员。市文化局机关党委副书记、纪检书记吴秀泉出席会议。

9月12日　中国图书馆学会公共图书馆分会2016年工作会议在首都图书馆召开，文化部、北京市文化局、中国图书馆学会领导出席会议并致辞。公共图书馆分会是中国图书馆学会第九届常务理事会新设立的分支机构，旨在引领推进公共图书馆领域创新协调发展。60余位委员代表参加会议，并就公共图书馆分会和专业委员会未来发展和重点工作进行讨论。

9月12日　由秘鲁共和国驻华大使馆主办的"秘鲁记忆：从1890—1950"摄影展于9月12日至18日在首都图书馆第一展厅举行。展览由80张图片组成，展现19世纪晚期至20世纪早期秘鲁多元多彩的社会群像。秘鲁共和国总统佩德罗·库琴斯基、交通部长兼第一副总统马尔丁·比兹卡拉以及外交部长里卡多·卢纳、首都图书馆党委书记肖维平等领导参加了开幕式。

9月18日　北京市公共图书馆馆长工作会议在首都图书馆召开，市文化局公共文化事业处、首都图书馆、各区图书馆领导及相关人员60余人参加会议。会议通报了北京市基层图书服务资源整合工作进展情况，传达了市财政对转移支付资金管理方面的政策，部署了"阅读北京书香盎然——2016年度首都市民阅读系列文化活动"，商议ALEPH系统转换工作时间安排表，并对数字文化社区服务工作进行督导。

9月18日　首都图书馆向白俄罗斯国家图书馆寄出捐赠图书93册。

9月21日　第二届全国少年儿童"我的藏书票"设计大赛评审大赛在首都图书馆举行。中国图书馆学会未成年人分会副主任、国家图书馆少年儿童馆馆长王志庚，中小学图书馆委员会理事长李玉先，国家一级美术师、中国著名版画家、水彩画家、藏书票画家、中国美协藏书票研究会副主席杨忠义，中国美术家协会藏书票研究委员会会员侯建，中国美术家协会藏书票研究会常务理事、北京印刷学院讲师牛明明等专家评委对来自9个省市19家图书馆报送的385幅作品进行投票，评选出102幅作品获奖。首都图书馆、江苏省连云港市少年儿童图书馆、新疆少年儿童图书馆、上海嘉定区马路镇图书馆等16个公共图书馆荣获优秀组织奖。

9月23日　由北京市文联、北京摄影家协会主办的第二届北京摄影艺术展在首都图书馆B座第一展厅开展。展览展出了各具风格的摄影家创作的300余幅作品，集中展现近年来我国经济社会发展、北京城市发展的风貌。展览特别增设了纪念红军长征胜利80周年摄影专区，借助影像穿越时空、回望历史。此外，本届摄影展特别吸收了一批青年摄影家的作品参展，如邢昀的《北京碎影》、安梦宇的《深宫》、王巍的《全景望京》等，为北京摄影事业的发展注入新活力。

9月24日　首都图书馆组织近60名干部职工赴中国人民革命军事博物馆参观"英雄史诗不朽丰碑——纪念中国工农红军长征胜利80周年主题展览"。

9月24日　为推动中国与中东欧16国间首都城市协同发展，北京市于9月与保加利亚索非亚市共同举办首届"中国—中东欧国家（即'16+1'）首都市长论坛"。根据市文化局安排，副馆长陈坚赴保加利亚和斯洛文尼亚进行为期8天的图书馆领域的文化交流活动，推动"一带一路"项目的开展。

9月26日　由新疆乌鲁木齐市文化局、首都图书馆联合主办的"丝绸之路冰雪风情摄影展"在首都图书馆B座第二展厅开展。展览通过"天山飞雪韵""丝路舞风情""舌尖品西域"三部分展出了100余幅摄影作品，呈现了丝绸之路上乌鲁木齐市的冰雪风情特色以及沿线地区的历史文化、人文特色、自然风貌等，以此推进北京与乌鲁木齐在文化领域的广泛交流与合作，促进丝绸之路沿线地区人民的相互了解。

10月13日 首都图书馆古籍珍善本图像数据库通过验收正式上线。古籍珍善本图像数据库第一期建设是以馆藏古籍珍本藏书为基础，经数字化扫描加工后制作完成的供浏览和检索阅读的大型图像数据库。数据库图像以数字化产品的在线阅览代替了部分古籍善本的原件阅览，用网上阅览代替了到馆阅览，为更好地服务读者创造了有利条件。数据库还将继续补充善本文献数据，不断增加和扩展内容，最终将收录馆藏大部分善本古籍。

10月15日 由首都图书馆策划的"我的数字生活——首都图书馆数字资源展览"落下帷幕。本次展览历时一个半月，以各类型数字资源为展示内容，为读者打造了一个数字生活的体验空间。根据资源不同功能及读者需求将展览空间分为"我的阅读空间""我的学习空间""我的亲子空间""我的科研空间""我的休闲空间"。各个空间内设置了电脑、平板、阅读器、体验屏等多媒体设备供读者使用与体验，并开展多样性的线上线下读者活动，包括作家讲座、音乐赏析讲座、少儿故事会、专业数据库培训、读书会、"市民每日学习计划"、英语口语挑战等。

10月17日 首都图书馆组织了"图书馆特色馆藏目录建设与管理专题培训班"，中层以上干部、党团干部50余人分两批赴江苏省盐城市图书馆、连云港市图书馆参观学习。

10月19日 由乌拉圭驻华大使馆主办的"乌拉圭当代艺术展"在首都图书馆B座第二展厅开展。作为"中拉文化交流年"的一项重要文化活动，此次展览是自1988年乌拉圭和中国建立外交关系以来，第一次展出来自不同艺术学科的30名乌拉圭当代艺术家作品，展示乌拉圭的形象与内涵。乌拉圭总统塔瓦雷·巴斯克斯、外长鲁道夫·尼恩·诺沃亚、乌拉圭驻华大使费尔南多·卢格里斯、首都图书馆副馆长李冠南等参加了开幕式。

10月20日 由日本丸善雄松堂株式会社组织的日本图书馆代表团到访首都图书馆。副馆长陈坚接待到访嘉宾并介绍首都图书馆的相关情况，对代表团提出的问题进行详细解答，还陪同日本代表团参观首都图书馆。

10月22日 百年学脉系列讲座第三季在首都图书馆A座二层报告厅开讲。"百年学脉——中华现代学术名著"是首都图书馆、商务印书馆联手开展的系列讲座。讲座甄选"中华现代学术名著丛书"相关著作，邀请相关领域专家讲述各学科学派名家名作，呈现中国现代学术体系建立及发展过程，展示一代学者的智慧成果。"中华现代学术名著"作为百年学脉系列讲座第三季的首讲，邀请了余冠英的外孙女婿刘新风讲述余冠英的学术旨趣与成就。第三季活动总计举办5场，参与读者近千人。

10月30日 为纪念中国工农红军长征胜利80周年，传承弘扬长征精神，由红旗出版社、中国收藏家协会红色收藏委员会、首都图书馆共同主办的"走向胜利——纪念中国工农红军长征胜利80周年全国美术作品展"在首都图书馆第一展厅举行开幕仪式。文化部、中国美术家协会、红旗出版社、中国收藏家协会红色收藏委员会、首都图书馆等单位相关领导出席此次活动。参展艺术家、书画爱好者等近千人在开幕式当天参观艺术展。

11月18日 台湾著名书法家、明道管理学院中文系主任兼国学研究所所长陈维德访问首都图书馆，就举办"陈维德游艺周甲诗书画展暨明道大学国学研究所暨北京高校师生书法展"一事与党委书记肖维平进行座谈，之后在肖维平的陪同下实地考察展览场地。

11月22日 首都图书馆组织召开"北京记忆"专题库建设论证会。副馆长陈坚、北京史研究会秘书长李建平、原北京市社会科学院历史研究所所长王岗、北京市地方志办主任谭烈飞等专家学者出席论证会。专家听取网站现存问题的汇报并浏览现有网站结构和内容后，提出一系列建设性意见，为"北京记忆"专题库内容建设出谋划策。

11月23日 北京市文化局党组成员、北京京剧院院长李恩杰带队一行5人检查首都图书馆2016年党风廉政建设责任制工作。李恩杰听取首都图书馆党风廉政建设工作专题汇报，检查相关文件材料，并与首都图书馆干部职工代表就党风廉政建设责任制落实情况进行座谈。

11月25日 由中国图书馆学会学术研究委员会主办、湖南图书馆承办的中国图书馆学会第九届学术研究委员会地方文献研究专业委员会成立会议在湖南长沙召开。北京地方文献中心主任马文大出席会议并接受地方文献专业委员会委员聘书。

12月4日 由北京市法治宣传教育领导小组办公室、市委宣传部、市司法局共同主办的以"大力弘扬法治精神协调推进'四个全面'战略布局"为主题的国家宪法日宣传活动在首都图书馆剧场举行。活动包括北京市青少年法治文艺优秀节目汇报演出、微电影放映、普法嘉年华互动等环节。市委常委政法委书记张延昆，公安部副部长、副市长王小洪，市委宣传部副部长韩昱，北京市文化局局长陈冬、副局长庞微，首都图书馆党委书记肖维平、副馆长李冠南等领导出席本次活动的开幕仪式，首都各界普法志愿者逾500人参加活动。

12月7日 北京市公共图书馆馆长工作会议在首都图书馆B座天光会议室召开，首都图书馆、各区图书馆领导及相关人员60余人参加会议。会议通报了2016年北京市公共图书馆服务体系建设工作、北京市基层图书服务资源整合工作、文化信息资源共享工程、数字文化社区服务工作、ALEPH500系统转换以及红领巾读书活动等重点工作的进展情况，传达了转移支付资金管理方面的相关政策及预算情况，要求各图书馆在2017年积极完善各项业务，为图书馆评估工作做准备。

12月9日 京津冀图书馆联盟在首都图书馆B座天光会议室召开京津冀图书馆合作发展研讨会，首都图书馆、天津图书馆、河北省图书馆代表以及国家图书馆、北京大学、北京市图书馆协会的专家共计40余人出席会议。三地图书馆介绍"十三五"规划，结合馆情特色就京津冀联盟2017年重点工作给出了规划和意见。会议对京津冀图书馆联盟合作发展模式和2017年的重点工作进行研讨，就议事规则、联盟秘书处组建、2017年年会活动举办等事项原则上达成一致意见。

12月9日 北京市青少年"书香北京 阅读有我"活动展示在首都图书馆举行。本次活动是首都图书馆"阅读北京"系列活动之一，集中展示2016年北京市青少年阅读活动成果。参演学生走上首都图书馆的舞台，用质朴的语言，动人的表演，展现了阅读带给自己的改变和力量，同时也表达了对祖国的热爱，对民族精神的敬仰之情。党委书记肖维平、副馆长李冠南出席此次展演活动。

12月10日 首都图书馆策划推出的"坐上贝格尔号——驶向书中的博物世界主题展"，在A座二层文化艺术展厅拉开帷幕。本次展览共分为"一个星球的故事""寻找足记""天空之城""未来之路"四个主题分区，通过手绘画、展板、博物盒子、视频等一系列多元互动展示方式，让博物书中的花、草、虫、鱼"活"起来，邀请读者跟随志愿讲解员一起走进书中的博物世界，穿越时空，认识古今中外的自然学家、草木鸟兽，启发和引导读者在浩瀚奇妙的博物世界中获取真知，拉近人类与大自然的关系，热爱地球家园并让地球家园变得更美好。

12月14日 首都图书馆与北京师范大学政府管理学院图情专业研

修班第三期结业暨第四期开学典礼在首都图书馆B座第一展厅举办。北京师范大学政府管理学院副院长耿骞、首都图书馆副馆长李冠南出席典礼。两期学员共有100余人参会。

12月20日 首届"海峡两岸图书馆馆长交流季"论坛在福建省晋江市图书馆和厦门图书馆两地召开。北京地方文献中心主任马文大参加论坛并作题为"整合地方文献资源，打造'北京记忆'平台"的报告，介绍近年来"北京记忆"资源数据库的建设情况及未来的发展方向。论坛上，海峡两岸同人认真交流了一些实际工作中遇到的困难和今后的建设思路，取得了良好的效果。

12月21日 香港文化事业发展研修班一行24人到访首都图书馆。副馆长陈坚接待到访嘉宾并在会谈中向香港代表团介绍首都图书馆的相关情况，对代表团提出的问题进行详细解答。会谈结束后，香港代表团在陈坚的陪同下参观首都图书馆。

12月25日 "首都市民音乐厅——2017新年音乐会"在首都图书馆剧场举办，北京电视台对本场音乐会进行现场直播。"首都市民音乐厅"由北京市文化局主办，首都图书馆、北京交响乐团、朝阳区文化委三家发起并承办，是"政府+专业院团+公共文化机构"合作模式的一种创新，实现资源的有效配置，吸引更多市民走进图书馆等公共文化设施，提高市民欣赏音乐的水平，增强了服务的精准度。

12月26日 由首都图书馆主办的"释放从严治党最强音——三大亮点、十二大关键词解读十八届六中全会"主题展览，在首都图书馆二层连廊展出。

2017 年

1月5日 首都图书馆与北京幸运时间美食餐饮股份有限公司的房屋租赁续签合同期满，双方依约完成收尾、交接及全部撤场工作。

1月7日 "首图讲坛·乡土课堂"开讲仪式暨新闻发布会在首都图书馆 A 座一层多功能厅举行。首都图书馆党委书记肖维平总结了 2016 年"乡土课堂"的开展情况，北京市社科联党组副书记荣大力致辞，北京史研究会会长李建平为现场听众揭晓了"乡土课堂"2017 年度讲座计划。天坛公园神乐署雅乐团现场演奏"清音雅乐——清代宫廷音乐"的现场演奏。随后，李建平带来的"北京文化中心与'三个文化带'建设"，拉开了"乡土课堂"2017 年度讲座的帷幕。

1月9日 首都图书馆举办的"阅读之城——市民读书计划"书目评选活动推出的"2016 年请读书目"正式发布。该书目由《去年天气旧亭台》《我的应许之地：以色列的荣耀与悲情》《迷人的材料》《乐之本事：古典乐聆赏入门》《想象有一天》等 30 种图书组成，涵盖了社科、文学、科普、生活、少儿五个类别。同时，根据活动评选结果制作的"悦读阅美——2016 年请读书目"主题展览在首都图书馆 B 座二层引航厅展出。

1月11日 首都图书馆在 B 座 1022 会议室召开 2017 年度文化志愿服务工作联席会。会议总结了 2016 年志愿服务总体情况，讨论了 2017 年工作计划。首都文明办、市残联、市律协、劲松职高、首都师范大学、北信等有关负责同志、资深志愿者代表等近20人参加。

1月11日 2017年北京市红领巾读书活动主办单位协调会在首都图书馆召开，北京市关心下一代工作委员会秘书长滕毅、首都文明办未成年人处商亚坤、市教委基教处王昱人、首都图书馆党委书记肖维平及相关人员参加会议。与会人员围绕活动方案进行讨论，并提出很好的建议。

1月11日 首都图书馆在B座10层天光会议室举办馆领导与职工交流日活动。会议征求职工对领导班子和每位班子成员在学习贯彻党的十八届六中全会精神、围绕"两学一做"学习教育要求、遵循《关于新形势下党内政治生活的若干准则》和《中国共产党党内监督条例》和加强自身建设、推进各项工作等方面的意见建议。同时，会议对《首都图书馆2016年工作总结》《首都图书馆2017年工作要点》征求修订意见。党委副书记、副馆长李冠南主持会议。

1月12日 韩国首尔大学奎章阁韩国学研究院一行5人到访首都图书馆，副馆长陈坚接待到访嘉宾，历史文献中心主任刘乃英及国际交流中心主任张震宇等相关人员陪同。双方就中国古籍的传统修复方式、保存环境和资料的利用等方面进行交流。会谈结束后，陈坚陪同参观。

1月17日 首都图书馆在B座一层展厅举行2017年离退休老干部迎春团拜会。党委副书记李冠南代表馆领导班子向离退休老干部们致以新春的问候和节日的祝贺，介绍2016年首都图书馆发展的总体情况。党委书记肖维平，党委副书记李冠南，副馆长陈坚、胡启军与近百名离退休老干部喜迎新春，共庆佳节。

1月19日 首都图书馆在A座报告厅召开2016年度工作总结表彰大会。市文化局局人事教育处、组织宣传处处长田金贵，机关党委副书记、纪委书记吴秀泉，办公室主任路斌出席会议。会上，党委书记肖维平作《2016年度首都图书馆工作总结》报告，副馆长胡启军宣读《关于表彰2016年度先进集体和先进个人的决定》，局领导和馆领导向获奖的先进集体和个人颁发荣誉证书。

1月20日　首都图书馆在A座报告厅召开2016年度领导班子述职大会。市文化局组宣处副处长缴俊友出席会议。会上，党委书记肖维平代表党政领导班子作《首都图书馆2016年度领导班子述职述廉报告》和《首都图书馆党委2016年度党建工作报告》，班子成员依次作2016年个人述职述德述廉述党建报告，与会人员填写《文化局领导干部测评表》。中层以上干部、党团干部、副高以上专业技术人员、职工代表共120余人参加会议，会议由肖维平主持。

1月22日　首都图书馆在B座1047会议室召开"两学一做"专题民主生活会。市文化局党组成员、副局长庞微，组宣处副处长龚萍参加了会议。馆党委书记肖维平主持会议。会上，肖维平通报了2015年度民主生活会整改措施落实情况以及2016年度民主生活征求意见情况，并代表班子作对照检查发言。成员结合自身工作实际，逐一作个人对照检查发言，并开展批评与自我批评。庞微对专题民主生活会进行点评，并对下一步工作提出具体要求。

2月17日　首都图书馆在B座天光会议室召开北京市公共图书馆馆长工作会议，市文化局、各区文化委、首都图书馆、各区图书馆领导及相关人员、各区图书馆第三方系统服务商等90余人参加会议。会议对北京市公共图书馆计算机信息服务系统切换工作方案、时间安排、注意事项、技术准备等进行部署，通报了基层图书资源整合、共享工程、数字电子阅览室等工作的进展情况。

2月21日　台湾好基金会理事谢念华携员就举办"两岸人文名家讲坛"一事到首都图书馆参访。副馆长李冠南带领相关部门同人进行接待，并陪同谢念华一行实地考察场地及设备等，双方都表达了希望加深合作的意向。

2月24日 首都图书馆联合东城区第二图书馆，在左安漪园社区举办第一次法律沙龙活动。活动邀请律师王汇华进行安全知识讲座，主题为"律师教您识别新型诈骗"，30多名中老年市民参加。

2月24日 首都图书馆相关代表在共青团北京市委员会参加机关事业系统2016—2017年度北京市青年文明号评审暨交流会。"首都图书馆中文图书借阅第三组暨法律主题馆项目小组青年文明号申报小组"组长谷曦进行汇报，汇报的题目是《让志愿服务在青年文明号中闪光》。

2月25日 在中央文化管理干部学院教务处伍昕老师带领下，天津市河西区文化干部45人到首都图书馆开展现场教学活动。副馆长邓菊英接待到访客人，并讲授了"公共文化服务空间的构建和运营——以首都图书馆为例"这一课程内容，信息咨询中心副主任王松霞陪同。

2月27日 福州市图书馆副馆长陈强一行5人到首都图书馆进行参观学习。副馆长陈坚和邓菊英接待到访客人。业务部、地方文献中心、宣传策划中心、采编中心、组织人事部、典藏借阅中心和合作协调中心等部门的主任和员工就首都图书馆部门职能划分、业务报表管理、文献资源征集、活动宣传策划、文献资源建设和新媒体服务等工作开展情况与福州市图书馆进行交流学习。

2月27日 首都图书馆在B座四层第一影院举办2017年职工继续教育第一场讲座。讲座邀请南开大学信息资源管理系教授柯平解读《第六次全国县以上公共图书馆评估定级〈评估标准〉》，首都图书馆和区县馆共计290人参加。

3月1日 首都图书馆在B座第一展厅举办馆领导与职工交流日活动。会议阐释了《首都图书馆2017年度员工继续教育计划》，介绍首都图书馆协同办公系统，通报了2016年度绩效工资相关事宜。首都图书馆党委书记肖维平、党委副书记李冠南、中层干部、职工代表150

余名职工参加。

3月2日 2017年北京市红领巾读书活动暨青少年经典导读活动启动仪式在首都图书馆B座第一展厅举行。首都精神文明建设委员会办公室未成年人处处长常建军，北京市教委基教一处副处长陈德时，北京市文化局公共文化处副处长张悦，北京市志愿服务指导中心主任助理、研究培训部部长陈光，北京市文化志愿者服务中心主任陈雁军，首都图书馆党委书记肖维平，首都图书馆党委副书记、纪委书记李冠南，首都图书馆副馆长邓菊英等及各区图书馆"红读"活动负责人、各区图书馆文化志愿服务分队负责人和全市中小学生代表以及首都图书馆文化志愿者代表260余人参与活动。

3月6日 首都图书馆联盟编辑部在首都图书馆召开2017年度选题策划会，会议由刊物执行副主编、首都图书馆副馆长邓菊英主持。首都图书馆联盟常务副主席兼秘书长倪晓建、北京大学图书馆馆长朱强、中国人民解放军医学图书馆馆长陈锐、中国民族图书馆馆长吴贵彪等编委，图书情报工作杂志社主编初景利、北京大学信息管理系主任李广建、国家图书馆业务处副处长孙伯阳等，以及首都图书馆副馆长陈坚和相关人员参加会议。

3月7日—8日 为庆祝三八国际妇女节，首都图书馆组织全体女职工前往国家博物馆参观"'卢浮宫的创想'——卢浮宫与馆藏珍品见证法国历史八百年"与"大英博物馆100件文物中的世界史"展览。

3月9日 沈阳市图书馆副馆长高倪兵一行4人到首都图书馆进行参观考察。副馆长陈坚接待到访客人，宣传策划部主任王海茹、典藏借阅中心副主任田峰、业务部副主任贾蕾参加了交流。

3月10日 日本东京农业大学学术情报课程教授那须雅熙到访首都图书馆，副馆长陈坚接待到访客人，国际交流中心主任张震宇陪同。双方就首都图书馆读者服务、发展计划和与市区公共图书馆合作等方面进行探讨交流。陈坚还陪同参观地方文献、典藏借阅中心、少儿阅读活动中心、少儿综合借阅中心和少儿视听中心等部。

3月10日 在B座10层天光会议室召开2017年经费预算下达暨党风廉政建设工作会议。会上集中学习习近平总书记视察北京重要讲话精神，布置了2017年经费预算工作，部署了全馆2017年党风廉政建设和反腐败工作，印发了《首都图书馆纪委2017年工作要点》和《2017年首都图书馆党风廉政建设和反腐败工作任务分解方案》，签订了预算执行责任书和党风廉政建设责任书。首都图书馆党委书记肖维平、党委副书记李冠南、副馆长陈坚、胡启军、邓菊英出席会议，馆内中层干部、党团干部50余人参加了会议。会议由李冠南主持。

3月13日 湖南图书馆馆长张勇一行8人到首都图书馆进行参观学习。首都图书馆党委书记肖维平、副书记李冠南、副馆长陈坚、胡启军接待到访客人。国际交流中心主任张震宇、后勤服务部副主任宋治国、财务部副主任王玉平参加了座谈。

3月14日 为推广首都公共文明引导行动十五年来取得的丰硕成果，迎接5月即将举办的"一带一路"国际合作高峰论坛，进一步激发市民群众当好东道主的参与热情，由首都文明办策划组织的"当好东道主 文明北京人"市民实践活动汇报巡讲巡演活动在首都图书馆第一展厅内举行。首都文明办主任滕盛萍以及首都文明委有关成员单位领导，各区文明办主任和首都图书馆党委书记肖维平一同出席本次活动。

3月16日 北京市文化局主办，北京交响乐团、朝阳区文化委、首都图书馆承办的2017年"首志愿·关爱——2017年首都市民音乐厅首场音乐会"在首都图书馆剧场拉开帷幕。北京交响乐团带来了《铁匠波尔卡》、芭蕾舞剧《天鹅湖》选曲、《安娜波尔卡》等10首耳熟能详的经典曲目。北京交响乐团艺术总监、首席指挥谭利华亲自执棒，延续了现场演奏+教学的模式，为市民在每首曲目之前进行知识普及与讲解。

3月20日 韩国首尔市钟路区政府代表团一行5人在钟路区副区长朴永燮的带领下,到首都图书馆进行参观。副馆长陈坚接待到访客人,国际交流中心主任张震宇参加了座谈。

3月20日 北京市公共图书馆计算机信息服务系统切换工作正式启动。此项工作将把原来的"智慧2000"系统切换为"ALEPH500"系统,进一步提升"一卡通"服务水平。首都图书馆与北京市各区级图书馆将围绕技术保障与升级、数据核查汇总、媒体宣传等方面开展工作,积极落实相关文件的内容和要求,互相配合推进各项工作,如期完成系统升级的实施要求,以确保新系统顺利上线。

3月21日 由中华人民共和国文化部外联局和厄瓜多尔共和国驻华大使馆共同主办的"线条与透明——厄瓜多尔绘画展"在首都图书馆第二展厅开展。本次展览展出了厄瓜多尔艺术家米盖尔·贝当古的33幅水彩和丙烯绘画。厄瓜多尔驻华大使何塞·博尔哈,中国对外文化集团公司副总经理阎东,中国文化部外联局美大处副处长金梁,首都图书馆党委书记肖维平、副书记李冠南出席开幕仪式。

3月22日 "阅读北京 品味书香——2017年度首都市民阅读系列文化活动"在首都图书馆A座二层报告厅启动。作为"书香中国·北京阅读季"的重要组成部分,该活动由北京市委宣传部、北京市文化局主办,首都图书馆、北京市各区文化委员会、首都图书馆联盟承办。启动仪式上,首都图书馆党委书记肖维平总结了2016年"阅读北京"的开展情况。北京市文化局副局级巡视员、局工会主席马文介绍2017年"阅读北京"的项目内容。作为2017年活动项目推广大使,著名作家王蒙做了题为"永远的阅读"主题演讲。国家图书馆副馆长、国家典籍博物馆常务副馆长李虹霖,北京市文化局公共文化处副调研员张悦,图书馆报总编袁江,北京读书形象大使、中国财政经济出版社副编审崔岱远，冰心图书奖副主席、北京作家协会儿童文学创委会副主任马光复，以及首都图书馆党委副书记、纪委书记、工会主席李冠南，副馆长陈坚出席活动。

3月24日 由北京市监狱管理局工会主办的以"笃行之远"为主题的书画摄影展在首都图书馆第一展厅开展。本次展览的300余幅书画摄影作品均由首都监狱系统干警职工创作。展览作品聚焦监狱事业，寄情方寸之间，诠释首都监狱人民警察守护安宁的坚毅品格、爱岗敬业的时代风貌和忠于职责的追求。首都图书馆党委副书记李冠南出席开幕式。

3月28日 首都图书馆在A座一层多功能厅召开全体党员大会，差额选举出22名出席市文化局党代会代表。党委书记肖维平，党委副书记李冠南，党委委员邓菊英、胡启军、段瑞林、韩滨以及副馆长陈坚出席会议。

3月28日 首都图书馆在A座多功能厅举办馆领导与职工交流日活动。会议传达了调节事业单位收入分配工作的有关精神；对岗位聘任和干部选拔工作开展动员部署；通报了馆内成立职工食堂食品安全工作小组的情况；通报了近期北京市公共图书馆计算机信息服务系统切换工作情况。首都图书馆党委书记肖维平，党委副书记李冠南，副馆长邓菊英、胡启军、陈坚出席会议，中层干部及140余名党员参加会议。

3月29日 首都图书馆在B座十层天光会议室召开北京市公共图书馆馆长工作会议，首都图书馆、各区图书馆领导及相关人员60余人参加会议。会议通报了北京市公共图书馆计算机信息服务系统切换工作进展情况、"一卡通"网站改版情况、期刊订购工作注意事项、《北京市基层图书馆（室）选配书目》情况；就2017年全市阅读北京活动、红领巾读书活动、换书大集活动以及公共电子阅览室和数字文化社区工作进行部署；就北京公共图书馆评估定级工作和资金转移支付事宜进行研讨。

3月31日 由首都图书馆（北京市少年儿童图书馆）、天津图书馆、天津市少年儿童图书馆、河北省图书馆共同主办的京津冀三地"共沐书香，悦享好书"青少年经典导读活动启动仪式在河北省图书馆举行。河北省文化厅公共文化处（非物质文化遗产处）处长张雪芳，河北省图书馆馆长李勇，河北省图书馆副馆长丁若虹，天津市文化广播影视局社会文化处处长李茁，天津图书馆副馆长刘铁，天津图书馆外借部主任刘群，天津市少年儿童图书馆读者工作部主任石静，北京市文化局公共文化事业处处长刘贵民，首都图书馆党委书记肖维平，党委副书记、纪委书记李冠南，副馆长陈坚等领导及当地中小学学生代表共200余人出席仪式。

4月5日 北京市公共图书馆计算机信息服务系统顺利完成了由"智慧2000"系统向"ALEPH500"系统的切换工作。首都图书馆与北京市各区级图书馆如期恢复借书、还书、办证服务以及其他相关读者服务功能。

4月10日 "文化部第五期全国地市文化局长培训班"成员一行56人，到首都图书馆参观考察。副馆长陈坚接待到访客人，双方就首都图书馆的管理与创新情况进行交流座谈。业务部副主任贾蕾参加座谈。

4月20日—26日 "2017北京文化周"活动在台湾拉开帷幕。由副馆长胡启军带队的北京首都图书馆代表团作为本次活动的成员之一，分别前往台北、台中、高雄三地开展文化交流活动。代表团考察了台北市立图书馆"阅读北京"图书专区的运营情况，同时也考察了正修科技大学图书馆和东海大学图书馆刚运营的"阅读北京"图书专区。此外，首都图书馆还在以上三家专区举办"旧京民俗"数字展览，并与台湾多家图书馆就借还书业务、志工服务、馆员互派等方面进行深入的业务交流与研讨。此次文化交流活动丰富了彼此的文献资源，同时也打造了专业的学术研究交流平台。

4月22日—23日 "第七届北京换书大集"主题活动在首都图书馆等11家公共图书馆同时举办。作为2017年度"阅读北京"重要文化活动之一，"第七届北京换书大集"以图书交换为核心，以阅读活动和资源推介为两翼，并将志愿精神贯穿其中，通过丰富多彩的文化活动，号召全社会关注阅读、走近阅读、分享阅读，在创新阅读推广方式的同时，让市民全方位、立体化地体验图书馆文化信息资源服务。此次活动受到了《北京日报》《北京晚报》、人民网等10家媒体的报道。

4月25日 福建省福州市图书馆副馆长吴峰一行5人到首都图书馆进行为期5天的岗位学习。陈坚接待到访客人，并安排开展相关学习。共享工程北京分中心主任陈建新、北京地方文献中心主任马文大、后勤服务部副主任宋治国、报刊资料中心副主任朱悦梅参与接待。

4月27日 为推动公共文化服务体系建设，探索公共图书馆与高校图书馆合作新模式，首都图书馆与云南开放大学签署了长期合作协议，双方将在现代公共文化服务体系建设、文献资源共享、特色资源创建、图书馆人才培养等方面开展深入交流与长期合作。签约仪式上，云南省政府、昆明市领导、北京市文化局领导、云南开放大学代表、首都图书馆代表出席仪式并致辞。

5月4日—5日 中国美术馆党委书记游庆桥、文化部公共文化司副司长白雪华、国家图书馆数字资源部主任曹宁、文化部全国公共文化发展中心培训保障部副处长焦延杰、国家图书馆数字资源部推广工程建设协调组副组长温泉等实地核查北京市2016年公共数字文化工程工作。北京市文化局副局长庞微、公共文化事业处处长刘贵民，首都图书馆党委书记肖维平、副馆长陈坚，海淀区副区长刘圣国、文化委主任陈静陪同检查。核查内容包括听取汇报、查阅资料、实地走访、意见反馈四个环节。检查组首先听取了市文化局关于2016年度公共数字文化工程建设情况专题汇报，查阅了我市公共数字文化工程相关工作材料，实地走访核查了首都图书馆、海淀区图书馆、东升科技园公共电子阅览室、紫竹院街道社区服务中心、海淀街道阳春新纪元社区数字文化社区等五个考核点位。检查组充分肯定了北京市在公共数字文化建设上做出的努力和取得的成效，特别肯定了在规划政策制定出台、数字资源建设、信息化程度、经费投入、群众满意度和注重基层公共文化建设等六个方面的突出表现，同时也提出改进提升意见。

5月9日 北京市红领巾读书活动之"我家的家风"家庭情景剧比赛在首都图书馆举行，全市共有16个区的18支代表队，近300名中小学生参与其中。

5月14日 来自澳大利亚的儿童文学作家布朗温·班克罗夫特来到首都图书馆，带领孩子和家长们一同走进她的儿童文学世界，分享她的创作经历。

5月18日 新加坡国家图书馆管理局总裁梁宝珠、副总裁郑爱清、新加坡国家图书馆副馆长朱爱燕等一行5人到首都图书馆参访，首都图书馆党委书记肖维平、副馆长邓菊英及典藏借阅中心、数字图书馆管理中心、采编中心、业务部等部门负责人与到访嘉宾交流座谈，就数字资源建设、地方文献建设、文献保存、读者服务等内容进行交流。参访代表团对首都图书馆的业务开展表示赞赏，并希望今后两馆继续加强沟通、深入合作。会后，代表团一行参观首都图书馆历史文献中心、数字文化社区样板间和首都图书馆少年儿童图书馆等。

5月18日 马来西亚国家图书馆馆长Nafisah Ahmad、助理Shehnaaz一行两人到访首都图书馆。副馆长陈坚、国际交流中心主任张震宇陪同参观。双方就相关的业务进行交流，并表示希望与首都图书馆进一步深入合作。

5月19日—20日　北京市红领巾读书活动"说说我的阅读故事"红领巾讲故事比赛决赛在首都图书馆完美落幕，全市16个区93名中小学生参加了此次决赛。

6月12日　秘鲁国家图书馆副馆长德尔菲娜·贡萨雷斯·德尔·列戈一行3人到首都图书馆进行业务拜访。首都图书馆党委书记肖维平陪同参观历史文献中心、数字文化社区样板间、典藏借阅中心、少年儿童图书馆等。参访团对首都图书馆的业务开展表示赞赏，并希望今后两馆能够加强沟通、深入合作。

6月13日　新加坡国家通讯及新闻部兼卫生部高级政务部长徐芳达率新加坡国家图书馆管理局行政总裁梁宝珠、新加坡国家图书馆馆长伍慧贤等一行7人到访首都图书馆，北京市文化局副局长庞微、首都图书馆党委书记肖维平、地方文献中心主任马文大等与到访嘉宾进行会谈。会上，双方共同签署了《首都图书馆与新加坡国家图书馆管理局合作协议》，双方将就"互设读书专区、互办学术讲座、互递文献资料、互动学术交流、互派专员访问"等方面开展合作。双方均表示，协议的签署将为双方在更多领域深入开展常态化合作保驾护航。

6月14日　斯中社文协主席德拉南德·阿贝塞克拉率代表团一行6人拜访首都图书馆，就双方互设图书角事宜进行商谈并达成初步合作意向。国际交流中心主任张震宇还陪同到访嘉宾参观少年儿童图书馆、数字资源、数字文化社区样板间、典藏借阅中心等。

7月12日　首都图书馆积极发挥公共图书馆宣传教育基地和文化平台的示范作用，着力宣传党和国家方针建设，特联合中国新闻社共同主办了"新思路·心纽带——'一带一路'主题展"，在首都图书馆A座二层文化艺术展厅开展。

7月15日　在新疆维吾尔自治区和田地区图书馆开馆之际，"新思路·心纽带——'一带一路'主题展"走进了历史悠久、文化璀璨的"丝绸之路"沿线重镇—和田。

7月19日　首都图书馆青少年多媒体空间内举办"《京味儿趣玩》之北京宫灯"活动，活动通过观动漫、学知识、赏宫灯等方式，让孩子们感受北京传统文化的乐趣所在。本次活动邀请了国家级非物质文化遗产项目"北京宫灯"的传承人翟玉良，他为小读者们带来了一场别开生面的精彩讲解。

7月26日　首都图书馆青少年多媒体空间内举办"《京味儿趣玩》之北京皮影"活动。本次活动邀请了国家级非物质文化遗产项目"皮影戏"传承人、北京皮影剧团团长、国家一级演员路宝刚，他为小读者们带来了丰富的讲解，深入展示了北京西派皮影悠久的文化历史和精湛的手工技艺，孩子们也亲身感受到了耍皮影所带来的乐趣。

7月26日　由中国日报社和首都图书馆共同主办的"《百名摄影师聚焦香港》精选图片展"在首都图书馆A座二层文化艺术展厅展出。

7月28日　由北京市文化局局长陈冬、首都图书馆党委书记肖维平7人组成的文化访问团到访摩洛哥国家图书馆，摩洛哥国家图书馆副馆长易卜拉赫姆、联络处处长阿德拉蒂·拉卢、刊物储藏管理处处长哈桑·阿盖、刊物发展评估及发行部部长哈米德·贝阿杰、文化活动处处长布拉欣·伊尔兰、外联部长萨蒂亚·博尔汉接待文化访问团并进行座谈。

7月31日　由北京市文化局局长陈冬、首都图书馆党委书记肖维平7人组成的文化访问团到访以色列特拉维夫Beit Ariela图书馆，以色列特拉维夫市社区体育与文化管理局主管Arik Shua、国际关系处项目主管Yael Enoch-Maoz、图书馆文化艺术处主管Miriam Posner、图书馆公共信息部主管Anat Granit Hacohen、图书馆文化中心主管Navot Ziv、图书馆馆长Sana Paskin接待文化访问团并进行座谈。

7月31日 党委书记肖维平、人事部主任张利中、报刊资料中心主任林岫、国际交流中心虞敏一行4人，参观位于希伯来大学内的以色列国家图书馆。图书馆工作人员向首都图书馆一行4人介绍以色列国家图书馆的变迁情况，带领参观该馆的特色建筑、古代手绘地图手稿、文献数字化加工车间等。

8月3日 浙江图书馆党委书记、理事雷祥雄一行5人到首都图书馆进行调研及参观。党委书记肖维平，首都图书馆党委副书记、纪委书记、工会主席李冠南等与到访嘉宾进行会谈并陪同参观历史文献中心、数字文化社区样板间、典藏借阅中心、首都图书馆少年儿童图书馆等。

8月19日 "喜迎十九大 合奏中国梦——首都市民音乐厅"2017年系列演出季启动仪式及民乐专场演出活动在首都图书馆剧场举行。北京市文化局副局长庞微，朝阳区委常委、副区长孙其军，北京交响乐团团长孟海东，中国广播艺术团副团长刘学俊，首都图书馆馆党委书记肖维平，朝阳区文化委副主任马俊及700多位文艺爱好者共同欣赏了音乐会。

9月8日 首都图书馆与北京市监狱管理局在合作的基础上共建"首都图书馆监狱数字分馆"，副馆长陈坚与北京市监狱管理局教育改造处处长周勤共同签署共建协议，让数字资源为广大干警和服刑人员服务。

9月11日 在教师节到来之际，2017年"以书为友 共读经典"京津冀三地青少年经典导读阅读季启动仪式在天津市少年儿童图书馆举行。北京市文化局公共事业处副处级调研员张悦、河北省文化厅公共文化处副处长于俊通、天津市文化广播影视剧社会文化处宗成灵、柯瑞以及首都图书馆副馆长陈坚、天津图书馆副馆长孟繁华、河北省图书馆副馆长丁若虹参加启动仪式，天津市少年儿童图书馆副馆长张纳新主持仪式。

9月26日 "喜迎十九大京津冀手拉手"系列文化交流活动在首都图书馆B座第二展厅正式启动，活动从9月持续至12月。本次系列文化交流活动由北京市大兴区、房山区、平谷区，天津市西青区、静海区、宝坻区，河北省廊坊市、保定市和首都图书馆联合主办。在活动期内，京津冀三地将持续开展文化志愿服务交流展、京评梆邀请赛、书画影交流展、京剧《南海子》巡演、京津冀精品节目展演和京津冀曲艺邀请赛六项丰富的主题活动。

10月10日 由缅甸宗教文化部历史研究与图书馆司代司长吴昂民带领的缅甸图书馆代表团一行6人到访首都图书馆，就图书馆建设、图书馆运营及新式阅读等方面进行调研。

10月11日 哈萨克斯坦国家图书馆馆长谢伊杜曼诺夫·扎纳特·杜拉罗维奇（Seidumanov Zhanat）一行10人拜访了首都图书馆，副馆长陈坚带队陪同到访嘉宾参观历史文献中心、少年儿童图书馆、数字文化社区样板间、典藏借阅中心、地方文献中心等。参观结束后双方进行座谈，双方就图书馆资源建设、新馆建设、古籍修复等问题进行交流，并就双方图书馆互设图书角、互办展览、专员互访等事宜初步达成合作意向。

10月13日 图书馆地方文献工作学术交流暨"北京记忆"新版发布会在首都图书馆举行，"北京记忆"网站新版正式上线与读者见面。来自北京市文化局的领导、各地图书馆的同行、北京史学领域专家共同参加了地方文献工作交流会和"北京记忆"新版发布会。

10月16日 和田地区图书馆举行首都图书馆和田分馆揭牌仪式。北京市支援合作办公室主任马新明，北京市援疆和田指挥部总指挥丁勇，和田地委委员、宣传部部长顾莹苏，北京市文化局公共文化事业处处长刘贵民，首都图书馆党委书记肖维平，人民东方出版传媒有限公司东方出版社总编辑孙涵，和田地区图书馆馆长储鑫等北京市对口支援办公室、和田前方指挥部和和田地委行署领导出席活动。

11月9日 韩国国立中央图书馆副馆长李炯虎一行5人到首都图书馆进行业务拜访。首都图书馆党委副书记李冠南、副馆长陈坚等7人与到访嘉宾就各自公共图书馆服务体系建设，数字资源加工与共享、历史文献保存等工作进行座谈与交流，座谈结束后陈坚陪同到访嘉宾参观数字文化社区样板间、典藏借阅中心、少年儿童图书馆等。

11月17日 厄瓜多尔共和国驻华大使馆大使何塞·博尔哈一行5人向首都图书馆赠书。副馆长陈坚带队与到访嘉宾进行座谈，并陪同到访嘉宾参观外文阅览室和古籍书库。

12月10日 北京市青少年"阅读伴我成长"活动展示在首图剧场拉开帷幕。本次活动是对2017年北京市红领巾读书活动的总结表彰，展示了少年儿童在这一年读书活动中的收获和风采，宣扬了爱读书、读好书的阅读理念，深刻落实贯彻了习近平总书记在十九大报告中提出"培育和践行社会主义核心价值观，推动中华传统文化，坚定文化自信，推动社会主义文化繁荣兴盛"的精神。

12月15日—16日 由广东省文化厅原副厅长、巡视员杜佐祥任组长，南京图书馆副馆长许建业任副组长，武汉大学信息管理学院教授黄如花，桂林图书馆馆长钟琼，中国图书馆学会秘书处项目主管郭万里以及第二书房创始人李岩任观察员的文化部第六次全国副省级以上公共图书馆第一评估组一行6人莅临首都图书馆，开展实地评估工作。

12月18日 为深入贯彻党的十九大精神，实施文化惠民工程，丰富群众性文化活动，搭建京津冀三地读者阅读推广交流展示服务平台，由三地文化行政主管部门联合主办，天津图书馆、首都图书馆、河北省图书馆共同承办的首届京津冀"守望青春，我与图书馆故事"阅读推广交流展示活动在天津图书馆文化中心馆举办。

2018 年

1月4日 2018年北京市红领巾读书活动主办单位协调会在首都图书馆B座十层1006会议室召开。会议就《2018年北京市红领巾读书活动方案（征求意见稿）》进行讨论，并对2018年全市青少年儿童阅读指导工作进行统筹和规划。首都文明办未成年人处处长常建军、北京市文化局公共文化处处长刘贵民、北京市教育委员会基教一处副处长唐勇明、团市委中少部副部长杨海松、北京市志愿服务指导中心综合部部长韩鹭、北京市文化局公共文化处副调研员张悦、北京青少年经典导读志愿服务总队负责人曹郁、首都图书馆党委书记肖维平、副馆长陈坚出席会议。

1月23日 "九三学社先贤肖像画展"在首都图书馆A座文化艺术展厅举行，展览由九三学社北京市委员会与首都图书馆联合举办，共展出184幅作品。

1月23日 北京市公共图书馆馆长工作会在首都图书馆召开。会议总结了2017年全市公共图书馆工作，部署了2018年重点工作。市文化局公共文化事业处副处长于俊通、首都图书馆、各区图书馆领导及相关人员60余人参加会议。

2月1日 首都图书馆2017年度工作总结表彰会在A座报告厅召开。市文化局党组成员、副局长关宇，组宣处副处长缴俊友，公共文化处副处长于俊通出席会议，全馆职工近300人参加会议。

2月1日 首都图书馆工会、团委在A座二层报告厅举办2018年度新春联欢会。市文化局党组成员、副局长关宇,组宣处副处长缴俊友,首都图书馆党政领导班子成员与首都图书馆职工共度佳节。

2月2日 首都图书馆2018年离退休老干部迎春团拜会在B座第一展厅举行。党政领导班子成员向老干部们集体拜年,与70余名离退休人员一起喜迎新春,共庆佳节。

2月5日 九三学社北京市委"九三学社先贤肖像画展"开幕式暨"九三学社北京市委文化迎新风采展示会"在首都图书馆A座报告厅举行。九三学社北京市委主委刘忠范,社市委原主委马大龙,首都图书馆党委副书记李冠南、副馆长陈坚及演职人员共计400余人参加了活动。

2月8日 首都图书馆与北京市烟草局在首都图书馆剧场举行职工文化交流活动。双方单位共600余名职工进行观影活动。

3月11日 "播撒幸福的种子"第九期结业暨第十期开班仪式在首都图书馆举行。活动先为第九期结业学员颁发结业证书,并为河北省图书馆、石家庄市图书馆、房山区文化活动中心、快乐小陶子方庄紫芳园南里社区、中关村街道科春社区五家单位颁发"首都图书馆文化志愿者服务基地实践基地"铜牌。首都图书馆副馆长胡启军、河北省图书馆少儿部主任高力华出席活动。

3月23日 首都图书馆召开2018年经费预算下达暨党风廉政建设工作会议。会议传达了市文化局2018年预算工作会议精神,下达了2018年经费预算任务,交流了预算执行中的经验,部署了全馆2018年党风廉政建设和反腐败工作,印发了《2018年首都图书馆党风廉政建设和反腐败工作任务分解方案》,签订了预算执行责任书和党风廉政建设责任书。市文化局组织宣传处副处长缴俊友,首都图书馆党委书记肖维平,党委副书记、纪委书记李冠南,副馆长邓菊英、陈坚、胡启军、李念祖出席会议，首都图书馆中层以上领导干部及党团干部63人参加了会议。

3月28日　重庆图书馆副馆长王宁远一行3人到访首都图书馆。双方就文化志愿服务、读者活动、合作等方面进行交流座谈。首都图书馆党委书记肖维平，党委副书记、纪委书记李冠南陪同调研座谈。党办主任段瑞林、合作协调中心主任高莹、汽车图书馆（文化志愿服务中心）主任赵雪峰参加座谈。

3月29日　北京市公共图书馆文化志愿服务与青少年阅读推广活动启动大会在首都图书馆举行。大会为2017年青少年经典导读"书香少年"和"书香校园"的获得者颁发荣誉证书，并启动2018年红领巾读书活动，之后由北京教育学院人文社会科学学院院长吴欣歆做关于"红领巾阅读活动的课程设计"的主题讲座。会后举办"2018年北京市红领巾读书活动"工作会。北京市少先队总辅导员、市少工委副主任杨海松，北京科普发展中心副主任霍利民，北京市教育委员会基教一处中小学阅读工作负责人冯雪，首都精神文明建设委员会未成年人处商亚坤，北京市文化局公共文化处副处长马丙忠等领导以及各区图书馆相关负责人出席会议。

3月30日　首都图书馆工会召开第五届第五次职工（会员）代表大会。会议对《首都图书馆2017年度民主评议的意见和建议》进行反馈，审议并通过了《首都图书馆（北京市少年儿童图书馆）员工考勤管理办法》《首都图书馆（北京市少年儿童图书馆）员工考核暂行办法》，听取了关于首都图书馆工会职工代表调整情况及首都图书馆关于进一步规范工会会员会费缴纳标准事宜，就《首都图书馆2018年度员工继续教育计划》征求了意见。职工代表62人参加，馆领导和工会委员列席了会议，党委副书记、纪委书记、工会主席李冠南主持会议。

3月30日　首都图书馆荣获由北京市爱国卫生运动委员会、北京市卫生和计划生育委员会联合评选的2017年度"北京市健康示范单位"称号。

4月9日—15日 "汉风石韵——金石传拓艺术公益展"在首都图书馆B座第二展厅开幕。此次展览由中国文化研究会金石专委会、华夏石刻艺术发展研究院主办，首都图书馆、北京石刻艺术博物馆等单位协办，展览共展出各个历史时期石刻精品拓本118幅。

4月18日 首都图书馆历史文献中心展厅推出"千载诗韵 百年才情——历代名媛佳作展"，展览选取我国汉代、唐宋、明清至民国具有代表性的26位女性作家的文学作品40余部，展示介绍其生平及作品。展览时间持续到7月18日。

4月20日 首都图书馆2018年度职工继续教育讲座开讲。国家图书馆研究院副院长申晓娟做客，主讲题为"公共图书馆法解读"的讲座。首都图书馆及区馆职工300余人参加。

5月3日 首都图书馆团委举办"五四"青年节暨青年论坛成果展示活动。团市委机关工作部副部长申小敏，市文化局团委书记许博，首都图书馆党委副书记李冠南，副馆长邓菊英、陈坚出席活动并为获奖者颁奖。本次活动选取《借鉴台湾地区图书馆服务，促两岸公共文化共同发展》等三篇调研报告及学术论文进行展示，近百名职工参与活动。

5月3日 湖南省图书馆馆长贺美华一行7人到访首都图书馆。双方就首都图书馆新馆建设、图书馆业务规划、功能布局、设备配置情况等方面进行交流讨论，并商谈两馆合作事宜。党委书记肖维平，党委副书记、纪委书记李冠南陪同调研座谈。办公室主任姚雪霞、读者服务中心主任仲爱红、国际交流中心主任张震宇、数字图书馆管理中心副主任谢鹏、业务部副主任贾蔷参加座谈。

5月4日 "红五月，梦飞扬——2018年首都市民音乐厅开幕音乐会"在首都图书馆剧场举行。北京市文化局党组成员、副局长庞微，北京交响乐团团长孟海东，朝阳区区长助理左科华，朝阳区文化委党委书记、主任高春利，首都图书馆党委副书记李冠南出席开幕音乐会。

5月10日 上海市少年儿童图书馆副书记、副馆长卢秋勤一行3人到访首都图书馆。双方就首都图书馆新馆建设、图书馆业务规划、少儿馆功能布局等方面进行交流。党委副书记、纪委书记李冠南，副馆长陈坚陪同调研座谈。国际交流中心主任张震宇、少儿视听中心主任张皖、少儿阅读活动中心主任王梅、少儿综合借阅中心主任朱丹参加座谈。

5月24日—25日 首都图书馆党委组织在职党员开展《青年马克思》观影主题党日活动，在职党员、入党积极分子共计170人参加。

5月25日—26日 北京市红领巾读书活动"习爷爷的教导记心间"红领巾讲故事比赛决赛在首都图书馆落幕，全市16个区共计105名小选手参加了此次决赛。北京市共青团中学和少年工作部部长佟立成，著名儿童文学作家、编审、北京作协儿童文学创委会副主任马光复，北京少年报副主编、《时事魔镜》主编蔡小钢，东方少年杂志社社长王庆杰，北京市校外教育协会副秘书长王媛媛，首都图书馆副馆长陈坚出席活动并担任评委，来自红领巾通讯社的25名小记者也出席活动并对参赛选手和评委进行采访。

5月28日 大庆油田图书馆馆长张鹏辉一行3人到访首都图书馆。双方就阅读推广服务工作、图书馆业务建设、地方文献的开发利用等方面进行交流。副馆长李念祖陪同参观座谈。典藏借阅中心主任田峰、读者服务中心主任仲爱红、宣传策划部主任王海茹参加座谈。

5月29日—30日 首都图书馆在北京市文化局系统2018年度羽毛球比赛中荣获4个第一名、2个第三名。

6月1日 湖州市图书馆馆长刘伟一行8人到访首都图书馆。双方就阅读推广服务工作、图书馆业务功能布局、信息化建设、地方文献的开发利用等方面进行交流。副馆长陈坚陪同调研座谈。典藏借阅中心主任田峰、报刊资料中心主任林岫、读者服务中心主任仲爱红、数字图书馆管理中心副主任谢鹏、地方文献中心副主任孟云剑参加座谈。

6月1日 "乐缤纷——首都市民音乐厅'六一'儿童节民族交响音乐会专场演出"在首都图书馆剧场上演。

6月24日—25日 "'土库曼斯坦——伟大丝绸之路的心脏'装饰与实用艺术及博物馆珍品展"在首都图书馆第二展厅开幕。展览由中华人民共和国文化和旅游部、土库曼斯坦文化部、土库曼斯坦驻华使馆共同主办，首都图书馆承办。

6月27日 首都图书馆党委召开2018年度意识形态工作专题会。会议传达了局党组2018年第11次会议精神，学习《习近平总书记在全国网络安全和信息化工作会议上的重要讲话》，宣传策划中心、采编中心、国际交流中心、数字图书馆管理中心、文化活动中心就意识形态领域的工作情况进行交流。会议由党委副书记、纪委书记李冠南主持，馆领导、党委委员、纪委委员、中层干部、党支部书记及支委近60人参加会议。

6月30日 首都图书馆党委开展"不忘初心 牢记使命——纪念建党97周年"系列主题活动：组织开展"最优微党课""最佳主题党日""最规范'三会一课'"和"流动红旗"党支部四项竞赛活动；组织参观"真理的力量——纪念马克思诞辰200周年主题展览"；组织"共产党员献爱心"捐款活动及"七一"前夕组织走访慰问活动。

7月13日 由北京市文化局主办、朝阳区文委、首都图书馆、中央歌剧院承办的首都市民音乐厅特别制作——"经典歌剧选段音乐会"在首都图书馆剧场举行，音乐会集结了一批优秀艺术家共同演绎经典曲目。

7月26日 首都图书馆"阅读北京"图书空间在莫斯科博戈柳博夫艺术图书馆揭幕,北京地方文献中心副主任孟云剑作为北京市文化代表团成员出席揭幕仪式。仪式上,首都图书馆与博戈柳博夫艺术图书馆签署了合作备忘录。由北京地方文献中心策划制作的"北京公园开放记"展览在博戈柳博夫艺术图书馆同时展出。

7月27日 首都图书馆副馆长胡启军与俄罗斯国家图书馆馆长Alexander I. Visly签署合作协议。

9月6日 "童沐书香"——首都图书馆讲故事智力扶贫项目晋级全国决赛。

9月9日 由首都图书馆、海燕出版社共同主办的"唱诵国学经典系列活动"首场主题活动"跟着古诗词去旅行"在首都图书馆举行。

9月12日 首都图书馆积极落实《优化提升回龙观天通苑地区公共服务和基础设施三年行动计划(2018—2020年)》,参与"回天有我"系列活动。首都图书馆为5个街镇配送图书2.5万册,为回龙观第一图书馆配送5000册图书到位,其余2万册图书待4个街镇建立图书馆后配送。

9月14日 首都图书馆党委组织60余名离退休老干部参观孔庙和国子监博物馆,参加"国学文化节"活动。

9月15日 首都图书馆参与"回天有我"系列活动,为回龙观镇北店嘉园社区居民赠送图书1000册,现场办理"一卡通"借书证,配送共享工程数字资源阅读机,赠送"童沐书香"讲故事及"北京城故事"等6场讲座。

9月17日—24日 "京籍渊薮 甲子回眸——首都图书馆北京地方文献中心成立六十周年纪念展"在首都图书馆B座第二展厅开展。展品甄选自北京地方文献中心专藏,涵盖方志、舆图、拓片、照片、戏单等文献种类。

9月19日 江苏省徐州市泉山区副区长李燕一行3人到访首都图书馆。副馆长李念祖接待到访客人。双方就首都图书馆新馆建设工作、图书馆业务规划、功能布局、地方文献资料收集利用等方面进行交流座谈。后勤服务中心副主任宋治国参加座谈。

9月19日—21日 国际"城市记忆"学术研讨会在首都图书馆B座第一展厅召开。会议由首都图书馆与中国图书馆学会学术研究委员会地方文献研究专业委员会联合主办。会议邀请了来自新加坡、美国、韩国等国家的国际专家学者，国内各省市图书馆及台湾地区图书馆同人，以及国内外关于城市记忆、口述历史、地方文献各领域的嘉宾，就"'城市记忆'在不同文化背景下的建设与发展"和"口述历史与城市记忆"主题展开交流和讨论。北京市文化局副局长李芳芳、新加坡国家图书馆馆长伍慧贤、中国图书馆学会地方文献研究专业委员会副主任雷树德、首都图书馆党委书记肖维平等领导出席并致辞。

9月20日 地方文献学术研讨会在首都图书馆B座第二展厅召开。会议由首都图书馆主办，邀请了国家图书馆、19家省级图书馆、11家市级图书馆、13家区县级图书馆、11所高校、11家其他机构的地方文献工作者、北京史研究会、博物馆及方志馆等友好单位的专家、学者共同探讨在新技术、新视角下的地方文献工作，交流地方文献工作实践与经验。议题包括"区域文化发展下的地方文献"和"地方文献资源建设与服务"。

9月22日 "唱诵国学经典系列活动"小场专题活动"古诗词《古朗月行》"在首都图书馆举行。

10月9日 京津冀图书馆联盟文化帮扶对接会在河北省图书馆召开。首都图书馆与河北省张北县图书馆、阳原县图书馆签署文化帮扶协议。首都图书馆在国家贫困县建立张北分馆和阳原分馆，捐赠图书4000余册，办理20张读者卡共享"一卡通"数字资源，赠送"首图动漫在线"1400集动漫片，为青少年开展经典导读活动，并邀请6名工作人员来京培训基础业务。

10月13日 "唱诵国学经典系列活动"小场专题活动"古诗词《早发白帝城》"在首都图书馆举行。

10月14日 "2018全国少年儿童阅读年"系列活动之全国少年儿童"我的藏书票"设计大赛评审会在首都图书馆召开，对来自9省市27家图书馆报送的429幅作品进行投票和评选。比赛共124幅作品获奖，其中小学组一等奖11名、二等奖21名、三等奖29名，中学组一等奖9名、二等奖19名、三等奖35名。中国图书馆学会未成年人分会副主任、国家图书馆少年儿童馆馆长王志庚，北京海淀教师进修学校美术教研员相泽民，北京教育科学研究院基础教研原艺术室主任祝庆武，中国戏曲学院副教授迟雪峰，中国美术家协会藏书票研究会常务理事、北京印刷学院讲师牛明明担任评审专家。

10月18日 首都图书馆理论学习中心组采取"走出去"的方式前往门头沟区雁翅镇、妙峰山镇、龙泉镇基层图书室进行调研，聚焦基层图书馆（室）建设中亟须解决的问题。首都图书馆党政领导班子成员参加调研，门头沟区图书馆馆长陈乐宝等陪同调研。

10月27日 "唱诵国学经典系列活动"小场专题活动"古诗词《望洞庭》"在首都图书馆举行。

10月28日 北京市第六届"我的藏书票"设计大赛评审会在首都图书馆举办，对来自全市15个区16家图书馆报送的156幅作品进行投票和评选，比赛共60幅作品获奖，其中一等奖10名，二等奖20名，三等奖30名。北京教育科学研究院基础教研原艺术室主任祝庆武，中国戏曲学院副教授迟雪峰，北京教育学院丰台分院美术教研员高英，首都师范大学附属丽泽中学教科研主任孙晨，中国美术家协会藏书票研究会常务理事、北京印刷学院讲师牛明明担任评审专家。

11月14日 第五届"阅读之城——市民读书计划"终评会在首都图书馆召开，共有25家图书馆承办并参与活动推广、读者投票、图书推介等工作。最后，专家评审团从66本入围书单中筛选出30本"年度请读书目"。此外，活动还继续向读者推荐新近出版的党政类重要图书《习近平的七年知青岁月》等6种。"悦读阅美——2018年请读书目主题展"于12月13日在首都图书馆引航厅展出。参加终评会的有国家图书馆少年儿童馆馆长王志庚、中国科普研究所副所长颜实、中国科学院大学人文学院教授李大光、中国社会科学院文学研究所原所长陆建德、国家天文台副研究员郑永春、评论家解玺璋、中信出版集团原副总编辑绿茶、新京报文化副刊部主编马培杰、北京人民广播电台"读书俱乐部"主持人刘莎、北京市文化局副局长李芳芳等17位领导和专家。

11月16日 "丝路大V北京行"代表团到首都图书馆参访。在参访期间，北京市文化局公共文化事业处副处长马丙忠介绍北京公共文化服务体系建设情况，首都图书馆副馆长陈坚介绍北京市综合性大型公共图书馆发展和日常服务情况，地方文献中心郭炜介绍北京记忆数据库等相关情况。

11月18日 由北京市妇联、北京市教委主办，北京市家庭教育研究会、首都图书馆承办的首期"新蕊计划"——家庭·家教·家风讲坛在北京开讲。北京市妇联现场授予首都图书馆"北京市家庭文明建设示范基地"，邀请兰海做关于"孩子的教育与规划，父母如何做"为主题的讲座。北京市妇联副主席马红萍，首都图书馆副馆长陈坚，北京市妇联家庭儿童部部长尤筠，北京市家庭教育研究会秘书长、《父母必读》杂志主编恽梅，以及来自家庭建设领域的专家学者、从业人员，关注家庭建设的家长等200余人出席并参加了活动。

11月20日 芬兰赫尔辛基市文化和休闲部执行部长托米·莱蒂奥

率该部高级顾问塞拉·马切丽、该部凯撒文化中心主任卡蒂娅·索马莱宁·佩德罗萨等一行6人参访首都图书馆，商谈合作事宜。党委书记肖维平接待来访并介绍首都图书馆近年业务发展情况。随后，参访团参观首都图书馆公共服务空间设施及观看2019年初将赴芬兰演出的"欢乐春节"节目预演。

11月28日 2018年首都市民系列文化活动——"阅读北京"年度盛典在首都图书馆举办。盛典对2018年"阅读北京"五项系列活动进行成果展示和表彰颁奖，发布《重读八十年代》等36本2018年阅读之城请读书目和东城区第一图书馆王府井书店分馆等十佳优读空间，为北京市红领巾读书活动第十九届"读书小状元"和全市诵读大赛获奖者颁奖，向读者推介2018年度最美书评结集《含英咀华》。盛典邀请中央民族大学历史文化学院教授蒙曼、南京师范大学文学院教授郦波、著名媒体人王芳、配音表演艺术家李立宏、播音艺术家肖玉、中央广播电视总台央广主持人陈旻、BTV生活主持人高燕、BTV卡酷少儿频道主持人彩虹姐姐、北京交通广播电台主播郭炜、中国当代文学研究会副会长贺绍俊、中国科普研究所副所长颜实、儿童作家马光复、近代史研究者解玺璋、国家图书馆少儿馆馆长王志庚、北京人民广播电台《读书俱乐部》节目主持人刘莎等嘉宾与图书馆工作者、广大市民和读者共读诗书、分享阅读故事。中共北京市委宣传部副部长王野霏，北京市文化和旅游局党组书记陈冬、李芳芳，北京电视台党委副书记、常务副台长韦小玉，北京市文化局公共文化处处长刘贵民，中共市委宣传部文化处副调研员唐执科等出席活动。

11月29日 日本国立国会图书馆副馆长坂田和光等一行5人参访首都图书馆。副馆长陈坚接待来访并介绍首都图书馆的近年业务发展、少儿图书馆建设以及读者服务等情况。双方进行座谈，希望以后能够加强合作，并以文化交流促进两个城市人民相互了解。

11月30日　首都图书馆"童沐书香"文化志愿服务讲故事智力扶贫项目参加第四届参加全国青年志愿者项目大赛决赛并获得银奖，决赛环节包括现场路演及答辩。

12月4日　中共北京市委常委、宣传部部长杜飞进，副市长张家明，市委副秘书长张铁军，市司法局党委书记苗林，市文化和旅游局副局长庞微等领导在首都图书馆观看"《百名摄影师聚焦中国改革开放四十年》精选图片展"。12月5日起展览在北京市各公共图书馆开启线上发布、线下模式，并借助京津冀图书馆联盟的平台，于12月10日在天津市、河北省内的多家图书馆进行线上线下联合巡展。

12月5日　第四季度北京市公共图书馆馆长工作例会在首都图书馆召开，北京市文化和旅游局、首都图书馆、各区图书馆领导及相关人员60余人参加会议。会议安排了"百名摄影师聚焦中国改革开放四十年""悦读阅美——2018年请读书目展"、数字图书馆推广工程以及数字资源使用宣传等4项巡展工作，对2019年图书馆工作进行务虚研讨。顺义、海淀、昌平区图书馆就区域总分馆建设工作交流了成果经验。

12月14日　首都图书馆党委组织8名党员代表赴国家博物馆参观"伟大的变革——庆祝改革开放40周年大型展览"。

12月17日　北京市社会科学基金项目——《北京历史文化资源数字化建设与服务研究》课题专家评审会在北京地方文献中心举办。国家图书馆古籍馆陈红彦、国家博物馆图书馆黄燕生、中国科学院文献情报中心罗琳、中国艺术研究院图书馆俞冰、清华大学古文献研究所刘蔷等评审专家，课题组负责人倪晓建及课题组成员出席评审会。

12月21日　"在实践育人中成长"朝阳区社会大课堂十周年展示表彰活动在蟹岛举办。首都图书馆作为"北京市中小学生社会大课堂"资源单位、北京市校外教育基地，以"书香十年　甘之如饴——别样课堂在首都图书馆'育阅读之种　播希望之芽'"为主题，在活动中面向市、区社会大课堂领导及朝阳区资源单位领导、师生代表，做了首都图书馆十年来开展社会大课堂活动的成果展示，并荣获"资源单位突出贡献奖"。

12月24日　徐建中摄影作品展暨捐赠仪式在首都图书馆举办。徐建中向首都图书馆捐赠了他的300幅摄影作品和《两栖生涯》画册等书籍。展览共展出摄影作品68幅，持续到12月30日。北京市文化和旅游局副局长李芳芳、人民日报社原高级记者徐建中、首都图书馆党委书记肖维平、人民日报社领导、摄影家及徐建中老同事、老战友等70余人出席仪式。

2019 年

1月4日 2019年北京市红领巾读书活动主办单位协调会在首都图书馆召开。会议听取了2018年红领巾读书活动举办情况汇报，各主办单位就《2019年北京市红领巾读书活动方案（征求意见稿）》进行讨论。团市委中少部部长佟立成、首都精神文明办未成年人处副处长李阳、北京市文化和旅游局公共服务处副处长于俊通、北京市教育委员会基教一处干事冯雪、北京市科学技术协会科普部沙莎、首都图书馆副馆长陈坚出席会议。

1月—2月 由中国日报社、首都图书馆主办的"'百名摄影师聚焦中国改革开放四十年'精选图片展"在东城区第二图书馆、石景山区图书馆、怀柔区图书馆等全市9家区县图书馆进行巡展，累计展览天数88天。

2月1日 首都图书馆与塔林中央图书馆签署合作备忘录，并在爱沙尼亚塔林中央图书馆启动"阅读北京"项目。首都图书馆向塔林中央图书馆捐赠首批图书200册，内容包括中国经典名著、当代中国系列丛书、优秀儿童读物等。在座谈中，党委书记肖维平介绍首都图书馆的特色服务以及在数字资源建设等方面取得的成果；塔林中央图书馆介绍本馆在图书馆营销、为难民服务等方面的案例。双方在人才互访、学术交流等方面达成多项合作意向。

2月3日 首都图书馆与赫尔辛基城市图书馆签署合作协议，在赫尔辛基新中央图书馆启动"阅读北京"项目。党委书记肖维平与赫尔辛基新中央图书馆馆长卡特丽·万提娜（Ms. Katri Vänttinen）作为双方代表签署了合作协议。签约仪式上，首都图书馆向赫尔辛基新中央图书馆捐赠首批图书400册，内容包括中国古代经典名著、当代中国系列丛书、优秀儿童读物等，双方将通过举办展览、讲座、图书交流、研讨会或其他各种文化活动，进一步促进两国文化交流。

3月1日 北京市发展和改革委员会印发《北京市发展和改革委员会关于城市副中心图书馆建设项目前期工作函》（京发改（前期）〔2019〕5号），对城市副中心图书馆建设项目的主要建设内容、前期工作内容等相关事项予以明确。

3月9日 北京市委书记蔡奇主持召开城市绿心剧院、图书馆、博物馆项目有关情况专题会议。会议听取了三大公共建筑设计和功能汇报，对前期工作予以充分肯定。针对图书馆项目，提出充分利用好开敞空间、加强山体表面使用功能和安全防护、突出北京历史文化特色、注重数字化和智能化应用、提升24小时服务能力等优化意见。市领导陈吉宁、崔述强、王宁、隋振江出席会议。北京市文化和旅游局党委书记陈冬，首都图书馆党委副书记李冠南，斯诺赫塔建筑事务所罗伯特和龚成参加会议。

3月20日 北京市文化和旅游局党委书记陈冬主持召开城市绿心剧院、图书馆项目功能设计汇报会。会议听取了3月9日市委书记专题会议后的设计方案优化情况，提出要加强艺术文献馆功能设计，突出北京元素。首都图书馆党委副书记李冠南，斯诺赫塔建筑事务所罗伯特和龚成参加会议。

3月21日 北京市委常委、教工委书记王宁主持召开城市绿心剧院、图书馆项目功能设计汇报会。王宁对3月9日市委书记专题会议后在功能、空间、安全、柱网情况、地下餐厅、顶棚挑檐等方面的优化方案予以充分肯定，提出要打造专业化、小型化、多样化的多媒体阅览空间，并建议增加扶梯分担读者流线。北京市文化和旅游局党委书记陈冬、首都图书馆党委副书记李冠南、斯诺赫塔建筑事务所龚成参加会议。

5月15日 首都图书馆团委在B座一层第一展厅举办纪念五四运动100周年暨第十届青年论坛成果展示活动。中国图书馆学会秘书长霍瑞娟、北京市文化和旅游局机关党委书记李辉、北京市直机关团工委郭弘波、北京市文化和旅游局团委书记许博、首都图书馆领导班子成员及全市公共图书馆青年代表出席，全市公共图书馆160余名馆员参加活动。全体团员重温了入团誓词，选取《中外文化交流视野下的公共图书馆业务建设》等四篇调研报告及学术论文进行展示。

5月24日—25日 北京市红领巾读书活动"祖国，我要对你说"红领巾讲故事比赛决赛在首都图书馆落幕，全市16个区共计105名小选手参加了此次决赛。著名儿童文学作家、编审、北京作协儿童文学创委会副主任马光复，中国传媒大学戏剧影视学院副教授陈旸，北京现代音乐学院播音系主任伊楠，北京市校外教育协会副会长兼副秘书长王媛媛，首都精神文明建设委员会办公室未成年人处商亚坤出席活动并担任评委。

5月30日 第十四届（2019）北京阳光少年活动启动仪式暨"童系梦想冬奥之音——别样课堂在首图"开讲活动在首都图书馆举行。北京冬奥组委新闻宣传部教育和公众参与处处长王军，北京校外教育协会会长、北京天文馆副馆长景海荣，北京校外教育协会副会长、国家博物馆宣传教育部主任胡健，北京校外教育协会副会长兼副秘书长王媛媛，首都图书馆党委书记、代馆长肖维平，副馆长陈坚，北京奥运火炬手协会常务副理事长、中央电视台新影集团副总编贺贝奇，北京奥运火炬手协会副理事长李麟，北京奥运火炬手协会执行秘书长吴东，北京奥运火炬手协会副秘书长刘力宏，奥运书画家姚景林等相关领导、嘉宾以及北京校外教育协会会员单位代表、精诚实验小学的部分师生代表共200余人参加了本次活动。2008年北京奥运会的火炬手周晨光到场进行讲座。

6月8日 以"我和我的祖国"为主题的"妈妈导读师"——中国亲子阅读大赛第15季赛在首都图书馆举办，来自全国各地的18个家庭参加了本季度决赛。中国广播电视香港记者站站长潘翔鸣，中国新闻出版传媒集团总经理李忠，首都图书馆党委书记、代馆长肖维平，中国版协科技委常务副主任吴宝安，"中国妈妈导读师"、中央广播电视总台播音指导李瑞英，"中国妈妈导读师"、多项国际大奖及中国播音主持金话筒奖得主小雨姐姐，儿童文学作家杨红樱及画家九儿等担任本次活动评委。

6月13日 首都图书馆于5月8日至6月13日连续举办五期街道（乡镇）图书馆管理员业务培训班，来自全市16个区的458位基层图书管理员参加培训。培训采取专题授课与座谈交流相结合的形式，围绕基层图书馆业务实际设置了"北京市基层图书馆发展现状""基层图书馆流通服务系统操作""基层图书馆阅读推广活动"和"盲人阅读器的使用"等课程，东城区建国门街道图书馆等19个图书馆开展了业务交流。

6月14日 首都图书馆在B座一层第二展厅召开"不忘初心、牢记使命"主题教育工作会。首都图书馆党委书记肖维平进行动员部署，党委副书记李冠南主持会议，北京市文化和旅游局主题教育指导组局人事处调研员赵江、局办公室李晓到会指导。馆领导班子成员、全体党员及离退休党员代表等110余人参加了会议。

6月14日—15日 由首都图书馆承办的北京市红领巾读书活动"科普在身边"科普剧比赛决赛在通州区图书馆落幕，全市16个区共计20个代表队参加了此次决赛。北京市文化和旅游局原副巡视员、文化部"文化创新奖"评审卢铁栋，北京工业大学应用数理学院副教授、高级实验师、硕士生导师、首都科普剧团科学顾问及编创组成员周洪直，中国传媒大学艺术学部戏剧影视学院副教授、文学博士、硕士生导师、中国传媒大学戏剧戏曲研究所副所长丁明拥，中国传媒大学艺术学部戏剧影视学院表演系副教授、硕士生导师、表演系表演教研室主任、中国戏剧家协会及中国电影表演艺术学会会员孙德元，北京现代音乐学院播音系主任伊楠出席活动并担任评委。

　　6月20日　北京市文化和旅游局党组书记陈冬一行来到首都图书馆开展"不忘初心、牢记使命"主题教育基层党建工作调研，重点询问了首都图书馆意识形态制度建设、党支部换届安排、基层党建工作、读者服务及公共设施利用情况、全市公共图书馆"一卡通"建设等情况。首都图书馆党政领导班子参加了调研座谈会，馆党委书记肖维平从党建工作开展情况、"不忘初心、牢记使命"主题教育开展和推进情况、首都图书馆重点工作开展情况以及下半年党建和业务工作计划等方面向调研组进行汇报。北京市文化和旅游局机关党委（党建工作处）专职副书记兼党建工作处处长李辉、局宣传处处长宋伟琦、局机关纪委书记龚萍、局办公室副主任王琳陪同调研。

　　7月18日—25日　新疆和田地区图书馆馆长储鑫，和田地委党校高级讲师、和田地区阅读推广人宋秋，和田师专图书馆书记陈新元等一行27人到访首都图书馆，参加为期八天的北京文化援建对口交流暨首图·和田图书馆"京和书香　文化援建"主题志愿活动。北京市援疆和田指挥部智力支援部部长贺捷，北京市扶贫支援办一处副处长田国明，北京市教委扶贫支援处副处长陈彦舟，北京市文化和旅游局区域合作处副处长胡虎，北京市女企业家协会会长安钟岩，北京青少年发展基金会副秘书长张建华，首都师范大学京疆学院副院长沈晓非，清华大学附属中学美术办公室主任、艺术家李晓鹏，首都图书馆党委书记、代馆长肖维平，党委副书记、纪委书记李冠南等参加了活动启动仪式。首都图书馆根据和田地区文化需求和现今状况，有针对性地安排了志愿服务项目的学习体验、特色图书馆参观交流等活动内容。

7月20日　首都图书馆与大兴区委宣传部签署合作协议，双方将共同建设南海子历史文献特藏、创建南海子特色阅读空间，并继续通过开展讲座、展览、馆藏资源借阅、实地参观等活动进行南海子历史文化的社会化普及工作。

7月22日　"最美书评"征集评选活动正式开启。首都图书馆集合各区图书馆在活动官网、各馆微信公众号推送荐读书目，并通过微博、微信及小程序同步开设线上活动，组织全市读者围绕推荐书目撰写书评。

7月26日　首都图书馆联合大兴区委宣传部共同举办的首都图书馆讲坛·南海子历史文化讲座暨"古苑宸迹"特展圆满结束。自6月15日至7月26日整个活动期间，讲座共六期，直接惠及读者2000余人；展览观看人次达12万余人。首都图书馆还正式发布了"古苑宸迹"南海子历史文化溯源线上展览，市民可扫描二维码通过手机观看。

7月29日　首都图书馆党委书记、代馆长肖维平赴河北省石家庄市正定县参加2019京津冀房车巡游活动，调研了正定县图书馆基本建设情况，并捐赠图书1175册。汽车图书馆（文化志愿服务中心）副主任杨芳怀参加了活动。

8月1日—2日　北京市扶贫协作和支援合作文化交流中心组织，首都图书馆党委书记、代馆长肖维平带队18名文化志愿者，赴河北省承德市丰宁满族自治县开展文化扶贫交流活动。首都图书馆向丰宁县图书馆捐赠社科、教育、历史等多类图书8286册；为当地近500名学生、家长组织开展了品阅书香、童沐书香、古诗词唱诵、心阅书香等文化志愿服务活动项目。汽车图书馆（文化志愿服务中心）副主任杨芳怀参加了活动。

8月5日—7日 首都图书馆党委副书记、纪委书记李冠南赴内蒙古乌兰浩特参加第三届北京对口地区旅游合作促进平台大会，调研了乌兰浩特图书馆基本建设情况，并捐赠图书997册。汽车图书馆（文化志愿服务中心）副主任杨芳怀参加了活动。

8月7日 首都图书馆"阅读北京"微信小程序正式上线。小程序集合了五大活动板块的资源和内容，实现了手机便捷参与诵读大赛、投票、分享等功能。

8月16日 首都图书馆第六届"阅读之城"图书推荐活动正式发布"城市荐读书目"，共200种图书，分为文学、社科、科普、生活、少儿五类，旨在为读者推荐优质新书，并通过新媒体推送和图书认领线上活动吸引读者参与阅读。该书目下发至各区图书馆同步开始推广，市民可以线上投票选出自己喜欢的图书，同时可以线上申请认领图书，阅读后提交书评。

8月20日 首都图书馆、人民文学出版社联合主办第二季"阅读文学经典"系列活动，于6月29日至8月20日期间推出"走近世界文学"五场讲座、同主题插画作品与版本展。活动基于人民文学出版社"外国文学名著丛书""世界文学名著文库""四大名著"等中外文学名著丛书，邀请我国各语种文学研究领域的顶尖专家学者，围绕中外文学巨匠讲述其人其文其事。五场讲座座无虚席，微信公众号预告及讲座回顾阅读总量达2.5万人次。

8月21日—23日 以"新时代图书馆的转型发展：均衡 融合 智慧"为主题的2019年中国图书馆年会在内蒙古自治区鄂尔多斯市东胜区举行。首都图书馆党委书记、代馆长肖维平，党委副书记、纪委书记李冠南，副馆长邓菊英等8人赴鄂尔多斯参会。年会期间，首都图书馆代表参加了中国图书馆学会成立40周年主题论坛以及信息素养与可持续发展、挖掘地方文献价值助力文创产品开发等主题交流活动；参观东胜区图书馆及图书馆年会展览会；观看了"同城共读 万卷共知"阅读知识竞赛及图书馆年会闭幕式。

8月29日 "阅读北京——2019年度首都市民阅读系列文化活动"推广视频拍摄完成，活动邀请了央视主持人尼格买提·热合曼、"凯叔讲故事"创始人凯叔（王凯）、90后畅销书作家苑子文和苑子豪、"中国诗词大会"第四季总冠军陈更担任2019年"阅读北京"推广大使，号召北京市民多读书、读好书、好读书。

9月11日 英国国家图书馆亚非部主任梦露夏等一行2人到首都图书馆参访，党委书记、代馆长肖维平会见了到访客人并进行座谈，双方就有关世界文化遗产保护等内容进行交流。国际交流中心主任张震宇、北京地方文献中心副主任孟云剑、历史文献中心副主任史丽君参加了座谈。

9月15日 "瞿希贤百年诞辰手稿文献纪念展"开幕式暨"牧歌悠远 花瓣声情——女作曲家瞿希贤艺术生涯"讲座在首都图书馆举办，党委书记、代馆长肖维平出席开幕式并致辞。中央音乐学院音乐学系教授蒲方、中央音乐学院图书馆文献特藏部主任郭娜为现场观众带来了学术讲座。本次展览时间持续至10月20日，展品包括瞿希贤的创作手稿、采风笔记、书信等珍贵资料及首都图书馆馆藏音像资料，如20世纪50年代的黑胶唱片等。视听资料中心主任韩滨、视听资料中心副主任罗丹、历史文献中心副主任史丽君参加了活动。

9月20日 北京语言大学与首都图书馆讲坛共同推出的"阅读北京"特别策划"诗与远方——读书分享会"线下活动在北京语言大学举办，阅读北京推广大使、"中国诗词大会"第四季总冠军陈更与现场百余位读者分享了诗词与人生感悟，一同解读诗词的魅力。

9月23日 "首图动漫在线"——《幸福四合院之京味儿趣玩4》26集动画片，经国家广播电视总局评定为"2019年度第二季度优秀国产电视动画片"。该系列动画片讲述了北京市级非物质文化遗产的内容，为青少年读者打造出通俗易懂、生动有趣、知识丰厚、质量上乘的动画故事。

9月27日 中国田汉研究会和首都图书馆共同主办的"不朽的人生——田汉生平事迹图片展"在首都图书馆开幕，展览展出了百余幅图片和馆藏古籍报刊，以缅怀田汉的历史功绩、传承国歌精神、弘扬红色文化。中国政协文史馆副馆长唐惠秋，田汉长孙、田汉基金会会长田钢，中国田汉研究会副会长兼秘书长郭超，首都图书馆党委书记、代馆长肖维平，副馆长邓菊英、陈坚出席仪式。邓菊英在开幕式上致辞，郭超为读者带来了"田汉与《义勇军进行曲》"主题讲座。宣传策划部主任王海茹参加了活动。

9月27日 为庆祝新中国成立70周年，首都图书馆以"七十年·七十书"为主题，举办"壮美中国——庆祝新中国成立70周年荐读书目"展览。本次展览精选70种图书，分为"中国道路""大国自信""经典文学""时代脉搏"四部分，日均接待观众千余人。部分图书提供二维码、可供读者扫码阅读电子书。

10月1日 首都图书馆举行"十一"升旗仪式，并在A座二层文化艺术展厅、B座二层"阅读之城——悦读阅美2018年请读书目"空间，对"庆祝中华人民共和国成立70周年大会"阅兵式和群众游行进行实时转播，百余位读者在此收看了电视转播。

10月8日 党委书记、代馆长肖维平代表与法国里昂市立图书馆签署了长期合作备忘录。

10月12日 中共北京市委党校图书馆副馆长于书平一行4人到访首都图书馆。北京地方文献中心主任马文大接待到访客人，展示了

"北京记忆"网站，并座谈交流。双方就数据库建设加工、文献采访、参考咨询等方面的内容进行交流。

10月15日 首都图书馆根据与法国里昂市立图书馆签署的合作备忘录中互换文献的相关条款，采购100册文献邮寄到法国；根据与斯洛文尼亚卢布尔雅那大学签署的合作备忘录中互换文献的相关条款，采购100册文献邮寄到斯洛文尼亚。

10月15日 首都图书馆2019年"阅读之城"图书推荐活动初评工作完成，汇总初评投票结果、完成所有初评图书的荐读微信推送及整体活动宣传的微信推送。自9月启动初评以来，专家评委、全市各区图书馆、读者分别对"城市荐读书目"（含200种图书）进行投票，同时首都图书馆微信开始分主题推送荐读书单，并开启线上"图书认领"活动，共有519名读者参与线上"图书认领"，收回书评102篇。

10月16日 上海图书馆（上海科学技术情报研究所）党委书记楼巍一行7人到访首都图书馆。党委书记、代馆长肖维平，党委副书记、纪委书记李冠南会见了到访客人。双方就党建工作、人力资源建设编制、新馆建设、阅读推广活动开展等方面进行交流，并商谈两馆合作事宜。党办主任段瑞林、典藏借阅中心主任田峰、业务部主任贾蔷、组织人事部副主任冯薇、办公室副主任徐冰参加了座谈。

10月16日 由中共北京市委宣传部、北京市文化和旅游局主办，首都图书馆及各区图书馆承办的"阅读北京——我和我的祖国"全市诵读大赛决赛在首都图书馆举行。北京电视台主持人吴冰现场主持，教育部语言文字应用研究所教授王晖、中央人民广播电台播音指导黎江、北京语言学会朗诵研究会副会长杜敏、北京电视台主持人孔洁、首都图书馆副馆长陈坚担任大赛评委，纪委委员、社会教育中心主任潘淼担任大赛监督员。宣传策划部主任王海茹参与了决赛的策划和实施工作。本次诵读大赛覆盖全市19个区、23所公共图书馆，来自各行各业、不同年龄的2000余名选手参与比赛，一共产生1000余部诵读作品，其中优秀原创诵读作品占近3成。大赛还通过"阅读北京"小程序、朗读亭线上联动开展了诵读活动，收到诵读作品两万余篇。最终，大赛决出个人组和集体组各一等奖5名、二等奖7名、三等奖10名，评选出10篇原创美文作品奖及10名网络赛区优秀奖。

10月19日 "首都市民音乐厅·瞿希贤百年诞辰合唱作品纪念音乐会"成功举办，中央音乐学院合唱团表演了12首由瞿希贤创作的合唱作品，中央音乐学院图书馆文献特藏部主任郭娜对每首曲目进行精彩讲解。音乐会前特别策划的"留言集赞抢音乐会门票"线上活动，吸引读者广泛参与。演出当天，到场观众达700余人。视听资料中心主任韩滨参加了活动。

10月19日 首都图书馆、北京交通大学语言与传播学院联合主办的2019"阅读北京"进校园"阅读与创作——读书分享会"主题活动在北京交通大学举办。2019"阅读北京"推广大使、新锐畅销书作家苑子文、苑子豪向现场近200名读者分享了他们有关"阅读与创作"的故事，并赠送书籍和文创礼品。

10月21日 党委副书记、纪委书记李冠南应北京市对外友好协会邀请，参加了中巴青少年文化周开幕式。国际交流中心主任张震宇陪同参与。

10月23日 由北京日报报业集团主办，"北京日报·艺绽"、京报传媒承办的首届"北京品牌计划·文化品牌新势力"评选活动在国家大剧院举办。首都图书馆获选"北京品牌计划·文化品牌新势力"30强文化品牌，党委书记、代馆长肖维平上台领奖。宣传策划部主任王海茹参加了活动。

10月29日 党委副书记、纪委书记李冠南一行2人，应斯洛文尼亚驻华使馆邀请，参加了斯洛文尼亚驻华大使的晚宴。

10月30日 斯洛文尼亚共和国驻华大使Alenka Suhadolnik女士率斯洛文尼亚卢布尔雅那大学代表团到首都图书馆进行访问交流，北京市文化和旅游局党组成员、副局长曹鹏程接待到访客人，北京市文化和旅游局对外交流与合作处杨格，首都图书馆党委书记肖维平、党委副书记李冠南陪同接待。国际交流中心主任张震宇、文化活动中心副主任刘杨参加了座谈。

11月4日 第六届"阅读之城——市民读书计划"终评会在首都图书馆召开，中国当代文学研究会会长白烨、北京燕山出版社原总编辑赵珩、中央民族大学教授蒙曼、著名学者及评论家解玺璋、首都图书馆副馆长陈坚以及来自社科、文学、科普、少儿、生活、图书馆、媒体领域的专家评委共15人出席会议。经过终评专家评审团的讨论和评选，《北上》等30种图书最终入选2019年请读书目。

11月8日 由首都图书馆、顺义区图书馆联合北京工业大学耿丹学院图书馆共同打造的首都图书馆、顺义区图书馆耿丹学院分馆正式开馆，北京高校网络图书馆管理委员会主任、首都师范大学图书馆馆长石长地，北京市文化旅游局公共服务处副处长马丙忠，首都图书馆党委书记、代馆长肖维平，耿丹学院党委书记王燕琪等领导出席活动。耿丹学院图书馆是北京市第一家面向社会开放的高校图书馆，也是271个"一卡通"联网馆中唯一的高校网点，进一步完善了北京市现代公共文化服务体系建设。

11月15日 由中国小动物保护协会、人民文学出版社、首都图书馆主办的"万物有灵——严歌苓和它们一起经历的时代和生活：严歌苓新作《穗子的动物园》发布会"暨中国小动物保护协会严歌苓捐赠仪式在首都图书馆举行。著名作家、编剧严歌苓，著名编剧、策划人史航，人民文学出版社总编辑应红，人民文学出版社资深编辑刘稚，中国小动物保护协会会长陈金飞，首都图书馆副馆长陈坚等参加活动。

活动现场还有严歌苓的忠实读者、中国小动物保护事业的参与者和志愿者计300余人，以及媒体记者近50家。

11月22日 由中共北京市委宣传部、北京市文化和旅游局主办，北京市公共图书馆、北京电视台生活频道联合承办的2019年"首都市民系列文化活动——阅读北京"年度盛典在首都图书馆举办。北京市文化和旅游局一级巡视员史安平，北京广播电视台党组副书记、副台长韦小玉，首都图书馆理事会理事长、原北京市文化局副局长王鹏，北京人民广播电台总编辑、中国有声阅读委员会会长王秋，北京市文化和旅游局二级调研员刘约章、北京教育学院人文与社会科学学院院长吴欣歆、北京市少先队总辅导员杨海松、北京广播电视台生活节目中心主任赵彤，首都图书馆党委书记、代馆长肖维平，党委副书记、纪委书记李冠南，副馆长陈坚、李念祖、胡启军出席活动。本次盛典旨在对2019年"阅读北京"五大板块活动进行成果展示和表彰颁奖。

11月26日 北京市红领巾读书活动——"小小科幻家"少年科幻创作征文活动终评评审会在首都图书馆举行，中国科学技术协会副部长刘芳，中国科学技术出版社科幻编辑部副主任、中国科普作家协会科幻创作研究基地常务副主任兼秘书长王卫英，北京市作家协会会员、中国科普作家协会会员苏学军，中国科学技术出版社人文科学编辑部副主任鞠强担任比赛评委，首都图书馆副馆长邓菊英出席评审会。会上汇报了"小小科幻家"少年科幻创作征文活动的具体情况，讨论了本次科幻创作征文活动评审中的问题，并由各位评审专家对下届科幻创作征文活动及其延伸活动提出建议。

11月27日 法国里昂市立图书馆中文部负责人Olivier Bialais（雷橄榄）到首都图书馆进行业务访问和交流，副馆长陈坚接待到访客人，介绍首都图书馆公共文化建设工作，并就相关业务达成合作意向。国际交流中心主任张震宇参加了活动。

12月1日—7日　由首都图书馆副馆长胡启军带队的文化交流团一行3人，赴哈萨克斯坦阿拉木图市、乌兹别克斯坦塔什干市进行文化交流访问。此次访问广泛交流了各国文化领域的传承与发扬、图书馆事业的建设经验，宣传展示了北京在相关领域的成就，并就首都图书馆与哈萨克斯坦、乌兹别克斯坦两个国家的多家图书馆在文化交流、业务合作等方面进行深入探讨，并达成了合作意向。业务部主任贾蔷、视听资料中心副主任罗丹陪同参访。

12月2日　2020年北京市红领巾读书活动推荐书目推介会在首都图书馆召开，北京作协儿童文学创委会副主任、冰心图书奖副主席马光复，北京市教育委员会冯雪，首都精神文明建设委员会办公室商亚坤，东方少年杂志社王庆杰，北京市科学技术协会副部长刘芳，北京燕山出版社编辑室主任李瑞芳，北京市西城区青少年儿童图书馆馆长郑彩萍，首都图书馆副馆长陈坚出席会议。各位专家对各自的推荐书目、推荐理由进行详细的阐述和交流。

12月9日　北京市文史研究馆图书捐赠仪式在北京地方文献中心数字书房举行，北京市政府参事室副主任、北京市文史馆副馆长陈维，北京市文史馆文史研究中心主任赵书月、北京市文史馆文史研究中心编辑蒋颖洁、首都图书馆副馆长陈坚出席仪式。陈维代表北京市文史馆向首都图书馆捐赠了《北京文史》（2011—2019）共35册，专辑23种共72册。北京地方文献中心主任马文大、副主任孟云剑参加了活动。

12月12日　2019年第四季度北京市公共图书馆馆长工作会议在首都图书馆召开。党委书记、代馆长肖维平，副馆长陈坚、邓菊英、李念祖、胡启军以及各区图书馆馆长、相关负责人等60余人参加了会议。会上，全体人员学习《习近平给国家图书馆老专家回信》工作内容，就贯彻落实好回信的重要精神进行座谈；总结"一卡通"推进情况，部署2020年工作；就阅读北京——2020年度首都市民阅读系列文活动方案、北京市公共图书馆文明读者倡议书进行研讨；介绍公共图书馆业务统计、信息报送及图书馆年鉴工作等事宜。各图书馆结合工作中的实际情况，对相关工作进行充分交流讨论。合作协调中心主任高莹、宣传策划部主任王海茹参加了活动。

12月21日 首都图书馆与中国唱片集团有限公司共同主办的"百张黑胶唱片珍品展暨黑胶沙龙活动"在首都图书馆举办，中国唱片集团有限公司董事长房成义、中央音乐学院教授蒲方、资深录音师沈援之、中国爵士乐学会会长刘元、黑胶唱片藏家王跃进、首都图书馆副馆长邓菊英出席活动。与会嘉宾从唱片展品、发展史、录音技术以及作品赏析等方面为读者解读了唱片背后的故事，到场读者共计120余人。本次珍品展时间持续至12月25日，除展出中国唱片集团有限公司出版的百余张唱片外，还展出了首都图书馆珍藏的早期唱片，特别是1964年为庆祝中华人民共和国成立15周年而出版发行的首次音画合璧《北京的旋律》全集。视听资料中心主任韩滨参加了活动。

12月28日 由首都图书馆与海燕出版社主办、"常青藤爸爸"协办的"唱诵国学经典系列活动"第四场大型主题活动"唱国学 诵经典"汇报展演在首都图书馆成功举办。首都图书馆副馆长邓菊英出席并颁奖，"中国诗词大会"第四季冠军、北京大学在读博士生陈更，"常青藤爸爸"音乐导师、歌手五月，香港国际声乐公开赛北京市形象大使乔柯等嘉宾出席活动，并为读者们赏析、演唱了七首古诗词，到场读者共计200余人。"唱诵国学经典系列活动"2019年全年共计24场，包含四场大主题活动和20场小专题活动，直接惠及读者5000余人。视听资料中心主任韩滨参加了本次活动。

12月31日 由中国动漫集团与首都图书馆联合主办的"红色经典"连环画艺术展在首都图书馆举行。北京市文化和旅游局公共服务处处长刘贵民，中国动漫集团有限公司总经理杨守民，北京电影学院动漫学院院长李剑平，北京教育学院人文与社会科学学院院长吴欣歆，中国美协漫画专业委员会秘书长王立军，首都图书馆代馆长、党委书记肖维平等20余位文化教育界、连环画艺术界及阅读推广领域的领导嘉宾、专家学者出席开幕仪式，首都图书馆副馆长李念祖主持仪式。吴欣歆等九位文化教育及连环画研究领域的专家被聘为首都图书馆"少儿阅读专家顾问团"成员。

2020 年

1月4日 由首都图书馆、北京市社科联、北京史研究会共同主办的"首图讲坛·乡土课堂"2020年度开讲仪式暨新闻发布会在首都图书馆第一展厅举行，北京史研究会会长李建平以"穿越古今·漫步中轴——走读中轴线路与看点"，拉开了"乡土课堂"2020年度讲座的帷幕，200余位读者参与了活动。副馆长陈坚、宣传策划部主任王海茹等出席仪式。

1月18日 "首图讲坛·乡土课堂"推出特别策划的新年讲座"新春话鼠——生肖鼠的文化和象征"，邀请北京民俗博物馆研究馆员李彩萍从社会、民俗和文化学的角度来解读十二生肖中排首位的鼠，现场100多位读者参加了活动。

1月24日 为了全力做好新型冠状病毒感染的肺炎疫情预防控制工作，有效避免因人群聚集可能带来的传染风险，最大限度保障读者及一线工作人员的身体健康和生命安全，经研究决定，首都图书馆即日起实行闭馆，暂停到馆读者服务和展览、讲座等各项活动，具体开馆时间将根据实际情况另行安排。闭馆期间，免除外借文献逾期费用；读者可以通过首都图书馆官方网站、微信公众号、微博等途径了解最新动态信息。

1月24日 面对严峻的疫情防控形势，首都图书馆认真落实关于新冠肺炎疫情防控部署指导，后勤服务部为物业、保洁等驻馆单位办理工作人员出入证，坚持施行层层管控，要求工作人员统一凭出入证由北门出入，先测体温再进馆，进入馆内后再次早晚测温并检查有无感冒咳嗽发烧人员，确保到馆人员身体健康。

1月24日　针对疫情防控时期工作特点和实际情况，首都图书馆拟定了后勤物业、保洁疫情期间日常消杀工作方案，并进行监督指导。物业部门每天对全馆公共区域空间进行1次空间喷洒消毒工作；对开馆区域开放书架图书进行1次喷洒消毒工作；对空调系统空气处理设备进行1次喷洒消毒工作。保洁部门以防疫防控工作为主、清洁工作为辅，展开各区域清洁消毒工作。针对重点区域、重点楼层、重要岗位，项目主管、领班现场监督监管操作，做到各项防疫工作保质保量有效完成。其中公共区域设备设施、台口、还书机每两小时清擦消毒一次；电梯按钮、扶梯、门把手等部位每两小时清擦消毒一次；洗手间、茶水间等部位每两小时清擦消毒一次；各出入口门把手、废弃口罩箱、垃圾桶每两小时清洁消毒一次。

1月25日　根据北京市文化和旅游局有关工作安排，首都图书馆启动新冠肺炎疫情防控监测日报告工作。每日统计并及时报送《局属各单位人员离京返京情况统计表》《局属各单位人员未返京情况统计表》《市直机关各单位被感染人员情况统计表》《首都图书馆驻馆单位人员返京情况统计表》等。

1月25日　贯彻疫情防控工作要求，首都图书馆以全馆人员安全为中心，加强后勤服务人员健康监管工作，按要求报送部门人员及物业、保洁服务单位人员《离京返京情况统计表》和身体健康状况等信息，全面掌握动态发现问题及时上报。对各驻馆单位已返京人员严格执行隔离14天并关注身体状况，有症状、早就医、不恐慌、不隐瞒，科学防范，落实工作。

2月6日　首都图书馆党委接到《关于进一步发挥"双报到"作用

组织动员局系统在职党员积极投身社区（村）疫情防控的具体措施》及《近期"双报到"有关工作通知》，并第一时间通过党委支委工作群向全体党员传达了有关精神。在防控疫情的大局面前，各党支部及时传达上级精神，动员在职党员发挥先锋模范作用，要求支部党员结合个人实际情况，加强自身防护，党员联系社区（村）党组织，积极参与社区疫情防控工作。

2月10日 "首图讲坛"即日起陆续推出《听红楼，谁是梦中人》《南海子——西山永定河文化带上的璀璨明珠》《走进科学巨擘郭守敬》等22场音视频形式的优质讲座，丰富读者的线上生活。

2月10日 首都图书馆闭馆值班期间，职工餐厅即日起只提供盒饭、不提供堂食，各部门工作员工到餐厅刷卡取餐。根据疫情防控期间职工餐厅临时供餐方案，所有人员必须佩戴口罩、测体温，所有就餐人员在等待排队时保持足够的安全距离，严格落实防控措施，确保全体就餐人员用餐健康安全。

2月18日 首都图书馆向武汉地区图书馆捐赠防护物资仪式在第一展厅举行。首都图书馆积极投身"驰援武汉、共克时艰——全国图书馆界捐赠疫情防控急需物资行动"，为了尽快帮助武汉及湖北其他地区图书馆同人共渡难关，把节约出来的防护物资通过捐赠方式助力疫区。两批防护用品分别于2月17日、18日发往武汉，包含医用口罩500个、空气消毒专用电动喷雾器1台、84消毒液20升、次氯酸消毒液30升、"九行"专用消毒片1000片、一次性手套（食品级PVC）6000只。党委书记、代馆长肖维平主持了捐赠仪式，后勤服务部主任宋治国、宣传策划部主任王海茹、社会教育中心主任潘淼、采编中心副主任宋艳萍、办公室副主任徐冰、保卫部副主任贾铮、少儿综合借阅中心副主任陈琼参加了活动。

2月21日 首都图书馆微信订阅号推出"名家寄语·抗疫克艰"

活动，邀请梁晓声、蒙曼等14位名家录制抗疫寄语，并进行好书荐读。

2月26日　北京市文化和旅游局党组成员、副局长庞微，公共服务处处长刘贵民到首都图书馆检查督导新冠肺炎疫情防控工作。庞微听取了首都图书馆疫情防控工作整体开展情况汇报，并详细询问了疫情防控措施具体落实情况、人员值班安排、职工身体状况、物业保安工作情况等，对首都图书馆防疫工作给予了充分肯定。党委书记、代馆长肖维平，副馆长陈坚、李念祖，保卫部副主任贾铮、后勤服务部主任宋治国陪同检查。

2月27日　北京市委宣传部常务副部长赵卫东带队到首都图书馆督导检查防疫工作情况。赵卫东听取了党委书记（代馆长）肖维平疫情防控工作的介绍，并检查了留守保安宿舍、职工食堂等区域。副馆长胡启军、办公室副主任徐冰、保卫部副主任贾铮、后勤服务部主任宋治国陪同检查。

2月27日　为了打赢疫情防控阻击战，积极响应党中央对广大党员的号召，党委组织党员为支持新型冠状病毒性肺炎疫情防控工作捐款。全馆195名党员积极参加了此次的捐款活动，共捐款43366元。

2月27日　北京地方文献中心发起了"非凡忆疫——北京记忆"首都图书馆抗击新型冠状病毒性肺炎疫情文献资料征集活动。即日起面向全市征集在抗击新型冠状病毒性肺炎疫情过程中产生的所有文献资料，包括文件、各类出版物、实物资料、形象资料、数字资料及其他相关文献资料。闭馆期间，仅通过邮箱征集电子文献；正常开馆后，还将通过邮寄快递、到馆移交及上门征集等方式征集原件。后期将编制捐赠者名录，并为特别重要文献的捐赠者颁发捐赠证书。

2月28日　《北京日报》（07专版）以《战"疫"不孤"读"：首都图书馆陪你在家享阅读》为题发布专版，介绍首都图书馆在疫情防控期间为读者提供的资源与活动。

3月11日　首都图书馆"亲子共读"栏目上线推出《神奇的婴幼儿故事会》，专门为0—36个月小读者开展讲故事服务。

3月13日　针对新冠肺炎疫情影响下的居家办公模式，首都图书馆开启本年度职工继续教育网络培训模式，先后推送上海图书馆学会"公益云讲堂"系列培训、文化和旅游部全国公共文化发展中心2020年度第一次网络培训等培训资源，并倡导各部门结合自身业务需求开展自组培训。

3月20日　《图书馆报》《光明日报》等7家媒体以《非凡忆疫——北京记忆首都图书馆抗击疫情文献资料征集活动》为题发布报道，介绍首都图书馆面向北京市民征集新冠肺炎防疫抗疫文献资料的情况。

3月29日　首都图书馆读者预约系统完成上线试运行，并将于4月30日前完成系统的最终测试上线工作，以保证首都图书馆恢复开放工作的有序进行。

4月4日　首都图书馆联合中国少年儿童新闻出版总社主办的中国少儿科普第一刊《我们爱科学》杂志，在首都图书馆少年儿童图书馆主页的"我们爱科学博物馆"，为小读者在线推出"真是没想到"奇趣科学知识大展览，登录即可在线观看。线上展览持续到2020年底。

4月15日　职工餐厅恢复堂食，采用分段错峰就餐，员工统一佩戴口罩、测量体温无异常后进入餐厅，由餐厅工作人员发放餐具打餐；采取一桌一人的形式进行有序就餐，避免人员聚集、交叉感染。餐厅全面消毒，不留死角，轮换利用84消毒液和次氯酸消毒液对各操作间和餐厅进行全面消毒；对所有餐具、用具进行彻底消毒，厨房用具全部蒸煮30分钟以上，小型餐具用消毒柜消毒30分钟以上。

4月17日　疫情防控期间，首都图书馆推出文化志愿"云上"服务模式，组织开展"非凡记'疫'"——抗击新冠肺炎主题征文活动，一个月内已收到来自高中、大学志愿团队及普通志愿者的征文作品共计 452 篇。

4月17日—24日《北京日报》《中国新闻出版广电报》(网)、《新京报》等9家媒体在网站、微信公众号、APP客户端等新媒体平台以《书香助战"疫"阅读通未来》为题,发布首都图书馆"世界读书日"主题活动,介绍这期间全市公共图书馆重点活动及"阅读北京"五项活动。

4月19日 "阅读北京——2020年度首都市民阅读系列文化活动"在首都图书馆正式启动。知名主持人王宁与北京大学精神卫生博士汪冰以"后病毒时代我们的生活"为题进行对谈,开启"阅读北京"五项活动。仪式通过首都图书馆直播间进行直播,并在央视频、快手等6家平台进行转播,观看量达222.5万人次,点赞量达71.9万次。副馆长陈坚、宣传策划部主任王海茹等人参加了启动仪式。

4月23日 "世界读书日"当天,由中国新闻出版传媒集团、首都图书馆主办,北京市图书馆协会、北京市各区图书馆协办的"妈妈导读师·为爱发声"播撒幸福的种子童书诵读会活动启动式暨"提高'阅读力',规划孩子的阅读人生"直播分享会如期举行,在央视频、腾讯新闻、当当网、喜马拉雅、未来网、快手等多个平台同时在线直播。活动由"妈妈导读师"发起人范占英主持,中央广播电视总台播音指导李瑞英,儿童文学作家、接力出版社总编辑白冰,北京广播电视台节目主持人小雨姐姐,儿童文学作家、原山东省作家协会党组成员、副主席刘海栖,绘本画家九儿等嘉宾介绍优秀出版物,并与网友就亲子阅读这一主题进行互动交流,鼓励大家通过阅读建立温暖的亲子关系,呼吁各界人士积极参加音视频征集活动。截至当日22时,直播播放量共计206.9万次。

4月23日 根据北京市文化和旅游局人事处工作部署,首都图书馆停止疫情监测信息日统计报送工作。90天期间首都图书馆已实现对

499名在编及派遣员工、384名驻馆单位人员无间断疫情防控信息报送、统计、更新离返京信息183条，累计报送离返京情况、健康情况等11类疫情监测信息共计1030条，建立并每日更新返京、驻馆及共同居住人三类共计157人的隔离台账。经过全馆上下共同努力，首都图书馆在新冠肺炎疫情防控的关键时期坚守防控战线、成功战"疫"，将各项防控工作严格落实到位，没有出现抗疫防疫事故和问题。

4月27日 北京市文化和旅游局党组书记、局长陈冬主持召开城市副中心北京城市图书馆新建项目功能设计和机构设置、人员编制专题会。首都图书馆党委副书记、纪委书记李冠南汇报了设计方案、前期工作进展、人员编制管理模式以及存在困难问题等情况。会议对前期所取得的工作进展给予充分肯定，并成立北京城市图书馆建设项目领导小组，陈冬任组长，庞微任常务副组长，曹鹏程、史安平任副组长，小组成员为局办公室、公共服务处、人事处、非遗处、财务审计处、法制处、宣传处、资产监管事务中心及首都图书馆主要负责人。领导小组办公室设在首都图书馆。北京市文化和旅游局党组成员、副局长庞微，党组成员、副局长曹鹏程，人事处处长田金贵、财务审计处处长郑建平、公共服务处处长刘贵民、资产监管事务中心主任张鹏，首都图书馆党委书记、代馆长肖维平，组织人事部副主任冯薇、办公室副主任徐冰出席会议。

4月30日 北京市文化和旅游局党组书记、局长陈冬，党组成员、副局长庞微，党组成员、市纪委监委驻局纪检监察组组长贾利亚和公共服务处处长刘贵民到首都图书馆对"五一"开馆工作进行现场指导。陈冬听取了疫情期间首都图书馆开馆各项准备工作的汇报，参观进院入口、进馆入口及开放的阅览室，对首都图书馆为开馆进行的充分准备给予肯定。党委书记、代馆长肖维平，党委副书记、纪委书记李冠南，副馆长陈坚、李念祖、胡启军、邓菊英，办公室副主任徐冰、典藏借阅中心副主任晋兰颖、业务部主任贾蔷、数字图书馆管理中心主任谢鹏、保卫部副主任贾铮、后勤服务部主任宋治国陪同检查。

4月30日 首都图书馆自1月24日以来，利用新媒体平台"两微一抖"向读者推送优质阅读内容，开展"首图讲坛""云"上开讲、名家诵读、数字资源、图书荐读、少儿阅读活动等优质资源的多场线上活动。其中微信订阅号发布微信推文275篇，阅读人数共计24万，阅读量共计30万；微博更新295次，阅读量共计252.3万次；抖音发布25条视频，观看量共计26万；官方新媒体阅读总量308.3万次，解答线上读者提问1712次。"心阅书香"助盲有声志愿服务项目以诵读方式为中国加油、为武汉祈福，已开展诵读线上活动和培训5次，共计1502人次参与。"亲子共读"故事录制160个，微信推送26次、讲述46个故事，阅读次数达12711人次；"为爱发声"征集34位故事人提供了44个音频故事和10个视频故事。

5月1日 首都图书馆正式恢复开馆。依照疫情防控要求，全馆职工和驻馆单位工作人员加强个人安全管理，要求上下班途中必须全程佩戴口罩做好自身防护，到馆人员凭出入证、接受测温等检查后进馆；要求员工在馆内必须全天、全程佩戴口罩做好自身防护，废弃口罩需丢到"废弃口罩专用箱"内，统一消毒后处理。馆内统一部署、认真落实疫情防控工作，确保空调系统全新风运转，每天安排专人开窗通风；组织保洁和物业人员，对读者开放的公共区域每天全面消杀3次，对全馆公共区域空间、开馆区域开放书架图书、空调系统空气处理设备每天均进行1次喷洒消毒工作；对公共区域设备设施如台口、还书机、废弃口罩箱、垃圾桶、电梯按钮、扶梯、门把手等部位及洗手间、茶水间等处，每两小时清擦消毒1次。

5月2日 北京市委宣传部副部长、北京市电影局局长王杰群带队到首都图书馆检查恢复开放情况。王杰群检查了读者入馆流线、借还书设备和服务大厅、阅览室等开放区域，详细询问了读者预约方式、入馆检查流程、场馆消杀等情况，对首都图书馆第一时间落实北京市新冠肺炎疫情防控工作领导小组关于有序开放图书馆的要求、井然有序开展服务给予了充分肯定，并叮嘱疫情防控期间绝对不能懈怠，继续严守入馆第一线，提高应急处理能力，在保障安全的基础上为读者做好服务。北京市文化和旅游局党组成员、副局长庞微，北京市委宣传部文艺处处长杨建英，北京市文化和旅游局公共服务处处长刘贵民，首都图书馆党委书记、代馆长肖维平，党委副书记、纪委书记李冠南，副馆长陈坚、邓菊英、胡启军、李念祖及办公室副主任徐冰、保卫部副主任贾铮、后勤服务部主任宋治国陪同检查。

5月5日 为迎接"六一"国际儿童节，由首都图书馆主办的"唱诵国学经典系列活动"推出"线上成果展示特别活动"，面向全国小朋友征集唱诵国学成果展示视频。一周内即收到来自国内北京、上海、河北、山东等地及海外菲律宾的视频共计114个。征集完成后，由中国音乐学院副教授史曼洁、中国诗词大会总冠军陈更、唱诵活动主讲老师五月组成的评委团秉承专业态度，分别从演唱技巧、表现力和视频质量三方面进行综合考量，评选出的"十佳视频"参与为期6天的线上投票助力，该环节线上访问量265242次、投票量99209票，最终投票产生了三位最具人气的"唱诵国学小达人"。

5月11日 根据馆内开放区域相关部门的志愿服务需求，首都图书馆正式启动助"疫"书香文化志愿服务系列项目，并于志愿者招募启动之前成立了应急突发情况处置小组，制定了《首都图书馆文化志愿者疫情期间志愿服务管理办法（试行）》《首都图书馆文化志愿服务中心疫情防控期间志愿服务应急预案》，做好了志愿者到馆服务前的健康监测等工作准备。

5月22日 首都图书馆依托"互阅书香"图书捐赠与交换文化志

愿服务项目，深入探索新冠病毒性肺炎疫情下扶贫工作实施策略，积极募集专题书源，先后向湖北省图书馆、湖北省武汉市图书馆、湖北省十堰市图书馆、湖北省襄阳市图书馆、新疆和田地区图书馆、河北阳原县图书馆、河北正定县图书馆等12家图书馆的援建点定向专题捐赠《新型冠状病毒感染防护》读本近200册，助力各地受援公共图书馆的读者们进一步了解新型冠状病毒、稳定抗"疫"成果。

5月30日 "六一"国际儿童节前夕，全新青少年京韵系列讲座"春明学堂"第一季"跟着课本游北京"在首都图书馆直播间、快手、新浪微博、哔哩哔哩、西瓜视频各大平台同步上线，首讲"历史的见证者——天安门"直播吸引了32万人次点击观看并参与留言互动。"春明学堂"以青少年、家长和教育工作者为主要受众群体，通过对北京城市建筑、景观、人物、历史等文化符号进行剖析讲解，为青少年展现一个立体多面、生动鲜活、韵味悠长的北京。该讲座自2020年5月开讲、计划每月推出一讲。

5月 首都图书馆与哥本哈根中心图书馆、德国汉堡公共图书馆、圣彼得堡国家图书馆、斯洛文尼亚卢布尔雅那大学图书馆、台北市立图书馆等近40家国际及港澳台地区合作馆积极接洽、联络工作，并发送同行慰问，坚定友谊、携手抗"疫"。

6月3日 党委书记、代馆长肖维平，副馆长李念祖带队赴红楼公共藏书楼、地图主题书店进行调研，在红楼公共藏书楼就合作开展面向周边群众的阅读服务进行研商，在地图主题书店就如何开展合作进行研商，以期在未来特色阅读空间建设和阅读推广活动中有更深入的合作。读者服务中心主任仲爱红、典藏借阅中心副主任晋兰颖参加了调研。

6月4日 第二季度北京市公共图书馆馆长工作会议在首都图书馆召开。北京市文化和旅游局公共服务处副处长马丙忠，首都图书馆党委书记、代馆长肖维平，首都图书馆副馆长陈坚、胡启军、李念祖，各区图书馆（少儿馆）馆长和相关负责人等共计60余人参加了会议。会议对2020年上半年各图书馆在疫情防控、线上服务、资源建设等方面工作进行梳理，对"一卡通"建设工作和"阅读北京——2020年首都市民阅读系列文化活动"进行说明，各图书馆结合实际情况进行工作交流。合作协调中心主任高莹、少儿阅读活动中心主任王梅、宣传策划部副主任李凌霄、北京地方文献中心副主任孟云剑参加了会议。

6月9日 北京工艺美术博物馆"遥祝武汉 匠心奉献"活动作品及文献捐赠仪式在首都图书馆举行。北京市文化和旅游局副局长庞微，北京工美集团有限责任公司副总经理方健、北京工艺美术博物馆馆长杨燕波、馆长助理焦韵凝，中国工艺美术大师崔奇铭，北京市工艺美术师、北京绢人制作技艺传承人马燕平，首都图书馆党委书记、代馆长肖维平，首都图书馆副馆长陈坚出席仪式。仪式上，北京工艺美术博物馆将其"遥祝武汉 匠心奉献"活动中的书画作品、医护人员形象绢人、工艺美术大师祝福视频98段、活动倡议书等文献捐赠给北京地方文献中心，丰富了首都图书馆"非凡抗疫，北京记忆"文献。捐赠仪式被《光明日报》《北京日报》《北京青年报》《新京报》《中国文化报》《中国读书报》、千龙网、今日头条等十多家媒体广泛报道，取得了较好的社会反响。北京地方文献中心主任马文大、副主任孟云剑参加了活动。

6月10日 中国地图出版集团副总经理石忠献、发行公司总经理程船、地图文化出版分社社长卜庆华、发行公司副总经理张书龙、地图主题书店经理刘秋杉一行5人到首都图书馆参访，党委书记、代馆长肖维平，副馆长李念祖接待到访客人。双方就有关特色阅读空间合作建设等内容进行交流。报刊资料中心副主任朱悦梅、典藏借阅中心副主任晋兰颖参加了座谈。

6月13日 北京市文化和旅游局党组书记、局长陈冬带队到首都图书馆督查指导疫情变化形势下防控工作。陈冬问询了读者预约和到馆数据，检查了阅览室环境和消毒设施，听取了关于场馆内特别是还书区、等候区、阅览区等读者开放区域防控措施的汇报，并视察了"百名摄影师聚焦COVID-19图片巡展"的筹备工作和展览情况。陈冬要求首都图书馆根据疫情变化情况迅速调整防控措施，高度警惕疫情反弹、坚决防止疫情输入；在保障安全的前提下，逐步拓展服务内容、提升服务质量，加强线上活动的策划和组织力度。北京市文化和旅游局一级巡视员史安平，首都图书馆党委书记、代馆长肖维平及文化活动中心副主任刘杨、保卫部副主任贾铮陪同检查。

6月13日 针对近期北京连续出现新冠肺炎确诊病例，按照上级领导要求，首都图书馆按照公共卫生突发事件二级响应迅速开展疫情防控工作，落实疫情防控主体责任、加强部门人员管理及信息报送工作；即日起恢复馆领导带班、中层干部值班制度和全员报送制度；加强进馆读者及驻馆单位人员的管理，严格入馆检测制度；做好馆内公共区域消杀及食堂安全管理工作，保障各项工作有序开展。

6月13日 首都图书馆联合中国图书馆学会、中国日报社、中国画报出版社等多家单位举办"百名摄影师聚焦COVID-19图片巡展"启动仪式，全国部分公共图书馆和高校图书馆的线上线下联展由此开启。启动仪式以直播方式在"聚焦COVID-19"直播间、快手正能量、首都图书馆新浪微博、央视频、西瓜视频、首都图书馆公共文化云6家平台同时播出，总观看量达415.3万人次，点赞数196.7万。首都图书馆制作的电子展在首都图书馆官网和"北京记忆"网站同期上线。

6月29日 北京市文化和旅游局召开庆祝建党99周年暨迎"七一"表彰大会，首都图书馆刘真海等14人被评为优秀共产党员，韩滨等6人被评为优秀党务工作者，典藏借阅中心等5个党支部被评为先进党支部。

6月 疫情防控期间，首都图书馆通过微信订阅号及新浪微博开展"亲子共读"线上活动共计22场、参与读者达63511人次，该活动由线下活动"红红姐姐讲故事"、"播撒幸福的种子"故事会、"婴幼儿神奇的故事会"合而为一，以音频或视频形式分享绘本故事。其中"婴幼儿神奇的故事会"作为重点推出项目，共开展线上活动11场、参与读者2万余人次。

7月11日 由中国新闻出版传媒集团、首都图书馆主办，北京市图书馆协会、北京市各区图书馆协办的"妈妈导读师·为爱发声"播撒幸福的种子童书诵读会自4月23日"世界读书日"启动至今，陆续收到参赛作品近千件，经过了征集、筛选、展播、投票、评选等阶段。主办方邀请中央广播电视总台播音指导、"妈妈导读师"形象大使李瑞英，儿童文学作家、接力出版社总编辑白冰，北京广播电视台主持人、"妈妈导读师"形象大使小雨姐姐等11位专家评委进行打分，评选出100个优秀音视频作品，其中一等奖20名、二等奖30名、三等奖50名。

7月22日 党委书记、代馆长肖维平，党委副书记、纪委书记李冠南，副馆长李念祖赴中国地图出版集团进行调研。中国地图出版集团副总经理石忠献、发行公司总经理程船、地图文化出版分社社长卜庆华、LP项目部总编辑朱萌、研究发展部运行总监池涛、党群工作部副部长郭玉婷、LP项目部副总经理马珊、地图主题书店经理刘秋杉接待调研。双方就合作筹建文旅生活为主题的特色阅读空间等事宜进行商洽，实地参观中国地图出版集团的展厅、教育基地等。读者服务中心主任仲爱红、社会教育中心主任潘淼、典藏借阅中心副主任晋兰颖参加了调研。

9月21日 阅读北京——2020年"为爱发声"诵读大赛决赛在首都图书馆举行。决赛由北京广播电台米夏主持，邀请了中国广播电视社会组织联合会党委委员、有声阅读委员会会长王秋，北京人民广播电台播音指导、语言艺术教育专家杜敏，北京语言大学副教授、人文社会科学学部党委副书记卜晨光，播音指导、演播艺术家白钢及首都图书馆副馆长陈坚担任评委，首都图书馆纪委委员、社会教育培训中心主任潘淼担任大赛监督员。本届大赛自3月启动以来吸引了近五万名读者关注，覆盖全市16个区、22所公共图书馆，来自各行各业、不同年龄的近2000名选手参与比赛，产生诵读作品万余部、原创文章近500篇。经过初赛、复赛两轮角逐，最终由来自个人组、家庭组共计81位参赛选手分别获得一、二、三等奖，成为2020年阅读北京"领读者"。

9月24日 由首都图书馆、浙江图书馆共同主办的"运河上的京杭对话 共建共享新未来——2020京杭大运河文献展"在首都图书馆B座第二展厅举行开幕仪式。党委书记、代馆长肖维平，浙江图书馆党委副书记徐洁，浙江图书馆地方文献部主任贾峰、古籍部主任张群，北京市通州区图书馆馆长杨兰英等出席开幕仪式。北京古籍保护中心办公室主任史丽君、文化活动中心主任刘杨、北京地方文献中心副主任孟云剑参加了活动。

9月29日 由首都图书馆联合中国日报社、中国画报出版社、中国图书馆学会等多家单位共同举办的"《百名摄影师聚焦脱贫攻坚》画册首发暨全国图片巡展"开幕式在首都图书馆报告厅举行。第十三届全国政协常委、中国日报社总编辑周树春，中国外文局局长杜占元，中华全国新闻工作者协会党组书记刘正荣，中国图书馆学会副理事长、原文化部公共文化司巡视员刘小琴，北京市扶贫协作和支援合作工作领导小组办公室党组书记、主任马新明，中国画报出版社社长兼总编辑于九涛，中国摄影家协会主席李舸，首都图书馆党委书记、代馆长肖维平等领导出席仪式。

10月12日—13日 北京市公共图书馆业务培训班在海淀区举办，全市公共图书馆馆长等79人参加培训。培训班邀请北京大学信息管理系教授刘兹恒、上海图书馆副馆长周德明、南开大学商学院信息资源管理系教授柯平、北京联合大学应用文理学院院长、北京学研究所所长张宝秀等知名专家，围绕公共图书馆信息资源建设、《公共图书馆业务规范》、公共图书馆"十四五"规划编制、北京市推进全国文化中心建设等主题进行授课。首都图书馆党委书记、代馆长肖维平，副馆长陈坚、邓菊英、胡启军、李念祖参加了培训。

10月14日 由北京市扶贫支援办主办，北京市扶贫支援领导小组成员单位、各前方指挥部、挂职干部团队等多家单位协办的"大爱北京——北京市扶贫协作先进事迹报告会"在首都图书馆报告厅举行。北京市委常委、市政府党组副书记、常务副市长崔述强，北京市文化和旅游局党组书记、局长陈冬，北京市扶贫协作和支援合作工作领导小组办公室党组书记、主任马新明，首都图书馆党委书记、代馆长肖维平等领导出席本次报告会。

10月16日 首都图书馆召开第一届理事会第三次会议，王鹏、肖维平、李冠南、陈坚、刘秀晨、杨松、吴欣歆、杨兰英、田峰共9位理事参加会议，首都图书馆副馆长胡启军列席会议。会议由理事长王鹏主持，会议听取和讨论了执行理事肖维平所作的工作报告《首都图书馆2020年工作总结和近期工作计划》，审议通过了《首都图书馆2019年度报告》和《首都图书馆2021年项目预算（草案）》。理事们对首都图书馆的工作建设、特别是应对疫情期间所做的各项努力，给予了充分肯定，并对北京城市图书馆的建设提出中肯意见。

10月22日 由北京市委宣传部、北京市文联共同主办，北京摄影家协会承办、首都图书馆协办的"京城之脊·一脉绵延"北京中轴线申遗主题摄影展览在首都图书馆B座第一展厅开幕。北京市文联主席陈平、北京市文联二级巡视员苏社钦，首都图书馆党委书记、代馆长肖维平，北京摄影家协会主席叶用才，北京摄影家协会驻会副主席兼秘书长王越等领导出席开幕仪式。

12月1日 西安市文化和旅游局副局长余亚军、公共服务处处长田立宪、西安图书馆馆长胥文哲一行12人到访首都图书馆。副馆长陈坚、邓菊英、李念祖接待到访客人，并进行座谈交流。双方就现代公共图书馆功能设置、现代城市图书馆新馆建设布局要求、城市图书馆运行模式、现代公共图书馆内部布局等内容进行交流。人事部主任冯薇、财务部主任王玉平、典藏借阅中心主任田峰、办公室副主任徐冰参加了活动。

12月15日 由首都图书馆主办、北京市东城区第一图书馆协办的"北京中轴线历史文化主题展"在首都图书馆B座第一展厅开展。北京市东城区文联党组书记、主席张志勇，首都图书馆党委书记肖维平、北京市东城区第一图书馆馆长肖佐刚、北京印刷学院图书馆馆长彭俊玲、中国印刷博物馆藏品管理部主任赵春英出席活动。现场举办"对话中轴线"文化沙龙活动，北京史研究会会长李建平、北京市文史研究馆馆员王岗、中国书店出版社总编辑马建农向观众讲述了北京中轴线的历史、文化及申遗等内容。本次展览得到北京电视台、《北京日报》《光明日报》《新京报》等14家媒体的广泛宣传，社会反响强烈。北京地方文献中心主任马文大、文化活动中心主任刘杨、北京地方文献中心副主任孟云剑参加活动。

12月18日 "2020年BALIS原文传递服务总结培训大会"在北京理工大学举行，首都图书馆副馆长邓菊英作为嘉宾参加大会并致辞。本年度克服疫情带来的影响，BALIS文献传递服务平台首都图书馆账户处理文献传递的需求量不降反升，接收数量为2895条，比去年增长了40.8%；在90多个BALIS成员馆中，首都图书馆账户处理需求量位居第五位，比去年提升了三个名次。

12月20日　北京市文化和旅游局公共服务处处长刘贵民到首都图书馆检查近期新冠疫情防控工作，重点就读者入馆健康排查、A座儿童阅览区域、B座二层读者相对集中的服务区域、"北京中轴线历史文化主题展"展览现场及首都图书馆剧场"群星耀京华"京津冀群众精品节目展演录播现场进行检查。党委书记肖维平就全面开馆以来各项疫情防控措施的开展情况做了汇报。刘贵民对首都图书馆落实新冠疫情防控措施充分肯定的同时，也希望首都图书馆针对北京市近期疫情的防控形势，就调整开放区域和读者接待数量等方面研提可行性方案。办公室主任姚雪霞、保卫部副主任贾铮参加了活动。

12月23日　北京市文化和旅游局党组书记、局长陈冬出席"首都图书馆干部任免职会议"，局党组成员、副局长庞微主持会议。会上，局人事处处长田金贵宣读了局党组《关于任命王志庚同志为首都图书馆馆长、党委副书记的决定》《关于免去李冠南同志首都图书馆党委副书记、纪检书记职务的决定》。随后，李冠南、肖维平、王志庚分别发言。陈冬对首都图书馆近年来重点工作的开展情况给予了充分肯定，并希望首都图书馆领导班子带领广大干部职工，认真贯彻北京市委和局党组各项决策部署，进一步振奋精神，积极作为，推动首都图书馆各项工作再上新台阶。首都图书馆党政班子成员、中层干部、党工团委员及部分职工代表参加了会议。

12月23日　北京市文化和旅游局党组成员、副局长庞微带队一行7人来到首都图书馆，对图书馆2020年全面从严治党（党建）工作进行检查。党委书记肖维平，馆长、党委副书记王志庚，副馆长邓菊英、胡启军、李念祖等参加了检查工作会议。肖维平首先向工作组作首都图书馆2020年全面从严治党（党建）工作的专题报告。随后，检查组查阅了首都图书馆相关工作材料，与馆领导班子成员、财务和物品采购人员针对重点问题及具体责任落实情况进行谈话了解。庞微对首都图书馆全面从严治党工作给予了充分肯定，并鼓励首都图书馆今后继续扎实做好基础工作，围绕首都城市功能定位，发挥图书馆专业特色优势，为首都未来发展提供决策参考，助力北京推进全国文化中心建设工作。

12月24日 北京市文化和旅游局办公室主任路斌带队来到首都图书馆，开展2020年度保密安全工作检查，对首都图书馆保密设备和载体管理方面进行现场检查。党委书记肖维平就近年来开展保密工作、落实保密安全责任及开展特色性工作等情况做了汇报。路斌从进一步加强宣传教育工作、进一步加强涉密人员培训、进一步加强内部文件管理和进一步加强涉密计算机管理四个方面，对下一步工作的开展提出希望和要求。馆长、党委副书记王志庚表示，要将上述四项工作组织好、落实好，将保密安全工作抓细做实，使首都图书馆保密安全工作的成效得到进一步提升。北京市文化和旅游局办公室副主任陈晓静，局办公室李家川、刘东鑫，局信息中心王振祎，首都图书馆办公室主任姚雪霞陪同检查。

12月24日 北京市朝阳区委宣传部副部长杨岳凌率领爱国主义教育基地考评组一行到首都图书馆开展爱国主义教育基地命名考评工作，党委书记肖维平，馆长、党委副书记王志庚接待到访人员。考评组查阅了相关档案材料，并考察了历史文献中心阅览室和法律主题馆，参观"北京中轴线历史文化主题展"，认为首都图书馆各方面工作规范、法治志愿服务特色突出，肯定了首都图书馆为"文化、资源、学术、服务高地"，表示愿将首都图书馆列为重点推荐对象。党委办公室主任段瑞林、北京市古籍保护中心办公室主任史丽君、少儿阅读活动中心主任王梅、办公室副主任徐冰、少儿综合借阅中心副主任陈琼、汽车图书馆（文化志愿服务中心）副主任杨芳怀等参加了接待活动。

12月25日 首都图书馆正式开通"二维码读者证",读者通过支付宝APP的"阅读北京"小程序进入"我的二维码",即可获取与实体读者证相对应的"二维码读者证",可用来在自助设备上借还图书。与传统的实体读者证、身份证借阅相比,"二维码读者证"使用起来更加方便、快捷。首都图书馆同时编写了《北京市公共图书馆"二维码读者证"生成规则》,为全市公共图书馆"二维码读者证"的统一编码制定了规范标准。

12月27日 "阅读北京——2020年度首都市民阅读系列文化活动"圆满收官。本年度以"与书香为伴·与经典同行"为主题,持续开展全市诵读大赛、"十佳优读空间——百姓身边的基层图书室"推优活动、"阅读之城——市民读书计划"图书推荐活动、"阅读伴我成长"主题活动、"最美书评"征集评选活动等五大活动,最终产生诵读大赛81名领读者、10篇原创美文作品奖、10家优秀组织奖,推选出10家优秀基层图书馆(室),评选出"读书小状元"74名,结集出版了"最美书评"获奖作品集《书意心影》。活动同时升级优化了网站和小程序,依托北京市公共图书馆四级服务网络,联合中国新闻出版传媒集团、快手、喜马拉雅、京港地铁、掌阅精选等多家单位推出了170余场线上线下联动的阅读活动,发布深度报道、微信、微博等主题文章300余篇,全年微博话题阅读量达1660万,双微平台文章阅读量346.8万,活动直播观看量达850.4万,相关音视频播放量累计253.6万,活动参与和关注人次达1260.6万。

2021 年

1月1日 为纪念中国共产党建党百年华诞，首都图书馆联合中国动漫集团在文化艺术展厅举办"连环画世界里的中国共产党"展览。展览持续至2月28日，首次展出了馆藏连环画资源。学习强国、中央电视台、新华社、《人民日报》等20余家平台及媒体对本次展览进行报道。

1月2日 "首图讲坛·乡土课堂"2021年度开讲仪式暨新闻发布会隆重举行，以"北京城市的脊梁与灵魂——聊聊咱北京中轴线"拉开了讲座帷幕。2021年"乡土课堂"继续立足北京特色文化、讲好北京故事、促进文旅融合。首都图书馆直播间、快手、微博、西瓜视频、哔哩哔哩5家平台同步直播了仪式，总观看量达23.1万人次。首都图书馆馆长、党委副书记王志庚，北京市社科联、社科规划办党组成员、副主席荣大力，北京史研究会会长李建平等出席活动。

1月14日 中国国家图书馆馆长、党委副书记饶权一行到首都图书馆进行调研，北京市文化和旅游局局长、党组书记陈冬、副局长庞微，首都图书馆馆长、党委副书记王志庚等参加调研活动。饶权考察了首都图书馆的场馆建设、读者服务、特色展览、古籍保护、特藏资源开发等工作，听取了北京城市图书馆建设进展情况的专题汇报，并与北京市文化和旅游局领导、首都图书馆领导班子进行座谈。座谈中，双方就深化公共图书馆的创新发展、推动首都文化建设高质量发展进行深入务实的研讨，就缔结密切的合作关系达成共识。今后双方将进一步深化两馆业务合作与资源共享，携手探索和推进智慧图书馆的建设进程，为更好地保障人民群众基本文化权益做出新的贡献。副馆长邓菊英、胡启军、李念祖，办公室主任姚雪霞，人事部主任冯薇，业务部主任贾蔷，办公室副主任徐冰等参加了活动。

1月14日 北京市文化和旅游局副局长庞微、局公共文化处处长刘贵民一行到首都图书馆对疫情防控工作进行检查指导。庞微听取了当前疫情防控措施及各项工作的汇报，并就疫情工作提出具体要求。馆长、党委副书记王志庚，副馆长胡启军，保卫部副主任贾铮等陪同检查。

1月15日 2021年北京市红领巾读书活动主办单位协调会在首都图书馆召开。共青团北京市委员会中学与少年工作部部长朱贝、北京市委宣传部未成年人工作处副处长李阳、北京市科学技术协会科普部沙莎、北京市文化和旅游局公共服务处杨砚，首都图书馆馆长、党委副书记王志庚，党委书记、副馆长肖维平出席会议。与会领导听取了2020年红领巾读书活动情况汇报，就《2021年北京市红领巾读书活动方案（征求意见稿）》进行讨论，提出建议和意见，并根据各单位工作重点对2021年少年儿童阅读活动进行统筹和规划。

2月8日 首都图书馆召开2020年度领导班子民主生活会，党委书记肖维平主持会议，紧扣"认真学习贯彻习近平新时代中国特色社会主义思想，加强政治建设，提高政治能力，坚守人民情怀，夺取决胜全面建成小康社会、实现第一个百年奋斗目标的伟大胜利，开启全面建设社会主义现代化国家新征程"的会议主题，结合思想、作风和工作实际，深入进行自我剖析、党性分析，开展批评和自我批评。北京市文化和旅游局党组成员、副局长庞微，驻局纪检监察组副组长沈其顺、北京市文化和旅游局机关党委专职副书记（党建工作处处长）

李辉，北京市委第二督导组成员、市委宣传部机关纪委（巡察办）四级调研员傅娜，驻局纪检监察组三级主任科员、纪检监察员何雪雪到会指导。

2月11日 北京市文化和旅游局党组书记、局长陈冬带队到首都图书馆，检查春节期间开馆安排和读者服务准备情况。陈冬传达了市委书记蔡奇在市领导假日工作调度会上的讲话精神，要求春节期间严格落实北京市新冠疫情防控及安全工作，加强对读者的服务，特别是加强数字资源的推送和服务，同时要关心值守员工，做好后勤服务保障。市文化和旅游局二级巡视员马文、局办公室主任路斌陪同检查。首都图书馆馆长、党委副书记王志庚，党委书记、副馆长肖维平，办公室主任姚雪霞，后勤服务部主任宋治国，文化活动中心主任刘杨，办公室副主任徐冰，保卫部副主任贾铮，宣传策划部副主任李凌霄参加了活动。

3月8日 首都图书馆工会组织全体女职工赴颐和园，开展"绽放美丽，相约春天——首图女职工欢庆三八文化踏青"活动。馆长、党委副书记王志庚，党委书记、副馆长肖维平，副馆长邓菊英、陈坚、李念祖，办公室主任姚雪霞，党委办公室主任段瑞林，读者服务中心主任仲爱红，社会教育中心主任潘淼等调研组成员与颐和园有关人员就文旅融合进行专题调研和业务交流。

3月10日 首都图书馆党委组织召开党支部书记抓基层党建述职评议考核工作大会，党委书记、副馆长肖维平，馆长、党委副书记王志庚，副馆长、党委委员邓菊英、胡启军，党委办公室主任、党委委员段瑞林及14个在职党支部委员参加了会议，胡启军主持会议。典阅中心党支部等党支部的支部书记进行党建工作述职，党委委员和各支委对党支部书记抓基层党建工作进行考核评议。

3月11日 中国国际贸易促进委员会北京市分会副主任、北京国际经济贸易学会会长马长军，中国国际贸易促进委员会北京市分会副主任朱家亮一行7人到首都图书馆，对北京国际经济贸易资料进行调研。馆长、党委副书记王志庚，党委书记、副馆长肖维平，副馆长李念祖接待到访客人，并进行座谈。办公室主任姚雪霞，典藏借阅中心副主任晋兰颖、副主任李光参加了活动。

3月26日　大兴机场分馆开馆筹备专题会在首都图书馆召开，馆长、党委副书记王志庚主持，党委书记、副馆长肖维平，副馆长邓菊英、陈坚、李念祖参加会议。会议听取了分馆近期工作进展以及存在困难等情况的相关汇报，就下一步工作安排进行充分研究讨论，并部署了相关工作。业务部主任贾蔷、报刊资料中心主任林岫、采编中心主任张娟、数字资源中心主任陈建新、副主任顾梦陶参加了会议。

3月26日　国家图书馆出版社社长魏崇一行来首都图书馆访问座谈，首都图书馆馆长、党委副书记王志庚和副馆长陈坚接待到访客人。双方就聚焦古都文化、中轴线申遗梳理出版相关典籍，积极推进古籍资源、红色文献数据库等特色数据库合作，围绕《中华传统文化百部经典》《永乐大典》等重点出版成果开展活动等事宜进行探讨。采编中心主任张娟、历史文献中心主任刘乃英、北京市古籍保护中心办公室主任史丽君、北京地方文献中心副主任孟云剑参加了活动。

3月29日　学苑出版社社长洪文雄、副总编辑战葆红一行到首都图书馆访问，馆长、党委副书记王志庚，副馆长陈坚接待到访客人。洪社长介绍由学苑出版社出版的优秀读物《中国濒危珍稀植物绘谱》。双方经过友好协商，初步达成了未来合作意向。北京地方文献中心主任马文大参加了活动。

3月31日　太原市图书馆党支部书记赵晋明一行3人到首都图书馆访问，考察支部建设、图书馆创新服务、红色文化建设、文旅融合发展等方面工作，党委书记、副馆长肖维平，馆长、党委副书记王志庚接待到访客人。党委办公室主任段瑞林、办公室副主任徐冰参加了活动。

3月31日 北京广播电视台"花儿向阳、童心向党——庆祝中国共产党成立100周年少儿文艺晚会"节目组到首都图书馆洽谈合作事宜，副馆长陈坚接待来访客人。信息咨询中心主任王松霞及课题组成员参加会谈。

3月 在中华全国妇女联合会开展的全国巾帼文明岗评选活动中，首都图书馆汽车图书馆（文化志愿服务中心）获得"巾帼文明岗"殊荣。在首都文明委组织开展的2020年度宣传推选首都学雷锋志愿服务"五个100"先进典型活动中，北京市公共图书馆文化志愿服务总队获得多项荣誉称号，分别是：首都图书馆志愿者秦淑明荣获"首都最美志愿者"，西城区第一图书馆志愿服务分队、石景山区图书馆志愿服务分队、怀柔区图书馆志愿服务分队及密云区图书馆志愿服务分队均荣获"首都最佳志愿服务组织"，西城区青少年儿童图书馆分队"童沐书香"青苹果童书会低龄儿童志愿服务项目、丰台区青少年儿童图书馆分队"小小图书馆管理员"文化志愿服务项目及首都图书馆分队"心阅书香"助盲有声志愿服务项目均荣获"首都最佳志愿服务项目"。

4月1日 首都图书馆召开党史学习教育动员会，党委书记、副馆长肖维平主持会议并讲话，带领与会人员学习习近平总书记在党史学习教育动员大会上的重要讲话，对全体党员开展党史学习教育提出要求。馆长、党委副书记王志庚及各党支部书记参加了会议。

4月2日 由首都图书馆、中国少年儿童文化艺术基金会共同主办，生命树童书网承办的"架起儿童与图书的桥梁——国际儿童图书节海报展暨国际儿童图书插画展"在首都图书馆第二展厅开幕。副馆长陈坚、中国少年儿童文化艺术基金会会长阚丽君、国际儿童读物联盟主席（IBBY）张明舟出席开幕式并讲话。

4月4日 当晚22点，首都图书馆典藏借阅中心接到通知，为北京市主要领导提供《陈独秀大传》《陈独秀全传》等文献的借阅服务。典藏借阅中心随即安排馆员进行检索查询，并于第二日6点赴书库取书，6点20分即交由当日值班中层干部、国际交流中心主任张震宇送至市委。

4月8日 副馆长李念祖、业务部主任贾蔷、数字图书馆管理中心主任谢鹏、少儿阅读活动中心主任王梅一行8人，赴北京市西城区白纸坊街道冰雪体验中心参观交流。该中心负责人李永文介绍如何利用项目设施因地制宜开展专业知识讲解和运动指导，让周边居民和学校师生在家门口就能够寓教于乐，了解冰雪项目知识、体验冰雪运动、感受冬奥文化。

4月10日 首都图书馆与中国言实出版社联合主办的"永恒的赞歌——'百年百部红旗谱'中的共产党人"系列讲座首场活动暨《百年百部红旗谱》新书分享会，在首都图书馆A座报告厅举行。副馆长陈坚介绍本次系列讲座的内容与特点。中国言实出版社社长、一级作家、编审王昕朋，中国作家协会全委会委员、河北省作家协会主席、鲁迅文学奖得主关仁山，中国作协会员、鲁迅文学奖得主黄传会、王宏甲、衣向东，中国作协会员陶纯、项小米、罗元生出席现场并发言。宣传策划部副主任李凌霄参加了活动。

4月12日 由首都图书馆联合北京市图书馆协会举办的"《大爱北京——聚焦北京扶贫支援》画册首发式暨精选图片全国巡展"开幕式在首都图书馆A座文化艺术展厅举行。北京市扶贫支援办智力支援处处长周健，北京市文化和旅游局公共服务处处长刘贵民，中国摄影家协会顾问王文澜，中国文艺志愿者协会顾问解海龙，中国日报聚焦项目总监陆中秋，首都图书馆馆长、党委副书记王志庚，党委书记、副馆长肖维平，副馆长陈坚，北京市图书馆协会副理事长李诚及入选作品作者代表、北京市图书馆协会理事单位代表等50余人出席活动。

4月12日 北京市公共图书馆馆长工作会议在首都图书馆召开。北京市文化和旅游局公共服务处处长刘贵民，首都图书馆馆长、党委副书记王志庚，党委书记、副馆长肖维平，副馆长邓菊英、陈坚、李念祖及相关部门主任、各区图书馆馆长等70人参加会议。会议传达了2021年北京市文化和旅游局长工作会议精神，汇报了2020年全市公共图书馆业务工作和2021年工作思路。各图书馆馆长现场开展工作交流，并就"一卡通"、24小时自助图书馆、数字资源调研、古籍普查、"阅读北京"与"红领巾读书"活动、统计与安全等专项工作进行研讨。

4月13日 为贯彻落实党史学习教育活动提出的"学党史、悟思想、办实事、开新局"工作要求，不断践行以人民为中心的工作理念，努力建设市民满意的公共图书馆，首都图书馆在通过网络广泛征集读者服务建议的基础上，召开2021年度读者服务工作座谈会，教师、学生、公司职员、视障人士、老年人、退休军人等来自不同职业、不同群体、不同年龄段的9名读者代表到场参加，馆长、党委副书记王志庚主持会议，副馆长邓菊英出席座谈。读者代表们在肯定首都图书馆工作的同时，联系实际、针对问题，重点围绕拓宽服务宣传渠道、馆藏建设、文献保护、读者服务、新技术应用和阅读推广等方面提出看法和建议。王志庚表示会后要抓紧组织相关部门对照意见和建议进行梳理分析，尽快整改落实。今后首都图书馆将进一步优化服务政策，拓宽服务途径，强化服务市民、为读者办实事工作，切实提高读者需求响应率、解决率和满意率，让馆员与读者的互动交流进一步机制化和常态化成为改进工作作风、提升服务能力、推进事业发展的重要抓手，进而推动公共图书馆文化服务实现高质量发展。业务部主任贾蔷，合作协调中心主任高莹，报刊资料中心主任林岫，少儿综合借阅中心主任朱丹，数字资源中心主任陈建新、副主任顾梦陶，典藏借阅中心副主任晋兰颖、宣传策划部副主任李凌霄参加会议。

4月14日 北京市红领巾读书活动之青少年经典导读活动空间启动仪式暨图书馆阅读课·2021年第一课在首都图书馆耿丹分馆北京市青少年经典导读活动空间举行。党委书记、副馆长肖维平在仪式上致辞，首都图书馆专家志愿者、北京市骨干教师、北京学校老师周燕为牛栏山第一小学学生开启图书馆阅读课·2021年第一课——红色经典作品《红岩》导读课程，现场共有100多名小学生参加。中共北京市委宣传部未成年人思想道德建设工作处处长穆琳、北京市科学技术协会科普部沙莎、北京市文化和旅游局公共文化处杨砚、北京市志愿服务联合会会员部部长韩鹭、北京市青少年经典导读志愿服务总队负责人曹郁、北京市顺义区教育委员会宣传中心徐振阳、北京工业大学耿丹学院副院长徐胜云、首都图书馆副馆长陈坚、北京工业大学耿丹学院图书馆馆长付瑶、北京市顺义区牛栏山第一小学校长杨文智、北京市顺义区牛栏山第一中学图书馆馆长许凤英、西城区少年儿童图书馆馆长郑彩萍、顺义区图书馆馆长史红艳、昌平区图书馆馆长王海川、怀柔区图书馆副馆长张慧、密云区图书馆馆长尉红英等出席活动。首都图书馆少儿阅读活动中心主任王梅、副主任吴洪珺，汽车图书馆（文化志愿服务中心）副主任杨芳怀参加了活动。

4月15日 内蒙古自治区呼伦贝尔市文化旅游广电局党组成员、副局长张本磊一行16人到首都图书馆参观交流，赠送《蒙古高原的历史风云》等书籍。副馆长邓菊英接待到访客人并回赠《京华旧影》。双方就图书馆事业发展、总分馆制改革建设等方面进行业务交流。办公室主任姚雪霞、业务部主任贾蔷、合作协调中心主任高莹、北京地方文献中心主任马文大参加了活动。

4月21日 "阅读北京——2021年度首都市民阅读系列文化活动"发布会在首都图书馆举办。此次发布会由北京广播电视台主持人春妮主持，以"颂读百年路、展阅新征程"为主题，以"品书香""庆百年""迎冬奥"为主线，全国政协常委、副秘书长、中国民主促进会中央委员会副主席朱永新，北京市文化和旅游局党组成员、副局长刘斌与"老中青"读者代表共同启动2021年度"阅读北京"，北京冬奥组委新闻宣传部教育和公共参与处处长孙斌为首都图书馆新成立的"北京市青少年冬奥教育基地"授牌。活动实况通过央视频、百度APP等8家新媒体平台同步直播，在线观看人次达10万。解放军文工团著名导演、编剧刘纪宏为大家带来了党史教育公开课"重温长征——英雄情怀永不过时"，作为"阅读北京"的首场活动。北京市文化和旅游局公共服务处处长刘贵民，中国著名朗诵家、表演艺术家、中国演诵艺术创始人胡乐民，首都图书馆馆长、党委副书记王志庚，党委书记、副馆长肖维平，副馆长陈坚、李念祖、邓菊英及宣传策划部副主任李凌霄等参加了活动。

4月22日 首都图书馆召开2021年全面从严治党（党建）暨经费预算下达工作会。馆长、党委副书记王志庚主持会议并传达了北京市文化和旅游局2021年全面从严治党（党建）工作会议精神，党委书记、副馆长肖维平做讲话，副馆长、党委委员胡启军部署了2021年全馆重点工作任务。党委委员、纪委委员、中层干部、工会委员、团委委员，党、团支部委员代表，及全馆涉及人、财、物、招投标岗位人员代表共40余人参加了会议。

4月26日 首都图书馆430名党员和职工赴玉渊潭公园，在中国少年英雄纪念碑前举办"学党史、亮承诺、践初心"主题党日活动，重温入党誓词、亮出服务承诺、学习红色历史、传承红色基因，首都图书馆党政领导班子成员参加活动。活动结束后，全体人员参与了馆工会组织的2021年职工春季健步游园活动。

4月28日 由国家图书馆《中华传统文化百部经典》编纂工作办

公室主办，首都图书馆、国家图书馆出版社联合承办的"激活经典，熔古铸今——《中华传统文化百部经典》编纂出版成果展暨专家系列讲座"活动在首都图书馆拉开序幕。中国《史记》研究会会长、中央社会主义学院教授张大可，《中华传统文化百部经典》编纂工作办公室主任张洁，国家图书馆出版社社长魏崇、副社长葛艳聪，首都图书馆馆长、党委副书记王志庚，副馆长陈坚等出席开幕式。首场讲座特邀张大可教授为现场200余名读者带来"怎样读《史记》"，从读懂读透的角度出发，深度剖析阅读《史记》的意义及阅读方法。

4月29日 由北京市朝阳区文化和旅游局、中央歌剧院、首都图书馆共同举办的"2021年首都市民音乐厅启动仪式暨交响合唱音乐会《黄河大合唱》"在首都图书馆剧场上演，北京市文化和旅游局副局长刘斌，中央歌剧院副院长郑起朝、李丹阳，中国广播艺术团副团长张高翔，北京交响乐团团长孟海东，北京市朝阳区文化和旅游局党委书记、局长高春利，副局长马骏，首都图书馆馆长、党委副书记王志庚，党委书记、副馆长肖维平等出席并观看演出。

5月7日 由北京市朝阳区文化和旅游局、中央歌剧院、首都图书馆共同举办的"2021年首都市民音乐厅歌剧《费加罗婚礼》音乐会版"在B座首都图书馆剧场上演。

5月14日 由北京市朝阳区文化和旅游局、北京交响乐团、首都图书馆共同举办的"2021年首都市民音乐厅北京交响乐团室内乐演出"在B座首都图书馆剧场上演。

5月17日 "未来的图书馆，未来的你和我"第十二届青年论坛成果展示活动在首都图书馆B座第一展厅举行。本次活动共征集来自首都图书馆13个部门、全市9个区馆、4所高校馆100余人撰写的62篇论文方案，并最终评选出优秀论文方案8篇。活动当天选取了《文旅融合背景下公共图书馆研学基地建设探究——以首都图书馆为例》

等四篇调研报告及学术论文进行展示，并邀请业务部、城市图书馆建设小组分别做了"首都图书馆'十四五'战略性核心规划"和"首图新馆建设最新动态分享"的主题分享。馆长、党委副书记王志庚，党委书记、副馆长肖维平，副馆长邓菊英、陈坚、胡启军、李念祖，东城区第二图书馆副馆长胡宁等出席活动并为获奖者颁奖。

5月19日 北京广播电视台"花儿向阳　童心向党——庆祝中国共产党成立100周年少儿文艺晚会"节目组向首都图书馆发来感谢信，对党委书记、副馆长肖维平，信息咨询中心主任王松霞、视听资料中心主任韩滨、副主任罗丹及地方文献中心、典藏借阅中心等四部门相关工作人员在该节目筹备及制作期间提供重要历史文献素材、做出大力支持和帮助表达了感谢。

5月20日 中央广播电视总台云听副总编辑张显峰、市场总监郭文淼一行到首都图书馆访问，馆长、党委副书记王志庚，副馆长邓菊英接待到访客人。张显峰介绍云听目前正在建设的声音博物院项目及云听客户端的线上运营情况，双方就城市图书馆的北京声音馆项目进行初步探讨。视听资料中心主任韩滨参加了活动。

5月21日 首都图书馆理论学习中心组一行10人赴北京工业大学逸夫图书馆，开展"我为群众办实事"调研学习，北工大图书馆党总支书记王燕霞、馆长刘增华等接待调研组。双方就支部对接共建、诵读活动合作、展览资源共享、平台共建等党建工作与业务内容进行深入务实的交流。党委书记、副馆长肖维平，馆长、党委副书记王志庚，副馆长陈坚、胡启军、李念祖，党委委员、视听资料中心主任韩滨，党委委员、党委办公室主任段瑞林参加了调研，办公室副主任徐冰、宣传策划部副主任李凌霄陪同。

5月26日 中宣部副部长张建春一行来到首都图书馆调研工作。张建春参观古籍善本书库和古籍修复室，了解珍贵古籍的保存、修复和开发利用等情况，观看了"红楼梦影——《红楼梦》人物图绘暨文献展"，并听取了北京城市图书馆建设情况的汇报。张建春对首都图书馆古籍保护与利用工作所取得的成绩表示肯定，并对首都图书馆今后的建设发展提出希望。北京市委宣传部副部长、新闻出版局局长王野霏，中国版本图书馆馆长、党委书记刘成勇，北京市文化和旅游局党组成员、副局长庞微等陪同调研。馆长、党委副书记王志庚，副馆长邓菊英、陈坚及办公室主任姚雪霞、副主任徐冰，历史文献中心主任刘乃英、北京市古籍保护中心办公室主任史丽君参加了接待。

5月31日 "培根铸魂 启智润心 童书经典中的党史——庆祝中国共产党成立100周年主题童书展"开幕仪式在首都图书馆B座第一展厅举行。北京市文化和旅游局党组成员、副局长庞微，中国儿童中心副主任王秀江，中国少年儿童新闻出版总社有限公司党委副书记、总经理马兴民，中国图书馆学会秘书长王雁行，中国作协儿童文学委员会委员兼秘纳杨，北京市文化和旅游局公共服务处处长刘贵民，首都图书馆党委书记、副馆长肖维平，馆长、党委副书记王志庚，副馆长邓菊英、陈坚、胡启军、李念祖出席活动。当代著名作家、原文化部部长、中国作家协会名誉主席、"人民艺术家"王蒙讲授题为"文学典籍中的党史百年"的党史公开课，首都图书馆理论学习中心组成员、党员职工及百余名读者现场聆听。本次活动在首都图书馆云课堂、央视频、北京日报等16间直播间同步直播，在线观看人次达179.69万。

5月31日 "六一"国际儿童节来临之际，由北京冬奥组委新闻宣传部捐赠的2022年冬奥会和冬残奥会教育图书在首都图书馆少儿借阅区域展示专架上架流通，丰富了冬奥教育基地内容，为青少年了解奥林匹克知识和冰雪运动项目提供了载体。首都图书馆副馆长李念祖、少儿阅读活动中心主任王梅参加了活动。

6月1日 由首都图书馆和北京燕山出版社合力打造的"春明簃"

阅读空间在首都图书馆A座开放试营业，同日在现场举行"舌尖上的字体"作品展开幕仪式，馆长、副书记王志庚，党委书记、副馆长肖维平，副馆长陈坚、李念祖，北京燕山出版社社长夏艳、副社长孙玮出席活动。馆长王志庚、展览承办方中央美院设计学院、北京印捷文化空间代表分别致辞，中国书店出版社名誉总编辑马建农为现场观众做了名为"北京饮食文化特色"的主题讲座。讲座结束后，现场观众亲自操作北京印捷文化空间提供的仿古印刷机印制了心仪的作品。

6月4日　由北京市朝阳区文化和旅游局、北京交响乐团、首都图书馆共同举办的"2021年首都市民音乐厅'乐动端午 安康喜乐'演出"在B座首都图书馆剧场上演。

6月4日　河南省少年儿童图书馆馆长崔喜梅一行3人到首都图书馆，参观"童书经典中的党史——庆祝中国共产党成立100周年主题童书展"，赠送《童眼看非遗——少儿美术作品巡展》一书。馆长、党委副书记王志庚接待到访客人，并进行座谈。少儿综合借阅中心主任朱丹、副主任陈琼，少儿视听中心主任张皖、少儿阅读活动中心主任王梅参加了活动。

6月11日　副馆长邓菊英、合作协调中心主任高莹一行赴河北省张家口市图书馆，参加2021年度京津冀图书馆联盟工作会议。河北省文化和旅游厅公共服务处处长任海峰颁发感谢状，对首都图书馆向河北省张北县、阳原县图书馆给予的支持与帮助表示感谢。会议对《京津冀图书馆联盟"十四五"发展规划》和《2021年下半年重点工作》进行讨论，签订了《京津冀图书馆红色文献数据库建设框架协议》和《雄安新区图书馆发展支持计划框架协议》。

6月17日　在由中共北京市委市直属机关工作委员会、共青团北京市委员会共同主办的北京市机关第五届青年技能大赛"学党史、强信念、跟党走——党史学习人"学习能力竞赛中，首都图书馆派出的刘鎏（北京市古籍保护中心）、郑思远（新员工）、王宇舟（信息咨询中心）三人参赛小队代表北京市文化和旅游局在决赛中获得第三名。本次竞赛面向北京市机关事业单位35周岁以下青年干部，76个单位报名参加现场党史知识竞赛，以赛促学，激发了青年们学习党史的热情。

6月18日 由北京市朝阳区文化和旅游局、北京交响乐团、首都图书馆共同举办的2021年首都市民音乐厅"祝中国共产党成立100周年系列音乐会'妈妈教我一支歌'"在B座首都图书馆剧场上演。

6月19日—25日 由首都图书馆和中国唱片集团共同主办的"百年红色经典音乐之旅"主题活动在首都图书馆成功举办。中国唱片集团董事长房成义、中央广播电视总台云听副总编辑张显峰，首都图书馆馆长、党委副书记王志庚分别在开幕式上致辞。中央音乐学院音乐学系教授蒲方、中国唱片集团副总经理张晓红作为主讲嘉宾，带来了"新中国红色交响巡礼""庆祝中国共产党成立100周年——百年红色经典音乐巡礼""重温红色歌剧记忆"三场讲座。中国唱片集团副总经理侯钧、中国唱片集团副总经理焦路军、首都图书馆副馆长邓菊英等出席活动，视听资料中心主任韩滨、副主任罗丹参加了活动。

6月21日 根据《市文化和旅游局转发市委党史学习教育领导小组办公室关于组织开展"永远跟党走"歌曲传唱活动的通知》要求，迎接中国共产党成立100周年，结合馆内党史学习教育，首都图书馆开展了"永远跟党走"歌曲传唱活动，唱响《没有共产党就没有新中国》，抒发"忆党史感党恩 永远跟党走"的炽烈情怀。党委书记、副馆长肖维平，党委副书记、馆长王志庚等在馆领导、在职党员、驻馆单位代表、读者代表等120余人参加了活动。

6月22日 为庆祝中国共产党建党100周年，深入贯彻习近平总书记关于党史学习教育的相关要求，进一步发挥党建引领作用，全面推进支部工作提升，首都图书馆少儿党支部联合童趣出版有限公司党支部开展共建活动。童趣出版有限公司总经理、党支部书记史妍，公司董事马嘉、总编辑刘玉一等20余人来到首都图书馆，馆长、党委副书记王志庚，副馆长李念祖接待。到访客人参加了"2021年北京市诵读大赛名家主题诵读会"，在少儿工作党支部党员的现场讲解下，参观"童书经典中的党史——庆祝中国共产党成立100周年主题童书展"，并向首都图书馆捐赠童书。座谈中，双方就支部发展情况、党建工作及资源共享等方面进行交流。党委办公室主任段瑞林，少儿阅读活动中心主任王梅、副主任吴洪珺，少儿视听中心主任张皖，少儿综合借阅中心主任朱丹、副主任陈琼参加活动。

6月25日 由首都图书馆和北京燕山出版社合力打造的"春明筱"阅读空间正式开业。北京市文化和旅游局党组成员、副局长、一级巡视员庞微，北京市委宣传部印刷发行处副处长满向伟，北京市委党史研究室、市地方志办二级巡视员刘岳，北京燕山出版社原总编辑赵珩，北京史研究会会长李建平，北京燕山出版社社长夏艳，首都图书馆馆长、党委副书记王志庚，党委书记、副馆长肖维平，副馆长陈坚、胡启军、李念祖等领导和嘉宾出席活动。"春明筱"阅读空间开放时间为每天早9点到晚11点，全年无休，集馆藏借阅、图书销售、文化活动、文创展示、餐饮休闲、亲子研学等功能于一体，陈设颇具鲜明的北京特色。为有效解决读者在疫情期间的"用餐难"问题，阅读空间提供优质的餐饮服务。

6月25日 由北京市司法局等单位主办的"北京市司法行政系统'向人民报告'主题宣传活动"在首都图书馆B座首都图书馆剧场举行。北京市委常委、政法委书记齐静，北京市司法局党委书记苗林等领导出席本次活动。

6月25日 由北京市文联、北京摄影家协会主办，首都图书馆协办的"光辉的旗帜——庆祝中国共产党成立100周年暨第三届北京专题摄影展"在首都图书馆A座文化艺术展厅开幕,北京市文联党组书记陈宁、北京摄影家协会主席叶用才,首都图书馆馆长、党委副书记王志庚等领导出席开幕仪式并参观展览。

6月28日 首都图书馆与大兴国际机场合作共建的"首都图书馆大兴机场分馆"试运行。分馆共有两层,一层为独立空间的阅览空间,位于大兴机场航站楼公共区一层16号门对面,面积约152平方米、阅览座席31个、藏书3500余册;二层为开放式借阅空间,位于国内隔离区二层A指廊A01登机口附近,面积约320平方米、阅览座席144个、藏书3000册,以少儿图书、文学类图书、外文图书和期刊为主。分馆已纳入北京市公共图书馆"一卡通"服务体系,读者可以享受海量电子图书、电子报刊和视频资源。试运行期间,分馆开馆时间为8:00—18:00。

6月29日 为庆祝中国共产党成立100周年、深入学习贯彻习近平新时代中国特色社会主义思想,更好地发挥党支部战斗堡垒和党员先锋模范作用、进一步推进党史学习教育走深走实,首都图书馆党委在A座报告厅隆重举办"庆祝中国共产党成立100周年暨2019—2021年度'两优一先'表彰大会"。党委书记、副馆长肖维平,党委副书记、馆长王志庚等馆党委委员,全体在职党员、离退休党员代表及党外领导干部、入党申请人等近200人参加了大会。会上表彰了5个先进党支部、17名优秀共产党员及5名优秀党务工作者,"书香宣讲团"成员做了"永远跟党走"主题宣讲,并举行"共产党员献爱心"捐款仪式。

6月29日 "七一"前夕,首都图书馆党委书记、副馆长肖维平,党委委员、视听资料中心主任韩滨,党委委员、党委办公室主任段瑞林带领党委办公室工作人员集中走访慰问了馆离退休党员11人,其中50年以上党龄的离休党员2人、退休老党员5人、先进模范党员2人、患病党员2人。同时,根据北京市直机关工委做好"光荣在党50年"

纪念章颁发工作的要求，党委为在党满50年的7位老党员李璞、郭荷萍、马琪章、聂先琳、洪培林、宛世明、葛增福颁发了"光荣在党50年"纪念章。

7月1日 首都图书馆党委组织全体党员职工观看庆祝中国共产党成立100周年大会的盛况，聆听了习近平总书记在庆祝中国共产党成立100周年大会上发表的重要讲话。作为公共文化服务窗口单位，首都图书馆在A座二层共享大厅、B座二层"阅读北京"和数字文化社区样板间、春明簃阅读空间、大兴机场分馆等公共区域为广大读者同步播放了大会实况。

7月2日 北京电视台全景式访谈节目"春妮的周末时光"走进首都图书馆"童书经典中的党史"主题童书展录制专场节目。首都图书馆馆长、党委副书记王志庚，著名作家、中国电影家协会儿童电影工作委员会会长、原中国作家协会儿童文学委员会副主任张之路，儿童文学作家、鲁迅文学院副院长李东华与主持人春妮一起重温童书经典、致敬党的百年华诞。该节目于2021年7月10日BTV文艺频道"春妮的周末时光"播出，时长48分钟，在同期全国卫视收视率中排名第二。

7月2日 书评人、作家绿茶，北京交通广播主持人吴勇、作家崔岱远来到首都图书馆春明簃，与首都图书馆馆长、党委副书记王志庚，党委书记、副馆长肖维平，北京燕山出版社社长夏艳进行座谈。双方就春明簃今后开展的活动进行策划。北京地方文献中心主任马文大参加活动。

7月2日 由北京市朝阳区文化和旅游局、中央歌剧院、首都图书馆共同举办的2021年首都市民音乐厅"红色记忆歌唱音乐会"在首都图书馆A座报告厅上演。

7月3日 "象形字有意思——36个象形字讲述中国汉字起源"阅读故事发现会在首都图书馆举办。《三十六个字》作者阿达之子，电影艺术家、国际动画协会会员徐畅，小象汉字创始人、甲骨文研究和汉字产品专家刘良鹏，毛毛虫童书掌门人、儿童阅读推广专家张冬，著名音乐人孟京辉，首都图书馆馆长、党委副书记王志庚出席活动。少儿阅读活动中心主任王梅、副主任吴洪珺参加活动。

7月5日 北京市文化和旅游局党组书记、局长陈冬到大兴国际机场指导首都图书馆大兴机场分馆开馆工作。大兴机场管理中心副总经理郝玲、北京市文化和旅游局副局长庞微，首都图书馆馆长、党委副书记王志庚，党委书记、副馆长肖维平，副馆长李念祖等参加现场活动。

7月6日 武汉市政府办公厅综合五处二级调研员邹晓迪，武汉市财政局副局长夏伟，武汉市地方志办公室党组成员、副主任王勇祥，武汉地方志办公室秘书处处长张俭，武汉市广播电视台党委委员、总工程师张海亮，武汉图书馆党委书记、馆长李静霞等一行13人到首都图书馆调研，馆长、党委副书记王志庚，副馆长胡启军接待到访客人并进行座谈。双方就图书馆新馆规划与建设、地方文献资源建设与服务、城市书房创新性发展等方面的先进经验和服务举措等内容进行交流。北京地方文献中心主任马文大、业务部主任贾蔷参加了活动。

7月7日 首都图书馆少儿工作党支部联合中国少年儿童新闻出版总社有限公司低幼中心党支部开展共建活动，中少总社低幼中心总监、党支部书记顾海宏，副总监、党支部副书记韩燕生及党支部党员来到首都图书馆，首都图书馆党委副书记、馆长王志庚，副馆长李念祖接待并开展座谈。到访客人参观"光辉的旗帜——庆祝中国共产党成立100周年暨第三届北京专题摄影展览""百年初心，红色记忆——首都图书馆藏红色文献展""童书经典中的党史——庆祝中国共产党成立100周年主题童书展"等红色资源主题展，并向首都图书馆赠送近百册少儿读物。座谈中，双方就基础业务搭建、业务发展情况、展览内容提升、品牌资源共享、支部党建对接等方面进行交流。少儿阅读活动中心主任王梅，少儿视听中心主任张皖，少儿综合借阅中心主任朱丹、副主任陈琼，历史文献中心主任刘乃英、副主任邱晓平参加活动。

7月8日 首都图书馆馆长、党委副书记王志庚在国际交流中心工作人员陪同下应邀参加斯洛文尼亚驻华使馆招待会，庆祝斯洛文尼亚共和国国庆日暨斯洛文尼亚担任2021年下半年欧盟理事会轮值主席国，中国政府欧洲事务特别代表吴红波应邀出席并致辞。斯洛文尼亚驻华大使苏岚致辞感谢北京各界代表参加此次活动，并向与会嘉宾介绍斯洛文尼亚历史和基本情况。首都图书馆于2017年在斯洛文尼亚卢布尔雅那大学东亚图书馆建立"阅读北京"图书专区。双方在巩固图书专区建设的同时，开展文化展览、学术交流、人员访问等方面的广泛合作与联系。

7月16日 由北京市朝阳区文化和旅游局、中国广播民族乐团、首都图书馆共同举办的"2021年首都市民音乐厅'百年崛起'大型民族交响史诗音乐会"在B座首都图书馆剧场上演。

7月16日 首都图书馆副馆长李念祖、数字资源中心主任陈建新、少儿阅读活动中心主任王梅等一行4人，赴首都体育学院奥林匹克教育博物馆参观交流。双方就切实做好普及奥林匹克知识，弘扬奥林匹克精神，借助自身品牌与资源优势营造良好冬奥氛围等相关工作进行策划与沟通。

7月19日 "品鉴古都文化·探索未来科技"幸福联盟之青少年研学实践交流活动开幕式在首都图书馆举办，来自海南省临高县实验小学、海南省临高县第二思源实验学校、海南省临高县新盈镇中心学校、山西省石楼县小镇小学、山西省石楼县小蒜镇小学的46名师生到场，中国光华基金会副秘书长梁范栋、项目部主任钮海琴出席活动，首都图书馆副馆长李念祖在开幕式上致辞。仪式后，师生们观看了"童书经典中的党史"主题童书展，参观春明簃，并在老师的指导下体验了中国传统印刷（图案）文化。少儿阅读活动中心主任王梅、副主任吴洪珺参加了活动。

7月24日 "红星照耀童年——'童心向党·百年辉煌'主题绘本分享会"在首都图书馆举办，馆长、党委副书记王志庚，鲁迅文学院副院长、著名儿童文学作家、评论家李东华，《中国新闻出版广电报》读周刊主编、中国儿童文学研究会副秘书长杨雅莲出席活动。嘉宾们围绕绘本《一把青稞粒》展开分享，从如何为当下的儿童挑选红色绘本，如何通过绘本向少年儿童讲好党史故事，《一把青稞粒》的思想内涵、创作特色、文学艺术价值等方面进行深入探讨和解读，并与现场小读者们开展互动。

7月27日 由中国日报网、首都图书馆共同主办的"百年宏图"主题展在首都图书馆B座第二展厅开展。展览持续到8月12日。

7月28日 首都图书馆大兴机场分馆正式开馆。副馆长李念祖、北京大兴国际机场航站楼管理部副总经理陈雪，通过直播镜头介绍大兴机场分馆的特色馆藏和服务，北京读书形象大使、作家崔岱远和北京交通广播主持人吴勇带来分馆首场阅读活动——《四合院活物记》新书分享会。共有228.6万人次观看本次探馆直播。

7月31日 "走进冬奥世界，培养运动习惯——《冬奥奇缘：遇见冰雪赛场和中国榜样》新书分享会"在首都图书馆举办，国际象棋世界冠军、首都体育学院副院长谢军，短道速滑25次世界冠军、中国冰上运动学院院长王春露，接力出版社总编辑白冰，首都图书馆副馆长陈坚出席活动。分享会旨在引领更多青少年读者了解冬奥知识、感受奥运精神、走进冬奥世界，培养良好的运动习惯。少儿阅读活动中心主任王梅、副主任吴洪珺参加了活动。

8月3日 文化和旅游部科技教育司发布了《2021年度国家文化和旅游科技创新工程项目储备库拟入库名单》，"首都图书馆大兴机场分馆读者服务项目"入选"自由推荐项目"中的一类项目。大兴机场分馆不仅是国内第一家开在机场里的公共图书馆分馆，也是目前在机场里最大的公共图书馆。该分馆具备多个首创服务：第一个在机场里提供外借服务的图书馆；第一个在机场里实现手机借还图书；第一个在机场里实现异地借还；第一个在机场里提供虚拟馆员服务；第一个在机场里实现机器人找书。大兴机场分馆自6月28日试运行以来，已被人民网、中国日报、北京日报、北京晚报、北京广播电视台等多家媒体多渠道报道共计32篇次，成为文旅领域的热门话题。

8月5日 北京市文化和旅游局党组成员、副局长、一级巡视员庞微带队到首都图书馆检查指导疫情防控工作。党委书记、副馆长肖维平，副馆长陈坚、胡启军、李念祖陪同检查。庞微模拟读者入馆流程，经扫码、预约、手部消毒后从读者入口进入馆内，试用了文献消毒机，询问了成人及少儿读者的限流情况，听取了有关读者服务、疫情防控、后勤保障等方面的汇报。检查组查阅了春明簃、馆内电梯、读者阅览等区域消杀记录和《首都图书馆安全预案及管理规定》等管理文件，检查了读者阅览区域的桌椅排布和消毒设备情况。庞微对首都图书馆主动谋划、积极响应、第一时间落实北京市文化和旅游局《关于严格执行文娱场所疫情防控管理措施的通知》要求，给予了充分肯定，强调要进一步提高思想认识，加强统筹协调，严格防控责任制管理，落细落实中央和本市各项要求，严格执行相关措施，对疫情严防死守，同时做好读者的引导工作，加强线上文化活动的策划和组织力度，确保安全健康地开展读者服务。按照北京市疫情防控要求，首都图书馆已调整场馆和人员管理举措，恢复带班、值班制度和全员报送制度，进一步严格全体职工和读者入馆检测制度，加强场馆巡视和消杀工作，保障各项工作有序开展。北京市文化和旅游局公共服务处处长刘贵民、区域合作处处长王斌、公共服务处二级调研员刘约章、财审处主任科员肖霄等参加检查。

8月17日—19日 国际图联（IFLA）2021年世界图书馆和信息大会正式开幕，会期三天。为进一步开拓国际视野，提升学术水平和服务品质，首都图书馆馆长、党委副书记王志庚，党委书记、副馆长肖维平，副馆长邓菊英、陈坚、胡启军、李念祖和业务骨干们在首都图书馆B座第一展厅观看了大会直播。本届年会是国际图联有史以来首次虚拟年会，现任国际图联主席克里斯汀·麦肯锡确定大会主题为"让我们齐心协力，面向未来"（Let's work together for the future）。

8月18日 为学习贯彻习近平总书记"七一"重要讲话精神，深入开展党史学习教育，落实"三会一课"制度要求，首都图书馆党委举办"书记讲党课"活动，党委书记、副馆长肖维平以"以史为鉴 开创未来——学习贯彻'七一'重要讲话精神 持续推动党史学习教育走深走实"为题，讲授了一堂生动的党课。首都图书馆各支部书记、支委共46人参加了现场学习。肖维平回顾了首都图书馆上半年开展党史学习教育所取得阶段性成果，并对下一步学深悟透"七一"重要讲话精神、把党史学习教育不断引向深入提出要求，强调不断把学习成效转化为广大党员干部奋进新征程、建功新时代的强大动力，以昂扬姿态奋力谱写首都图书馆事业发展新篇章。

8月31日 首都图书馆"培根铸魂 启智润心 童书经典中的党史——庆祝中国共产党成立100周年主题童书展"圆满落幕。自2021年6月1日开展以来，在疫情防控要求下，展览共接待观众1.7万余人次，举办配套活动40余场次，接待集体参观并提供讲解50余次，赢得了较高的社会关注度和美誉度。中央电视台"文化十分"、北京电视台"春妮的周末时光"栏目对本展览进行专题报道，学习强国、人民网、《光明日报》《北京日报》等近40家媒体进行新闻报道。

9月15日 为持之以恒落实中央八项规定精神，严防"四风"问题反弹回潮，北京市纪委市监委驻市文化和旅游局纪检监察组、北京市文化和旅游局机关纪委联合开展"中秋、国庆"期间纠治"四风"专项监督检查工作，驻局纪检监察组副组长刘国军带领检查组一行，现场对首都图书馆疫情防控、读者服务区消杀、食堂卫生管理等情况进行询问和体验，详细查看了疫情值班记录、节日慰问品发放清单、车辆管理使用情况等档案，对首都图书馆规章制度健全、管理规范有序给予了肯定。北京市文化和旅游局机关纪委书记龚萍、驻北京市文化和旅游局纪检监察组副处长甘美勤、一级主任科员陈璐等人参加此次联合检查工作，首都图书馆党委书记、副馆长肖维平，副馆长胡启军、李念祖及党委办公室主任段瑞林、后勤服务部主任宋治国、保卫部副主任贾铮陪同检查。

9月17日 北京市纪委市监委第一监督检查室、驻市文化和旅游局纪检监察组联合调研城市副中心剧院、副中心图书馆项目。北京市纪委市监委第一监督检查室副主任苑海静、一级调研员成晋、干部何扶昇，北京市文化和旅游局党组成员、驻市文化和旅游局纪检监察组组长贾利亚，副组长沈其顺，副处长甘美勤、张威等一行抵达北京建工项目部城市副中心剧院、中铁建工项目部城市副中心图书馆，调研两大项目现场实施情况。检查组调研了项目进度、疫情防控、消防安全、廉政风险防控等情况，并前往展厅观看了宣传片及沙盘，了解三大建筑整体概况。北投集团三大建筑项目部、国家大剧院、首都图书馆在座谈交流中分别介绍情况，首都图书馆副馆长胡启军从手续办理、细化设计、信息化、招投标配合等方面介绍主要工作进展和业务工作规划情况，并重点汇报了首都图书馆认真做好工程建设过程中的党风廉政建设情况。

9月21日 由北京市朝阳区文化和旅游局、中国广播民族乐团、首都图书馆共同举办的"2021年首都市民音乐厅大兴机场专场音乐会"

在北京大兴国际机场二层混流区音乐花园上演。

9月24日 由北京市文联、北京摄影家协会主办，首都图书馆协办的"对话·建设者"北京冬奥主题摄影展在首都图书馆A座文化艺术展厅开展。

9月26日 由北京市朝阳区文化和旅游局、中央歌剧院、首都图书馆共同举办的"2021年首都市民音乐厅纪念德沃夏克诞辰180周年交响音乐会"在B座首都图书馆剧场上演。

9月27日 由首都图书馆、阿里巴巴公益团队、福建省担当者行动教育基金会共同发起的"为你读见未来"公益阅读活动，在河北省张家口市宣化区赵川镇中心小学、赵川镇小村小学、李家堡小学举办图书室捐建仪式并开展阅读课。首都图书馆副馆长陈坚、阿里巴巴智能信息事业群总监、阿里巴巴公益专家王军影，担当者行动评估中心经理田叶馨，张家口市宣化区教体局副局长蔡世裕、王坤，张家口市宣化区赵川学区主任李树峰受邀出席。公益活动为上述三所乡村小学捐建了36个班级图书角、1间图书室，共计1179册书籍。首都图书馆根据学生的年龄层次，特别精选了一批优质读物捐赠，并为学生们带去了若干助学物资。同时，活动邀请两位"阅读北京"图书馆阅读课的分享人给学生们带来了以冬奥、名著为主题的课程分享。宣传策划部副主任李凌霄参加了活动。

9月28日 由北京市大兴区委宣传部、北京市大兴区文化和旅游局主办，首都图书馆协办的"永定安澜·泽润大兴——大兴永定河历史文化展"在首都图书馆B座第一展厅开展。

9月30日 由北京市朝阳区文化和旅游局、中国广播民族乐团、首都图书馆共同举办的2021年首都市民音乐厅"炫动国乐——中国广播民族乐团民乐金曲音乐会"在首都图书馆A座报告厅上演。

10月8日 由北京市朝阳区文化和旅游局、中国广播民族乐团、首都图书馆共同举办的2021年首都市民音乐厅"国乐雅韵——民乐金曲音乐会"在首都图书馆A座报告厅上演。

10月13日 由北京市文联、北京摄影家协会、天津河北山西内蒙古摄影家协会等单位主办,首都图书馆协办的"第三十三届中国华北摄影艺术展览"在首都图书馆A座文化艺术展厅开展。

10月18日 新疆生产建设兵团第十四师昆玉市图书馆馆长赵丽一行2人到首都图书馆调研,副馆长李念祖接待到访客人,并座谈交流。双方就图书馆的发展情况、数字资源建设与服务、数字资源共建共享等方面进行交流。数字资源中心主任陈建新参加了活动。

10月27日 由北京市委宣传部、北京市文联、北京摄影家协会主办,首都图书馆协办的"蝶变·回天摄影展览"在首都图书馆B座第一展厅开展。

10月29日 北京鲁迅博物馆常务副馆长黄乔生、鲁迅书店总经理王钧一行2人到首都图书馆参访,党委书记、副馆长肖维平接待到访客人。双方就春明簃书店、文创、展览等内容进行交流。北京地方文献中心主任马文大、读者服务中心主任仲爱红参加活动。

10月29日 由北京市朝阳区文化和旅游局、中央歌剧院、首都图书馆共同举办的2021年首都市民音乐厅"'爱之声'音乐会"在首都图书馆A座报告厅上演。

11月2日 北京市文化和旅游局局长陈冬出席"首都图书馆干部任免职会议",副局长庞微主持会议。会上,局人事处处长田金贵宣读了局党组《关于任命毛雅君同志为首都图书馆馆长、党委副书记的决定》。首都图书馆党政班子成员、中层干部、党工团委员及部分职工代表参加了会议。

11月18日 首都图书馆馆长、党委副书记毛雅君,副馆长李念祖,数字资源中心主任陈建新,少儿视听中心主任张皖,少儿阅读活动中心主任王梅一行5人赴首都体育学院调研，与首都体育学院副院长谢军、北京市中小学生奥林匹克教育工作小组办公室主任左伟一起，围绕"北京2022年冬奥会和冬残奥会"主题，对建设奥林匹克教育博物馆数字孪生馆、冬奥主题分馆等工作进行交流。

11月27日 由中共北京市委宣传部、北京市文化和旅游局主办，首都图书馆、北京市图书馆协会、北京市各区图书馆联合承办的2021年"阅读北京"年度特辑——阅读分享会在首都图书馆举办，对2021年"阅读北京"四大版块活动进行成果展示和表彰，共计753377人次观看线上直播。副馆长李念祖、宣传策划部副主任李凌霄参加活动。

12月6日 由北京市朝阳区文化和旅游局、北京交响乐团、首都图书馆共同举办的2021年首都市民音乐厅"乐享时光 魅力冬季"在首都图书馆A座报告厅上演。

12月8日 中共北京市委办公厅秘书五处处长周玲等一行2人到首都图书馆参访，馆长、党委副书记毛雅君会见了到访客人并进行座谈，双方就有关决策咨询服务等内容进行交流。

12月9日 2021年"阅读之城——图书推荐活动终评会"在首都图书馆举办。依据《"阅读之城"图书推荐活动终评评选规则》，由学者、作家、图书评论专家、图书馆专家等13人组成的终评评审团现场评选出30种兼具传播知识、陶冶情操、提升素养的图书组成"年度请读书目"。副馆长邓菊英主持终评会，宣传策划部副主任李凌霄参加活动。

12月9日—10日 为提高本市公共图书馆工作人员的业务能力，在疫情防控常态化下，首都图书馆采取线上直播方式举办业务培训。此次培训由馆长、党委副书记毛雅君做动员，副馆长邓菊英主持，邀请北京大学信息管理系主任张久珍、国家图书馆研究馆员张曙光、东莞图书馆馆长李东来、东城区图书馆馆长肖佐刚围绕公共图书馆数字服务、立法决策服务、阅读推广工作、社会化参与服务等主题授课。

全市公共图书馆馆长、业务人员及基层图书管理员2000余人报名参加，总观看量达到1万余次，在线投票显示满意度达99%以上。

12月10日 由北京市朝阳区文化和旅游局、北京交响乐团、首都图书馆共同举办的2021年首都市民音乐厅"'岁月留声'交响音乐会"在B座首都图书馆剧场上演。

12月12日 由北京市朝阳区文化和旅游局、中国广播艺术团、首都图书馆共同举办的2021年首都市民音乐厅"'冰雪情 冬奥梦'王玉三弦作品独奏音乐会"在首都图书馆A座报告厅上演。

12月17日 首都图书馆与新西兰惠灵顿城市图书馆举行视频战略合作签署仪式，仪式由惠灵顿市政府国际关系处袁主任（Tom Yuan）主持，惠灵顿市市长安迪·福斯特、副市长萨拉·弗里，中国驻惠灵顿大使馆文化参赞杨亚贤及惠灵顿市政府国际关系处、惠灵顿城市图书馆代表，北京市政府外办环太处副处长庄沙沙和耿小平，首都图书馆馆长、党委副书记毛雅君，国际交流中心主任张震宇等出席线上仪式。双方在文化交流、学术交往、业务研讨等多领域达成深度战略合作，积极推动图书馆领域的各项合作，推动双方图书馆业务的发展，实现文化交流、资源共享，打造图书馆领域合作的典范。

12月17日 由北京市朝阳区文化和旅游局、中国广播艺术团、首都图书馆共同举办的2021年首都市民音乐厅"'国乐绽放'新年音乐会"在B座首都图书馆剧场上演。首都市民音乐厅项目2021年共推出16场演出（馆内15场次，大兴机场分馆1场次），现场观看数4862人，线上观看量达284万人次。

12月22日 全国人大图书馆副馆长陈时恩一行七人到访首都图书馆参观调研，馆长、党委副书记毛雅君，副馆长陈坚接待到访客人。双方重点围绕古籍管理、智慧图书馆建设、新技术应用、参考咨询服务等工作展开座谈。业务部主任贾蔷，信息咨询中心主任王松霞，历史文献中心主任刘乃英、副主任邸晓平，典藏借阅中心副主任晋兰颖参加了活动。

12月23日 2021年Balis原文传递服务年终总结培训大会在线上召开。首都图书馆副馆长陈坚作为特邀嘉宾发言，信息咨询中心主任王松霞参加了线上会议。

12月28日 "阅读北京——首都市民阅读系列文化活动"荣获第十一届书香中国·北京阅读季"2021年全民阅读优秀项目"，中共北京市委宣传部副部长、北京市新闻出版局局长王野霏为"2021年全民阅读优秀项目"颁奖，首都图书馆馆长、党委副书记毛雅君代表"阅读北京"项目组参加仪式并领奖，宣传策划部副主任李凌霄参加了活动。

12月28日 国家图书馆以线上线下相结合的方式，组织召开第十六届全国省、自治区、直辖市、较大城市图书馆馆长联席会议，学习贯彻落实党的十九届六中全会精神，交流"十四五"时期公共图书馆事业高质量转型发展思路。首都图书馆馆长、党委副书记毛雅君，党委书记、副馆长肖维平，副馆长邓菊英、陈坚、胡启军、李念祖受邀全程参加了线上会议。

12月28日 由中国日报社、中国图书馆学会、首都图书馆共同主办的"百名摄影师聚焦新时代"摄影展在首都图书馆A座文化艺术展厅开展。

2022 年

1月1日 首都图书馆APP应用正式上线，注册用户已超过万人。读者通过手机APP可轻松下载精品图书、听书等资源，足不出户就可以享受到首都图书馆的馆藏信息查询服务与资源在线阅读服务。

1月4日 为传播冬奥文化、推广冰雪运动，首都图书馆推出线上数字冬奥主题专栏和线下"冰雪冬奥"数字阅读体验展。线上数字冬奥主题专栏可在首都图书馆官网、APP及首都图书馆数字图书馆服务号上可查看，汇集图书、期刊、图片、音频、视频等多种资源类型冬奥主题数字资源。线下"冰雪冬奥"数字阅读体验展位于首都图书馆B座2层，整体设计以冰雪元素贯穿，将音视频、文献、照片、文物、数字互动体验设备相结合，展示冬奥相关图书、期刊、音视频及相关数字资源。

1月5日 由首都图书馆和首都体育学院共同建立、北京首家面向公众开放的奥运主题图书馆"奥运书屋"——首都图书馆体育分馆正式揭牌开馆。北京市文化和旅游局党组成员、副局长、一级巡视员庞微，首都体育学院副校长陈作松，北京冬奥组委新闻宣传部教育和公众参与处处长孙斌，北京市文化和旅游局公共服务处处长刘贵民，北京市教委体卫艺处副处长陈晓莉，首都图书馆馆长、党委副书记毛雅君，副馆长李念祖等出席揭牌仪式。北京交通大学附属中学近五十名师生共同见证了揭牌过程，并在奥运书屋举办"读书迎冬奥"活动。"奥运书屋"现藏体育主题中文图书2000余册和外文奥运主题书籍近千种，容纳电子书300万册、有声书50万余集、电子报刊上万种以及"数字冬奥"等优质数字资源。作为北京市公共图书馆一卡通服务体系425家成员馆的一员，可以在其中395家具有通借通还功能的成员馆实现异地借还图书，并开设了首都图书馆及14家区图书馆外借图书随叫随到的增值服务。

1月10日 首都图书馆与北京鲁迅博物馆战略合作框架协议签署暨《〈阿Q正传〉笺注》图书捐赠仪式在首都图书馆举行。鲁迅博物馆常务副馆长黄乔生，首都图书馆馆长、党委副书记毛雅君，党委书记、副馆长肖维平，副馆长陈坚及北京市西城区图书馆管理协会会长郭斌，首都医科大学（顺义校区）图书馆党支部书记、副馆长张志强，北京崇贤馆世纪文化传媒有限公司董事长李克、副总经理付建邦，北京鲁迅博物馆办公室主任马海亭，鲁迅书店负责人王钧等出席仪式。仪式上，毛雅君、黄乔生代表双方签署了战略合作框架协议，这是图书馆和博物馆强强联合的一种全新文化资源联动方式。黄乔生和北京崇贤馆世纪文化传媒有限公司向首都图书馆捐赠了《〈阿Q正传〉笺注》一书。北京文献中心主任马文大、副主任孟云剑出席此次活动。

1月26日 2022年北京市红领巾读书活动主办单位协调会在线上召开。北京市中学和少年工作部副部长王海燕、北京市科学技术协会科普部沙莎、北京市文化和旅游局公共服务处刘思琪、首都图书馆副馆长陈坚出席会议。与会领导听取了2021年红领巾读书活动举办情况的汇报，并就《2022年北京市红领巾读书活动方案（征求意见稿）》进行讨论，提出建议和意见。少儿阅读活动中心主任王梅、副主任吴洪珺参加了会议。

1月26日 北京市文化和旅游局二级巡视员常林一行来到首都图书馆检查春节期间安全运行和疫情防控工作，听取了首都图书馆安全及防疫工作开展情况的汇报，对阅览空间、春明簃、中控室和食堂等区域进行现场检查，并就落实疫情防控、消防安全、场馆设备运行及意识形态工作提出具体要求。北京市文化和旅游局公共服务处二级调研员刘约章等参加检查，首都图书馆馆长、党委副书记毛雅君，党委书记、副馆长肖维平，副馆长胡启军，后勤服务部主任宋治国，保卫部副主任贾铮陪同检查。

1月26日 由俄罗斯新西伯利亚国立技术大学孔子学院、新西伯利亚州高尔基儿童图书馆、首都图书馆共同主办的"童心绘冬奥——俄中青少年写作绘画作品展"开幕式在俄罗斯社科院西伯利亚分院公共科学技术图书馆举办。中国驻叶卡捷琳堡总领馆总领事崔少纯，北京市文化和旅游局副局长庞微，国际儿童读物联盟（IBBY）主席张明舟，俄罗斯新西伯利亚州文化部部长雅罗斯拉夫彩娃，新西伯利亚国立技术大学副校长涅克拉索夫，俄罗斯社科院西伯利亚分院公共科学技术图书馆馆长立祖诺娃，新西伯利亚州高尔基儿童图书馆馆长果斯吉娜，新西伯利亚国立技术大学国际关系与区域学教研室副教授、孔子学院院长赫理普诺夫，首都图书馆馆长、党委副书记毛雅君等通过视频会议出席本次开幕式。

1月31日 农历辛丑年除夕当天，北京市文化和旅游局党组书记、局长陈冬带队来到首都图书馆，慰问节日期间坚守工作一线的干部职工，并就春节期间首都图书馆开放情况及新冠疫情防控工作进行重点检查。陈冬视察了服务大厅、新书刊阅览区、数字样板间等开放区域，参观"我的冬奥梦"中俄青少年写绘互创大赛优秀作品展、"冰雪冬奥"数字阅读体验展和奥林匹克教育数字孪生馆智能阅读体验区，充分肯定了首都图书馆在2021年里落实新冠疫情防控和开展公共文化服务等方面所取得的成绩，并根据今年春节迎冬奥和战疫情的两个特点提出具体要求。北京市文化和旅游局一级巡视员周卫民、史安平，北京市文化和旅游局办公室主任路斌，首都图书馆馆长、党委副书记毛雅君，办公室主任姚雪霞，数字资源中心主任陈建新，少儿阅读活动中心主任王梅，后勤服务部主任宋治国，宣传策划部副主任李凌霄，保卫部副主任贾铮陪同检查。

2月12日—13日　由北京演艺集团出品的儿童音乐剧《冰墩墩雪容融之冰雪梦》在首图剧场上演。北京冬奥组委文化活动部部长陈宁、北京演艺集团党组副书记王珏，首都图书馆党委书记、副馆长肖维平等出席本次活动。

2月21日　国际儿童读物联盟（IBBY）主席张明舟、生命树文化促进中心副理事长王峰等一行3人到首都图书馆参访，馆长、党委副书记毛雅君接待到访客人并进行座谈，双方就国际儿童文化交流活动、国际儿童图书馆等内容进行交流。少儿阅读活动中心主任王梅、副主任吴洪珺参加了活动。

2月22日　北京工业大学图书馆馆长刘增华一行3人到首都图书馆调研交流，馆长、党委副书记毛雅君，党委书记、副馆长肖维平，副馆长陈坚接待到访客人。双方就进一步加强馆际间业务合作与资源共享进行深入交流，在馆舍建设、疫情防控等方面交换了经验和做法，希望以深化合作为契机，搭建公共图书馆和高校图书馆发展平台，促进业务提升、提高社会影响力，共同在公共文化体系建设中发挥作用。合作协调中心主任高莹参加了活动。

2月23日　首都图书馆馆长、党委副书记毛雅君，副馆长李念祖等一行8人赴北京世纪超星公司进行"图书馆数字资源服务与智慧图书馆工作"业务交流，双方就北京城市副中心"城市会客厅"功能、智慧图书馆发展思路与图书馆管理服务平台技术发展进行深入交流。业务部主任贾蔷、数字资源中心主任陈建新、数字图书馆管理中心主任谢鹏、办公室副主任徐冰参加了活动。

3月2日　首都图书馆馆长、党委副书记毛雅君，副馆长李念祖等一行7人赴同方知网（北京）技术有限公司开展业务交流。双方就CNKI知识管理和知识服务总体技术架构、世界知识大数据建设与知识创新服务实践、公共知识服务的产品与技术服务体系建设方案等内容进行深入交流。业务部主任贾蔷、数字资源中心主任陈建新、数字图书馆管理中心主任谢鹏、办公室副主任徐冰参加了活动。

3月11日　北京市副市长王红带队调研副中心图书馆项目建设情况，北京市文化和旅游局党组成员、副局长刘斌，首都图书馆馆长、党委副书记毛雅君和北投集团、中铁建工集团等相关负责人陪同调研。王红一行调研了地下展厅、立体书库、非遗文献馆、古籍文献馆、少儿馆等区域，了解了相关工程进度，并听取了首都图书馆关于图书馆功能与业务设计、特色服务内容、智慧图书馆建设等情况的汇报。王红充分肯定了项目前期取得的丰硕成果，对副中心图书馆的功能与业务设计表示赞许，勉励首都图书馆要充分发挥文献资源收集和挖掘的固有优势，持续做好图书馆服务功能的深化和优化设计，进一步提升服务水平，高质量打造市民喜爱的图书馆。办公室副主任徐冰参加了活动。

3月30日　北京市红领巾读书活动动员会在线上召开，首都图书馆副馆长陈坚、各区图书馆主管"红读"活动的馆长和负责人参加会议。陈坚对活动进行动员和部署，并提出相关要求；各区馆领导对本区年度工作的开展进行整体规划；"红读"活动工作人员对2022年北京市红领巾读书活动方案进行说明，并就补充通知、活动注意事项等方面进行解说。少儿阅读活动中心主任王梅参加了会议。

4月2日　北京市委书记蔡奇带队调研副中心图书馆项目，副市长隋振江，市政协副主席、党组副书记王宁，市文化和旅游局、党组成员副局长、一级巡视员庞微，首都图书馆党委书记、副馆长肖维平及北投集团、中铁建工集团等相关负责人陪同调研。蔡奇检查了项目工程建设情况，强调要在艺术主题馆中突出音乐鉴赏功能，勉励首都图书馆和相关项目单位持续攻坚克难，建好市民爱用的公共图书馆。

4月2日 北京市图书馆协会理事会理事长、首都图书馆党委书记、副馆长肖维平，协会常务副理事长兼秘书长、首都图书馆副馆长陈坚，协会副理事长、东城区第一图书馆馆长肖佐刚，协会监事会监事长、西城区第一图书馆馆长樊亚玲等一行赴首都图书馆大兴机场分馆参观，听取了分馆负责人的汇报。首都图书馆副馆长胡启军、李念祖同行参观。

4月8日 首都图书馆收到北京冬奥组委新闻宣传部发来的感谢信："贵单位以高度的责任感和使命感，开展了丰富的奥林匹克教育活动，积极推广奥林匹克和残奥教育材料，为传播奥林匹克精神，实现带动3亿人参与冰雪运动的宏伟目标作出了积极贡献。"

4月20日 首都图书馆召开2022年全面从严治党（党建）暨经费预算下达工作会，会议由副馆长胡启军主持，馆领导班子、党委委员、纪委委员、中层干部、工会委员、团委委员、党团支部委员代表及全馆涉及人、财、物、招投标岗位人员代表共40余人参加了会议，并观看了警示教育片《惩前毖后》。胡启军传达了北京市文化和旅游局2022年全面从严治党（党建）工作会议精神；馆长、党委副书记毛雅君部署了首都图书馆2022年全面从严治党（党建）工作要点及重点业务工作任务分解方案，并下达了年度部门经费预算；党委书记、副馆长肖维平对做好首都图书馆2022年全面从严治党（党建）工作提出具体要求。

4月21日 由中共北京市委宣传部、北京市文化和旅游局主办，首都图书馆、北京市图书馆协会、北京市各区图书馆共同承办的2022年"阅读北京"首都市民阅读系列文化活动发布会在首都图书馆报告厅举办，北京市文化和旅游局二级巡视员常林、著名历史学家阎崇年、中国教育图书进出口有限公司总经理王建新、北京大兴国际机场副总经理郝玲、北京冬奥组委新闻宣传部教育和公众参与处处长孙斌，首都图书馆馆长、党委副书记毛雅君，副馆长陈坚、胡启军、李念组出席发布会。2022年"阅读北京"活动以"熔古铸今向未来 赓续文脉启新程"为主题，发布了本年度"读北京""阅经典""向未来"主题书单，并为首都图书馆颁发"冬奥有我"奖杯。活动现场，阎崇年带来了"阅读北京"2022年度首场活动"北京文脉传承"讲座。少儿阅读活动中心主任王梅、副主任吴洪珺，宣传策划部副主任李凌霄参加了活动。

7月12日　北京市文化和旅游局在首都图书馆举办北京市第十三次党代会精神宣讲报告会暨专题党课，局党组书记、局长杨烁作宣讲报告《深入学习贯彻市第十三次党代会精神，团结一致，担当作为，奋力推动新时代首都文化旅游高质量发展》，局党组成员、副局长、一级巡视员庞微主持会议。党委书记、副馆长肖维平，党委副书记、馆长毛雅君及各支部党员共135人参加了报告会。党员干部纷纷表示要结合各自工作职责，进一步认真学习领会党代会精神，为首都文化和旅游事业高质量发展贡献自己的力量。

7月15日　由北京市文化和旅游局主办，朝阳区文化和旅游局、中国广播艺术团、首都图书馆共同承办的2022年首都市民音乐厅"水磨行腔——中国广播民族乐团昆曲音乐会"在首都图书馆报告厅上演。

7月28日　中央党史和文献研究院信息资料馆馆长崔友平、副馆长张忠耀一行9人到首都图书馆参观调研。馆长、党委副书记毛雅君及副馆长李念祖接待到访客人。双方重点围绕北京地方文献资源建设、古籍文献的保存与利用、为党政机关服务和信息咨询服务、数字图书馆建设与资源服务等工作展开座谈，并参观古籍书库、数字文化样板间、北京地方文献阅览等馆内区域。北京市古籍保护中心办公室主任史丽君、信息咨询中心主任王松霞、数字图书馆管理中心主任谢鹏、业务部主任贾蕾、地方文献中心副主任孟云剑、数字资源中心副主任顾梦陶参加了活动。

7月29日 "八一"建军节前夕，首都图书馆理论学习中心组（扩大）到北京新文化运动纪念馆（北大红楼）开展集体学习。党委书记、副馆长肖维平，党委副书记、馆长毛雅君，党委委员、纪委书记、副馆长胡启军，党委委员、副馆长李念祖，党委委员韩滨、段瑞林及14名复转军人、党办工作人员参加了活动。中心组一行参观"光辉伟业红色序章——北大红楼与中国共产党早期北京革命活动"主题展，全面学习中国共产党创建时期北京革命活动的光辉历史。

8月1日 乌拉圭东岸共和国驻华大使费尔南多·卢格里斯一行到访首都图书馆，北京市文化和旅游局党组成员、副局长、一级巡视员庞微，北京市文化和旅游局对外交流与合作处（港澳台事务办公室）处长魏戎，首都图书馆馆长、党委副书记毛雅君和副馆长陈坚会见了来访客人并接受赠书。

8月3日 新疆和田地区图书馆馆长储鑫一行26人，到首都图书馆开展"京和书香"读书交流活动，北京市文化和旅游局区域合作处副处长郑欣，首都图书馆馆长、党委副书记毛雅君，党委书记、副馆长肖维平，副馆长胡启军、北京市志愿服务指导中心队伍建设部负责人杨威等出席活动。双方就进一步深化支援合作、助力发展"京和书香"工作进行深入讨论。汽车图书馆（文化志愿服务中心）主任赵雪峰、副主任杨芳怀，典藏借阅中心副主任晋兰颖，少儿综合借阅中心副主任陈琼参加了活动。

8月4日 北京市公共图书馆第七次评估定级工作部署会在首都图书馆召开。北京市文化和旅游局党组成员、副局长、一级巡视员庞微，公共服务处一级主任科员刘思琪出席线上会议。馆长、党委副书记毛雅君，党委书记、副馆长肖维平，副馆长陈坚及相关部门主任、各区图书馆（少儿馆）领导等共计40余人现场参会。各图书馆表示将以本次评估定级工作为契机，进一步明确定位坐标、锻炼业务队伍，为今后事业发展厘清思路、找到方向，并全力促进本市公共图书馆在设施设备建设、业务能力提升与服务效能提高等方面取得更大成果。

8月4日 首都图书馆副馆长李念祖带队赴中国唱片集团有限公司参观调研，考察了中唱集团展厅、音乐文献资料库及杜比全景声音乐制作室等区域，观看了中唱老唱片保护工程宣传短片，了解了"中唱音乐在线"数据库的基本情况及其在Hi-res音乐领域的发展前景。数字图书馆管理中心主任谢鹏，视听资料中心主任韩滨、副主任罗丹，地方文献中心副主任孟云剑参加了活动。

8月5日 中宣部印刷发行局副局长、一级巡视员董伊薇，办公室（农家书屋工作处）副主任徐雪、四级调研员陈凯，北京市委宣传部印刷发行处处长李琨、工作人员刘天一，北京市文化和旅游局党组成员、副局长、一级巡视员庞微，公共服务处处长刘贵民、一级主任科员刘思琪，首都图书馆党委书记、副馆长肖维平到北京市顺义区调研图书馆总分馆制及农家书屋建设情况，调研组先后调研了马坡镇马卷村农家（益民）书屋、宏城花园社区综合文化活动室和顺义区图书馆。顺义区副区长李向英、区委宣传部副部长刘金燕、区文化和旅游局局长李莉、区图书馆馆长李毅陪同调研。北京市公共图书馆将继续推进农家书屋与公共图书馆总分馆制的融合，从群众实际需求角度出发，实现公共文化服务高质量发展。

8月5日 由北京市文化和旅游局主办，朝阳区文化和旅游局、中国广播民族乐团、首都图书馆共同承办的2022年首都市民音乐厅"'玫瑰玫瑰我爱你'——七夕大型民族交响音乐会"在B座首都图书馆剧场上演。

8月12日 由首都图书馆、生命树文化促进中心、北京长安投资公益基金会联合主办的"走出大山看世界——阅读与人生"公益座谈活动在首都图书馆成功举办。著名作家、北京大学教授、国际安徒生奖获奖者曹文轩，国际儿童读物联盟主席、生命树文化促进中心创始人张明舟，北京长安投资公益基金会理事长王辉、首都图书馆副馆长李念祖出席活动，来自安徽省六安市10所乡村小学的师生们参加了现场活动。

8月12日 由北京市文化和旅游局主办，朝阳区文化和旅游局、北京交响乐团、首都图书馆共同承办的2022年首都市民音乐厅"夏日清风——室内乐音乐会"在首都图书馆报告厅上演。

8月18日 斯洛文尼亚驻华大使苏岚女士及随员Katja Kolsek女士到访首都图书馆，馆长、党委副书记毛雅君会见了客人，双方就未来合作方向展开会谈。会谈结束后，大使一行参观B座首都图书馆剧场、专题阅览室以及春明簃阅读空间。

8月19日 北京市文化和旅游局党组成员、副局长、一级巡视员庞微率首都图书馆理论学习中心组、北京城市图书馆建设统筹组一行11人到中国国家版本馆参观调研，中国国家版本馆馆长刘成勇、副馆长王志庚、王宁等接待。庞微一行参观"真理之光——马克思主义中国化时代化经典版本展""斯文在兹——中华古代文明版本展"等主题展览，观摩了国家书房和文瀚厅的精品陈列，踏赏了移步易景的版本艺术园区。庞微表示，中国国家版本馆极富艺术气息的空间规划令人印象深刻，给正在紧张建设中的北京城市图书馆带来诸多启发。首都图书馆表示，今后将充分学习中国国家版本馆的先进经验，推动北京城市图书馆高质量建设，两馆应开展密切合作，通过馆际互借丰富展藏内容，将更多载有中华文明印记的资源送至读者身边。

8月19日 由北京市文化和旅游局主办，朝阳区文化和旅游局、中国广播民族乐团、首都图书馆共同承办的2022年首都市民音乐厅"'情动山河'——中国广播民族乐团室内乐音乐会"在首都图书馆报告厅上演。

8月25日　馆长、党委副书记毛雅君，副馆长李念祖率北京城市图书馆建设统筹组部分人员赴阿里云智能北京分公司调研，该公司副总经理王倩等接待。调研组听取了阿里云团队关于智慧图书馆建设方案的汇报，表示首都图书馆愿与全球领先的智能科技公司加强合作、共同探索，建立切实满足市民需求的新型服务业态。文化活动中心主任刘杨、办公室副主任徐冰参加了活动。

8月26日　由北京市文化和旅游局主办，朝阳区文化和旅游局、北京交响乐团、首都图书馆共同承办的2022年首都市民音乐厅"青春舞曲——室内乐音乐会"在首都图书馆报告厅上演。

9月6日　中国雄安集团公共服务公司副总经理胡文瑾、北京大学图书馆副馆长童云海一行11人到首都图书馆调研，副馆长陈坚接待到访客人。双方就文献保藏、资源规划、展藏结合、特色建筑设计等方面的工作做了交流。采编中心主任张娟、数字资源中心主任陈建新、典藏借阅中心主任田峰、业务部主任贾蔷、办公室副主任徐冰参加了活动。

9月9日　由北京市文化和旅游局主办，朝阳区文化和旅游局、北京交响乐团、首都图书馆共同承办的2022年首都市民音乐厅"中秋团圆乐——室内乐音乐会"在首都图书馆报告厅上演。

9月19日　首都图书馆馆长、党委副书记毛雅君及副馆长李念祖一行赴大兴机场，参加"声动北京　城暖情长——'阅读北京'大兴机场分赛区诵读大赛"初赛现场活动。

9月27日　首都图书馆携手北京联合出版有限责任公司、中国音网举办的"唱片里的中国——首都图书馆藏黑胶珍品展"在首都图书馆B座开幕，首次大规模展出黑胶唱片珍品馆藏。党委书记、副馆长肖维平主持活动，北京市委宣传部一级巡视员王野霏、北京市委宣传部出版处一级调研员张瑞江、北京市文化和旅游局二级巡视员常林，知名音乐学家、非物质文化遗产保护专家田青、中国历史博物馆原党委书记、中国民族文化艺术基金会名誉理事长谷长江，北京联合出版公司董事长赵红仕、华韵文化科技有限公司（中国音网）总经理熊志远及首都图书馆馆长、党委副书记毛雅君等出席开幕式。

9月28日 由北京市文联、北京摄影家协会主办，首都图书馆协办的"瞰鉴北京"第四届北京摄影艺术展在首都图书馆B座正式展出。开幕式由北京摄影家协会秘书长张尚军主持，北京市文联主席陈平，北京市文联党组书记、常务副主席陈宁，北京市文联党组成员、副主席、一级巡视员吕钦，北京摄影家协会主席叶用才、副主席王越及文艺界知名人士、展览获奖作者、首都摄影爱好者参加了活动。

9月30日 北京市文化和旅游局党组成员、副局长、一级巡视员庞微，党组成员、副局长齐慧超来到首都图书馆检查指导工作，参观"唱片里的中国——首都图书馆藏黑胶珍品展"。馆长、党委副书记毛雅君，党委书记、副馆长肖维平，副馆长陈坚、胡启军、李念祖陪同参观。

10月9日 由北京市文化和旅游局主办，朝阳区文化和旅游局、中国广播民族乐团、首都图书馆共同承办的2022年首都市民音乐厅"大河九曲——大型民族交响音乐会"在首都图书馆报告厅上演。

10月10日 中国商务出版社图书捐赠仪式在首都图书馆举行。首都图书馆馆长、党委副书记毛雅君接受捐赠图书，并向中国商务出版社颁发捐赠证书。副馆长李念祖主持仪式，中国国际贸易学会副会长、秘书长边振瑚，北京市贸促会副主任唐海蛟，中国商务出版社社长李学新，北京国际经济贸易学会会长马长军等出席仪式。典藏借阅中心副主任晋兰颖参加了活动。

10月11日 由北京市朝阳区南磨房地区工委主办、首都图书馆协办的"喜迎二十大奋进新征程——南磨房地区主题书画展"在首都图书馆开幕。地区办事处主任喻存根、工委书记于建国、地区书画协会会长爱新觉罗·启元、首都图书馆副馆长李念祖等出席开幕仪式。

10月11日 首都图书馆近80名党员职工赴北京展览馆参观"奋进新时代"主题成就展,全面了解党的十八大以来党和国家事业取得的历史性成就和历史性变革。党委委员、副馆长李念祖,党委委员、党委办公室主任段瑞林参加了活动。

10月27日 北京市社科院文化所研究员、课题首席专家沈望舒带队《北京城市副中心文化建设研究》课题组一行5人到首都图书馆调研,首都图书馆馆长、党委副书记毛雅君接待到访客人。双方就北京城市图书馆项目的服务设想与理想方案、未来的工作亮点与创新点、副中心文化共建等方面展开交流。视听资料中心主任韩滨、北京市古籍保护中心办公室主任史丽君、办公室副主任徐冰、地方文献中心副主任孟云剑参加了活动。

10月27日 中共中央党校图书和文化馆副馆长周虹一行14人到首都图书馆调研,副馆长陈坚接待到访客人。双方就民国时期文献的存藏情况、编目加工、平台展示、修复、保护与开发等方面开展交流。地方文献中心主任马文大、北京市古籍保护中心办公室主任史丽君、历史文献中心副主任邸晓平参加了活动。

11月2日—3日 首都图书馆结合本市图书馆实际工作情况,采取线上直播方式举办2022年北京市公共图书馆业务培训班,副馆长陈坚、副馆长李念祖主持培训,特邀南开大学信息资源管理系教授柯平,北京大学首都发展研究院院长、教授李国平,上海图书馆副馆长刘炜,北京市海淀区图书馆馆长姚光丽及东城区图书馆书记左堃授课。全市公共图书馆馆长、业务人员以及基层图书管理员1900余人报名参加，总观看量达1.3万余次。

11月9日 首都图书馆以"11·9消防安全周"为契机，以抓消防安全，保高质量发展为主题，开展了消防安全知识培训和"出真水，灭真火"的消防演练。百余名职工参加活动，了解掌握了高压气雾灭火机、灭火器的正确使用方法，提高了扑灭初起火情的消防应急技能，收到良好效果。馆长、党委副书记毛雅君，党委书记、副馆长肖维平，副馆长胡启军莅临现场指导。

2023 年

1月12日 北京市文化和旅游局机关党委专职副书记（党建工作处处长）、一级调研员李辉一行4人来到首都图书馆，对2022年全面从严治党（党建）工作进行检查。党委副书记、馆长毛雅君，党委委员、纪委书记、副馆长胡启军，党委委员、副馆长李念祖，副馆长刘朝，党委委员、纪委委员、党委办公室主任段瑞林陪同检查。检查组对首都图书馆工作给予了肯定，并提出指导建议。

1月20日 癸卯年春节前夕，北京市委常委、宣传部部长莫高义一行来到首都图书馆视察春节服务情况并慰问职工，与读者、文化服务志愿者进行亲切交流。莫高义听取了首都图书馆建设发展情况汇报，实地检查了B座读者服务区域、少儿阅览室、古籍善本书库，观看了"日出新卯 春暖兆福——2023年新春典籍文化展""舌尖上的年味儿——中国春节传统美食主题展""星星点灯微光如炬——百名阅读推广人"等展览，对首都图书馆春节期间开展文化服务和安全保卫工作给予充分肯定。北京市委宣传部副部长赵卫东，北京市文化和旅游局党组书记、局长杨烁，首都图书馆馆长、党委副书记毛雅君和副馆长胡启军、李念祖、刘朝等陪同检查。办公室主任姚雪霞、少儿综合借阅中心主任朱丹、文化活动主任刘杨、后勤服务部主任宋治国、少儿综合借阅中心副主任陈琼参加了活动。

2月15日 首都图书馆召开2022年度领导班子民主生活会，党委副书记、馆长毛雅君主持会议，党委委员、纪委书记、副馆长胡启军，党委委员、副馆长李念祖，副馆长刘朝围绕会议主题，结合思想、作风和工作实际，深入查摆问题、进行党性分析、严肃认真开展批评和自我批评。北京市文化和旅游局党组成员、副局长、一级巡视员庞微，北京市文化和旅游局机关党委专职副书记（党建工作处处长）李辉，北京市文化和旅游局机关党委委员、宣传中心主任李冠南到会指导。

2月17日 由北京市文化和旅游局主办，朝阳区文化和旅游局、北京交响乐团、首都图书馆共同承办的2023年首都市民音乐厅"春天的故事北京交响乐团专场音乐会"在首图剧场上演。

2月26日 由北京市文化和旅游局主办，朝阳区文化和旅游局、中央歌剧院、首都图书馆共同承办的2023年首都市民音乐厅"'从维也纳到帕尔马'中央歌剧院歌剧音乐会"在首图剧场上演。

3月2日 为落实"把雷锋精神代代传承下去——纪念毛泽东等老一辈革命家为雷锋同志题词六十周年"座谈会会议精神，同时加强各区馆志愿服务分队之间的学习交流、推动北京市公共图书馆文化志愿服务总队工作持续健康发展，北京市公共图书馆文化志愿服务总队组织召开2023年志愿工作推进会，副馆长刘朝、汽车图书馆（文化志愿服务中心）副主任杨芳怀、各区图书馆分队志愿工作的分管领导及相关负责人、志愿者代表参加。

3月3日 由北京市文化和旅游局主办，朝阳区文化和旅游局、北京交响乐团、首都图书馆共同承办的2023年首都市民音乐厅"'心中的歌'红色经典作品音乐会"在首图剧场上演。

3月7日 北京市委办公厅信息综合室主任冯明等一行5人到首都图书馆调研，馆长、党委副书记毛雅君，副馆长刘朝接待到访客人。双方就立法和决策咨询、专题咨询等合作事项进行交流讨论。信息咨询中心主任王松霞参加了座谈。

3月9日　北京市公共图书馆馆长工作会暨阅读服务下基层交流培训在密云区召开。北京市文化和旅游局公共服务处副处长田勇、一级主任科员刘思琪，首都图书馆馆长、党委副书记毛雅君，副馆长李念祖、刘朝及首都图书馆采编中心主任张娟，北京市古籍保护中心办公室主任史丽君，首都图书馆合作协调中心主任高莹、副主任陈琼，数字资源中心副主任顾梦陶，各区图书馆（少儿馆）领导等60余人现场参会。会议对2022年北京市公共图书馆服务体系建设工作、北京市文献联合编目中心工作和区级图书馆第七次评估定级工作进行总结，就2023年"一卡通""阅读北京"、北京市智慧图书馆体系建设和北京市公共图书馆古籍保护工作进行部署。与会人员实地考察了密云区"书香七进"工作情况，参观云湖图书馆、尖岩村图书室及书香民宿（印象云溪1958）。

3月10日　国家图书馆党委书记、副馆长陈樱一行约40人来到首都图书馆参观调研。馆长、党委副书记毛雅君，副馆长李念祖陪同调研。陈樱对首都图书馆的场馆建设、读者服务、古籍善本保护等工作进行考察，并参观古籍书库。与新馆建设统筹组座谈后，双方前往北京城市图书馆施工现场实地考察。文化活动中心主任刘杨、办公室副主任徐冰陪同调研。

3月10日　由北京市文化和旅游局主办，朝阳区文化和旅游局、中央歌剧院、首都图书馆共同承办的2023年首都市民音乐厅"唱出心中的歌——学习贯彻党的二十大精神声乐专场音乐会"在首都图书馆A座报告厅上演。

3月14日　北京市文化和旅游局机关纪委组织局系统党员领导干部、纪检干部到北京市全面从严治党警示教育基地参观学习。首都图书馆党委委员、纪委书记、副馆长胡启军，党委委员、副馆长李念祖和副馆长刘朝参加了活动。

3月15日 黑龙江省图书馆馆长殷峰、副馆长张大尧一行5人到首都图书馆参观调研，馆长、党委副书记毛雅君接待到访客人。双方就两馆概况、特色馆藏资源和管理工作进行介绍，在北京城市图书馆建设、读者餐饮的服务保障和文创工作等领域展开了深入交流。业务部主任贾蕾、读者服务中心主任仲爱红、社会教育中心主任潘淼、办公室副主任徐冰参加了活动。

3月17日 2023年北京市红领巾读书活动主办单位协调会在首都图书馆召开。团市委中学和少年工作部部长苗少敬、首都文明办未成年人处副处长李阳、北京市科学技术协会科普部副部长刘芳、北京市教育委员会基础教育一处干部王辰辰、北京市志愿服务指导中心队伍建设部部长杨威、首都图书馆副馆长李念祖出席会议。会议听取了2022年红领巾读书活动举办情况的汇报，并就《2023年北京市红领巾读书活动方案（征求意见稿）》进行讨论，提出建议和意见。少儿阅读活动中心主任王梅、副主任吴洪珺，汽车图书馆（文化志愿服务中心）副主任杨芳怀参加了活动。

3月17日 由北京市文化和旅游局主办，朝阳区文化和旅游局、中央歌剧院、首都图书馆共同承办的2023年首都市民音乐厅"中央歌剧院弦乐室内乐音乐会"在首都图书馆A座报告厅上演。

3月19日 "阎崇年爷爷给孩子讲故宫里的历史故事"创作分享会在首都图书馆举办。著名明清史学家、央视《百家讲坛》"开坛元勋"阎崇年先生分享了新书《讲给孩子的故宫里的明清史》的创作背景和心路历程，并为孩子们讲述了故宫里的历史故事、解读故事背后的趣味典故。副馆长李念祖，全国妇联亲子阅读推广大使、北京市金牌阅读推广人李一慢，光明日报出版社编辑、中国老舍研究会常务理事、副秘书长史宁，童趣出版有限公司总经理史妍、童趣出版有限公司总编辑刘玉一出席活动。

3月24日　北京大学图书馆馆长陈建龙、副馆长童云海一行4人到首都图书馆调研，馆长、党委副书记毛雅君接待来访客人，双方围绕新馆的建设经验举行工作座谈。业务部主任贾蔷、办公室副主任徐冰陪同调研。

3月24日　山西省图书馆副馆长李建强一行5人到访，馆长、党委副书记毛雅君，副馆长胡启军接待来访客人。双方就阅读推广、地方文献征集开发利用、宣传推广等方面展开了交流。地方文献中心主任马文大、宣传策划中心副主任李凌霄参加了活动。

3月26日　由北京市文化和旅游局主办，朝阳区文化和旅游局、中央歌剧院、首都图书馆共同承办的2023年首都市民音乐厅"徜徉古典之莫扎特交响音乐会"在首都图书馆剧场上演。

3月30日　中国图书进出口（集团）有限公司副总经理梁建瑞、副总经理庞莉莉一行8人来访，馆长、党委副书记毛雅君接待来访客人。双方就外文图书、期刊、音像资料和数据库等文献资源建设情况进行深入交流，并对参考咨询服务、主题阅览服务及POD服务等方面的进一步合作达成共识。报刊资料中心主任林岫、副主任朱悦梅，采编中心副主任宋艳萍，视听资料中心副主任罗丹，数字资源中心副主任顾梦陶参加了活动。

3月30日　由抚顺市委宣传部、中国对外文化集团有限公司为指导单位，抚顺市雷锋纪念馆、中国对外艺术展览有限公司和首都图书馆主办的纪念"向雷锋同志学习"题词发表60周年暨雷锋精神专题展主题活动之"雷锋雕塑捐赠仪式"在首都图书馆第二展厅举办。副馆长刘朝、中国对外文化集团有限公司副总经理郑秀全，捐赠方吴贵先生和吴建钢先生，上海猎克企业管理咨询公司董事长王玮，雷锋杂志社文创项目部主任颜宁，俄罗斯友谊桥基金会驻华副主席邵洁等嘉宾出席此次活动。

4月7日　由北京市文化和旅游局主办，朝阳区文化和旅游局、中央歌剧院、首都图书馆共同承办的2023年首都市民音乐厅"中国古诗词音乐会"在首图剧场上演。

4月7日　中国教育图书进出口有限公司副总经理申水平一行6人来访，馆长、党委副书记毛雅君接待来访客人。双方沟通了外文图书、期刊和数据库等文献资源建设情况，就文化"走出去"、学科文献分析服务及主题馆藏构建等方面展开了交流。采编中心主任张娟、副主任宋艳萍，报刊资料中心主任林岫、副主任朱悦梅、刘艳参加了活动。

4月11日　华文出版社社长包岩一行7人来访，馆长、党委副书记毛雅君，副馆长胡启军接待来访客人。双方就《阎崇年文集》新书发布会、阎崇年图书捐赠仪式的具体流程、参会人员等内容进行讨论。北京地方文献中心主任马文大、副主任孟云剑，文化活动中心主任刘杨、宣传策划中心副主任李凌霄参加了活动。

4月12日　首都图书馆理论学习中心组（扩大）到首都博物馆开展集体调研，参观北京建都870周年特展——"辉煌中轴"专题展。首都图书馆党委副书记、馆长毛雅君，党委委员、副馆长李念祖，党委委员、视听资料中心主任韩滨，党委委员、党委办公室主任段瑞林及20名统战人士、党办工作人员参加了活动。

4月14日　抖音集团政务合作总监陈书林一行9人到访，首都图书馆馆长、党委副书记毛雅君，副馆长李念祖接待来访客人。双方就抖音生活服务业务及合作、古籍数字化项目合作、文创合作等方面展开了交流探讨。采编中心主任张娟、北京市古籍保护中心办公室主任史丽君、文化活动中心主任刘杨、宣传策划中心副主任李凌霄参加了活动。

4月14日　首都图书馆理论学习中心组（扩大）赴北京画院开展

集体调研。北京画院党委书记刘宝华、办公室主任陈斌及党办工作人员陪同参观，双方就北京城市图书馆建设、展览与文化空间的规划利用等进行座谈交流。党委副书记、馆长毛雅君，党委委员、纪委书记、副馆长胡启军，党委委员、副馆长李念祖，副馆长刘朝，党委委员、视听资料中心主任韩滨，党委委员、党委办公室主任段瑞林及19名统战人士、党办工作人员参加了活动。

4月20日 北京市文化和旅游局二级巡视员常林、公共服务处刘思琪一行到首都图书馆进行消防安全专项检查，副馆长胡启军、刘朝陪同检查。常林听取了胡启军对首都图书馆消防安全自查工作的汇报，并到消防中控室、阅览室、春明簃、展厅等处进行现场检查。保卫部副主任贾铮、后勤服务部主任宋治国参加了活动。

4月21日 由首都图书馆和华文出版社共同举办的"首都图书馆'四合书屋'揭幕暨《阎崇年文集》新书发布会"在B座一层展厅举行。全国政协原副主席李蒙，原文化部副部长、故宫博物院原院长郑欣淼，中国出版集团有限公司总经理、党组副书记常勃，国家新闻出版广电总局原副局长、全国政协文化文史和学习委员会原副主任、中国版权协会理事长阎晓宏，中共北京市委宣传部副部长王野霏，北京市政协常委、北京市社科院原党组书记唐立军，北京市社会科学院党组书记谢辉、北京市文化和旅游局二级巡视员常林等领导嘉宾出席活动，为"四合书屋"揭幕。阎崇年先生与首都图书馆馆长毛雅君签订了捐赠协议，捐赠毕生藏书，并与超星公司董事长史超先生共同向首都图书馆"四合书屋"捐赠了《百衲本廿四史》。北京地方文献中心主任马文大、副主任孟云剑参加了活动。

4月25日 2023年度京津冀图书馆联盟工作会议在首都图书馆召开。馆长、党委副书记毛雅君，副馆长李念祖、刘朝，天津图书馆副馆长刘铁，河北省图书馆党委副书记靳志军、副馆长何寿峰及首都图书馆合作协调中心主任高莹、副主任陈琼，采编中心主任张娟，数字图书馆管理中心主任谢鹏等18人参会。会议研究设立联盟资源建设工作委员会等6个工作委员会，成立雄安新区图书馆建设专家咨询组，并就本年度工作进行研讨，共同谋划、推进京津冀图书馆事业一体化高质量发展。

4月26日 山西省图书馆副馆长王开学一行9人到访，首都图书馆副馆长李念祖接待来访客人。双方就古籍搬迁及库房管理、古籍阅览服务、古籍再生性保护揭示利用等方面展开了交流。北京市古籍保护中心办公室主任史丽君、历史文献中心副主任邸晓平参加了活动。

4月26日 北京市文化和旅游局党组成员、驻局纪检监察组组长贾利亚，北京市文化和旅游局二级巡视员常林等一行4人到首都图书馆调研检查，进行实地点位安全检查，并针对"五一"节前安全、纠治"四风"工作及新馆建设进展等听取了汇报。党委副书记、馆长毛雅君，纪委书记、副馆长胡启军，党委委员、纪委委员、党委办公室主任段瑞林，办公室主任姚雪霞、副主任徐冰，人事部主任冯薇，后勤服务部主任宋治国和纪委委员、保卫部副主任贾铮陪同调研。

首都图书馆馆长任职年表

京师图书分馆（1913 年 7 月创立）

姓名	职务名称	任职时间	备注
关维震	京师图书分馆主任	1913 年 7 月—1915 年 1 月	
钱稻孙	京师图书分馆主任	1915 年 1 月—1917 年 1 月	
常国宪	京师图书分馆主任	1917 年 1 月—1925 年 2 月	
王丕谟	京师图书分馆主任	1925 年 2 月—1926 年 9 月	

京师第一普通图书馆

姓名	职务名称	任职时间	备注
王丕谟	京师第一普通图书馆主任	1926 年 10 月—1927 年 7 月	1926 年 10 月，奉教育部令京师图书分馆更名
王丕谟	京师第一普通图书馆主任	1927 年 7 月—1928 年 8 月	1927 年 7 月奉教育部令，京师第二普通图书馆与其合并

京师通俗图书馆（1913 年 10 月 21 日创立）

姓名	职务名称	任职时间	备注
不详		1913 年 10 月—1914 年 12 月	由教育部社会司科员经营未派主任
王丕谟	京师通俗图书馆主任	1915 年 1 月—1917 年 5 月	
朱颐锐	京师通俗图书馆主任	1917 年 5 月—1924 年 12 月	
黄中垲	京师通俗图书馆主任	1924 年 12 月—1926 年 9 月	

京师第二普通图书馆

姓名	职务名称	任职时间	备注
黄中垲	京师第二普通图书馆主任	1926 年 10 月—1926 年 10 月	1926 年 10 月，奉教育部令京师通俗图书馆更名

续表

姓名	职务名称	任职时间	备注
王丕谟	京师第二普通图书馆主任（兼任）	1926年10月—1927年7月	1927年7月奉教育部令，与京师第一普通图书馆合并

中央公园图书阅览所（1917年8月21日创立）

姓名	职务名称	任职时间	备注
王丕谟	中央公园图书阅览所主任	1917年5月—1925年2月	
戴克让	中央公园图书阅览所主任	1925年2月—1926年9月	

京师第三普通图书馆

姓名	职务名称	任职时间	备注
戴克让	京师第三普通图书馆主任	1926年10月—1927年7月	1926年10月奉教育部令中央公园图书阅览所更名
戴克让	京师第二普通图书馆主任	1927年7月—1928年8月	1927年7月奉教育部令京师第三普通图书馆更名为京师第二普通图书馆

北平特别市第一普通图书馆

姓名	职务名称	任职时间	备注
罗静轩（女）	北平特别市第一普通图书馆馆长	1928年11月—1930年10月	北伐后，教育部移交北平特别市政府接管。1928年11月，奉市政府令京师第一普通图书馆更名为北平特别市第一普通图书馆
罗静轩（女）	北平市立第一普通图书馆馆长	1930年10月—1931年10月	1930年10月，随同市政府更名而更名
李士渠	北平市立第一普通图书馆馆长	1931年10月—1933年8月	
吕孝信（女）	北平市立第一普通图书馆馆长	1933年8月—1935年7月	
李文祹	北平市立第一普通图书馆馆长	1935年7月—1937年8月	市政府由北平图书馆借调
吕孝信（女）	北平市立第一普通图书馆馆长	1937年8月—1937年9月	

北京特别市公署第一普通图书馆

姓名	职务名称	任职时间	备注
李文裪	北京特别市公署第一普通图书馆馆长	1937年9月—1942年9月	1937年8月，北平沦陷，1938年1月随伪市公署成立而更名
何其哲	北京特别市公署第一普通图书馆馆长	1942年9月—1943年4月	
程　明	北京特别市公署第一普通图书馆馆长	1943年4月—1944年9月	
汪　勃	北京特别市公署第一普通图书馆馆长	1944年9月—1945年11月	

北平特别市革命图书馆

姓名	职务名称	任职时间	备注
王　樾	北平特别市革命图书馆馆长	1928年11月—1929年7月	北伐后，教育部移交北平特别市政府接管。1928年11月奉市政府令京师第二普通图书馆更名
郭耀宗	北平特别市中山图书馆馆长	1929年7月—1930年11月	1929年7月，奉市政府令更名
李　彝	北平市中山图书馆馆长（市政府秘书兼任）	1930年11月—1933年7月	1930年10月，随同市政府更名而更名
金保康	北平市中山图书馆代馆长	1933年7月—1933年8月	
陈翠琬（女）	北平市中山图书馆馆长	1933年8月—1935年	
刘国琴	北平市中山图书馆馆长	1935年	
崔麟台	北平市中山图书馆馆长	1936年1月—1937年8月	

续表

北平特别市公署通俗图书馆

姓名	职务名称	任职时间	备注
崔麟台	北平特别市公署通俗图书馆馆长	1937年8月—1945年11月	1937年8月，北平沦陷，1938年1月随伪市公署成立而更名。1945年11月建制撤销，并入市立图书馆，为其分馆

北平市立图书馆

姓名	职务名称	任职时间	备注
姜文锦	北平市立图书馆馆长	1944年9月—1945年11月	抗日战争胜利，由北平市政府接管，于1945年11月更名为北平市立图书馆，原通俗图书馆建制撤销，并入市立图书馆，为其分馆
马子刚	北平市立图书馆馆长	1947年5月—1948年1月	
朱励安	北平市立图书馆馆长	1948年1月—1949年2月	

北平市立儿童图书馆（1948年8月创立）

姓名	职务名称	任职时间	备注
朱励安	北平市立儿童图书馆（市馆馆长兼任）	1948年8月	1948年8月，由市立图书馆分馆分出，经市教育局批准在中山公园戟殿设立儿童图书馆。未单独建制，仍属市馆管辖。10月10日正式成立，对外开放借书
蔡葆真（女）	北平市立儿童图书馆主任	1948年8月	"分馆"主任兼任，主持馆业务工作

续表

北京市图书馆

姓名	职务名称	任职时间	备注
张艾丁	北京市图书馆代馆长（北京市文化事业管理处社会文化科科长）	1952年3月—1952年7月	1949年2月北平解放，8月份接管，北平市立图书馆更名为北平市图书馆。1949年10月1日北平市更名为北京市，图书馆亦更名为北京市图书馆
薛汕	北京市图书馆馆长	1952年7月—1955年2月	先为副馆长，后任命为馆长

首都图书馆

姓名	职务名称	任职时间	备注
孙裕之	首都图书馆馆长	1964年2月—1981年10月	1956年10月11日奉北京市人民政府令更名为首都图书馆，1957年3月19日在新馆址国子监内开馆
冯秉文	首都图书馆馆长	1984年2月—1989年2月	
金沛霖	首都图书馆馆长	1989年2月—1998年10月	
金春田	首都图书馆馆长	1998年10月—2000年8月	
倪晓建	首都图书馆馆长	2000年12月—2015年10月	2002年迁至东三环南路
常林	首都图书馆馆长	2015年11月—2020年10月	
王志庚	首都图书馆馆长	2020年12月—2021年8月	
毛雅君	首都图书馆馆长	2021年10月至今	

首都图书馆副馆长任职年表

姓名	职务名称	任职时间	备注
魏元启	北京市图书馆副馆长	1949年8月—1952年3月	先为负责人，后任命为副馆长
薛 汕	北京市图书馆副馆长	1952年7月—不详	
黄 真	北京市图书馆副馆长	1954年—1955年8月	
刘德元	北京市图书馆副馆长	1955年8月—1956年10月	
刘德元	首都图书馆副馆长	1956年10月—1981年1月	
梁 丹	首都图书馆副馆长	1957年9月—1958年2月	
王斐然	首都图书馆副馆长	1963年2月—1979年3月	
程德清	首都图书馆副馆长	1971年—1978年4月	
张仲宇	首都图书馆副馆长	1979年8月—1984年8月	
冯秉文	首都图书馆副馆长	1981年1月—1984年2月	
张 祯	首都图书馆副馆长	1981年10月—1984年2月	
李烈先	首都图书馆副馆长	1984年2月—1989年2月	
金沛霖	首都图书馆副馆长	1984年8月—1989年2月	
石恩光	首都图书馆副馆长	1985年8月—1989年2月	
王维新	首都图书馆副馆长	1986年6月—1988年3月	
邹晓棣	首都图书馆副馆长	1989年2月—1994年1月	
张志明	首都图书馆副馆长	1989年2月—1994年5月	
程辛联	首都图书馆副馆长	1989年2月—1995年8月	
李永康	首都图书馆副馆长	1992年12月—1998年3月	
常 林	首都图书馆副馆长	1995年5月—2004年7月	
黄海燕	首都图书馆副馆长	1995年9月—2000年12月	
夏祖凤	首都图书馆副馆长	2000年5月—2004年12月	
张晓光	首都图书馆副馆长	2001年3月—2004年2月	
韩 朴	首都图书馆副馆长	2001年8月—2007年1月	
周心慧	首都图书馆副馆长	2001年8月—2007年4月	

续表

姓名	职务名称	任职时间	备注
肖维平	首都图书馆副馆长	2004年2月—2023年1月	
胡永欣	首都图书馆副馆长	2004年6月—2007年1月	
杨素音	首都图书馆副馆长	2004年6月—2009年8月	
邓菊英	首都图书馆副馆长	2004年8月—2022年6月	
陈　坚	首都图书馆副馆长	2007年5月—2022年11月	
胡启军	首都图书馆副馆长	2010年1月至今	
李冠南	首都图书馆副馆长	2012年12月—2016年10月	
李念祖	首都图书馆副馆长	2014年9月至今	
刘　朝	首都图书馆副馆长	2023年1月至今	
张　娟	首都图书馆副馆长	2023年5月至今	
谢　鹏	首都图书馆副馆长	2023年5月至今	

首都图书馆书记、副书记任职年表

姓名	职务名称	任职时间	备注
刘德元	中共党员	1951年4月	首都图书馆第一名党员
刘德元	党小组长	1954年2月	
黄　真	党支部书记	1955年8月18日	北京市图书馆第一届党支部选举成立
徐华民	党支部副书记	1955年8月18日	北京市图书馆第一届党支部选举成立。
刘德元	党支部书记	1957年1月15日	首都图书馆第二届党支部选举成立
徐华民	党支部副书记	1957年1月15日	
刘德元	党支部书记	1958年1月9日	首都图书馆第三届党支部选举成立
丁志刚	中共北京图书馆、首都图书馆总支部书记	1959年7月19日	刘德元任总支青年支委
左　恭	中共北京图书馆、首都图书馆总支部副书记	1959年7月19日	
许　克	党支部书记	1959年7月23日	首都图书馆第四届党支部选举成立
刘德元	党支部书记	1960年12月2日	首都图书馆第五届党支部选举成立
刘德元	党支部书记	1962年5月30日	首都图书馆第六届党支部选举成立
孙裕之	党支部书记	1964年1月7日	首都图书馆第七届党支部选举成立
刘德元	党支部副书记	1964年1月7日	首都图书馆第七届党支部选举成立
孙裕之	党支部书记	1965年3月24日	首都图书馆第八届党支部选举成立
张　平	党支部副书记	1965年3月24日	首都图书馆第八届党支部补选

续表

姓名	职务名称	任职时间	备注
孙裕之	党支部书记	1966年4月22日	首都图书馆第九届党支部选举成立
张 平	党支部副书记	1966年4月22日	首都图书馆第九届党支部补选
无	无	1966年8月—1970年初	党支部停止活动,支委会解散
于敏仁	党支部书记	1970年初—不详	军宣队调来,接替原军宣队戴诚义党支部书记
刘德元	党支部书记	1971年初	支部改选
袁云范	党支部书记	1979年11月4日—1981年10月24日	中共北京市文物局党组任命
青 韦	党支部书记	1981年10月24日—1986年6月	中共北京市文化局党组任命
高 博	党支部副书记	1981年10月24日	中共北京市文化局党组任命
青 韦	党总支部书记	1984年9月4日—1986年6月	宣布成立中共首都图书馆总支委员会,下设7个党支部
高金桥	党总支部书记	1986年6月—1989年2月	中共北京市文化局党组任命,下设7个支部
辛瑞国	党总支部副书记	1987年7月—1989年2月	中共北京市文化局党组任命,下设8个支部
辛瑞国	党总支部书记	1989年2月—1992年12月4日	中共北京市文化局党组任命,下设7个支部
李永康	党总支代书记	1992年12月4日—1996年4月	中共北京市文化局党组任命,下设6个支部。
高套柱	党总支书记	1996年4月—1998年10月	中共北京市文化局党组任命
李春红	党总支副书记	1996年4月	中共北京市文化局党组任命
李素林	党总支书记	1998年10月—2000年8月	中共北京市文化局党组任命
张晓光	党总支书记	2000年8月25日—2004年2月	中共北京市文化局党组任命
肖维平	党委书记	2004年2月—2023年1月	中共北京市文化局党组任命

续表

姓名	职务名称	任职时间	备注
李小苏	党委副书记	2008年6月—2016年10月	中共北京市文化局党组任命
李冠南	党委副书记	2016年10月—2020年12月	中共北京市文化局机关委员会任命
王志庚	党委副书记	2020年12月—2021年8月	北京市文化和旅游局党组任命
毛雅君	党委副书记	2021年10月至今	北京市文化和旅游局党组任命
许　博	党委书记	2023年8月至今	北京市文化和旅游局党组任命

首都图书馆主任、科长任职年表

姓名	职务名称	任职时间	备注
高 博	主任	不详	办公室
陈 珉	主任	不详	办公室
张 平	主任	不详	办公室、外文部
郭礼玉	主任	不详	办公室
李楚琴	主任	不详	辅导部
周毓瑜	主任	不详	辅导部
常 洁	主任	不详	辅导部
李文贤	主任	不详	阅览部
张明成	主任	不详	阅览部
周慧娟	主任	不详	阅览部
马琪章	主任	不详	阅览部
卢景云	主任	不详	西单分馆、采编部
金沛霖	主任	不详	采编部
冯秉文	主任	不详	参考部
陈慧玉	主任	1981年1月—1984年9月	科技部、采编部
李 璞	主任	1981年1月—不详	办公室、少儿馆
车世如	科长	1981年1月—不详	总务科
仵延玲	主任	1982年3月—不详	阅览部
李烈先	主任	1983年9月—1984年1月	辅导部
王维新	主任	1984年7月—不详	研究辅导部
阎中英	主任	1984年7月—1988年5月	社科部、书目参考部
张儒林	主任	1984年9月—1988年6月	科技部
张 伟	主任	1984年9月—不详	科技文献应用服务室
杨冀农	主任	1986年9月—不详	基建办公室
葛增福	主任	1988年3月—不详	图书保管部
陈 讷	科长	1988年5月—2011年	财务科、财务部

续表

姓名	职务名称	任职时间	备注
蔡立达	主任	1988年5月—不详	图书保管部
周心慧	主任	1988年5月—2001年8月	教育办公室、文化服务部
陈怡龙	主任	1988年5月—不详	馆长办公室、图书保管部
宛世明	主任	1988年5月—不详	党总支办公室
李琴华	主任	1988年5月—不详	期刊部
张志明	主任	1988年5月—1989年3月	职称改革办公室
邹晓棣	主任	1988年9月—1989年2月	研究辅导部
韩朴	主任	1988年9月—2001年8月	北京地方文献部
李连翔	科长	1988年11月—不详	保卫科
朱梅竹	主任	1989年6月—不详	期刊部
肖维平	科长	1990年4月—1991年4月	人事科
鲁昌	科长	1991年1月—不详	总务科
成建军	主任	1993年3月—不详	文化服务部
高彦	馆长助理	1993年3月—不详	馆长助理
黄传恺	主任	1993年3月—不详	书目参考部
陈星	馆长助理	1993年7月—1994年8月	馆长助理
郎俊芳	科长	1993年11月—2001年2月	人事科、改革办公室、会议展览中心
张守国	主任	1993年12月—1996年	基建办公室主任
常林	馆长助理	1994年3月—1995年5月	馆长助理
黄海燕	馆长助理	1995年2月—1995年9月	馆长助理
王春立	主任	1995年9月—2002年4月	阅览部
李春红	主任	1995年12月—1996年4月	办公室
石恩光	主任	1996年1月—1999年	名录研究室、新馆研究室
余虹	主任	1997年1月—1999年7月	外文部
卢曼	主任	1997年7月—2004年9月	视听室、视听资料中心
洪培林	主任	1997年8月—不详	基建科
毕如兰	主任	1999年7月—1999年12月	人事科、综合办公室

续表

姓名	职务名称	任职时间	备注
邓菊英	主任	1999年11月—2004年8月	新馆研究室、业务部、馆长助理
刘立河	馆长助理	2000年7月—2001年7月	
郑熙明	馆长助理	2000年7月—2001年7月	
陈 坚	主任	2001年7月—2006年12月	采编中心
董占华	主任	2002年4月—2015年8月	教育培训中心
刘乃英	主任	2002年4月—2022年7月	书目参考部、历史文献中心
高 莹	主任	2002年4月至今	研究辅导中心、合作协调（部）中心、合作协调中心（首都图书馆联盟办公室）、合作协调中心
张利中	主任	2002年4月—2018年2月	组织人事部
杨国湧	主任	2002年4月—2020年3月	保卫部
仲爱红	主任	2002年4月至今	典藏借阅中心、读者服务中心
姚雪霞	主任	2002年4月至今	办公室
林 岫	主任	2002年4月至今	报刊资料中心
马文大	主管（主任）	2002年4月至今	文化服务中心、北京地方文献中心（泮水文化服务中心）、北京地方文献中心
胡启军	馆长助理	2004年12月—2009年12月	馆长助理
张子辉	主任	2005年5月—2012年8月	后勤服务部
李念祖	主任	2005年8月—2014年9月	信息网络中心
王海茹	主任	2005年8月—2020年8月	宣传策划部
张震宇	主管（主任）	2006年1月、2016年5月	二期工程筹建办公室、国际交流中心
王 梅	主任	2006年1月至今	少儿阅读活动中心

续表

姓名	职务名称	任职时间	备注
赵雪锋	主管（主任）	2006年1月至今	汽车图书馆、典藏借阅中心（汽车图书馆）、汽车图书馆（文化志愿服务中心）
朱丹	主任	2006年1月至今	少儿综合借阅中心
张皖	主管（主任）	2006年1月至今	少儿多媒体视听中心、少儿视听中心
段瑞林	主管（主任）	2006年1月、2020年6月	组织人事部、党委办公室
陈坚	馆长助理	2006年12月—2007年5月	馆长助理
陆映秋	主任	2007年5月—2019年10月	会展中心、文化活动中心
李诚	主任	2007年5月—2015年5月	北京地方文献中心
韩滨	主任	2007年5月至今	视听资料中心
袁艳	主任	2007年5月—2014年4月	信息咨询中心、国际交流中心（2013年5月）
张云萍	主任	2008年4月—2013年6月	采编中心
张娟	主任	2011年12月—2023年5月	数字资源建设中心、采编中心
陈建新	主任	2012年4月—2022年11月	共享工程北京分中心、数字资源中心
李冠南	馆长助理	2012年2月—2012年12月	馆长助理
宋治国	主任	2019年7月至今	后勤服务部
田峰	主任	2017年5月至今	典藏借阅中心
王玉平	主任	2017年5月至今	财务部
贾蕾	主任	2019年7月至今	业务部
王松霞	主任	2019年7月至今	信息咨询中心
谢鹏	主任	2019年7月—2023年5月	数字图书馆管理中心
潘淼	主任	2019年7月至今	社会教育中心
冯薇	主任	2020年6月至今	人事部

续表

姓名	职务名称	任职时间	备注
史丽君	主任	2020年6月至今	北京市古籍保护中心办公室、历史文献中心（2023年4月起兼任）
刘 杨	主任	2020年6月至今	文化活动中心
贾 静	主任	2023年8月至今	保卫部

首都图书馆副主任、副科长任职年表

姓名	职务名称	任职时间	备注
王维新	副主任	1981年1月—不详	办公室
金沛霖	副主任	1981年1月—不详	采编部
李烈先	副主任	1981年1月—1983年9月	辅导部
马琪章	副主任	1981年1月—1984年7月	辅导部
钱道镏	副科长	1981年1月—不详	复印装订厂
张儒林	副主任	1981年1—1984年9月	科技部
陈培荣	副主任	1981年1月—不详	社科部
赵淑香	副主任	1981年1月—不详	社科部
郭菏萍	副主任	1981年1月—不详	图书保管部
韩德宣	副科长	1981年1月—不详	总务科、复印装订厂、财务科
李璞	副主任	1981年1月—1983年9月	少儿馆
杨善政	副主任	1982年3月—不详	辅导部
王煜华	副主任	1982年3月—不详	社科部
蔡立达	副主任	1982年3月—1988年5月	图书保管部
阎中英	副主任	1983年7月—1984年7月	社科部
程辛联	副主任	1984年7月—不详	采编部
贾丽	副主任	1984年7月—不详	期刊部
刘英琪	副主任	1984年7月—不详	图书保管部、北京地方文献部
周心慧	副主任	1984年7月—1988年5月	行政办公室
邹晓棣	副主任	1984年7月—1989年3月	研究辅导部
朱梅竹	副主任	1984年7月—1989年6月	阅览部
石北屏	副主任	1984年9月—不详	采编部
贾璐	副主任	1984年9月—不详	科技部
张伟	副主任	1984年9月—不详	科技部、开元信息服务公司
韩朴	副主任	1985年12月—1988年9月	北京地方文献部
葛增福	副主任	1985年12月—1988年3月	图书保管部
陈讷	副科长	1986年9月—1988年5月	财务科

续表

姓名	职务名称	任职时间	备注
陈怡龙	副主任	1987年5月—1988年5月	馆长办公室主任
李连翔	副科长	1988年2月—1988年11月	保卫科
张玲玲	副主任	1988年5月—不详	采编部
韩小雨	副主任	1988年5月—不详	馆长办公室
张志明	副科长	1988年5月—1989年3月	人保科
夏锦榜	副主任	1988年5月—不详	外文部
成建军	副主任	1988年5月—1993年3月	阅览部
张子辉	副科长	1988年5月—2005年5月	总务科、行政部、后勤服务部
陈坚	副主任	1989年4月—1993年3月	采编部
董占华	副主任	1989年4月—不详	辅导部
陈星	副主任	1989年4月—1993年7月	计算机室
赵焱	副主任	1989年4月—1990年3月	期刊部
肖维平	副科长	1989年4月—1990年4月	人事科
卢曼	副主任	1989年4月—1997年7月	视听资料室
尹力文	副主任	1989年4月—不详	视听资料室
张庆英	副主任	1989年4月—1995年1月	图书保管部
包军典	副主任	1989年6月—不详	阅览部
邓菊英	副主任	1989年7月—不详	地方文献部
黄海燕	副主任	1991年7月—1995年2月	期刊部、社会工作部
张守国	副经理	1991年7月—1993年12月	三元公司
刘立河	副主任	1991年8月—2000年2月	辅导部、期刊部、北京地方文献部
郎俊芳	副科长	1992年6月—1993年11月	人事科
李小苏	副主任	1992年6月—2001年12月	外文部、办公室、改革办公室、阅览部
余虹	副主任	1992年6月—1997年1月	外文部、新馆研究室
王敏	副主任	1993年3月—不详	书目参考部
刘乃英	副主任	1993年3月—2002年5月	书目参考部
高套柱	副主任	1993年3月—1996年4月	阅览部
王春立	副主任	1993年3月—1995年9月	阅览部

续表

姓名	职务名称	任职时间	备注
马智会	副主任	1993年7月—不详	党政办公室
常 林	副主任	1993年7月—1994年3月	计算机室
秦晓杰	副主任	1995年1月—不详	采编部
田 峰	副主任	1995年1月—2017年4月	期刊部、典藏借阅中心
赵红涤	副主任	1996年5月—不详	辅导部
高 莹	副主任	1996年5月—2002年4月	期刊部、综合办公室
陈安琪	副主任	1996年5月—不详	阅览部
毕如兰	副主任	1997年3月—1999年12月	古籍部、综合办公室
刘金柱	副科长	1997年6月—不详	行政科
陆映秋	副主任	1997年6月—2005年1月	编目中心、会展中心
李海虹	副主任	1997年12月、2002年5月	期刊部、合作协调中心
郑明光	副科长	1997年12月—1999年7月	保卫科、改革办公室
陈建新	副主任	1998年5月—2011年12月	自动化发展部、信息网络中心
赵志芹	副主任	1999年1月—不详	党总支办公室
杨国湧	副科长	1999年7月—2002年4月	保卫科
仲爱红	副科长	1999年7月—2002年4月	人事科
袁 艳	副主任	1999年11月、2005年5月	新馆研究室、信息咨询中心
张利中	副科长	1999年12月—2002年4月	人事科
张云萍	副主任	2001年7月—2008年4月	采编中心
朱悦梅	副主任	2002年4月至今	报刊资料中心
李 诚	副主任	2002年4月—2007年5月	北京地方文献中心
王 炜	副主任	2002年4月—2012年12月	北京地方文献中心
韩 丽	副主任	2002年4月—2008年	典阅中心
韩 滨	副主任	2002年4月—2007年5月	视听资料中心
张 娟	副主任	2008年4月—2011年11月	采编中心、数字资源建设中心
王玉平	副主任	2010年11月—2017年4月	财务部
宋艳萍	副主任	2012年4月至今	采编中心
宋治国	副主任	2012年4月—2019年7月	后勤服务部
张 昊	副主任	2012年4月—2015年7月	历史文献中心

续表

姓名	职务名称	任职时间	备注
谢 鹏	副主任	2012年4月—2019年7月	信息网络中心、数字图书馆管理中心
王松霞	副主任	2012年4月—2019年7月	信息咨询中心
贾 蔷	副主任	2012年4月—2019年7月	业务部
卢 慧	副主任	2012年4月—2012年12月	组织人事部
冯 薇	副主任	2017年5月—2020年6月	组织人事部
史丽君	副主任	2017年5月—2020年6月	历史文献中心
晋兰颖	副主任	2017年5月至今	典藏借阅中心
孟云剑	副主任	2017年5月至今	北京地方文献中心
刘 杨	副主任	2017年5月—2020年6月	文化活动中心
徐 冰	副主任	2019年7月至今	办公室
贾 铮	副主任	2019年7月—2023年8月	保卫部
陈 琼	副主任	2019年8月至今	少儿综合借阅中心、合作协调中心（2023年3月起）
罗 丹	副主任	2019年7月至今	视听资料中心
杨芳怀	副主任	2019年7月至今	汽车图书馆
李 光	副主任	2020年6月至今	典藏借阅中心
刘 艳	副主任	2020年6月至今	报刊资料中心
李凌霄	副主任	2020年6月至今	宣传策划部
顾梦陶	副主任	2020年6月至今	数字资源中心
吴洪珺	副主任	2020年6月至今	少儿阅读活动中心
邸晓平	副主任	2020年6月至今	历史文献中心
任雪征	副主任	2023年8月至今	财务部
薛 蕾	副主任	2023年8月至今	业务部
赵春雨	副主任	2023年8月至今	采编中心
周 莉	副主任	2023年8月至今	信息咨询中心
王 璐	副主任	2023年8月至今	数字资源管理中心
李晶莹	副主任	2023年8月至今	北京市古籍保护中心办公室

首都图书馆共青团书记任职年表

姓名	职务名称	任职时间	备注
李恩仔	团支部书记	1957年1月15日	第二届党支部青年委员兼职
刘德元	共青团北京图书馆、首都图书馆总支部书记	1959年7月	
倪志渔	共青团北京图书馆、首都图书馆总支部副书记	1959年7月	
刘小兰	团支部临时负责人	1971年	
刘广播	团支部书记	1972年	
陈　纳	团支部书记	1974年	
余　虹	团总支书记	1990年2月—1992年3月	
王　敏	团总支书记	1992年3月—1993年4月	
仲爱红	团总支书记	1995年8月—1997年3月	
王　梅	团总支书记	1997年3月—1999年5月	
王　炜	团总支书记	1999年5月—2001年12月	
贾　蔷	团总支书记	2001年12月—2005年7月	
李冠南	团委书记	2005年7月—2016年5月	团总支改制为团委
潘　淼	团委书记	2016年5月—2019年7月	
王振澍	团委书记	2019年7月—2022年7月	
顾梦陶	团委书记	2022年7月至今	

首都图书馆工会主席、副主席任职年表

姓名	职务名称	任职时间	备注
马琪章	工会主席	1990年4月—1993年3月	1987年1月成立首都图书馆工会筹备委员会。1990年3月选举产生了首都图书馆第一届工会委员会
金慰先	工会副主席	1990年3月—1993年3月	1990年3月选举产生了首都图书馆第一届工会委员会
陈贻龙	工会主席	1997年9月—2001年8月	1997年7月选举产生了首都图书馆第二届工会委员会
金慰先	工会副主席	1997年9月	1997年7月选举产生了首都图书馆第二届工会委员会
李小苏	工会主席	2001年8月—2006年9月	2001年8月选举产生了首都图书馆第三届工会委员会
李小苏	工会主席	2006年9月—2012年9月	2006年8月选举产生了首都图书馆第四届工会委员会
李冠南	工会主席	2013年5月至今	2013年5月选举产生了首都图书馆第五届工会委员会

首都图书馆（北京市少年儿童图书馆）事业情况一览

年度	员工人数	文献资源/万册(件) 总藏量	文献资源/万册(件) 年新增藏量	经费/万元 财政拨款	经费/万元 购书费	总流通人次/万人次	外借册次/万册次	备注
1949	28	10.7		2,955.29		5.5	3.4	经费折合小米93000斤，册次统计不全
1950	28	12.5		22,246.98		12.3	4.4	同上
1951	28	14.9		不详	不详	23.3	5.3	同上
1952	30	16.8		30,049.80	8,166.00	11.8	18.8	同上
1953	59	39.4		72,500.00	20,286.37	24.5	22.1	
1954	64	46.5		101,383.46	21,895.70	22.5	24.6	
1955	59	67.3		19.18	3.59	22.5	25.8	
1956	70	79.9		38.68	9.7	29.5	55.4	
1957	69	78.5		33.79	12.78	45.7	82.8	
1958	76	85.7		30.36	9.48	44.6	742.8	册次为虚报数字
1959	86	95.7		28	10.62	34	460.3	
1960	92	126.1		28.7	7.37	60.2	659.1	册次为虚报数字，北京市少儿馆并入首都图书馆，无单独统计

续表

年度	员工人数	文献资源／万册（件）		经费／万元		总流通人次／万人次	外借册次／万册次	备注
		总藏量	年新增藏量	财政拨款	购书费			
1962	86	120.8		15.75	3.7	36.8	102.1	
1963	83	121		18.6	8.56		92.9	
1964	86	134.2		18.5	7.22			
1965	84	120.2		17.5	6.46		76.2	
1966	84	120.2		13.8	2.66	闭馆	闭馆	
1967	84	120.2		9.1	0.46	闭馆	闭馆	
1968	84	120.2		8.21	0.14	闭馆	闭馆	
1969	84	120.2		9.2	0.7	闭馆	闭馆	
1970	70	120.2		8.5	0.43	闭馆	闭馆	
1971	70	120.2		11.2	0.87			7月恢复开馆
1972	109	387.1		19.7	2.17		34	
1973	110	361		20.00	3.4	28.4	66.3	
1974	121	379.5		25.30	2.59	17.7	42.3	
1975	132	384.7		24.40	5.14	19.2	64.4	
1976	172	388.4		29.30	11.88	17.7	58.4	
1977	174	389.7		26.75	6.58	25.8	80.8	
1978	173	191.5		31.90	8.50	30.6	86.6	

续表

年度	员工人数	文献资源/万册（件） 总藏量	年新增藏量	经费/万元 财政拨款	购书费	总流通人次/万人次	外借册次/万册次	备注
1980	175	209	94378	56.10	16.59	29	82	少儿馆虽未单独建制，根据统计局要求，从首都图书馆分出单独统计下同
1981	157	191		57.20	18.05	26.8	58.3	
1982	160	196.1	11.6504	60.78	23.96	30.6	79.2	
1983	171	206.1	12.5619	78.25	35.40	31.7	71.7	
1984	166	213.9	9.0878	89.17	47.26	32.9	59.5	
1985	176	197.1		116.01	46.37	25.4	53.5	
1986	178	157.4	10.7874	199.12	30.00	18.7	24.8	
1987	196	182.4	11.3434	147.53	40.00	8.3	42.3	
1988	206	194	10.0416	155.35	35.00	17.8	90.8	
1989	192	208.1	11.5351	158.92	38.00	16.6	78	
1990	199	217.7	7.4331	170.08	40.00	18.4	85.1	
1991	215	238.3	3.9196	216.98	48	15.5	19.6	开架图书不计册次
1992	209	242.1	3.1072	182.45	50.00	16.9	14.3	同上
1993	201	245.75	3.6709	307.98	110.00	20.6	17.0369	
1994		248.42	2.6613	262.83	130.00			
1995			3.2117	490.78	150.00			

续表

年度	员工人数	文献资源/万册(件) 总藏量	年新增藏量	经费/万元 财政拨款	购书费	总流通人次/万人次	外借册次/万册次	备注
1997	202	258.55	3.0332	786.83	260.00	23	22.2	
1998	205	262	3.5220	837.40	300.00	16.2592	14.6307	
1999	235	270.19	5.5394	1005.00	360.00	14.6167	10.7963	
2000			5.9449	5886.00	750.00			
2001(首图)	332	296.19	20.0546	6068.00	750.00	63.8475	45.5292	
2002(首图)	307	316.54	20.3520	3713.00	1000.00	125.3	59	
2002(少儿)	59	55.0651				10.7	15.1	
2003(首图)	290	340.5762	19.1504	3634.54	1000.00	130.8524	104.9006	
2003(少儿)	63	62.5672				17.5	8.9	
2004(首图)	278	356.4996	15.9234	4267.38	1000.00	203.0437	150.7065	
2004(少儿)	66	65.6799				32.1355	32.7395	
2005(首图)	311	383.6546	23.3946	4795.99	1490.00	249.3636	188.9044	
2005(少儿)	41	82.7434				43.0205	49.9586	

首都图书馆(北京市少年儿童图书馆)事业情况一览

续表

年度	员工人数	文献资源/万册（件）		经费/万元		总流通人次/万人次	外借册次/万册次	备注
		总藏量	年新增藏量	财政拨款	购书费			
2006	317	455.78	36.0626	6726.75	1440.00	273.8496	228.7742	
2008	343	521.3765	30.2054	9027.22	1500.00	311.2786	255.4984	
2009	376	552.6624	30.6273	14868.71	1700.00	318.8763	257.4850	
2010	381	581.94	28.4141	14449.12	2071.46	283.9669	230.9804	
2011	377	620.54	33.8006	16200.30	2391.05	272.9591	213.6334	数字资源152.32TB
2012	380	654.56	38.2786	17818.10	2287.40	287.1869	177.9986	数字资源215.52TB
2013	374	688.2818	49.4382	21114.78	3066.69	454.3714	272.9563	数字资源217.71TB
2014	364	733.3266	45.0448	18547.89	3007.88	454.8490	282.6172	数字资源220.49TB
2015	365	771.4705	38.1271	21496.89	3788.60	514.4173	252.4829	数字资源237.32TB
2016	351	808.3214	36.8509	22283.47	4728.37	525.2317	235.3300	数字资源242.28TB
2017	347	844.9307	34.2964	22529.77	4607.43	528.5938	213.2355	数字资源601.47TB
2018	345	879.6149	34.6842	24134.21	4142.84	508.5266	208.7457	数字资源622.01TB
2019	350	906.4063	26.7914	23309.63	4320.92	539.3683	195.6220	数字资源676.79TB
2020	360	925.7458	19.3395	22815.36	3544.19	131.0947	45.9238	数字资源691.7TB
2021	357	941.6943	23.3836	24174.71	4565.65	227.8252	70.9858	数字资源386.823TB
2022	372	967.7852	26.5722	25364.73	3418.86	149.8355	49.7720	数字资源638.841TB

首都图书馆馆员著述一览

编号	编著者	书名	出版社	出版年	备注
1	李文裿	《漱玉集》	冷雪盦	1927	
2	李文裿	《李易安年谱》	北平明社出版部	1929	
3	李文裿	《士礼居藏书题跋补录》	冷雪盦	1929	
4	关维震	《茅蚕法》	商务印书馆	1929	
5	北平特别市市立第一普通图书馆	《北平特别市市立第一普通图书馆周年纪念刊》	北平特别市市立第一普通图书馆	1930	
6	北平特别市市立第一普通图书馆	《北平特别市市立第一普通图书馆馆刊》	北平特别市市立第一普通图书馆	1931	
7	李文裿	《河北省立实验乡村民众教育馆概况》	河北省立实验乡村民众教育馆	1932	
8	李文裿	《北平学术机关指南》	北平图书馆协会	1933	
9	李文裿	《中国体育图书汇目》	北平青梅书店	1933	
10	李文裿	《冷雪庵知见印谱录目》	北平青梅书店	1933	
11	李文裿、朱英	《北平市立第一普通图书馆图书总目》	北平市立第一普通图书馆	1935	
12	北平市立第一普通图书馆	《义务教育研究资料选目》	北平市立第一普通图书馆	1935	

续表

编号	编著者	书名	出版社	出版年	备注
13	北平市立第一普通图书馆	《北平市立第一普通图书馆借书暂行章程》	北平市立第一普通图书馆	1935	
14	李文裿	《全国日报调查录》	北平市立第一普通图书馆	1936	
15	李文裿	《儿童图书馆经营与实际》	中华图书馆协会	1936	
16	北平市立第一普通图书馆	《北平市立第一普通图书馆二十四年度馆务报告》	北平市立第一普通图书馆	1936	
17	北平市立第一普通图书馆	《北平市立第一普通图书馆儿童节纪念册》	北平市立第一普通图书馆	1937	
18	北京市立第一普通图书馆	《北京市立第一普通图书馆阅览指南》	北京市立第一普通图书馆	1937	另有1936年版
19	北京市立第一普通图书馆	《国术参考书选》（拳术类）	北京市立第一普通图书馆	1937	
20	北京市立第一普通图书馆	《北京市立第一普通图书馆概况》	北京市立第一普通图书馆	1938	另有1933年版、1936年版
21	李文裿	《北京文化学术机关综览》	新民印书馆	1940	
22	北京市图书馆	《为什么要设立"书刊交换文库"？》	北京市图书馆	1953	
23	首都图书馆	《馆藏中国医药书目：初编》	首都图书馆	1957	
24	首都图书馆	《馆藏中国医药书目》	首都图书馆	1957	
25	冯秉文	《全国图书馆书目汇编》	中华书局	1958	

续表

编号	编著者	书名	出版社	出版年	备注
26	首都图书馆	《土法炼钢参考书目索引》	首都图书馆	1958	
27	首都图书馆	《馆藏宋词辑目》	首都图书馆	1958	
28	首都图书馆	《馆藏机械工程书目：初编》	首都图书馆	1958	
29	首都图书馆	《馆藏机械工程书目：续编》	首都图书馆	1958	
30	首都图书馆	《北京市前门区和崇文区图书馆怎样培养读者积极分子》	首都图书馆	1958	
31	首都图书馆	《馆藏中国古农书目》	首都图书馆	1958	
32	首都图书馆	《馆藏诗经刻本及其有关论述简目》	首都图书馆	1958	
33	首都图书馆	《唐代诗人李白杜甫的著述及其评介辑目》	首都图书馆	1958	
34	北京图书馆、首都图书馆	《北京地方文献联合目录》	全国图书联合目录编辑组	1959	
35	首都图书馆	《馆藏北京金石拓片目录：初编》	首都图书馆	1959	
36	首都图书馆	《馆藏中国戏曲书刊目录》	首都图书馆	1959	
37	首都图书馆	《馆藏中国文学古籍参考目录：续编》	首都图书馆	1959	
38	首都图书馆	《馆藏中国戏曲书刊目录：初稿》	首都图书馆	1960	
39	首都图书馆	《首都图书馆藏中国小说书目初编——五四以前部分》	首都图书馆	1960	
40	首都图书馆	《北京妇女资料索引》	首都图书馆	1960	

续表

编号	编著者	书名	出版社	出版年	备注
41	首都图书馆	《北京地方文献报刊资料索引：解放前北京工矿业专辑》	首都图书馆	1961	
42	首都图书馆	《〈水浒〉评论书刊目录索引》	首都图书馆	1975	
43	首都图书馆	《全国解放前革命期刊联合目录：1919—1949》	中国科学院图书馆	1976	
44	首都图书馆	《老舍研究资料编目》	北京市图书馆学会	1981	
45	首都图书馆	《首都图书馆善本书目》	首都图书馆	1983	
46	冯秉文	《北京方志概述》	吉林省地方志编纂委员会	1985	
47	首都图书馆	《北京地方文献报刊资料索引：地理、名胜古迹部分 1904—1949》	首都图书馆	1985	
48	首都图书馆	《北京地方文献报刊资料索引历史部分》	北京哲学社会科学规划领导小组	1988	
49	周心慧等	《中外典故大词典》	科学出版社	1989	
50	首都图书馆	《首都图书馆同人文选（1979—1989）》	首都图书馆	1990	
51	吴健生、周心慧	《地球在我们脚下》	中国和平出版社	1991	
52	金沛霖、韩朴	《图书馆岗位培训系列教材 第二卷：服务卷图书馆地方文献工作》	文津出版社	1992	
53	首都图书馆	《初拓墨池堂法帖》	北京古籍出版社	1993	
54	金沛霖	《首都图书馆捌拾年》	首都图书馆	1993	

续表

编号	编著者	书名	出版社	出版年	备注
55	韩朴、李诚	《北京成人教育史志资料选辑》（第二辑）	中国建材工业出版社	1993	
56	首都图书馆	《首都图书馆史》	首都图书馆编	1994	
57	周心慧	《棋牌道通：古代棋牌趣事录》	中国青年出版社	1994	
58	邓菊英、李诚	《北京近代小学教育史料》（上、下）	北京教育出版社	1995	
59	田红、李诚	《北京近代中师、职业、学前、特殊、民族教育史料》	北京教育出版社	1995	
60	邓菊英、高莹	《北京近代教育行政史料》	北京教育出版社	1995	
61	韩朴、田红	《北京近代中学教育史料》（上、下）	北京教育出版社	1995	
62	金沛霖	《明清抄本孤本戏曲丛刊》（1—15）	线装书局	1996	
63	首都图书馆	《古本小说四大名著版画全编》	线装书局	1996	
64	首都图书馆	《古本戏曲十大名著版画全编》	线装书局	1996	
65	周心慧	《墨索里尼》	中国和平出版社	1996	
66	周心慧	《富兰克林》	中国和平出版社	1996	
67	周心慧、奕扬	《外国重要节日由来》	世界知识出版社	1996	
68	周心慧、字君	《外国名城传说》	世界知识出版社	1996	
69	金沛霖	《大学文献大成》	学苑出版社	1996	
70	金沛霖	《古本戏曲版画图录》	学苑出版社	1997	

首都图书馆馆员著述一览

569

续表

编号	编著者	书名	出版社	出版年	备注
71	金沛霖	《通鉴史料别裁》	学苑出版社	1998	
72	周心慧	《明代版刻图释》	学苑出版社	1998	
73	周心慧	《中国古代版刻版画史论集》	学苑出版社	1998	
74	周心慧	《中国古代佛教版画集》	学苑出版社	1998	
75	詹跃华、金沛霖	《北京国子监》	首都图书馆	1998	
76	周心慧、王致军	《徽派·武林·苏州版画集》	学苑出版社	2000	
77	周心慧	《中国古版画通史》	学苑出版社	2000	
78	周心慧	《古本小说版画图录》	万卷楼图书公司	2000	
79	周心慧	《文房四宝》	学苑出版社	2000	
80	周心慧	《新编中国版画史图录》	学苑出版社	2000	
85	陈坚、马文大	《宋元版刻图释》	知识产权出版社	2000	
81	侯志云、郑明光	《走进知识殿堂》	中国致公出版社	2001	
82	周心慧	《中华善本珍藏文库》（1—4）	中华书局	2001	
83	冯秉文	《全唐文篇目分类索引》	天津人民美术出版社	2001	
84	首都图书馆等	《首都图书馆古籍书画珍品集萃》	天津人民美术出版社	2001	
85	倪晓建、张晓光	《首都图书馆馆藏珍品图录》	学苑出版社	2001	
86	金沛霖、周心慧	《《清车王府藏曲本》全印本》（1—57）	学苑出版社	2001	

续表

编号	编著者	书名	出版社	出版年	备注
87	周心慧	《中国版画史论丛》	学苑出版社	2002	
88	周心慧	《中国版画史丛稿》	学苑出版社	2002	
89	马文大、陈坚	《明清珍本版画资料丛刊》（1—12）	学苑出版社	2003	
90	马文大、王致军	《吴晓玲先生珍藏古版画全编》	学苑出版社	2003	
91	周心慧、邓菊英等	《打开信息之门》	学苑出版社	2003 版	
92	马文大、邓菊英	《古本戏曲版画图录》（1—5）	学苑出版社	2003	
93	首都图书馆	《首都图书馆同人文选》	学苑出版社	2003	
94	首都图书馆	《传承历史 再铸辉煌——首都图书馆建馆九十周年纪念文集》	学苑出版社	2004 再版	
95	周心慧	《中国版画史丛稿》	中国书店	2004	
96	北京市社科联、首都图书馆、北京史研究会	《漫步北京历史长河》	学苑出版社	2004	
97	韩朴	《首都图书馆藏旧京戏报》（二册）	外文出版社	2004	
98	李诚、王炜、王自强、李冠南	《北京历史舆图集》（四册）	北京图书馆出版社	2006	
99	常林	《数字时代的图书馆建筑与设备》	中国青年出版社	2006	
100	周心慧	《中国古籍插图精鉴》			

述著员书图馆图都首 一览

571

续表

编号	编著者	书名	出版社	出版年	备注
101	倪晓建	《首都图书馆藏名家墨宝集萃》	学苑出版社	2006	
102	金沛霖	《首都图书馆藏名家墨宝集萃：图集》	学苑出版社	2006	
103	金沛霖	《古本小说版画图录》（上、中、下）	线装书局	2006	
104	倪晓建	《北京地区图书馆大事记1949—2006》	北京图书馆出版社	2007	
105	周心慧	《中国古代戏曲版画集》	学苑出版社	2008	
106	陈坚、马文大	《宋元版刻图释》	学苑出版社	2008	
107	王炜、袁碧荣	《金石记忆——碑刻铭文里的老北京》	学苑出版社	2008	
108	倪晓建	《目录学与文献利用》	国家图书馆出版社	2008	
109	邓菊英	《公共图书馆建设标准》	中国计划出版社	2008	
110	王炜、同虹	《北京公园开放记》	学苑出版社	2008	
111	首都图书馆	《奥运有我》	学苑出版社	2008	
112	首都图书馆	《奥运有我：我的微笑成长故事》	学苑出版社	2009	
113	王炜、郭炜	《大前门——王永斌口述老北京生活》	学苑出版社	2009	
114	郭贺欣、李念祖	《人力资源管理实务操作完全手册》	中国纺织出版社	2009	
115	周心慧、马文大	《中国美术全集——清代版画卷》	紫禁城出版社	2009	
116	韩朴	《北京地方文献工具书提要》	中国书店出版社	2010	
117	韩朴	《北京历史文献要籍解题》	中国书店出版社	2010	

续表

编号	编著者	书名	出版社	出版年	备注
118	北京市社科联、北京史研究会、首都图书馆	《史说北京》	中国人民大学出版社	2011	
119	倪晓建	《首都图书馆古籍善本书目》	国家图书馆出版社	2011	
120	廉串德、陈人语	《跨文化心理学——希望理论与自我效能理论的适用性对比》	社会科学文献出版社	2011	
121	首都图书馆	《首都图书馆藏稀见方志丛刊》（1—30）	国家图书馆出版社	2011	
122	首都图书馆	《百年传承 十载华章——首都图书馆新馆开馆十周年纪念文集》	学苑出版社	2012	
123	倪晓建	首都图书馆藏绘画珍赏	学苑出版社	2012	
124	倪晓建	《菊苑留痕——首都图书馆藏北京各京剧院团老戏单：1951—1966》	学苑出版社	2012	
125	首都图书馆、中国唱片总公司	《北京好歌》	中国唱片总公司	2012	
126	首都图书馆	《熟悉·陌生北京城》	学苑出版社	2013	
127	首都图书馆	《首都图书馆藏国家珍贵古籍图录》	国家图书馆出版社	2013	
128	首都图书馆	《首都图书馆藏革命历史文献书目提要》	国家图书馆出版社	2013	
129	孟繁华、许嘉利主编；杨之峰副主编	《二十四史导读》	同心出版社	2013	

续表

编号	编著者	书名	出版社	出版年	备注
130	史丽君、郄晓宇	《中华文化百科丛书：中华美食》	中国大百科全书出版社	2013	
131	首都图书馆	《首都图书馆藏绥中吴氏赠书目录》	国家图书馆出版社	2014	
132	首都图书馆	《首都图书馆古籍普查登记目录》	国家图书馆出版社	2014	
133	刘乃英	《新编太学文献大成》（增订）	学苑出版社	2015	
134	张田	《旧京一瞥》	北京燕山出版社	2015	
135	王玥琳	《中国古代书印小史》	中国长安出版社	2015	
136	周心慧、马文大	《中国古代彩色套印版画图录》	文物出版社	2016	
137	首都图书馆	《书香首图 悦读阅美——首都图书馆校外活动实践课程》	学苑出版社	2016	
138	孙潇潇	《军统对日战揭秘》	团结出版社	2016	
139	史丽君	《陈垣的史源学理论与实践》	人民出版社	2016	
140	首都图书馆	《纸上蝴蝶——北京市中小学生"我的藏书票"设计作品集》	学苑出版社	2017	
141	史丽君	《历代兵制》	中华书局	2017	
142	郄晓平整理	《英光堂帖》	学苑出版社	2017	馆藏影印本，有郄晓平作《整理前言》
143	史丽君整理	《百孝图说》	学苑出版社	2017	馆藏影印本，有史丽君作《整理前言》
144	首都图书馆	《走进皇家坛庙》	辽海出版社	2018	

续表

编号	编著者	书名	出版社	出版年	备注
145	首都图书馆	《阅读北京——带您走进身边的图书馆》	学苑出版社	2018	
146	郗晓平	《明中叶吴中文人集团研究》	台湾：花木兰文化事业有限公司	2018	
147	首都图书馆	《国际城市记忆与地方文献学术研讨会论文集》	学苑出版社	2018	
148	首都图书馆	《京籍渊薮 甲子回眸——北京地方文献中心成立六十周年纪念文集》	学苑出版社	2018	
149	首都图书馆	《京华旧影》	学苑出版社	2018	
150	袁碧荣	《北京特色古刹的文化》	中国人民大学出版社	2018	
151	郭炜、张利、王莴、陈长春、段柄仁	《大运河与通州古城》	北京出版集团公司北京出版社	2018	
152	张田	《市井·坊间拾遗》	北京美术摄影出版社	2019	
153	李德龙、董玥	《末刊清代稀卷集成》	学苑出版社	2019	
154	首都图书馆、中国社会科学院离退休干部工作局	《文明探源·考古十讲》	社会科学文献出版社	2020	
155	首都图书馆	《书意心影——北京市第四届"最美书评"征集评选活动优秀作品集》	中国财政经济出版社	2020	
156	李念祖丛书主编	《民国京昆期刊文献汇编·春柳》	学苑出版社	2020	馆藏影印本

编号	编著者	书名	出版社	出版年	备注
157	周少川、史丽君	《陈垣史学思想与20世纪中国史学》	人民出版社	2020	
158	首都图书馆	《国韵京剧——梨园弟子口述历史》	学苑出版社	2020	
159	王岩玮	《管理哲学视阈下电子商务研究》	企业管理出版社	2020	
160	邸晓平、史丽君	《北京市十四家区级公共图书馆古籍普查登记目录》	国家图书馆出版社	2021	
161	王玥琳	《妙无余：中国藏书印的历史与文化》	国家图书馆出版社	2021	
162	首都图书馆	《盛世文华 四库纵谈》	学苑出版社	2021	
163	首都图书馆	《四季书声》	中国财政经济出版社	2021	
164	首都图书馆	《新编北京历史舆图集》	学苑出版社	2021	
165	林岫、李念祖、刘艳	《旧广告 新史料——民国报刊广告图画选编》	学苑出版社	2022	
166	首都图书馆	《首都图书馆国家珍贵古籍图录》（1—6）	国家图书馆出版社	2022	
167	王玥琳整理、国家图书馆编	《国家图书馆藏黄小松友朋书札》	中华书局	2022	
168	首都图书馆	《北京民俗影像》	北京联合出版有限责任公司	2022	
169	首都图书馆	《声暖情长——2018—2021北京市诵读大赛"原创美文奖"优秀作品集》	人民文学出版社	2022	
170	首都图书馆	《书册涵光——北京市第六届最美书评征集评选活动优秀作品集》	中国财政经济出版社	2022	

员工名录

（1913年—1948年）

蔡葆真	常国宪	陈翠琬	程　明	崔麟台	戴克让	杜瑞华
关维震	郭耀宗	何其哲	黄中垲	姜文锦	金保康	李士渠
李文裪	李　彝	刘国琴	卢景云	吕孝信	罗静轩	马子刚
钱稻孙	乔大壮	宋　琳	汪　勃	王丕谟	王　樾	王仲猷
徐梦岚	徐协贞	许　丹	朱励安	朱颐锐		

员工名录

(1949年—2012年)

安 笛	白 宁	白淑琴	白 舜	白 莹	柏 青	包军典
包秀娟	鲍洪峰	毕如兰	蔡立达	蔡秀卿	曹 航	曹京哲
曹丽明	曹晓宽	曹依吾	曹 云	常春莉	常 洁	常 林
常逊之	车建生	车士如	陈安琪	陈 斌	陈 晨	陈慧玉
陈 坚	陈建新	陈 筠	陈俊慧	陈 磊	陈璐华	陈 楠
陈 讷	陈培荣	陈 平	陈青筠	陈 琼	陈 曲	陈人语
陈 硕	陈 婷	陈为群	陈维珍	陈 曦	陈晓红	陈 星
陈 栩	陈延安	陈延斌	陈燕萍	陈 飏	陈一筠	陈贻龙
陈曾治	成建军	程德清	程 敏	程淑兰	程 文	程辛联
程 序	程玉华	褚诗仪	春 花	崔常明	崔 珩	崔 振
戴幼平	单信哲	党 红	邓菊英	邓 蓉	邓亚梅	邓又星
邸晓平	丁 蕊	丁尚瑾	丁小蕾	董万欣	董 曦	董 岩
董益华	董占华	董 峥	窦淑林	窦玉萌	杜北光	杜红梅
杜淑云	段鸿欣	段玲玲	段瑞林	范 博	范 晨	范 猛
范亚英	封世英	鄷 玮	冯秉文	冯春祥	冯霁馨	冯 丽
冯 薇	冯之圣	付长志	付 骥	付莉萍	付平怡	付淑兰
付唯莉	付有文	付志青	高 博	高红卫	高金桥	高 玲
高明旗	高套柱	高锡林	高 彦	高 燕	高 莹	高玉芬
高 源	高远巍	高 媛	郜南茜	葛佩杰	葛淑琴	葛舜益
葛增福	耿 娟	宫丽萍	龚雅彬	古 雪	谷金枝	谷 曦
谷 峪	顾凤英	顾梦陶	顾廷荣	顾雅舒	顾友莱	管建娣
管小望	桂筱丹	郭宝丽	郭 芳	郭凤英	郭荷萍	郭金凤
郭金荣	郭 俊	郭礼玉	郭 蔷	郭群山	郭寿英	郭 帅

郭 爽	郭 炜	郭亚楠	郭燕妮	郭 玉	哈淑洁	韩 滨
韩德宣	韩 庚	韩 佳	韩 丽	韩美华	韩 朴	韩小雨
韩燕云	郝克勤	郝硕强	郝玉娥	何如云	何晓莹	何孝光
何雪兰	何蕴秋	贺 迎	洪培林	侯海青	侯 昆	侯 丽
侯 青	胡 斌	胡 波	胡继红	胡金笙	胡 君	胡茂森
胡启军	胡小斌	胡晓杰	胡永欣	花晓鹭	华孝辉	黄传恺
黄海燕	黄 昊	黄 菁	黄景春	黄 爽	黄 薇	黄孝翔
黄玉琴	黄 真	黄钟婷	戢 征	纪 鸣	纪之芸	贾 丽
贾 璐	贾曼霞	贾 蔷	贾若兰	贾雪燕	贾 彦	贾 铮
江 帆	姜 波	姜姝玉	姜 潇	蒋 莉	解 冰	解寅姣
金伯文	金春田	金 帆	金立成	金沛霖	金慰先	金志清
晋兰颖	荆要武	井 焕	亢 新	孔令波	孔令乾	蓝 天
郎 晖	郎俊芳	雷宇开	黎 虹	李安秀	李 斌	李滨滨
李 诚	李传定	李春红	李春颖	李纯贤	李翠屏	李 丹
李恩仔	李芬茹	李冠南	李 光	李国颖	李海虹	李宏怡
李鸿伟	李 桓	李 杰	李金锐	李锦冬	李 晶	李晶莹
李 靓	李 静	李 军	李 恺	李兰惠	李丽娟	李连翔
李烈先	李凌霄	李凌云	李梦楠	李梦雅	李 明	李明彦
李 娜	李念祖	李 宁	李 璞	李强东	李巧云	李琴华
李秋辰	李荣坛	李荣增	李溻清	李淑君	李淑琴	李淑娴
李淑云	李素林	李文信	李湘竹	李 享	李小苏	李 妍
李阳明	李 毅	李永存	李永康	李玉婵	李玉红	李玉玲
李园实	李媛娟	李泽生	李 喆	李 喆	李之怀	李志强
李志新	李柱流	梁 丹	梁国祯	梁邻德	梁孟娇	廖斯谦
林纯葆	林 岫	林 媛	刘北玲	刘 彬	刘 波	刘 畅
刘 朝	刘崇珊	刘德元	刘凤城	刘凤祥	刘辅民	刘广播

刘广传	刘汉章	刘 佳	刘佳琳	刘江南	刘洁婷	刘金柱
刘晶晶	刘景田	刘 婧	刘 靖	刘 静	刘立河	刘 琳
刘鸣洋	刘乃英	刘培生	刘 倩	刘庆堂	刘瑞玲	刘润友
刘书权	刘淑芬	刘树清	刘 墣	刘 婷	刘魏荣	刘文军
刘小兰	刘晓娟	刘晓颖	刘晓羽	刘雅丹	刘雅婷	刘 艳
刘 杨	刘怡步	刘英琪	刘 莹	刘禹伶	刘玉昆	刘占立
刘真海	刘正国	刘志敏	刘志萍	刘忠秋	柳 眉	柳 艳
卢 慧	卢景云	卢 曼	芦 捷	芦京红	芦 硕	鲁 昌
陆 怡	陆映秋	路满京	路纳新	路 夷	吕翠英	吕树林
吕小舟	吕叶欣	吕玉净	罗 丹	骆 璇	马冰心	马 超
马晨彤	马冬艳	马 敬	马 珺	马可然	马娜梅	马琪章
马少军	马思锐	马文大	马文祥	马小龙	马新华	马学录
马 妍	马 颖	马月芳	马智会	曼珊珊	毛京崑	毛强辉
孟庆祥	孟云剑	米昱静	秘喜堂	苗惠珍	苗 杰	苗文菊
缪文娜	穆江山	穆 钊	倪晓建	倪志渔	聂先琳	宁万祥
牛小燕	欧 阳	潘 静	潘 军	潘 淼	彭树龙	皮玫影
蒲玉莲	齐庆才	齐小鸣	齐迎平	齐 政	钱大雯	钱道镏
钱 进	钱 伟	乔 键	乔雅俊	秦小华	秦晓杰	青 韦
曲利丽	全清霞	权菲菲	任国华	任 凯	任丽芬	任庆平
任雪征	任亚军	茹小康	尚宏宇	尚文华	尚跃伟	邵 劲
邵秀兰	申 敏	沈大欣	沈怀湘	沈莉婷	沈立华	沈 墨
盛 静	石北屏	石恩光	石 红	石 硕	石彦平	石振怀
史晋华	史丽君	史新英	宋 梅	宋 籼	宋小涵	宋艳萍
宋浴光	宋治国	苏国庆	苏丽萍	苏漪君	苏玉辰	孙传世
孙春风	孙桂荣	孙慧明	孙 冀	孙 洁	孙曼云	孙巧蕾
孙容培	孙 涛	孙潇潇	孙晓林	孙 愚	孙裕之	孙钟军

谭德先	谭小世	唐如玉	唐小璇	陶建明	陶菊泉	田辨英
田 峰	田 红	田丽明	田凌艳	田文燕	田旭永	田雪蕊
田玉琴	佟维熙	宛世明	汪淑梅	王碧琪	王 斌	王 超
王传英	王春立	王菲菲	王斐然	王凤荣	王凤云	王芙蓉
王海茹	王红静	王洪巍	王慧兰	王建民	王京春	王京平
王景泽	王静斯	王俊之	王 兰	王 岚	王 莉	王黎明
王丽霞	王丽月	王 璐	王 梅	王 萌	王梦菲	王 敏
王宁（业务部）		王宁（信息咨询中心）		王 培	王 鹏	王七一
王 琦	王 琪	王起来	王 茜	王 倩	王庆武	王仁杰
王荣梅	王三月	王世坤	王书丽	王思思	王松霞	王维新
王 炜	王文英	王五爱	王献东	王小楠	王小宁	王晓红
王 辛	王秀英	王旭燕	王 璇	王璇晖	王雪屏	王雪卿
王雪晴	王雅英	王亚军	王岩玮	王艳晨	王燕萍	王以都
王 义	王 颖	王永丹	王永明	王悠悠	王玉平	王育才
王煜华	王毓华	王月霞	王玥琳	王云芝	王 芸	王增昌
王振澍	王致军	王仲逵	王 壮	韦小华	位玲毅	魏 巍
魏文婷	魏元启	魏 月	温淑华	温 馨	吴秉惠	吴洪珺
吴华连	吴 洁	吴敬晨	吴蕾蕾	吴令华	吴美娟	吴 屾
吴世越	吴卫国	吴小美	吴晓轩	吴晓英	吴雪梅	吴亦超
仵延玲	伍庆梅	武剑玲	武益堂	郗鸣凯	奚其葵	奚其萱
奚其哲	席 攀	夏金榜	夏祖凤	向 东	肖维平	肖义长
谢 鹏	谢 郁	辛瑞国	辛 妍	辛 颖	邢鹏飞	徐 冰
徐广庆	徐桂兰	徐海静	徐华民	徐坚伟	徐 立	徐梦岚
徐赛男	徐晓洁	徐一舟	许海萍	许 瑾	许 静	许 凯
许 克	薛继新	薛 蕾	薛 汕	薛志彤	闫 寒	闫 虹
闫 惠	闫 亮	闫 语	闫中英	严 桦	颜文惠	颜 霞

杨琛	杨成蕴	杨芳怀	杨国湧	杨绘	杨冀农	杨洁雄
杨静	杨磊	杨良僖	杨鹏	杨善政	杨申	杨淑媛
杨素音	杨伟明	杨文敏	杨香迪	杨潇	杨小琴	杨晓炜
杨艳慧	杨艳艳	杨永惠	杨铖钧	杨之峰	杨洲	姚雪霞
叶家珍	殷华丽	殷兰涛	尹程	尹德柏	尹桂兰	尹力文
印国英	应鸿康	应萌	英华	于炳熙	于广亮	于桂香
于浩	于佳璐	于景琪	于敏仁	于妍	余国秀	余红
虞敏	禹汉玲	袁碧荣	袁申	袁艳	袁云范	岳晨
岳东臣	岳玥	臧凯丰	曾涛	詹琪	詹跃华	张艾丁
张伯琛	张超	张驰	张德宽	张法	张桂荣	张国海
张昊	张化新	张嘉欣	张建龙	张洁	张劲松	张京京
张娟	张雷	张蕾	张丽君	张利	张利中	张俐
张玲	张玲玲	张明成	张乃玉	张平	张庆英	张儒林
张少云	张师一	张守国	张淑华	张淑君	张树国	张田
张皖	张葳	张伟	张卫	张文静	张文利	张咸清
张小野	张小羽	张晓光	张晓梅	张心初	张秀玲	张秀英
张雪梅	张岩	张颖（采编中心）	张颖（数字资源中心）			张雨芹
张玉	张岳	张跃	张云萍	张祯	张振彪	张震宇
张铮	张志明	张仲宇	张倬	张子辉	章毓桓	赵长富
赵春雨	赵存亮	赵东华	赵海涛	赵红涤	赵焕敏	赵辉
赵惠云	赵建霄	赵经丽	赵景春	赵景妍	赵静	赵娟
赵君明	赵兰天	赵梦	赵鹏	赵启功	赵润清	赵淑清
赵淑香	赵祥云	赵璇子	赵雪锋	赵妍	赵焱	赵轶伟
赵志芹	甄妮	郑春蕾	郑德全	郑明光	郑熙明	郑有娇
支勇起	仲爱红	周东	周冬青	周慧娟	周金起	周莉
周琪	周维新	周文珏	周心慧	周秀华	周雪	周雪梅

周宇璁	周毓瑜	周　悦	朱宝琦	朱　丹	朱　瑾	朱　亮
朱梅竹	朱秋菊	朱伟慧	朱　英	朱悦梅	朱　正	庄芬玲
邹国平	邹晓棣	左　娜	左瑞祥			

员工名录

(2013年—2023年)

安　笛	白　舜	白　莹	柏　青	鲍洪峰	曹　航	曹丽明
曹晓宽	曹　云	陈葆璟	陈　坚	陈建新	陈　筠	陈　莉
陈璐华	陈　琼	陈　曲	陈人语	陈　硕	陈　曦	陈　栩
陈延斌	陈　飓	陈紫薇	程　序	褚诗仪	崔常明	崔　振
单信哲	邓　菲	邓菊英	邓又星	邸晓平	丁昊文	丁　蕊
丁小蕾	董万欣	董　曦	董　岩	董　玥	董占华	董　峥
窦玉萌	杜红梅	段瑞林	范　晨	范立尧	范　猛	范　琪
冯霁馨	冯　丽	冯　薇	付莉萍	付　苓	付平怡	付唯莉
付长志	高　峰	高红卫	高明旗	高　莹	高　媛	高远巍
葛舜益	宫莉萍	龚雅彬	古　雪	谷　曦	顾梦陶	顾雅舒
关　旺	桂筱丹	郭宝丽	郭　芳	郭　蔷	郭　帅	郭　爽
郭　炜	郭　玉	郭竹溪	韩　滨	韩　佳	韩　丽	韩燕云
郝硕强	郝源汇	何晓莹	何雪兰	侯　鎏	胡　波	胡启军
胡晓杰	黄　昊	黄鹤萍	黄　菁	黄琦元	黄　爽	黄钟婷
吉亚楠	纪　鸣	纪玉雯	贾　蔷	贾若兰	贾雪燕	贾　彦
贾　铮	姜闫钰	蒋　莉	解　冰	解寅姣	金　帆	晋兰颖
荆要武	康　迪	康力泉	亢　新	孔令波	郎　晖	李　斌
李　诚	李春颖	李翠屏	李　丹	李冠南	李　光	李国颖
李海虹	李瀚林	李江宁	李锦冬	李晶莹	李　静	李　恺
李　靓	李凌霄	李凌云	李梦楠	李梦雅	李木子	李　娜
李念祖	李强东	李秋辰	李湜清	李淑君	李淑琴	李　思
李　享	李小苏	李晓晔	李雅莲	李　妍	李　毅	李雨莎
李玉婵	李玉红	李园实	李媛娟	李　喆	梁琳若	梁孟娇

廖斯谦 林岫 刘北玲 刘彬 刘冰心 刘波 刘畅
刘朝 刘崇珊 刘佳 刘佳琳 刘洁婷 刘晶晶 刘婧
刘靖 刘静 刘立河 刘琳 刘鎏 刘乃英 刘倩
刘劭旸 刘埱 刘晓娟 刘晓羽 刘雅丹 刘雅婷 刘艳
刘杨 刘怡步 刘逸涵 刘翌 刘莹 刘禹伶 刘占立
刘真海 刘志萍 刘忠秋 卢慧 芦捷 芦京红 芦硕
陆映秋 罗丹 骆璇 吕叶欣 马冰心 马超 马敬
马珺 马可然 马娜梅 马文大 马小龙 马学录 马妍
马颖 曼姗姗 毛强辉 毛雅君 孟云剑 米昱婧 苗杰
苗文菊 缪文娜 穆悠然 南小洋 倪晓建 牛小燕 欧阳
潘军 潘森 逄婷婷 彭瑞雪 彭向阳 钱大雯 钱进
乔冠军 乔帅 乔雅俊 瞿文敏 权菲菲 任国华 任凯
任庆平 任雪征 尚宏宇 尚文华 邵劭 邵秀兰 沈大欣
沈丹云 沈洁 沈莉婷 沈墨 沈兮姝 盛静 石硕
史丽君 史玮 帅斯琦 宋籼 宋艳萍 宋治国 苏航
孙春凤 孙慧明 孙冀 孙洁 孙倩 孙容培 孙涛
孙潇潇 孙晓冬 孙晓林 孙钟军 唐小璇 陶建明 田峰
田凌艳 田文燕 田雪蕊 田园 田子方 王碧琪 王斌
王超 王菲菲 王凤云 王海茹 王红静 王景泽 王静斯
王岚 王乐怡 王丽霞 王莉 王璐 王梅 王萌（历史文献中心）王萌（办公室）王梦菲 王宁 王培 王琪
王琦 王茜 王倩 王然 王仁杰 王三月 王书丽
王思思 王松霞 王炜 王小宁 王晓红 王璇 王雪屏
王雪卿 王亚军 王岩玮 王艳晨 王颖 王永丹 王永明
王悠悠 王宇舟 王玉平 王月霞 王玥琳 王芸 王振澍
王志庚 王仲逯 王壮 位玲毅 魏巍 魏文婷 温淑华

温 馨	吴秉惠	吴洪珺	吴蕾蕾	吴 屾	吴卫国	吴小美
吴晓轩	吴亦超	武剑玲	武克涵	夏高娃	夏 旸	肖 箭
肖维平	肖 玥	谢 鹏	邢继征	邢鹏飞	徐 冰	徐海静
徐晓洁	徐 玥	许 瑾	许 静	许 凯	薛 蕾	闫 虹
闫 惠	闫 璐	闫 语	严凤云	颜文惠	杨 琛	杨 帆
杨芳怀	杨莞吉	杨国湧	杨洁雄	杨 磊	杨 蕾	杨 鹏
杨淑媛	杨伟明	杨香迪	杨 潇	杨晓炜	杨 雪	杨艳慧
杨艳艳	杨之峰	杨 洲	姚雪霞	殷兰涛	尹 程	尹德柏
尹桂兰	尹含伊	于广亮	于桂香	于景琪	于 妍	虞 敏
禹汉玲	袁碧荣	袁 申	袁 艳	岳 晨	岳 玥	臧凯丰
詹 琪	湛晓尘	张 冰	张伯琛	张 博	张 法	张 昊
张嘉欣	张建龙	张 洁	张劲松	张京京	张 娟	张 雷
张 利	张利中	张 萌	张乃玉	张少云	张师一	张淑君
张 田	张 皖	张 葳	张文静	张小野	张晓梅	张雪梅
张 洋	张一楠	张颖（采编中心）	张颖（数字资源中心）	张雨芹
张雨媛	张 岳	张 跃	张云萍	张震宇	张子辉	赵春雨
赵焕敏	赵景妍	赵 静	赵 娟	赵兰天	赵 梦	赵璇子
赵雪锋	赵 妍	赵志芹	甄 妮	郑春蕾	郑思远	郑有娇
支永启	钟 陈	仲爱红	周 莉	周 琪	周文珏	周秀华
周 雪	周雪梅	周宇璁	周 悦	朱宝琦	朱 丹	朱 瑾
朱 亮	朱敏达	朱秋菊	朱伟慧	朱悦梅	朱 正	左 娜
左瑞祥						